U0374125

广东改革开放40年研究丛书

广东科技创新发展40年

Guangdong Keji Chuangxin Fazhan 40 Nian

曾祥效　张伟良　胡品平　主编

中山大學出版社
SUN YAT-SEN UNIVERSITY PRESS
·广州·

图书在版编目（CIP）数据

广东科技创新发展40年/曾祥效，张伟良，胡品平主编．—广州：中山大学出版社，2018.12

（广东改革开放40年研究丛书）

ISBN 978-7-306-06506-3

Ⅰ．①广…　Ⅱ．①曾…②张…③胡…　Ⅲ．①技术革新—研究—广东　Ⅳ．①F124.3

中国版本图书馆CIP数据核字（2018）第278029号

出 版 人：王天琪
责任编辑：陈　霞
封面设计：林绵华
版式设计：林绵华
责任校对：粟　丹
责任技编：何雅涛
出版发行：中山大学出版社
电　　话：编辑部 020-84110283，84111997，84110779，84113349
　　　　　发行部 020-84111998，84111981，84111160
地　　址：广州市新港西路135号
邮　　编：510275　　　　传　　真：020-84036565
网　　址：http://www.zsup.com.cn　　E-mail:zdcbs@mail.sysu.edu.cn
印 刷 者：广州家联印刷有限公司
规　　格：787mm×1092mm　1/16　26.5印张　407千字
版次印次：2018年12月第1版　2018年12月第1次印刷
定　　价：110.00元

如发现本书因印装质量影响阅读，请与出版社发行部联系调换

广东改革开放40年研究丛书

创造让世界刮目相看的新的更大奇迹

——“广东改革开放40年研究丛书”总序

中国的改革开放走过了40年的伟大历程。在改革开放40周年的关键时刻，习近平总书记亲临广东视察并发表重要讲话，这是广东改革发展史上具有里程碑意义的大事、喜事。总书记充分肯定广东改革开放40年来所取得的巨大成就，并提出了深化改革开放、推动高质量发展、提高发展平衡性和协调性、加强党的领导和党的建设等方面的工作要求，为广东新时代改革开放再出发进一步指明了前进方向，提供了根本遵循。深入学习宣传贯彻习近平总书记视察广东重要讲话精神，系统总结、科学概括广东改革开放40年的成就、经验和启示，对于激励全省人民高举新时代改革开放旗帜，弘扬敢闯敢试、敢为人先的改革精神，以更坚定的信心、更有力的举措把改革开放不断推向深入，创造让世界刮目相看的新的更大奇迹，具有重要意义。

第一，研究广东改革开放，要系统总结广东改革开放40年的伟大成就，增强改革不停顿、开放不止步的信心和决心。

广东是中国改革开放的排头兵、先行地、实验区，在改革开放和现代化建设中始终走在全国前列，取得了举世瞩目的辉煌成就，展现了改革开放的磅礴伟力。

实现了从一个经济比较落后的农业省份向全国第一经济大省的历史性跨越。改革开放40年，是广东经济发展最具活力的40年，是广东经济总量连上新台阶、实现历史性跨越的40年。40年来，广东坚持以经济建设为中心，锐意推进改革，全力扩大开放，适应、把握、引领经济发展新常态，坚定不移地推进经济结构战略性调整、经济持续快速健康发展。1978—2017年，广东GDP从185.85亿元增加到89 879.23亿元，增长约482.6倍，占全国的10.9%。1989年以来，广东GDP总量连续29年稳居全国首位，成为中国第一经济大省。经济总量先后超越新加坡、中国香港和台湾地区，

2017年超过全球第13大经济体澳大利亚，进一步逼近“亚洲四小龙”中经济总量最大的韩国，处于世界中上等收入国家水平。

实现了从计划经济体制向社会主义市场经济体制的历史性变革。改革开放40年，是广东始终坚持社会主义市场经济改革方向、深入推进经济体制改革的40年，是广东社会主义市场经济体制逐步建立和完善的40年。40年来，广东从率先创办经济特区，率先引进“三来一补”、创办“三资”企业，率先进行价格改革，率先进行金融体制改革，率先实行产权制度改革，到率先探索行政审批制度改革，率先实施政府部门权责清单、市场准入负面清单和企业投资项目清单管理，率先推进供给侧结构性改革，等等，在建立和完善社会主义市场经济体制方面走在全国前列，极大地解放和发展了社会生产力，同时在经济、政治、文化、社会和生态文明建设领域的改革也取得了重大进展。

实现了从封闭半封闭到全方位开放的历史性转折。改革开放40年，是广东积极把握全球化机遇、纵深推进对外开放的40年，是广东充分利用国际国内两个市场、两种资源加快发展的40年。开放已经成为广东的鲜明标识。40年来，广东始终坚持对内、对外开放，以开放促改革、促发展。从创办经济特区、开放沿海港口城市、实施外引内联策略、推进与港澳地区和内地省市区的区域经济合作，到大力实施“走出去”战略、深度参与“一带一路”建设、以欧美发达国家为重点提升利用外资水平、举全省之力建设粤港澳大湾区，广东开放的大门越开越大，逐步形成了全方位、多层次、宽领域、高水平的对外开放新格局。

实现了由要素驱动向创新驱动的历史性变化。改革开放40年，是广东发展动力由依靠资源和低成本劳动力等要素投入转向创新驱动的40年，是广东经济发展向更高级阶段迈进的40年。改革开放以来，广东人民以坚强的志气与骨气不断增强自主创新能力和实力，把创新发展主动权牢牢掌握在自己手中。从改革开放初期，广东以科技成果交流会、技术交易会等方式培育技术市场，成立中国第一个国家级高科技产业集聚的工业园区——深圳科技工业园，到实施科教兴粤战略、建设科技强省、构建创新型广东和珠江三角洲国家自主创新示范区，广东不断聚集创新驱动“软实力”，区域创新综合能力排名跃居全国第一。2017年，全省研发经费支出超过2 300亿元，居全国第一，占地区生产总值比重达2.65%；国家级高新技术企业3万家，跃居全国第一；高新技术产品产值达6.7万亿元。有效发明专利量及专利综合实力连续多年居全国首位。

实现了从温饱向全面小康迈进的历史性飞跃。改革开放 40 年，是全省居民共享改革发展成果、生活水平显著提高的 40 年，是全省人民生活从温饱不足向全面小康迈进的 40 年。1978—2017 年，全省城镇居民、农村居民人均可支配收入分别增长了 98 倍和 81 倍，从根本上改变了改革开放前物资短缺的经济状况，民众的衣食住行得到极大改善，居民收入水平和消费能力快速提升。此外，推进基本公共服务均等化，惠及全民的公共服务体系进一步建立；加大底线民生保障资金投入力度，社会保障事业持续推进；加快脱贫攻坚步伐，努力把贫困地区短板变成“潜力板”，不断提高人民生活水平，满足人民对美好生活的新期盼。

实现了生态环境由问题不少向逐步改善的历史性转变。改革开放 40 年，是广东对生态环境认识发生深刻变化的 40 年，是广东生态环境治理力度不断加大的 40 年，是广东环境质量由问题不少转向逐步改善的 40 年。广东牢固树立“绿水青山就是金山银山”的理念，坚决守住生态环境保护底线，全力打好污染防治攻坚战，生态环境持续改善。全省空气质量近 3 年连续稳定达标，大江大河水质明显改善，土壤污染防治扎实推进。新一轮绿化广东大行动不断深入，绿道、古驿道、美丽海湾建设等重点生态工程顺利推进，森林公园达 1 373 个、湿地公园达 203 个、国家森林城市达 7 个，全省森林覆盖率提高到 59. 08% 。

40 年来，广东充分利用毗邻港澳的地理优势，大力推进粤港澳合作，率先基本实现粤港澳服务贸易自由化，全面启动粤港澳大湾区建设，对香港、澳门顺利回归祖国并保持长期繁荣稳定、更好地融入国家发展大局发挥了重要作用，为彰显“一国两制”伟大构想的成功实践做出了积极贡献。作为中国先发展起来的区域之一，广东十分注重推动国家区域协调发展战略的实施，加大力度支持革命老区、民族地区、边疆地区、贫困地区加快发展，对口支援新疆、西藏、四川等地取得显著成效，为促进全国各地区共同发展、共享改革成果做出了积极贡献。

第二，研究广东改革开放，要深入总结广东改革开放 40 年的经验和启示，厚植改革再出发的底气和锐气。

改革开放 40 年来，广东在坚持和发展中国特色社会主义事业中积极探索、大胆实践，不仅取得了辉煌成就，而且积累了宝贵经验。总结好改革开放的经验和启示，不仅是对 40 年艰辛探索和实践的最好庆祝，而且能为新时代推进中国特色社会主义伟大事业提供强大动力。40 年来，广东经济社会发展之所以能取得历史性成就、发生历史性变革，最根本的原因就在于党中央的正确领导和对广东工作的高度重视、亲切关怀。改革开放以来，党中央始终鼓励广东大胆探索、大胆实践。特别是进入新时代以来，每到重要节点和关键时期，习近平总书记都及时为广东把舵定向，为广东发展注入强大动力。2012 年 12 月，总书记在党的十八大后首次离京视察就到了广东，做出“三个定位、两个率先”的重要指示。2014 年 3 月，总书记参加第十二届全国人大第二次会议广东代表团审议，要求广东在全面深化改革中走在前列，努力交出物质文明和精神文明两份好答卷。2017 年 4 月，总书记对广东工作做出重要批示，对广东提出了“四个坚持、三个支撑、两个走在前列”要求。2018 年 3 月 7 日，总书记参加第十三届全国人大第一次会议广东代表团审议并发表重要讲话，嘱咐广东要做到“四个走在全国前列”、当好“两个重要窗口”。2018 年 10 月，在改革开放 40 周年之际，习近平总书记再次亲临广东视察指导并发表重要讲话，要求广东高举新时代改革开放旗帜，以更坚定的信心、更有力的措施把改革开放不断推向深入，提出了深化改革开放、推动高质量发展、提高发展平衡性和协调性、加强党的领导和党的建设四项重要要求，为新时代广东改革发展指明了前进方向，提供了根本遵循。广东时刻牢记习近平总书记和党中央的嘱托，结合广东实际创造性地贯彻落实党的路线、方针、政策，自觉做习近平新时代中国特色社会主义思想的坚定信仰者、忠实践行者，努力为全国的改革开放探索道路、积累经验、做出贡献。

坚持中国特色社会主义方向，使改革开放始终沿着正确方向前进。我们的改革开放是有方向、有立场、有原则的，不论怎么改革、怎么开放，都始终要坚持中国特色社会主义方向不动摇。在改革开放实践中，广东始终保持“不畏浮云遮望眼”的清醒和“任凭风浪起，稳坐钓鱼船”的定力，牢牢把握改革正确方向，在涉及道路、理论、制度等根本性问题上，在大是大非面前，立场坚定、旗帜鲜明，确保广东改革开放既不走封闭僵化的老路，也不走改旗易帜的邪路，在根本性问题上不犯颠覆性错误，使改革开放始终沿着正确方向前进。

坚持解放思想、实事求是，以思想大解放引领改革大突破。解放思想是正确行动的先导。改革开放的过程就是思想解放的过程，没有思想大解放，就不会有改革大突破。广东坚持一切从实际出发，求真务实，求新思变，不断破除思想观念上的障碍，积极将解放思想形成的共识转化为政策、措施、制度和法规。坚持解放思想和实事求是的有机统一，一切从国情省情出发、从实际出发，既总结国内成功做法又借鉴国外有益经验，既大胆探索又脚踏

实地，敢闯敢干，大胆实践，多出可复制、可推广的新鲜经验，为全国改革提供有益借鉴。

坚持聚焦以推动高质量发展为重点的体制机制创新，不断解放和发展社会生产力。改革开放就是要破除制约生产力发展的制度藩篱，建立充满生机和活力的体制机制。改革每到一个新的历史关头，必须在破除体制机制弊端、调整深层次利益格局上不断啃下“硬骨头”。近年来，广东坚决贯彻新发展理念，着眼于推动经济高质量发展，不断推进体制机制创新。例如，坚持以深化科技创新改革为重点，加快构建推动经济高质量发展的体制机制；坚持以深化营商环境综合改革为重点，加快转变政府职能；坚持以粤港澳大湾区建设合作体制机制创新为重点，加快形成全面开放新格局；坚持以构建“一核一带一区”区域发展格局为重点，完善城乡区域协调发展体制机制；坚持以城乡社区治理体系为重点，加快营造共建共治共享社会治理格局，奋力开创广东深化改革发展新局面。

坚持“两手抓、两手都要硬”，更好地满足人民精神文化生活新期待。只有物质文明建设和精神文明建设都搞好、国家物质力量和精神力量都增强、人民物质生活和精神生活都改善、综合国力和国民素质都提高，中国特色社会主义事业才能顺利推向前进。广东高度重视精神文明建设，坚持“两手抓、两手都要硬”，坚定文化自信、增强文化自觉，守护好精神家园、丰富人民精神生活；深入宣传贯彻习近平新时代中国特色社会主义思想，大力培育和践行社会主义核心价值观，深化中国特色社会主义和中国梦宣传教育，教育引导广大干部群众特别是青少年坚定理想信念，培养担当民族复兴大任的时代新人；积极选树模范典型，大力弘扬以爱国主义为核心的民族精神和以改革创新为核心的时代精神；深入开展全域精神文明创建活动，不断提升人民文明素养和社会文明程度；大力补齐文化事业短板，高质量发展文化产业，不断增强文化软实力，更好地满足人民精神文化生活新期待。

坚持以人民为中心的根本立场，把为人民谋幸福作为检验改革成效的根本标准。改革开放是亿万人民自己的事业，人民是推动改革开放的主体力量。没有人民的支持和参与，任何改革都不可能取得成功。广东始终坚持以人民为中心的发展思想，坚持把人民对美好生活的向往作为奋斗目标，坚持人民主体地位，发挥群众首创精神，紧紧依靠人民推动改革开放，依靠人民创造历史伟业；始终坚持发展为了人民、发展依靠人民、发展成果由人民共享，让改革发展成果更好地惠及广大人民群众，让群众切身感受到改革开放的红利；始终坚持从人民群众普遍关注、反映强烈、反复出现的民生问题入

手，紧紧盯住群众反映的难点、痛点、堵点，集中发力，着力解决人民群众关心的现实利益问题，不断增强人民群众获得感、幸福感、安全感。

坚持科学的改革方法论，注重改革的系统性、整体性、协同性。只有坚持科学方法论，才能确保改革开放蹄疾步稳、平稳有序地推进。广东坚持以改革开放的眼光看待改革开放，充分认识改革开放的时代性、体系性、全局性问题，注重改革开放的系统性、整体性、协同性。注重整体推进和重点突破相促进相结合，既全面推进经济、政治、文化、社会、生态文明、党的建设等诸多领域改革，确保各项改革举措相互促进、良性互动、协同配合，又突出抓改革的重点领域和关键环节，发挥重点领域“牵一发而动全身”、关键环节“一子落而满盘活”的作用；注重加强顶层设计，和“摸着石头过河”的改革方法相结合，既发挥“摸着石头过河”的基础性和探索性作用，又发挥加强顶层设计的全面性和决定性作用；注重改革与开放的融合推进，使各项举措协同配套、同向前进，推动改革与开放相互融合、相互促进、相得益彰；注重处理好改革发展与稳定之间的关系，自觉把握好改革的力度、发展的速度和社会可承受的程度，把不断改善人民生活作为处理改革发展与稳定关系的重要结合点，在保持社会稳定中推进改革发展，在推进改革发展中促进社会稳定，进而实现推动经济社会持续健康发展。

坚持和加强党的领导，不断提高党把方向、谋大局、定政策、促改革的能力。中国特色社会主义最本质的特征是中国共产党的领导，中国特色社会主义制度的最大优势是中国共产党的领导。坚持党的领导，是改革开放的“定盘星”和“压舱石”。40年来，广东改革开放之所以能够战胜各种风险和挑战，取得举世瞩目的成就，最根本的原因就在于坚持党的领导。什么时候重视党的领导、加强党的建设，什么时候就能战胜困难、夺取胜利；什么时候轻视党的领导、漠视党的领导，什么时候就会经历曲折、遭受挫折。广东坚持用习近平新时代中国特色社会主义思想武装头脑，增强“四个意识”，坚定“四个自信”，做到“两个坚决维护”，始终在思想上、政治上、行动上同以习近平同志为核心的党中央保持高度一致；注重加强党的政治建设，坚持党对一切工作的领导，不断增强党的政治领导力、思想引领力、群众组织力、社会号召力，提高党把方向、谋大局、定政策、促改革的能力和定力，确保党总揽全局、协调各方。

第三，研究广东改革开放，要积极开展战略性、前瞻性研究，为改革开放再出发提供理论支撑和学术支持。

改革开放是广东的根和魂。在改革开放40周年的重要历史节点，习近

平总书记再次来到广东，向世界宣示中国改革不停顿、开放不止步的坚定决心。习近平总书记视察广东重要讲话，是习近平新时代中国特色社会主义思想的理论逻辑和实践逻辑在广东的展开和具体化，是我们高举新时代改革开放旗帜、以新担当新作为把广东改革开放不断推向深入的行动纲领，是我们走好新时代改革开放之路的强大思想武器。学习贯彻落实习近平总书记视察广东重要讲话精神，是当前和今后一个时期全省社会科学理论界的头等大事和首要政治任务。社会科学工作者应发挥优势，充分认识总书记重要讲话精神的重大政治意义、现实意义和深远历史意义，以高度的政治责任感和历史使命感，深入开展研究阐释，引领和推动全省学习宣传贯彻工作往深里走、往实里走、往心里走。

加强对重大理论和现实问题的研究，为改革开放再出发提供理论支撑。要弘扬广东社会科学工作者“务实、前沿、创新”的优良传统，增强脚力、眼力、脑力、笔力，围绕如何坚决贯彻总书记关于深化改革开放的重要指示要求，坚定不移地用好改革开放“关键一招”，书写好粤港澳大湾区建设这篇大文章，引领带动改革开放不断实现新突破；如何坚决贯彻总书记关于推动高质量发展的重要指示要求，坚定不移地推动经济发展质量变革、效率变革、动力变革；如何坚决贯彻总书记关于提高发展平衡性和协调性的重要指示要求，坚定不移地推进城乡、区域、物质文明和精神文明协调发展与法治建设；如何坚决贯彻总书记关于加强党的领导和党的建设的重要指示要求，坚定不移地把全省各级党组织锻造得更加坚强有力、推动各级党组织全面进步全面过硬；等等，开展前瞻性、战略性、储备性研究，推出一批高质量研究成果，为省委、省政府推进全面深化改革开放出谋划策，当好思想库、智囊团。

加强改革精神研究，为改革开放再出发提供精神动力。广东改革开放40年波澜壮阔的伟大实践，不仅打下了坚实的物质基础，也留下了弥足珍贵的精神财富，这就是敢闯敢试、敢为人先的改革精神。这种精神是在广东改革开放创造性实践中激发出来的，它是一种解放思想、大胆探索、勇于创造的思想观念，是一种不甘落后、奋勇争先、追求进步的责任感和使命感，是一种坚韧不拔、自强不息、锐意进取的精神状态。当前，改革已经进入攻坚期和深水区，剩下的都是难啃的硬骨头，更需要弘扬改革精神才能攻坚克难，必须把这种精神发扬光大。社会科学工作者要继续研究、宣传、阐释好改革精神，激励全省广大党员干部把改革开放的旗帜举得更高更稳，续写广东改革开放再出发的新篇章。

加强对广东优秀传统文化和革命精神的研究，为改革开放再出发提振精气神。总书记在视察广东重要讲话中引用广东的历史典故激励我们担当作为，讲到虎门销烟等重大历史事件，讲到洪秀全、文天祥等历史名人，讲到广东的光荣革命传统，讲到毛泽东、周恩来等一大批曾在广东工作生活的我们党老一辈领导人，以此鞭策我们学习革命先辈、古圣先贤。广大社会科学工作者要加强对广东优秀传统文化和革命精神的研究，激励全省人民将其传承好弘扬好，并化作新时代敢于担当的勇气、奋发图强的志气、再创新局的锐气，创造无愧于时代、无愧于人民的新业绩。

广东有辉煌的过去、美好的现在，一定有灿烂的未来。这次出版的“广东改革开放 40 年研究丛书”（14 本），对广东改革开放 40 年巨大成就、实践经验和未来前进方向等问题进行了系统总结和深入研究，内容涵盖总论、经济、政治、文化、社会、生态文明、教育、科技、依法治省、区域协调、对外开放、经济特区、海外华侨华人、从严治党 14 个方面，为全面深入研究广东改革开放做了大量有益工作，迈出了重要一步。在隆重庆祝改革开放 40 周年之际，希望全社会高度重视广东改革开放问题的研究，希望有更多的专家学者和实际工作者积极投身到广东改革开放问题的研究中去，自觉承担起“举旗帜、聚民心、育新人、兴文化、展形象”的使命任务，推出更多有思想见筋骨的精品力作，为推动广东实现“四个走在全国前列”、当好“两个重要窗口”，推动习近平新时代中国特色社会主义思想在广东大地落地生根、结出丰硕成果提供理论支撑和学术支持。

“广东改革开放 40 年研究丛书”编委会
2018 年 11 月 22 日

第一编　总览：40 年的历程与辉煌

第二编　战略：科学谋划与部署

第四编 能力：科技创新整体实力持续提升

第五编 协同：实现创新资源高效配置

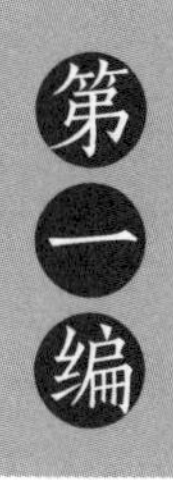

第一编 总览：40年的历程与辉煌

改革开放40年来，广东科技从摸爬滚打进入经济建设主战场，到全面推动创新驱动发展，不断深化科技体制改革，充分发挥政府政策、规划以及科技专项的引导作用，完善以企业为主体、产学研用相结合的开放型区域创新体系，区域创新能力不断提升，成为全国创新驱动发展的排头兵。期间，形成了丰厚的积淀，突出体现在一系列标志性事件以及各个时期的执行理念中。这种积淀对于当前自主创新大讨论有着重要的启示意义。

当前，广东财政科技拨款、全社会研发经费投入、高新技术企业、发明专利申请量、PCT国际专利申请量、发明专利授权量、高技术产业产值、高新技术产品出口等主要科技产业指标均位居全国第一位，确保广东继续在区域竞争中保持领先地位。进入中国特色社会主义新时代，广东科技创新工作如何适应新时代的新要求，按照习近平总书记对广东工作提出的“四个坚持、三个支撑、两个走在前列”重要指示批示精神以及“四个走在全国前列”重要讲话的要求，进一步“对标先进、扬长补短”，提高科技创新能力，建设国家科技产业创新中心，是广东科技创新工作深入贯彻党的十九大精神，切实履行广东责任、做出广东贡献，支撑我国创新型国家建设的重大使命和内在要求。

第一章　广东科技创新发展 40 年回顾[①]

纵观广东改革开放 40 年的发展历史，大致可分为五个阶段。第一阶段是 1978—1990 年，随着 1978 年 3 月全国科学大会的成功召开，中国科学技术迎来了发展的春天，“三来一补”“星期六工程师”“孔雀东南飞”“深圳速度”成为这个时期的代名词，在摸爬滚打中，广东的科技逐渐进入经济建设主战场。第二阶段是 1991—1997 年，邓小平“南方谈话”成为广东吹响大发展的号角，发展高科技、实现产业化，依靠科技推动广东产业结构的调整升级成为这一时期广东科技同经济结合的关键点。第三阶段是 1998—2007 年，随着“增创广东发展新优势”十大专题调研活动的开展，与此同时，全省 69 个省属科研院所重新定位分类，绝大多数被推上经济建设主战场，目标直指科技与经济“两张皮”，深化科研机构运行机制改革迫在眉睫，增创广东发展新优势、打造科技强省、加快创新型广东建设刻不容缓。第四阶段是 2008—2012 年，时任中共中央政治局委员、广东省委书记汪洋旗帜鲜明地提出要“争当实践科学发展观排头兵”，随即系列政策文件相继出台，科技人员创新热情高涨，创新逐渐成为全社会的共识和实践。第五阶段是 2014 年至今，伴随经济新常态的出现，广东科技发展也出现一系列新的特征，党的十八大做出了实施创新驱动发展战略的重大部署，广东省委、省政府高度重视科技创新工作，省主要领导对加快创新驱动发展多次做出指示，把创新作为引领发展的第一动力，在国家的总体布局下，广东省委、省政府全面推进创新改革和创新型省份建设试点，科学谋划全省“十三五”科技创新蓝图。2018 年以来，广东省委、

---

① 本章数据除特殊标注外，均来自广东科技统计网站、《广东省统计年鉴》、广东省科技厅工作总结文件。

省政府强化科技创新工作领导和部署，认真学习贯彻党的十九大精神和习近平总书记3月7日参加广东代表团审议时的重要讲话精神，于3月26日召开全省科技创新大会，特别是6月8日召开省委十二届四次全会，将科技创新作为九大任务之首做出战略性部署，推动全省科技创新取得新进展。

第一节 1978—1990年：广东科技发展迎来春天，摸爬滚打进入经济建设主战场

1978年3月，全国科学大会召开，中国科学技术迎来了发展的春天。广东科技创新从“引进、吸收、消化”向“集成创新”发展，以东莞为典型代表的“三来一补”成功“破冰”。20世纪八九十年代，广东推动科研机构和科技人员进入经济建设主战场以及大量引进国（境）外技术和设备，有效提高产业技术水平。在全省独立的科研机构推行对外技术转让有偿合同制和对内课题承包制，在技术开发和推广应用型的科研单位，进行由依靠政府事业费拨款改为经济自立的试点。1987年2月，全省进一步实行拨款制度改革，对不同类型的科研机构，分别采取经费全额拨款、部分拨款的办法，科技三项费用分为无偿、部分偿还、全部偿还；另外，广东的科技人力资源开始盘活，出现了“星期六工程师”，这是一种以业余兼职方式出现的智力流动或技术流动形式，也是产学研结合的雏形。随后的“孔雀东南飞”是改革开放早期，广东凭借地缘、政策优势，大胆采用灵活多样的方式引进人才的壮举，为全国人才资源开发工作提供了宝贵经验。“深圳速度”更是这一时期广东科技快速发展的真实写照。

一、“三来一补”

1978年，东莞创办了全国第一家来料加工企业——太平手袋厂，被誉为广东经济开放的起点。90年代，东莞汇聚了1.3万多家“三资”企业、“三来一补”企业，吸收了200万外来劳动力。随着太平手袋厂“破

冰”式的发展，外资①经济开始大规模涌入珠三角，为广东带来先进的工艺、设备、技术和管理理念，使广东逐渐摆脱“产品短缺型经济”。市场经济由“卖方市场”向“买方市场”的转变，客观上为科技融入经济，为科技作用于经济建设领域创造了先决条件。

二、“星期六工程师”

“三来一补”企业的进入，使得珠三角经济迅速繁荣，而科研技术人才紧缺问题日渐突出。一批来自大学、科研院所和国有工厂的兼职科技人员，利用周末为民营（乡镇）企业提供技术服务，帮助企业或农村解决难题发展致富，这批人才被称为“星期六工程师”，也是如今“产学研合作”的雏形，以用人才柔性引进的方式，铸造了珠三角无数乡镇企业的发展奇迹。

三、“孔雀东南飞”

“孔雀东南飞”缘于广东经济社会发展对人才尤其是科技人才的大量需求，随着原始资本积累和“星期六工程师”的出现，广东产业开始出现升级的内在需求，企业纷纷从国外引进成套的工业设备和技术。同时，企业开始注重职业培训，给予外来科技人员可观经济回报和发展机会，吸引了大批“孔雀东南飞”。这种现象的出现，是广东凭借地缘、政策优势，大胆采用灵活多样的方式引进人才的壮举，为全国人才资源开发工作提供了宝贵经验。

四、“深圳速度”

90 年代初期，深圳经济特区逐步走向外向型工业化阶段。创建沙头角和福田保税区、开放皇岗口岸、建立大批内联企业、改革金融体制、实施住房商品化等系列改革，使得深圳经济特区形成了以工业加工、出口贸易为一体的经济格局。深圳从小渔村发展为全国经济发展的排头兵，发展

---

① 根据中华人民共和国商务部令 2018 年第 6 号《外商投资企业设立及变更备案管理暂行办法》第三十三条：“香港特别行政区、澳门特别行政区、台湾地区投资者投资不涉及国家规定实施准入特别管理措施的，参照本办法办理。”香港、澳门、台湾地区投资企业不属于外商投资企业，但参照外商投资企业管理。因此，本书中有关对外开放的阐述例如“外商”“外资”等等，涉及香港、澳门、台湾地区投资的内容，是基于参照外商投资企业的角度来进行表述的。

为国际化程度较高的大都市，在全球市场都享有盛誉。广东人的市场经济意识因此被激活，市场极大地活跃起来，并有效地促进了经济的快速发展。1992年春天，邓小平发表了著名的“南方谈话”，“深圳速度”代表了一代人的理想与成就，自此载入特区建设的史册。

第二节　1991—1997年：第一把手抓生产力，高新技术独领风骚

作为中国改革开放的“开路先锋”，广东由于经济对外依存度较高，承受着西方经济制裁所带来的较大冲击，同时作为先行者，广东无形之中要先于其他省市来承担改革的风险和代价。进入90年代，广东的政策优势开始消减，特别是党的十四大确立构建社会主义市场经济体制的顶层设计以后，随着单项突破式的改革日益被整体性的综合改革取代，中央基于国家整体改革战略调整赋予了广东新的使命。邓小平在“南方谈话”中对广东提出要广东力争20年追上亚洲“四小龙”，成为激发广东在改革开放中再次“先行一步”的催化剂。这不仅反映出邓小平对广东改革开放的赞许，而且显示出他对广东继续担当“先行一步”重任，推助中国创造下一个发展高潮的自信。邓小平对广东发表“追龙”寄望后，广东省委、省政府迅速行动起来，围绕如何贯彻落实好这一重要指示精神开展多项工作。

一、第一把手要抓第一生产力

1991年7月，广东省委、省政府颁布《关于依靠科技进步，推动经济发展的决定》，提出了“第一把手要抓第一生产力”的要求，吹响了加速科技进步的进军号角。该文件与1995年5月广东省委、省政府颁布《关于加速科学技术进步若干问题的决定》成为20世纪90年代广东科技发展的指南和纲领性文件。它们提出了科技管理体制改革、企业技术进步、科技兴农、高新技术产业发展、科工（农）贸企业建设、科技成果转化、技术市场培育、引进技术吸收、创新和推广、科技经费投入、科技人才队伍建设等方面的发展目标和任务，对于科技更好地面向经济主战

场、促进高新技术产业的发展，具有重要的推动作用。

二、高新技术产业加速发展

1993 年 6 月，广东省委、省政府颁布《关于扶持高新技术产业发展的若干规定》，全力扶持高新技术产业加快发展。随后，全省逐步开始有计划、有重点地发展电子信息、生物技术、新型材料、精细化工、机电一体化、新能源等领域的高新技术产业。高新技术产业和技术较密集的电子通信设备制造、家用电器业迅速崛起，成为广东发展势头强劲的新经济增长点。

三、民营企业高速发展

继 1989 年广东省人民政府颁布《广东民办科技机构管理规定》，以及 1994 年广东省人大常委会以地方立法形式通过《广东省民营科技企业管理条例》，各市、县、区政府依据当地实际情况先后颁布民营科技企业管理办法，制定系列扶持民营科技企业发展的优惠政策。这期间，民营科技企业经营规模不断扩大，民营科技企业的产业化速度明显加快，涌现出了一批较大型或企业集团化的民营科技企业，出现了具有发展潜力的行业龙头企业和知名品牌。其中的一些发展成有影响的上市公司，其经济技术活动已覆盖国民经济主要行业。

第三节　1998—2007 年：克服科技与经济“两张皮”，深化科研机构运行机制改革

跨入 21 世纪前夕，尽管广东全省的经济总量占全国近 1/10，拥有一大批全国知名品牌，而且高新技术产品产值居全国首位，但是广东深深地感受到了经济领域面临的两大挑战：一个是经济全球化，一个是以信息技术为代表的新技术革命在全球的蓬勃发展。科学技术已经成为推动经济增长的主要动力，经济发展对自然资源的依赖程度逐步降低。此外，广东虽然综合科技实力居全国第二，但科技人才总量不足，特别是高层次人才很缺乏。这与经济总量全国第一的地位很不相称。体制问题集中表现在科技

和经济“两张皮”上。整个科技体制、技术创新机制还没有从根本上摆脱计划经济的束缚，落后于经济体制改革的步伐，不能适应形势发展的要求，主要表现在科研机构、科技人员游离于产业系统之外。科技人员中，享受财政拨款的占 76%；而产业系统生产技术十分落后，社会财富积累缓慢。此外，科技成果的转化率偏低，因为科技人员的课题大多不是来源于市场，更不是根据企业需求开展的产学研合作成果。

一、增创广东发展新优势

1998 年，江泽民总书记要求广东“增创新优势，更上一层楼”。广东迅速开展“增创广东发展新优势”十大专题调研活动，颁布《中共广东省委、广东省人民政府关于依靠科技进步推动产业结构优化升级的决定》，要求把增创科技新优势摆在全省首要地位，充分发挥科技进步对经济建设的强大推动作用。从此，广东进入了以克服科技与经济“两张皮”为核心的第三阶段科技体制改革。这是一次对科研机构、科技体制的深层次改革，也是对科技资源配置的一次重大调整，其主要目标是：在政府的大力支持下，建立起以大企业为主体，以科研机构、高等院校为科技依托，以市场配置资源为基本途径，以提高整体素质和综合竞争力为目的，适应社会主义市场经济，符合科技发展规律的科技创新机制，走一条科技与经济结合的新路子。

二、建设科技强省

2004 年，由中国科学院院长路甬祥院士领衔、数百位科学家参与完成了《提高广东创新能力和国际竞争力调研报告》。时任中共中央政治局委员、广东省委书记张德江对报告做重要批示，首次提出把广东建设成“科技强省”的目标。同年 8 月，广东省委、省政府颁发《中共广东省委、广东省人民政府关于加快建设科技强省的决定》（以下简称《决定》），将“科教兴粤”战略的实施推向新的阶段。《决定》指出，全省要以科技强省建设推动经济强省和文化大省建设，要把广东省建设成为区域性国际化的科技中心，全国重要的高新技术研究开发基地、成果转化和产业化基地。要促进科学技术对各领域、各行业的渗透，为经济社会全面、协调、可持续发展提供强有力的技术支撑。

三、加快创新型广东建设

2005 年，广东省委、省政府颁发《关于提高自主创新能力提升产业竞争力的决定》，作为提高自主创新能力的纲领性文件，奠定了广东新时期科技体制改革的基调，将广东经济社会发展导入“脱胎换骨”的质变上升期。这一时期，广东的科技工作紧紧围绕创建创新型广东、增强自主创新能力、提高综合竞争力和建设和谐社会的要求，营造有利于科技创新的大环境，加大重点支柱产业和领域的关键技术攻关，建立和完善区域科技创新体系，推动高新技术产业快速发展，开创了科技工作促进广东经济社会的快速、健康发展这一主线来开展的新局面。

第四节　2008—2013 年：争当科学发展排头兵，让创新成为全社会的共识和实践

2007 年年底，广东科技以“大科技、大开放”的科技发展思路和“不分所有制、不分隶属关系、不分地域”的“三不分”原则，以世界眼光谋划建设创新型广东，努力把广东打造成为全国技术成果和人才的集散地、成果转化和产业化的基地，以及科技创业的热土。2008 年 9 月，广东省委、省政府召开广东省科学技术大会，会上印发了《广东省建设创新型广东行动纲要》和各地级以上市自主创新行动计划，在全省掀起了新一轮自主创新热潮。2008 年 12 月，国务院审议通过《珠江三角洲地区改革发展规划纲要（2009—2012 年）》，该规划纲要提出珠三角要率先在国内建成创新型区域。广东省科技厅于 2009 年 7 月 1 日印发了《〈珠江三角洲地区改革发展规划纲要〉科技与自主创新专项实施方案（2009—2012 年）》，全面贯彻落实该规划纲要。

一、争当科学发展观排头兵

2007 年开始，“用新一轮思想大解放推动新一轮大发展”调研活动在广东如火如荼地展开。2008 年春节刚过，时任中共中央政治局委员、广东省委书记汪洋和省长黄华华亲自率团到长三角“取经”，并亲自赶赴杭

州约见阿里巴巴创始人马云。一到杭州阿里巴巴总部，省委书记汪洋就开门见山地对阿里巴巴创始人马云说：“阿里巴巴的发展路径与广东省中小企业的发展思路非常契合。”

2008 年，时任中共中央政治局委员、广东省委书记汪洋旗帜鲜明地提出要“争当实践科学发展观排头兵”，“努力建设成为提升我国国际竞争力的主力省，探索科学发展模式的试验区，发展中国特色社会主义的先行地”。2008 年 2 月 25 日，广东省委、省政府在广州召开“建设创新型广东”专家座谈会，来自全省高校、科研院所、产业界的 20 多位专家学者和企业家参会。会上，有关专家围绕完善技术创新体制机制、加强产学研合作、加大科技投入、加强国际科技合作、建立工业技术研究院、加强人才队伍建设、优化自主创新氛围、制定自主创新政策等重点和热点问题，提出了很多建议和意见。会上还强调“增强自主创新能力，建设创新型广东，是广东省发展战略的核心。开展自主创新专题调研活动，一定要广开言路，集思广益，多听专家学者和社会各界的建议和意见”。

随后，广东省委、省政府先后出台《中共广东省委、广东省人民政府关于争当实践科学发展观排头兵的决定》以及《广东省建设创新型广东行动纲要》，发展目标是今后 5 ～ 10 年，要按照“一个先行”“两个突破”“三个提升”“四个大幅增长”的发展目标，加快创新型广东建设步伐，大幅提升自主创新能力；全省主要创新指标接近或基本达到世界创新型国家和地区的水平，使广东成为亚太地区重要的创新中心。广东省最高决策者的思路是清晰的。广东人的创新思考有着令人起敬的惊人魄力，他们敢于以不足 18 万平方公里的国土面积觊觎全球范围内的市场份额。人们期望在新的起点上，广东有更高的追求，更大的作为：让自主创新旗帜灿烂飘扬，争当科学发展观和综合竞争力排头兵。

二、创新成为全社会的共识和实践

广东坚持解放思想，树立世界眼光和战略思维，发挥“四两拨千斤”的杠杆效应，全方位调动全社会的创新活力。在部省院产学研合作、重大科技专项、战略性新兴产业核心技术攻关等一系列重大项目带动下，形成了以企业为主体、市场为导向、产学研结合的开放式区域创新体系，促进了创新要素向企业集聚，极大地激发了各创新主体积极性。同时，以全省“科技进步活动月”为平台，面向广大人民群众和企业开展科技服务、科

普宣传工作，营造了有利于创新的社会氛围，促进自主创新战略深入实施。在自主创新一系列政策推动和财政科技投入带动下，我省企业、风险投资、社会资本不断加大研发投入。数据显示，2011 年广东科学研究与试验发展（R&D）经费投入达到 1045 亿元，是 2006 年的 3.3 倍，R&D 经费与当年国内生产总值（GDP）之比达到 1.96%。其中，政府 R&D 投入 94.19 亿元，企业 R&D 投入达到 912.72 亿元，分别是 2006 年的 2.83 倍和 3.66 倍，均翻了一番多。

2012 年 1 月，时任中共中央政治局委员、广东省委书记汪洋视察省科技厅时指出广东转型升级靠科技，广东未来靠创新，要让创新成为全社会的共识和实践。2012 年 2 月，省科技厅组织召开了全省科技形势分析会，专题学习贯彻省主要领导重要讲话精神。会后，在全省范围内迅速掀起了学习贯彻讲话精神的热潮，各地市科技局、高新区、专业镇、科技型企业和科研单位纷纷通过专家座谈、理论研讨、巡回宣讲等多种形式的活动开展学习。同时，《南方日报》《科技日报》、新华网、南方网等主流媒体通过专家评论、专题专版等形式广泛宣传了省主要领导讲话精神，让创新逐渐成为全社会的共识与实践。

三、科技创新要“扬长补短”

广东科技工作锐意进取，先行先试，开拓创新，发挥市场配置科技创新资源的基础作用，强化企业的创新主体地位，推动科技成果产业化，加强国际国内科技合作，创新科技体制和机制，完善自主创新政策法规，使广东成为企业创新能力最强、科技产业化水平最高、科技创新绩效最好、区域创新环境最优省份之一，区域创新能力位居全国第二，科技进步水平位居各省区首位。可以说，广东经济发展到了关键阶段，既要加快发展，也要加快转型升级。2013 年 6 月 6 日，时任中共中央政治局委员、广东省委书记胡春华到省科技厅调研时强调，要提高对科技在促进经济社会发展重要作用的认识，增强使命感、责任感，强调要“扬长补短”，进一步发挥科技创新支撑加快发展、引领转型升级的作用。胡春华书记的重要讲话，为广东科技创新工作提出了总要求、总路线和总目标。科技日报、南方日报等重要媒体纷纷连篇报道，全省科技界也掀起了学习浪潮，对广东如何“扬长补短”展开热烈讨论，并陆续推出一系列具有针对性、操作性的措施，实施一批重大科技项目。

深入贯彻落实党的十八大、省委十一届二次全会和习近平总书记视察广东时的重要讲话精神，围绕“三个定位、两个率先”[①] 重大战略目标，按照“大科技、大开放、大合作”思路，扬长补短、开拓创新、先行先试，全面实施创新驱动发展战略，大力发展创新型经济，推进一批创新驱动发展的重点工程建设，高效集聚和配置海内外创新资源，加快推进科技创新市场化、创新成果产业化、科技合作国际化、体制机制科学化、政策法规规范化，依靠科技进步推动广东经济提速提质，走出一条科技与经济结合的新路子，力争率先建成创新型省份，为经济社会发展提供核心驱动力。

第五节　2014年至今：全面实施创新驱动发展战略，加快建设科技创新强省

2014年中央经济工作会议提出，全国经济发展进入新常态，经济增长从高速转向中高速，经济发展方式从规模速度型粗放增长转向质量效益型集约增长，经济发展结构从增量扩能为主转向调整存量、做优增量并存的深度调整阶段，经济发展动力从传统增长点转向新的增长点，形态高级化、分工复杂化、结构合理化等新阶段特征充分显现。

科技与经济联系日益紧密，伴随经济新常态的出现，广东科技发展也出现一系列新的特征。广东要迈过转变发展方式、优化经济结构、转换增长动力的重大关口，在构建推动经济高质量发展体制机制上走在全国前列，就必须全面推进体制机制创新，营造有利于创新的环境，推动创新要素自由流动和聚集，使创新成为高质量发展的强大动能。现代化经济体系的核心是产业体系，科技创新是建设现代化产业体系的战略支撑。广东要加快建设实体经济、科技创新、现代金融、人力资源协同发展的产业体系，在建设现代化经济体系上走在全国前列，就必须坚持以科技创新为引领，推动制造业转型升级，坚决破除无效供给，为新兴产业发展腾出空

---

① “三个定位”：广东要努力成为发展中国特色社会主义的排头兵、深化改革开放的先行地、探索科学发展的实验区。“两个率先”：率先全面建成小康社会、率先基本实现社会主义现代化。

间，加快构筑广东产业体系新支柱。为此，广东必须坚定不移地实施创新驱动发展战略，开拓创新、锐意进取，加快建设科技创新强省，努力为全国实施创新驱动发展战略提供支撑。这既是中央赋予广东的光荣使命，也是决定广东未来发展前途命运的关键所在。广东这几年的科技体制改革正契合了新的发展要求，更有利于解放科技生产力，创新也将会有新的飞跃，发明专利申请指标重回第二就是一个明证。

一、全面实施创新驱动发展战略

党的十八大做出了实施创新驱动发展战略的重大部署。党的十八大以来，以习近平同志为核心的党中央对科技改革和创新提出了一系列重大新思想、新论断、新要求。广东省委、省政府历来高度重视科技创新工作，省主要领导对加快创新驱动发展多次做出指示。为进一步落实有关部署，2014 年 6 月，以广东省委、省政府名义印发的《关于全面深化科技体制改革 加快创新驱动发展的决定》（以下简称《决定》）在全国率先出台，成为指导广东当前和今后一个时期科技创新的纲领性文件。可以说，全面深化科技体制改革，加快创新驱动发展对广东科技事业来说，既是加快发展的重大机遇，也是不能回避的一场“大考”。广东加强对全省科技工作的全盘谋划，一手抓创新驱动发展，做好统筹布局和任务落实，加快推动以科技创新为核心的全面创新，促进了各方面资源向创新配置、各方面力量向创新集成；一手抓科技体制改革，通过酝酿出台关于加快创新驱动发展的重大政策措施，组织实施省级科技业务管理“阳光再造行动”等重大改革，把增强自主创新能力、破除体制机制障碍“两个轮子”同步转起来。

此外，广东还将加快推进创新型城市建设作为落实《决定》的一项重要抓手，在推进创新型城市试点推广建设上具有一定基础，广州、深圳已经成为国家创新型试点城市，佛山、珠海也出台了创新型城市建设的行动计划。但是这对于广东要加快创新驱动发展、率先建成小康社会而言仍然不够。江苏的区域创新能力全国排名近年一直领先广东，它拥有的国家创新型试点城市数量已经达到 10 个。因此，全省上下要重视创新型城市建设工作，特别是珠三角地区，要把创新型城市建设提升至各市发展战略的高度。省科技厅联合省规划纲要办，共同推动珠三角各市成立创新型城市建设目标推进专责工作组，夯实组织领导力量，做好顶层设计，细化行动方案，抓好重点任务，出台《实现广东率先全面建成小康社会 R&D/GDP 目标的解决方案》，为确保广东研发经费投入占地区生产总值比重（R&D/GDP）指标在 2018 年实现发展目标，率先全面建成小康社会。具体工作上，全力支持广州、深圳率先建成国家创新型城市，充分发挥科技创新中心城市的龙头带动作用；推动佛山、珠海等有条件的城市创建国家创新型城市。启动省级创新型城市试点建设工作，重点在粤东西北地区培育若干个省级创新型城市，形成驱动粤东西北振兴发展的创新极。

二、把创新作为引领发展的第一动力

广东正式跨入世界创新型地区行列成为当前科技发展的重要里程碑。2015 年，广东研发投入强度达到 2.5%，技术自给率上升至 71%。根据国际通用认定标准，这两个指标双双达到关键拐点，标志着我省正式跨入创新型地区行列，进入创新驱动发展阶段，成为继北京、上海、天津、江苏等省市后，成功跨过 2.5% 关键节点的省份。深圳的研发投入强度（4.0%）甚至是 G8 国家平均水平的近 2 倍，达到发达国家和地区的高端水平。此外，我省其他创新发展核心指标也位居全国前列：区域创新能力综合排名全国第二，研发人员总量、有效发明专利申请量、PCT 国际专利申请受理量等主要指标多年位居全国首位。全省正加快建设创新驱动发展先行省，力争到 2030 年全省研发投入强度突破 3.5%，技术自给率 75% 以上，科技进步贡献率超过 70%，成为世界创新型发展的重要地区之一。

全面推进珠三角国家自主创新示范区建设成为全省创新驱动发展的新引擎。2014 年 6 月，深圳国家自主创新示范区获批第四个建设国家自主创新示范区，是党的十八大后第一个以城市为基本单位的国家自主创新示范区。2015 年 9 月 29 日，国务院正式批复同意广州、珠海、佛山、惠州、东莞、中山、江门、肇庆 8 个国家高新区建设国家自主创新示范区。这是继苏南国家自主创新示范区之后，全国第二个以城市群为单位的国家自主创新示范区。为进一步落实相关部署，广东省委、省政府出台《加快推进创新驱动发展重点工作方案（2015—2017 年）》，明确以深圳、广州为龙头，形成“1 + 1 + 7”珠三角国家自主创新示范区建设格局，建成国际一流的创新创业中心，努力把珠三角国家高新区建设成为我国开放创新先行区、转型升级引领区、协同创新示范区、创新创业生态区。建设国家自主创新示范区，有利于珠三角地市的国家高新区实现创新发展，成为

全省创新驱动发展的新引擎。为加快国家自主创新示范区建设、增强高新区发展后劲，省科技厅积极开展科技体制改革和机制创新，推动自主创新示范区在科技金融结合、新型研发机构建设、人才引进、产学研结合、国际及粤港澳合作、创新创业孵化体系建设、知识产权运用和保护等方面进行积极探索，推动高新区创新发展。

加快高新技术企业培育和科技企业孵化器建设已成为全省促进大众创新万众创业的重要抓手。高新技术企业培育、科技企业孵化器建设作为创新驱动发展的“牛鼻子”，成为全省促进“双创”的重要抓手。一方面，全省设立 60 亿元的高新技术企业培育专项资金，省市联动推进高新技术企业培育，以高标准倒逼企业加强技术攻关、成果应用、人才引进和科研投入，引导企业向“大、强、专、精”方向发展，成为掌握核心技术、拥有自主知识产权、具有国际竞争力的优质企业，力争到 2017 年全省高新技术企业总量突破 1.2 万家，引导 1 万家创新型企业进入高新技术企业培育后备库。另一方面，全省出台了一系列扶持发展科技企业孵化器的政策措施，启动实施孵化器倍增计划，引导我省孵化器、众创空间健康快速发展，在全社会营造良好的创新创业环境。2015 年全省国家高新技术企业总数达到 11105 家，建成科技企业孵化器 399 家，在孵企业 1.8 万家，累计毕业企业 8000 家。高新技术企业培育发展和孵化器建设，成为今后一段时期的科技重点工作，必须常抓不懈，高效完成广东省委、省政府交办的重大任务。

三、绘就“十三五”科技创新宏伟蓝图

国家对创新驱动发展的系统谋划和全面部署已逐层展开，指明了科技工作与民族复兴伟大进程的结合路径。党的十八大以来，习近平总书记把科技创新摆在国家发展全局的核心位置，围绕实施创新驱动发展战略提出一系列新思想、新论断、新要求、新部署。2016 年年初，我国出台了《国家创新驱动发展战略纲要》，它作为落实创新驱动发展战略的总体方案和路线图，提出了分“三步走”的战略目标。5 月，全国科技创新大会隆重召开，习近平总书记强调要在新的历史起点上，把科技创新摆在更加重要的位置，吹响了建设世界科技强国的号角。7 月，国务院发布实施《“十三五”国家科技创新规划》，该规划以深入实施创新驱动发展战略、支撑供给侧结构性改革为主线，确立了迈进创新型国家行列、为建成世界

科技强国奠定坚实基础的总目标，并从构筑国家先发优势、增强原始创新能力等六个方面进行系统部署，重点突出科技“引领未来”的新时期主要特征。全国各地也纷纷绘就“十三五”科技创新蓝图，如北京加快创建全国科技创新中心，上海全力打造具有全球影响力的科技创新中心，江苏加快建设具有全球影响力的产业科技创新中心。

在国家的总体布局下，广东省委、省政府全面推进创新改革和创新型省份建设试点，科学谋划全省“十三五”科技创新蓝图。广东省委、省政府在2016年2月召开了高规格的全省创新驱动发展大会，随后又召开珠三角国家自主创新示范区建设工作推进会、全省专业镇协同创新工作现场会等一系列专题会议，部署全省创新发展工作。全省先后出台《广东省实施创新驱动发展战略2016年工作要点》《广东省系统推进全面创新改革试验方案》《广东省创新驱动发展近期重点工作计划》等重要文件，深入落实我省“科技创新十二条”政策，启动创新驱动发展工作考核，落实推进创新驱动发展15项重点任务。在科技部的支持下，广东积极编制《广东省建设创新型省份试点方案》和《“十三五”广东省科技创新规划》，明确今后五年科技创新总体目标和任务措施，努力争当全国创新驱动发展排头兵。其中，国家自主创新示范区建设成为构筑全省科技创新蓝图的重要基石。2016年4月，省政府正式印发《珠三角国家自创区建设实施方案》，还在积极研究《珠三角国家自主创新示范区规划纲要(2016—2025年)》《珠三角国家自主创新示范区与广东自贸试验区联动发展的实施方案（2016—2020年)》，加紧推动空间规划编制，落实一批先行先试政策。

2017年4月，习近平总书记对广东“四个坚持、三个支撑、两个走在前列”[①] 的重要批示，从战略和全局高度为广东发展把脉定位，为我省未来发展描绘宏伟蓝图，明确了发展方向和原则，是我省当前和今后一个时期统领各项工作的总纲领，特别是对我省创新驱动发展工作提出了总要求和总目标。2017年7月，国家发展和改革委员会、广东省

---

① “四个坚持”：坚持党的领导、坚持中国特色社会主义、坚持新发展理念、坚持改革开放。“三个支撑”：为全国推进供给侧结构性改革、实施创新驱动发展战略、构建开放型经济新体制提供支撑。“两个走在前列”：在全面建成小康社会、加快建设社会主义现代化新征程上走在前列。

人民政府、香港特别行政区政府和澳门特别行政区政府的代表在香港签署《深化粤港澳合作　推进大湾区建设框架协议》，确立大湾区建设的合作重点领域，包括推进基础设施互联互通、进一步提升市场一体化水平、打造国际科技创新中心等。随着广东对外开放的格局进一步打开，创新驱动发展迎来了参与打造世界级湾区的历史机遇。这不仅标志着我省在全国乃至全球的“创新版图”中日益突出的战略地位，更标志着广东创新驱动发展实践步入新的阶段。统计显示，2016 年粤港澳大湾区的发明专利受理量达到 150576 件，发明专利、PCT 专利和 DWPI 专利①数量上，粤港澳大湾区已经超越旧金山湾区②。

四、启动创新驱动发展“八大举措”监测评估

为贯彻落实习近平总书记系列重要讲话精神，深入实施《国家创新驱动发展战略纲要》，广东省委、省政府部署了广东创新驱动发展重点工作。为了抓实广东创新驱动发展近期重点工作计划，《广东省全面深化改革加快实施创新驱动发展战略领导小组关于印发我省创新驱动发展重点工作计划的通知》，建立了重点工作监测评估机制，连续两年动态监测全省各地市创新驱动发展的近期重点工作落实情况、取得成效及存在问题，引导全省各地市增强区域自主创新能力。

2017 年，自创办围绕广东创新驱动发展战略目标，按照“科学合理、客观公正”“规范透明、简易可行”“动态监测、逐步完善”的工作原则，研究出台了《各地市创新驱动发展近期重点工作任务评价监测实施方法》（以下简称《实施办法》）。《实施办法》将近期重点工作计划分解高新技术企业培育、新型研发机构建设、企业技术改造、孵化育成体系建设、高水平大学建设、自主核心技术攻关、创新人才队伍建设、科技金融结合八类（以下简称“八大举措”）共 35 项评价监测指标，并明确数据监测任务分工，由自创办会同省委组织部、省发展改革委、经济和信息化委、教育厅、科技厅共同组织，分类监测评价珠三角地区和粤东西北地区，指导

---

① DWPI 专利，即德温特世界专利索引数据库（Derwent World Patent Index，DWPI）每年将来自 40 个国家和国际组织的约 150 万件专利文献，加工整理为具有高附加值的信息产品。《德温特世界专利索引》是德温特的主导产品，现有约 1100 万条基本专利数据，而且每年新增约 150 万条数据。

② 参见广州日报数据和数字化研究院发布的《粤港澳大湾区协同创新发展报告（2017）》。

监测评估的具体工作实践。

根据《实施办法》要求，自创办会同省直牵头部门，分别对 2016 年、2017 年两年全省各地市“八大举措”工作进展进行数据采集、统计分析、动态评估，先后形成了 2016 年、2017 年《全省各地市创新驱动发展“八大举措”监测评估报告》两份报告，并在全省创新大会中做了情况通报。同时，自创办定期调研调查全省以及珠三角地区“八大举措”工作阶段性进展及成效，总结归纳各地市创新驱动发展的主要做法和成功经验，定期在全省范围内进行情况通报，形成示范作用。

“八大举措”监测实施以来，全省各地市都高度重视，高规格设置了创新驱动发展领导机构，以市委书记为组长、副书记为副组长，市委组织部、发改局、科技局、经信局、教育局、财政局、人社局等为成员，协同推动创新驱动发展近期各项重点工作任务落到实处。积极建立“八大举措”任务监测评估机制，如肇庆市人民政府办公室印发了《肇庆市创新驱动发展工作督导监测实施办法》、阳江市科技局印发了《创新驱动发展“八大抓手”任务评价监测指标实施方案》。此外，还定期召开创新驱动发展工作推进会，通报分析地区“八大举措”工作任务指标完成情况。

第二章　广东科技创新40年的成效对标

改革开放为广东的发展带来勃勃生机，科技创新更使广东成为国内发展最快的地区之一，尤其是党的十八大以来，以习近平同志为核心的党中央高度重视创新发展工作。习近平总书记多次强调，抓创新就是抓发展，谋创新就是谋未来。历届广东省委、省政府都坚决贯彻落实中央关于实施创新驱动发展战略的决策部署，抓谋划、抓部署、抓推动，把创新驱动发展作为我省经济社会发展的核心战略和经济结构调整的总抓手，牢牢把握住建设国家科技产业创新中心这个总定位，出台了“科技创新十二条”等一系列政策文件，实施高新技术企业培育、新型研发机构建设、企业技术改造、孵化育成体系建设等“八大举措”，推动全省创新发展取得了重大进展。40年来，广东科技工作创造了一系列的“全国首创”，科技综合实力和区域创新能力已从国内的“第三世界”跃升至“第一梯队”，综合排名位居全国第2；科技进步贡献率达到58%，逐步接近国家中长期科技规划确定的60%的创新型国家目标；实现GDP 8.99万亿元，为全国贡献了10.9%的经济总量，总规模连续29年稳居全国第1位，多项科技、经济指标领先全国。

第一节　综合创新能力

《中国区域创新能力评价报告》是以中国区域创新体系建设为主题的综合性、连续性的年度研究报告，每年发布一次，至今已连续发布17次，是科技部支持时间最长，社会影响最广的报告之一。最新发布的《中国区域创新能力评价报告2017》显示，广东打破了过去9年区域创新能力位居第二的格局，首次超过江苏跃居全国第一位，第二、第三、第四、第五名分别是江苏、北京、上海和浙江。2017年，广东创新能力综合分值55.24分，超越江苏（综合分值53.30分）跃居全国第一位（见图2-1）。从创新的实力、效率和潜力三个维度看，广东分别位居全国第一、第四、第十八位，与上年（第二、第五、第二十六位）相比，排位均有明显提升。[①] 从创新能力构成五要素看，企业创新、创新环境及创新绩效均排名全国第一位，其中，企业创新、创新环境排名分别较2016年提升1位和2位；知识创造、知识获取排名全国第四位（见图2-2）。

从分项指标看，我省知识创造能力位居全国第四位（排名全国前三位的省市依次为北京、江苏、上海），主要创新指标增长较快，其中的科技投入指标、国际论文指标增速超过25%，发明专利申请增速超过50%；知识获取能力位居全国第四位（排名全国前三位的省市依次为上海、北京、江苏），其中企业技术成果成交金额增长3倍，技术引进增长53.7%；企业创新能力位居全国第一位，企业研究开发投入、企业专利申请、有效发明专利拥有量及新产品销售收入方面增速明显，并超越江苏；创新环境能力位居全国第一位，移动电话普及率、互联网普及率均高于江苏，科技企业孵化主要指标均有较大幅度增长；创新绩效能力继续保持传统优势，作为广东的强势指标，GDP、第三产业增加值、高技术产业、高技术产品出口等方面指标均高于江苏。（见表2-1）

---

① 参见中国科技发展战略研究小组《中国区域创新能力评价报告2017》，科学技术出版社2017年版。

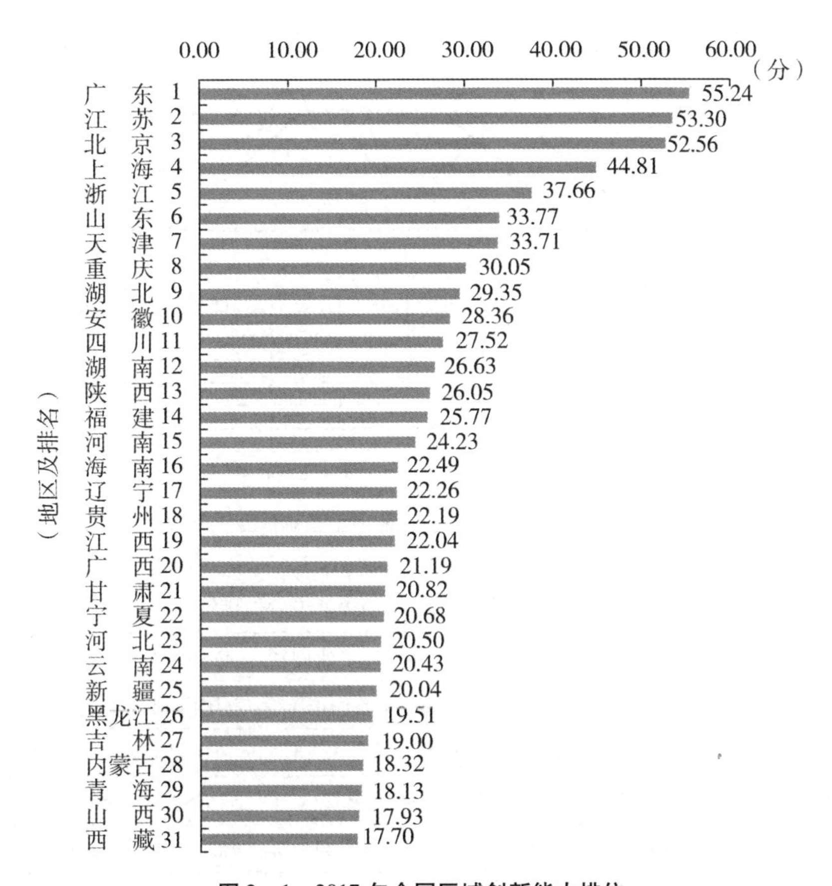

图 2－1　2017 年全国区域创新能力排位

资料来源：参见中国科技发展战略研究小组《中国区域创新能力评价报告 2017》，科学技术出版社 2017 年版。

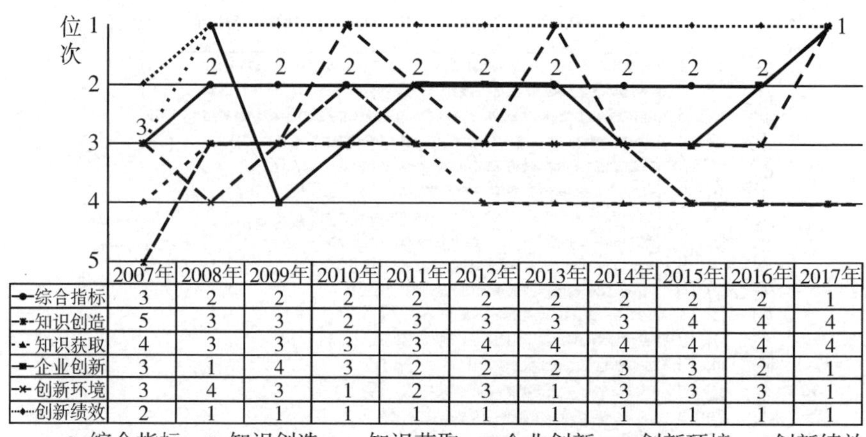

	2007年	2008年	2009年	2010年	2011年	2012年	2013年	2014年	2015年	2016年	2017年
综合指标	3	2	2	2	2	2	2	2	2	2	1
知识创造	5	3	3	2	3	3	3	3	4	4	4
知识获取	4	3	3	3	3	4	4	4	4	4	4
企业创新	3	1	4	3	2	2	2	3	3	2	1
创新环境	3	4	3	1	2	3	1	3	3	3	1
创新绩效	2	1	1	1	1	1	1	1	1	1	1

图 2－2　历年广东区域创新能力全国排位变化情况

表 2－1　2017 年全国区域创新能力分项排位

地区	综合值		知识创造		知识获取		企业创新		创新环境		创新绩效	
	效用值	排名	效用值	排名	效用值	排名	效用值	排名	效用值	排名	效用值	排名
权重	1. 00		0. 15		0. 15		0. 25		0. 25		0. 20	
广东	55. 24	1	39. 07	4	38. 81	4	66. 22	1	54. 98	1	66. 28	1
江苏	53. 30	2	47. 28	2	42. 99	3	62. 43	2	46. 88	3	62. 14	2
北京	52. 56	3	74. 10	1	47. 42	2	46. 30	4	51. 05	2	49. 97	3
上海	44. 81	4	42. 21	3	54. 06	1	42. 83	5	38. 73	4	49. 90	4
浙江	37. 66	5	34. 63	5	22. 86	7	50. 07	3	34. 97	6	38. 90	9
山东	33. 77	6	28. 93	9	18. 37	12	39. 04	6	37. 03	5	38. 26	10
天津	33. 71	7	27. 28	11	26. 04	6	36. 56	8	28. 52	9	47. 22	5
重庆	30. 05	8	26. 02	12	20. 15	10	34. 27	10	23. 92	15	42. 86	6
湖北	29. 35	9	23. 79	13	18. 75	11	29. 78	11	29. 85	7	40. 30	8
安徽	28. 36	10	31. 99	6	11. 60	24	38. 82	7	22. 48	19	32. 46	16
四川	27. 52	11	30. 21	8	15. 30	15	24. 98	12	28. 99	8	36. 02	12
湖南	26. 63	12	20. 44	16	14. 04	18	35. 30	9	23. 71	17	33. 51	14

（续表 2－1）

地区	综合值		知识创造		知识获取		企业创新		创新环境		创新绩效	
	效用值	排名	效用值	排名	效用值	排名	效用值	排名	效用值	排名	效用值	排名
陕西	26.05	13	30.41	7	16.19	13	21.41	19	25.83	12	36.25	11
福建	25.77	14	19.57	19	21.16	8	24.76	13	25.64	13	35.31	13
河北	24.23	15	15.96	24	11.24	26	21.38	20	26.15	11	41.34	7
海南	22.49	16	15.93	26	9.54	30	24.14	14	28.15	10	27.97	20
辽宁	22.26	17	22.22	14	20.44	9	18.90	24	22.47	20	27.58	21
贵州	22.19	18	19.64	18	15.89	14	20.88	21	20.38	26	32.70	15
江西	22.04	19	13.77	29	14.41	17	20.75	22	25.48	14	31.26	18
广西	21.19	20	28.59	10	9.17	31	16.82	27	19.57	28	32.12	17
甘肃	20.82	21	19.47	20	10.19	27	22.06	16	21.73	24	27.09	22
宁夏	20.68	22	15.96	24	26.10	5	22.68	15	18.40	30	20.52	31
河南	20.50	23	18.47	21	9.84	29	21.64	17	23.79	16	24.49	28
云南	20.43	24	20.06	17	10.06	28	21.46	18	22.33	21	24.81	27
新疆	20.04	25	17.91	22	13.09	21	18.93	23	22.09	23	25.66	25
黑龙江	19.51	26	21.89	15	15.08	16	13.84	31	23.41	18	23.28	29
吉林	19.00	27	17.24	23	13.66	20	17.46	25	16.99	31	28.75	19
内蒙古	18.32	28	11.91	31	11.63	23	16.32	28	22.22	22	25.75	24
青海	18.13	29	13.95	28	11.29	25	15.85	29	20.77	25	25.92	23
山西	17.93	30	15.43	27	13.91	19	15.57	30	20.12	27	23.03	30
西藏	17.70	31	13.02	30	11.84	22	16.84	26	19.13	29	24.89	26

资料来源：中国科技发展战略研究小组：《中国区域创新能力评价报告 2017》，科学技术出版社 2017 年版。

第二节 科 技 投 入

一、研发人员总量位居全国第二

近年来，广东加快引进和培养高层次创新人才，不断完善创新创业环境，狠抓人才队伍建设，全省研发人员规模不断壮大。2016年，全省R&D活动人员73.52万人，折合全时当量为51.56万人年，比2012年增长2.33万人年，总规模略低于江苏（54.34万人年）居全国第2位，明显高于浙江（37.66万人年）、山东（30.15万人年）、北京（25.33万人年）、上海（18.39万人年）、天津（11.94万人年）等兄弟省市。从R&D活动人员密度看，广东每万人口中从事R&D活动人员达到46.88人年，比2012年增长0.41人年。此外，广东还深入实施“珠江人才计划”等重大人才工程，培育引进一批产业发展急需的创新型人才和科研团队，累计引进6批共163个创新创业团队；每年来粤工作的境外专家超过13万人次，占全国的20%，居全国首位。

二、研发经费总量和强度均创历史新高

2016年，广东全社会科技投入快速增长，全社会R&D经费投入2035.14亿元，总量超过江苏，跃居全国首位，高于山东（1566.10亿元）、北京（1484.60亿元）、浙江（1130.60亿元）、上海（1049.30亿元）、天津（537.30亿元）等兄弟省市；研发投入强度（R&D/GDP）也从2012年的2.17%提高到2.56%的新高度（见图2－3）。分地市情况看，深圳市研发投入强度达到4.32%，仅次于北京市，位居全国各大城市第二位；深圳、广州、佛山、东莞四市的研发投入超过100亿元，深圳、珠海、东莞、中山、广州、佛山、惠州的研发投入强度达到2.0%以上（见表2－2）。

表2－2 2012—2016年主要城市研发投入强度比较

城市	研发投入强度（%）	城市	研发投入强度（%）
北京	5.96	珠海	2.48

（续表 2－2）

城市	研发投入强度（%）	城市	研发投入强度（%）
深圳	4.32	东莞	2.4
上海	3.82	中山	2.37
天津	3.00	佛山	2.32
广州	2.34	惠州	2.05

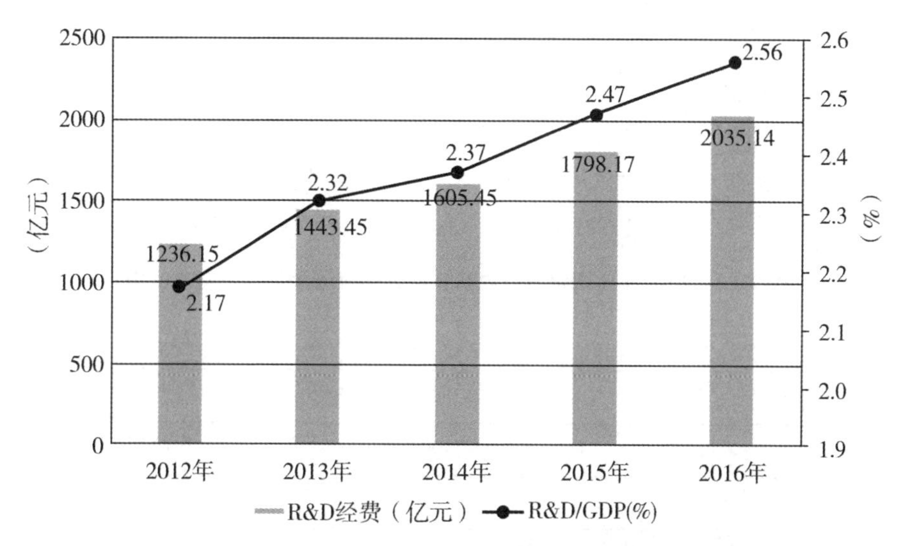

图 2－3　2012—2016 年广东研发经费投入总量及强度对比

三、地方财政科技拨款投入稳居全国首位

近年来，广东省委、省政府加大力度落实创新驱动发展战略，各级政府加大财政科技投入力度，有效引导全社会开展创新创业，广东财政科技拨款总额稳居全国第一；财政科技支出强度排名跃居全国首位。2016 年，广东财政科技拨款额为 742.97 亿元，比上年增加 173.42 亿元，同比增长 30.45%；财政科技支出占当年全省财政支出的比重为 5.53%，比上年提高 1.09 个百分点。与兄弟省市相比，广东财政科技拨款规模超过江苏与上海的总和，比江苏高 354.68 亿元，比上海高 401.26 亿元，稳居全国第一；地方财政科技拨款占财政支出比重超过北京（4.46%）、上海

（4.94%），跃居全国第一。（见图 2－4，图 2－5）

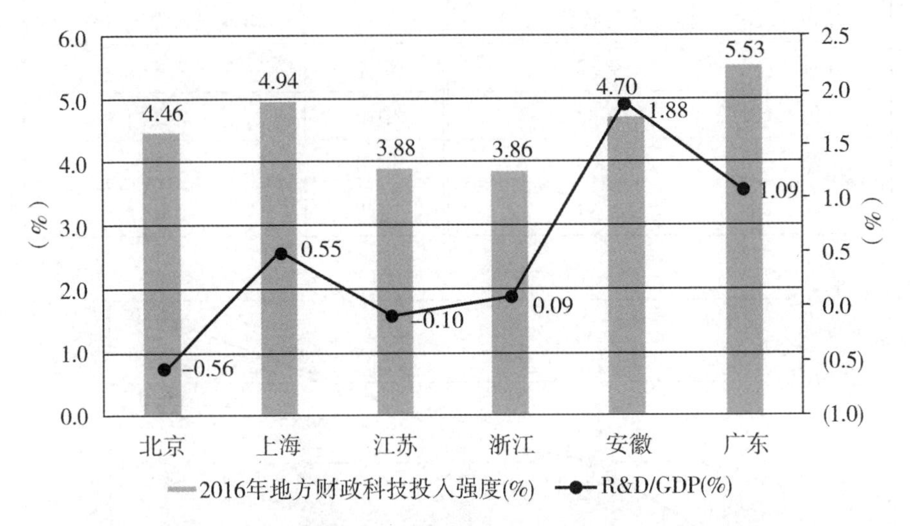

图 2－4　2016 年全国地方财政科技投入强度最大的六个省市比较

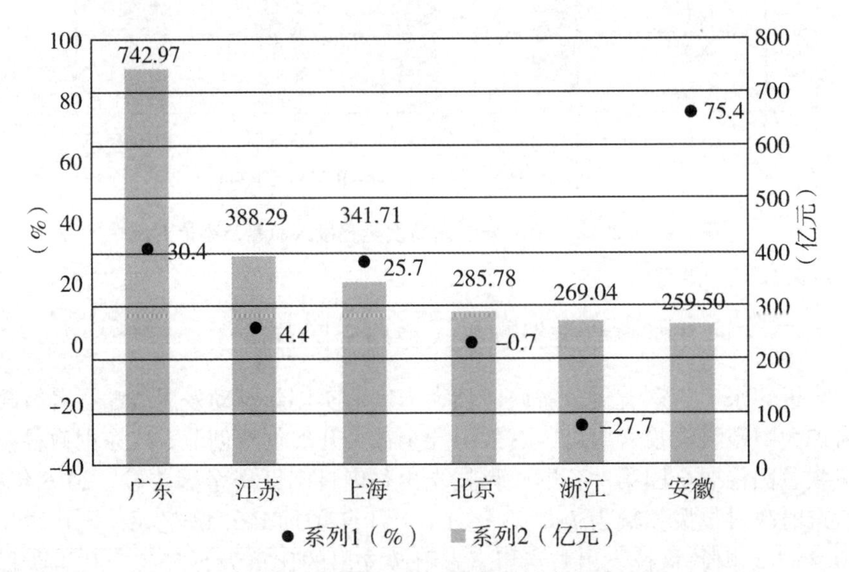

图 2－5　2016 年全国地方财政科技拨款最多的六个省市比较

四、创新平台体系不断完善

一是加快构建覆盖创新链条的实验室体系。2016 年，全省已经形成由 27 家国家重点实验室、6 家省部共建国家重点实验室培育基地、200 家省重点实验室、54 家省企业重点实验室、32 家省重点科研基地组成的较为完整的实验室体系，在制造与工程科学、能源科学、资源环境科学、健康科学、农业科学、综合交叉科学等领域成为我省产业技术创新的重要平台和谋划建设国家实验室的主体支撑。二是以工程中心为代表的技术创新平台体系加快建设。广东建有 23 个国家级工程技术研究开发中心以及广东省化学新材料与装备工程技术研究中心、广东省无线智能数字音响工程技术研究中心等 2014 个省级工程技术研究开发中心，这些工程技术研究开发中心广泛分布在新材料、电子信息、光机电一体化、节能环保等技术领域，有利推动企业及行业的科技进步。此外，广东聚焦重大前沿科研领域，推进国家大科学基础设施和大工程建设，投资 50 亿元与中科院联合创建珠三角国家大科学中心，在中微子、超材料、基因组、干细胞、移动通信技术等多个领域跻身世界领先水平，成为国家重大科技基础设施项目布局建设最多的省份。但是与兄弟省市相比，广东高端创新平台数量仍然偏少，国家重点实验室数量占全国总量的 5.9%，仅为北京的 1/4，江苏的 2/3；国家级工程中心 23 个，仅为北京的 1/3。

第三节　科 技 产 出

一、专利产出领先优势持续扩大

2016 年全省专利申请量达到 50.57 万件，同比增长 42.07%，其中发明专利申请 15.56 万件，同比增长 49.7%。专利授权量 25.90 万件，超过江苏，跃居全国第 1 位；PCT 国际专利申请量 2.36 万件，稳居全国第一位，且领先优势逐步拉大（见图 2－6）。其中，全省企业申请发明专利 11.34 万件，同比增长 54.9%，占全省发明专利申请量的 72.9%；企业获得发明专利授权 3.07 万件，占全省发明专利授权量的 79.5%（见图 2－7）。2017 年以来广东主要专利产出指标继续保持高速增长。2017 年，

全省专利申请量和授权量分别达到 62.78 万件和 33.26 万件，同比增长 36.01% 和 28.42%，其中发明专利申请量和授权量分别达到 18.26 万件和 4.57 万件，同比增长 30.88% 和 18.42%。广东专利申请量、发明专利申请量、专利授权量、发明专利授权量均全面超越江苏，且发展优势逐步拉大。

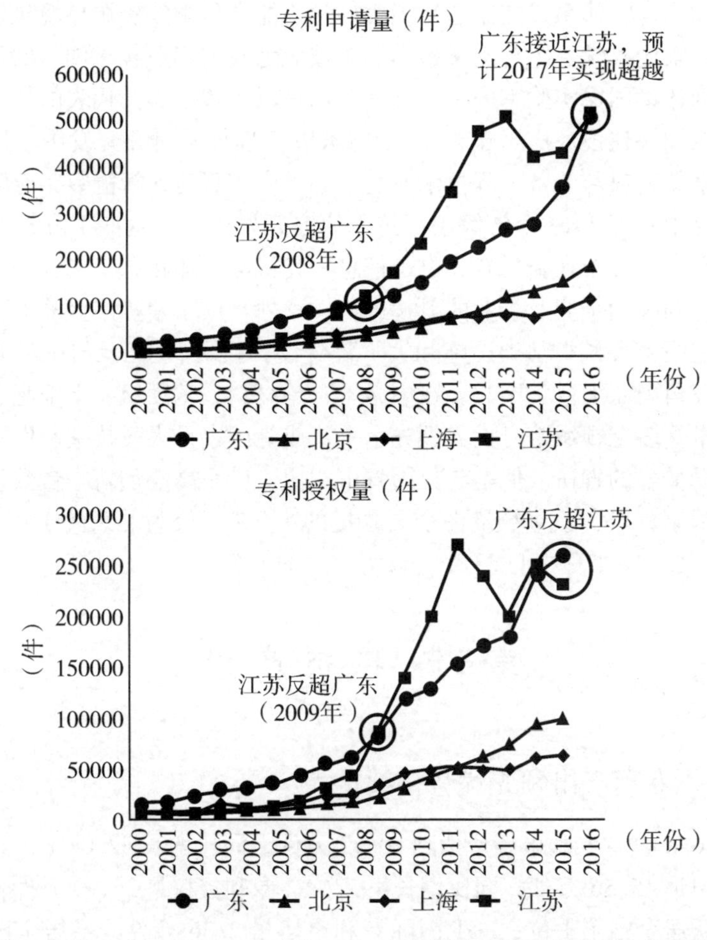

图 2-6　2000—2016 年京、沪、粤、苏四省市专利申请及授权量对比

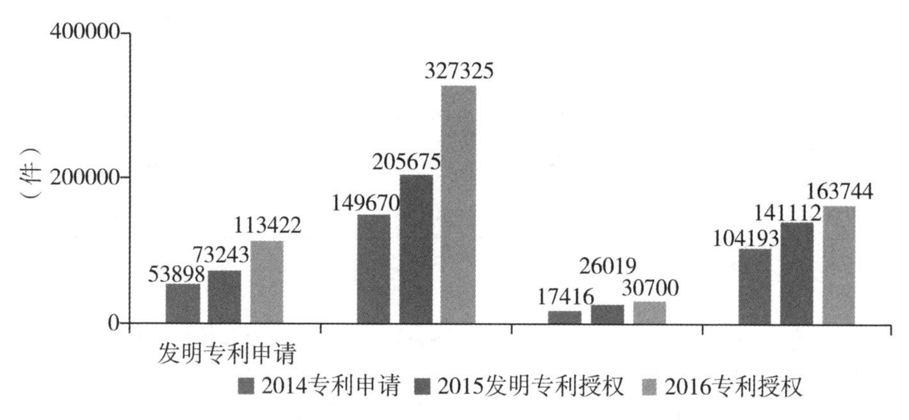

图 2－7　2014—2016 年广东企业专利申请及授权情况

二、科技论文数量快速增长

广东科技论文的数量和质量持续提升，保持全国先进水平之列。据中国科学技术信息研究所统计，2016 年广东发表的国际国内科技论文[①]数量达到 49059 篇，总量居北京、江苏、上海之后，排名全国第四位。其中，自然科学类论文数量达到 29365 篇、社会科学类论文数量达到 19694 篇。广东发表的国内论文被引用次数（自然科学）达到 153454 次，居北京、上海之后，排名全国第三位；广东发表的 SCI 论文数量为 17137 篇，居北京、江苏、上海之后，排名全国第四位。广东以第一作者发表的国际论文数 3956 篇，占全省科技论文总量 23.08%，总量居北京、江苏、上海之后排名全国第四位。（见表 2－3、表 2－4、表 2－5）

表 2－3　2016 年国内自然科学类论文最多的十个地区排名

排序	地区	论文数（篇）	排序	地区	论文数（篇）
1	北京	66520	6	湖北	25990
2	江苏	44215	7	四川	23395

① “国际科技论文”指 SCI 收录的我国科技人员发表的论文；“国内科技论文”指中国科学技术信息研究所研制的中国科技论文余引文数据库（CSTPCD）收录的论文。

（续表2-3）

排序	地区	论文数（篇）	排序	地区	论文数（篇）
3	上海	29528	8	山东	22026
4	广东	29365	9	辽宁	19887
5	陕西	28368	10	浙江	19475

资料来源：根据中国科学技术信息研究所《2017中国科技论文统计结果》整理。

表2-4　2016年国内自然科学类论文被引用次数最多的十个地区排名

排序	地区	被引用次数（次）	排序	地区	被引用次数（次）
1	北京	467005	6	湖北	114367
2	江苏	220087	7	浙江	107242
3	广东	153454	8	山东	103816
4	上海	147433	9	四川	93934
5	陕西	122694	10	辽宁	86327

资料来源：根据中国科学技术信息研究所《2017中国科技论文统计结果》整理。

表2-5　2016年中国为第一作者的国际合著论文最多的六个地区排名

排序	地区	论文数（篇）	占本地区论文比例（%）
1	北京	12142	23.66
2	江苏	6632	21.47
3	上海	6056	23.15
4	广东	3956	23.08
5	湖北	3614	23.47
6	浙江	3094	21.20

资料来源：根据中国科学技术信息研究所《2017中国科技论文统计结果》整理。

三、重大科技奖励实现突破

2017年度，广东牵头或参与完成的项目获奖38项，包括国家技术发

明奖 10 项、国家科技进步奖 28 项，获奖总数比上年增加 5 项，占全国授奖总量的 14.0%，几乎追平历史前高（2014 年为 14.2%），比上年提升 2.2 个百分点，获奖项目总量位居北京、上海、江苏之后，居全国第四位（见图 2－8）。从高质量奖项看，广东牵头项目获特等奖 1 项、一等奖 1 项，仅次于北京（牵头项目获特等奖 1 项、一等奖 5 项），居全国第二位。其中，中国南方电网公司牵头的“特高压 ±800kV 直流输电工程”项目获得国家科技进步特等奖，实现了广东牵头完成特等奖项目“零的突破”，创造了 37 项世界第一，实现了电压等级最高、输送容量最大、送电距离最远、技术水平最先进等多项“世界之最”，在世界电力工业发展史上具有里程碑的意义，也将在“一带一路”战略中成为下一张国家的“金名片”。与兄弟省市相比，广东牵头获奖项目 9 项，与北京（78 项）、江苏（20 项）、上海（19 项）仍存在较大差距，同时也落后于陕西（14 项）、浙江（10 项）和湖北（10 项），居全国第七位（见表 2－6）。

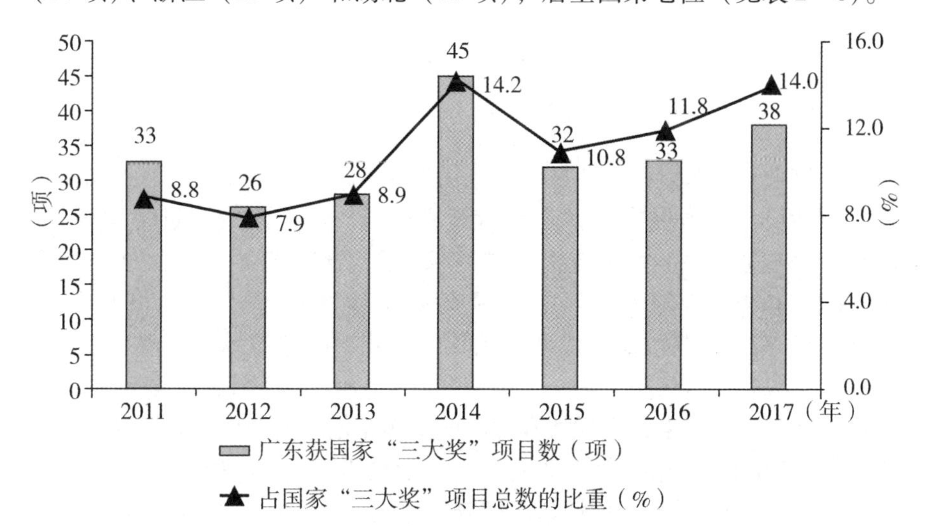

图 2－8　2011—2017 年度广东获奖项目获奖情况

表 2－6　2017 年度广东与兄弟省市获奖（通用项目）情况（单位：项）

	国家自然科学奖		国家技术发明奖		国家科技进步奖			“三大奖”合计
	总数	一等奖	总数	一等奖	总数	特等奖	一等奖	
全国	35	2	49	2	132	2	12	216

（续表2－6）

	国家自然科学奖		国家技术发明奖		国家科技进步奖			“三大奖”合计
	总数	一等奖	总数	一等奖	总数	特等奖	一等奖	
北京	15	1	23	—	40	1	4	78
江苏	4（4）	—	4（10）	—	12（40）	—	2（2）	20（54）
上海	3（6）	0（1）	5（11）	—	13（39）	0（2）	1（3）	19（58）
陕西	3（6）	—	5（9）	—	11（21）	—	—	14（36）
浙江	0（1）	0（1）	2（6）	1（1）	8（21）	1（3）	0（1）	10（28）
湖北	2（2）	—	1（3）	—	7（24）	0（1）	0（5）	10（29）
广东	—	—	4（10）	—	5（26）	1（2）	1（1）	9（36）

注：括号内数据为该省市牵头或参与完成的获奖项目数量；江苏、上海、陕西获奖情况含专用项目。

四、技术交易市场日渐活跃

近年来，广东以推动科技成果转化为要务，着力构建完善的技术交易体系和环境，有力促进技术交易持续释放，技术合同成交量持续增长。2017年，广东共认定登记技术合同17423项，合同成交总额达949.47亿元，同比增长20.24%，其中技术交易额达928.62亿元，同比增长21.15%，实现大幅增长。特别是东莞、梅州、韶关技术交易快速增长，合同成交额同比增长超360%，潮州、揭阳、汕尾、阳江四个地市实现了零的突破。近五年来，全省技术合同成交额年均增长20.21%。与兄弟省市相比，2016年广东技术市场共认定登记技术合同17480项，合同成交总金额790亿元，其中技术交易额767亿元，合同成交额居全国第五位（仅次于北京、湖北、上海、陕西），技术交易额居全国第三位（仅次于北京、上海）。（见表2－7、图2－9）

表 2－7　2015—2016 年广东与兄弟省市技术合同成交情况对比

地区	项数（项）			成交额（亿元）			技术交易额（亿元）		
	2016 年	2015 年	增长（%）	2016 年	2015 年	增长（%）	2016 年	2015 年	增长（%）
北京	74965	72272	3. 73	3941	3453	14. 14	2919	2768	5. 47
湖北	24248	22787	6. 41	928	830	11. 77	580	501	15. 69
上海	21203	22513	－5. 82	823	708	16. 22	810	691	17. 22
陕西	21033	22499	－6. 52	803	722	11. 22	555	722	－23. 09
广东	17480	17344	0. 78	790	664	19. 01	767	650	18. 01
江苏	29507	32965	－10. 49	729	724	0. 80	394	344	14. 34

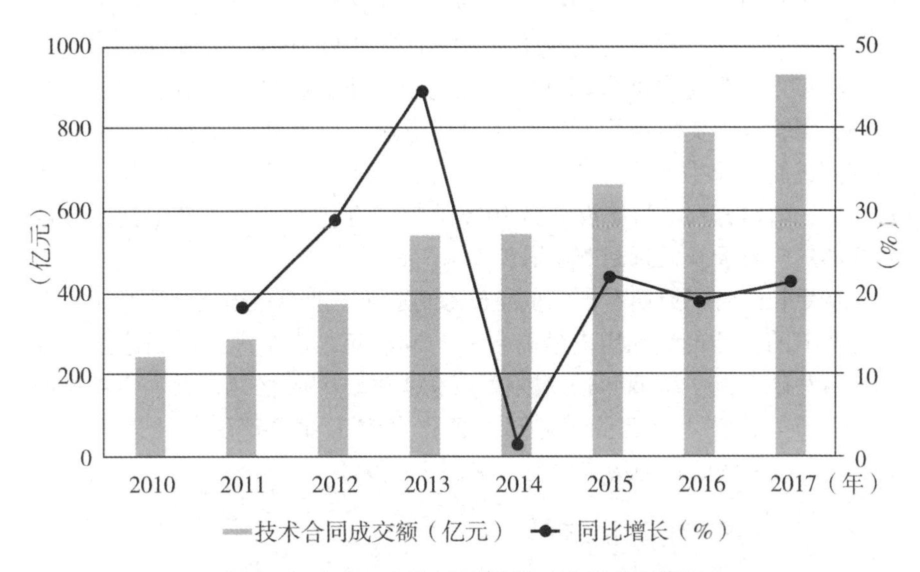

图 2－9　2010—2017 年广东技术合同成交情况

第四节 科 技 产 业

一、高技术产业规模优势明显

2016年，广东高技术产业主要生产经营指标均位居全国首位，占全国总量的比重保持在20%以上，全省从事高技术产业的企业数达到6570家，从业人员平均人数389.4万人，主营业务收入3.8万亿元，出口交货值1.7万亿元，均位居全国首位，分别占全国总量的21.3%、29%、24.6%、33.1%。其中，广东规模以上先进制造业累计完成增加值15739.78亿元，同比增长9.5%，占全省规模以上工业增加的比重为49.3%。广东高技术制造业累计完成增加值8817.68亿元，增长11.7%，占规模以上工业的比重为27.6%。先进制造业及高技术制造业发展后劲不断增强，其投资增速均高于整体投资增速。2016年，全省高技术制造业和先进制造业完成投资1647.71亿元和4329.19亿元，增长20.6%和11.0%，增幅分别比整体投资高10.6个和1.0个百分点，其中技术含量较高的航空航天及设备制造业增长217.3%。

从更长的时间周期看，广东高技术制造业工业总产值逐年增长，占工业总产值的比重也达到历史最高水平。2006年，广东高技术制造业工业总产值突破万亿，2016年这一数值更达到38537.98亿元，近十年年均增长11.4%；高技术制造业工业总产值占全省工业总产值的比重增长至2016年的26.59%，为历史最高（见图2-10）。

二、新兴产业加快培育

近年来，广东战略性新兴产业发展迅猛，通信和网络系统设备、软件和信息服务、生物、装备制造、新能源、游戏等产业规模均位居全国前列；共建设了15家国家高技术产业基地和42家省战略性新兴产业基地，形成了新一代移动通信、新型显示、软件、半导体照明、生物医药、智能装备制造、新材料等一批产值规模超千亿元的特色新兴产业集群，珠三角地区也成为国家首批战略性新兴产业区域集聚发展试点；形成“下一代互联网”“云计算智能终端”等12家创新型产业集群和42家省级战略性

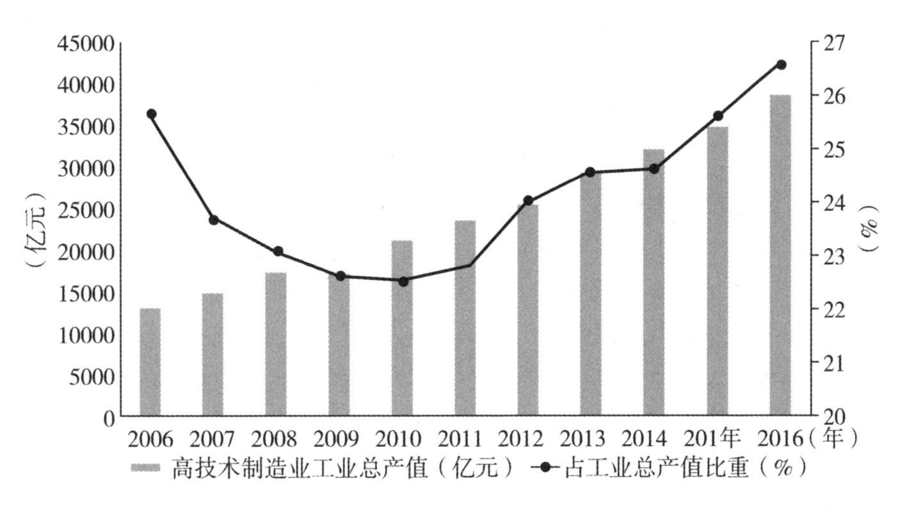

图 2－10 2000—2016 年广东高技术制造业工业总产值及占工业总产值比重情况

新兴产业基地。全省产值规模超千亿元的新兴产业集群多达 8 个，分别是新一代移动通信、智能手机、平板显示、高端软件、半导体照明、生物医药、智能装备、新材料。

三、传统产业转型升级成效显著

在传统产业改造方面，广东重点推进专业镇传统特色产业转型升级。通过科技创新推进专业镇加快产业升级、产品创新，实现自主创新能力和产业竞争力双提升。截至 2016 年，全省经认定的专业镇达 413 个，遍布全省 20 个地市（除深圳外），地区生产总值达 2. 92 万亿元，占全省 GDP 的 36. 7%，专业镇产业协同创新中心建设步伐加快，形成了电子信息、家电家具、纺织服装等特色优势产业集群基地，涌现出顺德家电、古镇灯饰、横沥模具、虎门服装、澄海玩具等大批区域品牌。2016 年，全省规模以上优势传统产业完成增加值 8085. 33 亿元，同比增长 3. 2%。部分优势传统产业产量居全国领先水平；共认定优势传统产业领域产业集群升级示范区 48 个，工业总产值超千亿元的产业集群达 6 个，超百亿元的达 103 个。

四、高新区整体向好并加速发展

当前，我省已形成以深圳、广州和珠三角 7 个地市国家高新区为核心的“1+1+7”自主创新示范区建设新格局。2017年以来，汕头高新区、茂名高新区、湛江高新区先后获批升级为国家级高新区，实现了国家高新区在东西两翼的全面布局。2017年全省23家省级以上高新区实现营业总收入3.25万亿元，同比增长11.5%，其中国家高新区实现营业收入3.02万亿元，同比增长10.7%。科技部（火炬中心）发布的《2017年度国家高新区评价（试行)》结果也显示，广东高新区已迈入高质量发展新阶段，各国家高新区排名整体呈均衡发展态势，全部实现提升（汕头、茂名、湛江高新区新升级未参评)，在评价指标中，广东高新区在产业升级和结构优化能力、国际化和参与全球竞争能力两个指标上表现较为突出，创新资源集聚能力、整体创新效能正实现全面跃升。（表2-8为2016—2017年度广东省国家高新区排名情况。）

表2-8　2016—2017年度广东省国家高新区排名情况

年度	深圳	广州	东莞	珠海	佛山	中山	惠州	江门	肇庆	清远	河源
2017年	2	10	23	24	29	38	46	64	96	110	130
2016年	4	12	26	25	38	44	53	71	97	112	141

资料来源：根据国家科技部《2017年度国家高新区评价（试行）报告》数据整理。

第五节　科技企业

一、高新技术企业数量位列全国首位

广东紧紧抓住高新技术企业培育的“牛鼻子”，深入实施高新技术企业培育计划，全省高新技术企业数量大幅提升。2016年，全省高新技术企业的总数、总收入、净利润、上缴税收、挂牌上市企业数、科技活动人员、科技活动经费投入、发明专利授权量八大指标均名列全国第一。2016年全省进入中国高企创新能力千强排行榜的企业达183家，位列各省市之首。2017年全省高企存量超2.3万家，2011—2016年，年均增长率超29.5%。推动高新技术企业挂牌上市，打造广东上市科技企业的梯队军团。2016年新三板挂牌企业超过1500家，总量全国第一，其中科技型企

业占比近80%。（见图2－11）

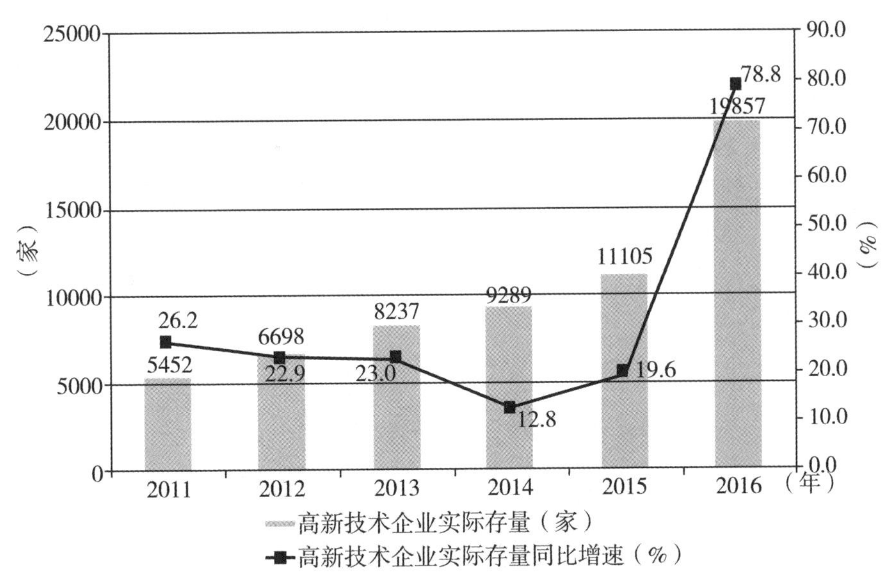

图2－11　2011—2016广东高新技术企业存量变化情况

二、科技型中小企业加速发展

通过中小微企业创新基金、科技创新券后补助等专项资金扶持，以及孵化育成体系、各级生产力促进中心、科技服务机构等公共服务平台建设和服务，我省大力扶持科技型小微企业创新创业。获得科技型中小企业创新基金等专项支持的企业中，到2016年已有1/3获得高新技术企业认定。推动高新技术企业挂牌上市，打造我省上市科技企业的梯队军团。截至2017年年底，广东新三板挂牌企业超过1500家，总量全国第一，其中科技型企业占比近80%。

三、创新政策激励企业增强创新能力

我省不断优化财政资金投入，采取企业研发费补助、高新技术企业培育补助、创新券等方式，加大对企业技术创新活动的普惠性投入，通过在各类创新政策的叠加效应下，不断提升全省企业创新能力。2015年、2016年我省共支出企业研发补助资金35.26亿元，引导近5300家企业研发投入超过1000亿元，引导杠杆高达1∶30。2017年，企业研发补助资金预算投入进一步扩大到32.66亿元的规模。2017年上半年，全省各地市积极开展创新券申报工作，申请企业达2462家，其中广州、中山、佛山等地市发放创新券22052万元，获得创新券的企业达1728家；全省共兑换创新券2998.56万元，兑换企业达530家。2017年，全省规模以上工业企业计划新建研发机构4920个，累计研发机构总数超过1.4万个，建成以后，规模以上工业企业研发机构覆盖率将超过30%。其中主营业务收入5亿元以上的（具备设立研发机构条件）大型工业企业实现研发机构全覆盖。

第六节　创 新 环 境

一、新型创新载体加速涌现

近年来广东科技企业孵化育成体系进一步完善，截至2017年年底，众创空间达735家；全省科技企业孵化器超700家，其中国家级孵化器总数超100家，18家被评为国家A级，占全国A级的13%，新增毕业企业超4500家，在孵企业2.6万家，吸纳就业人数超26万人。全省新型研发机构继续实现快速发展，总数达219家，共有研发人员超过3万人，研发总投入约达147.3亿元，获得发明专利授权量约8500件，成果转化收入和技术服务收入约达到614.5亿元，累计创办孵化企业约4660家，其中孵化和创办高新技术企业约1130家。持续承办中国创新创业大赛3个赛区（广东赛区、深圳赛区和港澳台赛区）的赛事，2017年全省参赛企业5850家，参赛企业数量占全国报名数的1/5，吸引近100家省内外知名创投机构与参赛企业对接，获得投资或获得投资意向的项目超过200个，金额超30亿。省部院产学研合作进一步深化，企业科技特派员工作站累计达249个，吸引了来自全国170多所高校、科研院所的700余名企业科技特派员参与产学研合作，共实施千余项产学研结合项目。

二、科技金融产业加速融合

2017年广东正式发布《关于发展普惠性科技金融的若干意见》和

《关于开展普惠性科技金融试点工作的通知》，广东省建设银行在广州、珠海、汕头、佛山、东莞、湛江、清远七个地市开展普惠性科技金融试点工作，针对科技型企业“轻资产”和银行信贷传统标准风险较高的特点，研究出台《小微科技企业创新综合实力评分卡》，探索改革科技型企业贷款审批授权体系和专属评价体系，建立面向科技型中小企业的普惠性科技金融工作机制。2017 年为小微科技企业投放资金 18.76 亿元，平均单户科技型中小企业贷款 123 万元。进一步解决了小微科技企业融资难、融资贵和融资慢的问题。另外，广东还加快组建省重大科技专项创业投资基金，母基金筛选出 19 家子基金，6 家子基金注册成立并向 26 个项目投资约 10 亿元。2017 年上半年，省重大成果产业化基金到位资金 43.89 亿元，募集社会资本 75 亿元，设立子基金 625 亿元，有望引导 10 倍于财政资金的社会资本投向实体企业。

三、科技公共服务体系不断完善

一是推进科技服务聚集创新发展。支持建设产业集中、发展集约、资源共享、功能完备的科技服务业集聚区，探索发展特色鲜明的科技服务新模式。如“深圳市南山区科技服务体系建设及运行模式的创新与实践”项目，获得了 2013 年省科学技术特等奖。二是支持科技服务机构与平台载体建设。在全省各地支持建设了一批技术创新、研发设计、检验检测、成果转化、知识产权、创业孵化、人才培训、科研众包、科技咨询等科技服务机构、平台和基地等载体。如我省国家技术转移示范机构总数达到 33 家，数量位居全国第三位；涌现出广州产权交易所、汇桔网、高航网等一批具有区域影响力和示范性的技术产权和知识产权交易服务平台，已成为我省促进科技成果转移转化的重要桥梁。三是构建完善全省生产力促进服务体系建设。经过数年扶持培育，全省已初步形成上下联动、协同合作、地域分布覆盖省内主要地市、县和专业镇的生产力促进服务体系。截至 2017 年年底，全省生产力促进中心达到 142 家，数量位居全国第一。四是引导科技服务业创新发展。支持开展研发设计、检验检测、科技会展、科技咨询、科技管理等科技公共服务领域的技术、产品研发及服务，突破取得了一批关键共性技术。

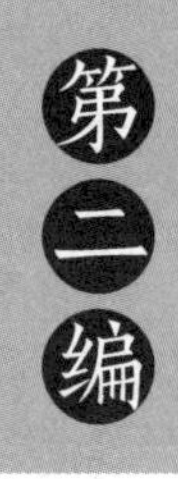

第二编 战略：科学谋划与部署

从1978年12月中国共产党第十一届中央委员会第三次全体会议到党的十九大的召开，40年间，广东加强贯彻落实国家战略决策部署，围绕不同阶段广东经济、社会和民生发展的重点领域和重大问题，广东省委、省政府强化从宏观到微观层面上的创新战略部署，不断加强科技创新体制机制改革，积极构建多主体、多层次、多元化的创新政策体系，为广东科技创新发展开展前瞻性谋划、描绘宏伟蓝图。广东科技创新战略，经历着从探索自主创新道路到实施创新驱动发展战略的不断深化和成熟的发展过程，为各阶段科技工作提供了明确的方向性指引和规范性约束，较好地实现了政府实施宏观调控、服务经济社会发展的初衷与目标。

第三章　创新战略部署

1978 年以来，广东作为改革开放的实验区和先行地，完成了从经济落后的农业省向全国第一经济大省的跨越，创造了世界经济发展史上的奇迹。广东之所以能够迅速崛起，不仅得益于中央政策的支持，更得益于体制、思想和制度的创新。改革开放以来，广东省委、省政府始终贯彻“科技是第一生产力”的方针，以改革和创新为主线，不断推进自主创新道路的探索与发展，科技发展事业在时代变迁中跨过了一座座高峰，实现了一次次自我突破，自主创新能力取得了显著的进步。对新时期广东自主创新道路探索和发展的历程做系统的研究和梳理，总结分析其发展经验，有利于理清思路、解放思想，从而更好地推进广东走特色自主创新道路，逐步实现建设创新型广东的目标。

改革开放以来，广东一直坚持推动以科技进步为导向的经济社会发展战略，以 80 年代出现的“星期六工程师”“孔雀东南飞”事件以及广东省委、省政府 1991 年 24 号文件（《广东省委、广东省人民政府关于依靠科技进步推动经济发展的决定》）、1998 年 16 号文件（《中共广东省委、广东省人民政府关于依靠科技进步推动产业结构优化升级的决定》）、2005 年 14 号文件（《中共广东省委、广东省人民政府关于提高自主创新能力、提升产业竞争力的决定》）为标志，广东科技进步和自主创新的实践经历了五个阶段的历史性跨越，取得了举世瞩目的巨大成就，为实施自主创新战略、建设创新型广东积累了丰富而宝贵的经验。

第一节　探索：模仿式创新战略

1978年至1990年是广东自主创新道路的初步探索阶段，这一阶段的特征主要表现为实现从“引进、消化、吸收”到“集成创新”的转变，主要实施了以模仿为主的创新发展战略。

一、概述

1978年3月，邓小平在全国科学大会上提出的“科学技术是生产力”的思想，扫清了“十年动乱”后科学技术发展的政治障碍，为中国制定科教兴国战略和人才强国战略奠定了基础，被誉为“科学的春天”，为广东科技发展指明了方向。伴随着与生俱来的市场经济意识，从“三来一补”开始，广东开始了自主创新的初步探索，奠定广东引进、消化、吸收的科学发展模式。但是，广东虽然拥有强盛的经济发展势头，但科研实力相当薄弱，科技体制和教育体制也明显滞后。广东科技部门制定了“七五”科技发展计划等一系列政策，建立和规范技术市场，推动科技成果和专利买卖，初步探索科研机构体制改革，涌现出“星期六工程师”“孔雀东南飞”等现象，并诞生了令所有国人心潮澎湃的“深圳速度”。1985年3月，邓小平在全国科技工作会议上提出“两个有利”（即新的经济体制，应该是有利于技术进步的体制；新的科技体制，应该是有利于经济发展的体制）的要求。1987年12月，广东省人民政府颁发《广东省放宽科技人员政策实施办法》，提出要鼓励科技人员以各种形式服务于经济建设，有力推动了科技人员“孔雀东南飞”，这使得广东科研实力和服务经济发展的能力有了一定的加强。1988年，邓小平提出“科学技术是第一生产力”的重要论断。至此，科技事业从居于“两厢”无足轻重的点缀位置，转变为居于社会主义现代化事业的地位。广东选择了引进技术以促进发展的捷径，企业自主引进产业技术，重点放在对生产技术的消化吸收上，同时也进行了企业生产流程、生产工艺的优化改造以及企业信息化的改革，推动“引进、消化、吸收”逐渐向“模仿创新”转变。

二、主要发展战略

（一）组织编制《1978—1985 年广东省科学技术发展规划纲要》，加强科技发展基础条件建设

广东省科委于 1979 年发布了《1978—1985 年广东省科学技术发展规划纲要》（以下简称《规划》），对科技工作的现状做了总结，认为：“工、农业生产技术水平大都处于 50 年代的水平，新兴技术发展缓慢，科技队伍的数量、水平与需要不相适应，实验装备陈旧，手段严重落后。”对此，提出奋斗目标：在农业、基础产业、新兴技术方面，为突破重大生产关键技术提供一批卓有成效的科技成果；全省专业科技研究人员的数量，到 1985 年翻一番；基本建成比较现代化的省测试实验中心、计算中心、计量中心、科学技术情报中心及精密仪器研制、生产基地；逐步形成专家和群众相结合、专业技术门类比较齐全和技术科学、基础科学有重点发展的广东地区科学技术研究体系。《规划》特别强调，逐步建立科技发展的支撑条件：整顿和加强科研机构；建立、健全科技人员的组织管理制度；研究和消化引进国外先进技术；发展现代化科学实验手段；加速省科技情报中心、测试中心、计算中心、计量中心和试验基地的建设；增加科技投资比例；建立与加强对外科技交流中心，积极开展与港澳、国外的学术交流；加强《规划》的执行和检查。“六五”期间，科技工作逐步加强，由于加强了《规划》的执行和检查，出了一批科研成果，特别是在汉字微型计算机、单细胞蛋白等新兴技术方面有了实际进展。

（二）实行系列特殊政策和灵活措施，推动广东改革开放先行一步

1978 年的真理标准大讨论，广东是全国最早鲜明表达观点的省份之一。那时广东面临不少困难，包括如何处理与香港的关系。时任中共广东省委第一书记习仲勋特意到九龙边界察看，亲身感受到广东与香港的巨大差距。他说逃港者不能叫偷渡犯，大部分是人民内部矛盾。原因是我们自己生活条件差，根本解决之道在于发展好经济。1979 年 4 月，中央工作会议赞同和支持广东富有创意的提议，决定发挥广东毗邻港澳、华侨众多的优势，在改革开放中先行一步。同年 7 月，中共中央、国务院正式批准

广东实行特殊政策和灵活措施，主要内容有：外汇收入和财政实行定额包干，一定五年不变；在国家计划指导下，物资、商业适当利用市场调节；在计划、物价、劳动工资、企业管理和对外经济活动等方面，扩大地方管理权限；试办深圳、珠海、汕头三个特区。从此，拉开了广东改革开放先行一步的序幕。

（三）创办深圳经济特区，加速改革开放进程

创办经济特区，是实行改革开放的撒手锏，是建设中国特色社会主义的重要实验。1979 年 4 月，邓小平赞同广东提出试办对外加工出口区的设想，定名为特区，并下了军令状："中央没有钱，可以给些政策，你们自己去搞，杀出一条血路来。"同年 7 月，中共中央、国务院决定在广东的深圳、珠海、汕头试办"特殊政策、灵活措施、先行一步"出口特区。1980 年 8 月，全国人大常委会批准《广东经济特区条例》，正式改名"经济特区"。一是为了更好地吸收和利用外资和先进技术、管理经验，为我国的现代化建设服务；二是在特区内实行一系列不同于国内其他地区的特殊政策和管理体制，即实行以市场经济为主，在对外经济活动中更加开放的政策，以求找到一条打破陷入僵化的计划管理体制。

（四）鼓励技术和成果交易，加快技术商品化进程

改革使广东经济率先腾飞，但作为上层建筑的科技体制和教育体制却明显滞后，当时计划经济体制下的科研管理办法已经不适应技术商品市场发展的需要。1981 年，中共广东省委第一书记任仲夷提出：科研成果和专利也可以卖。由此，广东加快了技术商品化的进程。其后，广东省通过举办科技成果交流会、技术交易会等多种形式，培育技术市场，为后来开展以打破计划经济体制下科研机构吃"大锅饭"、捧"铁饭碗"为标志的第一次科研机构体制大改革，打下良好的基础。

（五）组织编制《广东省"七五"科技发展计划》，明确九大科技发展重点领域

1985 年，广东省科委、广东省计委根据国家科委、国家计委关于编制"七五"计划的部署，组织编制了《广东省"七五"科技发展计划》。规划目标是：到 1995 年前，使广东国民经济各部门建立在新的技术基础

上，使重点城市、重点行业、重点产品达到世界20世纪80年代初的先进水平。重点任务是：以技术引进作为广东经济发展的战略性措施，作为增强科研实力与技术经济能力的有效途径；以农业、能源、交通、科学、教育作为战略发展重点；有计划地建立若干新兴产业，对于微型电子计算机的研制和应用研究、软件工程研究与开发、生物工程研究与开发，新材料研制等要做好安排；大力组织技术引进和科技成果的推广应用。规划确定的科技发展重点领域是：大农业技术、生物技术、医药卫生与环保技术、新材料技术、电子信息技术、精细化工、机电一体化、资源开发利用、新能源技术。

（六）推动科技体制改革，促进科研单位逐步企业化、社会化

1985年3月，中共中央做出了《关于科学技术体制改革的决定》。科研院所的改革在取得的试点经验的基础上，围绕着促进科技与经济结合这个核心问题，逐步开展扩大科研所自主权、试行所长负责制、实行有偿技术合同和课题承包制、建立多种形式的科研生产联合组织、创收收入实行基金管理等改革工作；允许科研院所兴办科技经营实体，加强科研院所的中间试验手段。具体做法有：①积极落实知识分子政策，一方面通过政策挖掘区内科技人才，另一方面制定措施大力稳定和引进人才，有效地调动各方面、各类人才的积极性。②建立科技开发交流机构，培育技术市场，开展多种形式的技术贸易活动，发展民营科技企业，促进科技成果的转化。③农村科技体制改革围绕着推广、普及科学技术这一中心任务展开，农业技术推广服务机构开始由国有事业性质的单位转变为独立的技术经济组织，技术服务由无偿逐步变为有偿，技术人员由单纯的技术指导变为产前、产中、产后进行综合配套服务。④国有企业开始将技术进步作为企业考核指标的重要内容，促进企业与科研机构、高等学校、政府部门之间的协作和联合，推动群众性技术革新活动的广泛开展，增强企业的技术吸收与开发能力，加强技术成果转化为生产力的中间环节。

第二节　突破：自主创新战略

伴随着经济的飞速发展，广东科技事业不断取得新突破，但科技体制和管理机制仍然相当不完善。在经济体制改革的浪潮中，改革开放前沿阵地的广东实施了以自主创新战略为核心的第二轮科技体制改革。1991—1997年期间，要求科技工作以科技转化为生产力为核心，确立了科技工作必须面向经济建设和社会发展的基本方针，鼓励民营企业的自主创新，推动技术市场的形成，服务高科技产业发展和传统工业产业结构转型。

一、概述

20世纪90年代，广东在80年代“三来一补”模式中率先发展起“轻型、外向、劳动密集型”的产业结构，转入新的调整、优化升级阶段。这一时期，高新技术产业、镇域经济、非公有制经济和外向型经济成为支撑广东经济的重要支柱，但是科技进步对经济发展的贡献率严重偏低。1991年7月，时任中共广东省委书记谢非主持召开全省科技工作会议，在国内率先提出“第一把手抓第一生产力”的要求，并提出要实现经济增长方式的战略转型，从劳动密集型向技术密集型转变，标志着广东开始步入依靠科技进步推动经济社会发展的新轨道。在随后的近十年，广东自主创新道路继续进行摸索并酝酿着重要的突破，广东省委、省政府连续出台了多个重要政策文件，有力地推动了全省的科技进步和科技创新工作，科技转化为生产力的速度加快，自主创新成就的高新技术产业得到了飞速发展。1991年至1997年是广东自主创新道路发展的突破阶段，这一阶段主要特征为自主创新道路的探索取得突破，科技转化为生产力的速度加快，反映自主创新成就的高新技术产业得到了飞速发展。

二、主要发展战略

伴随着经济的飞速发展，广东科技事业不断取得新突破，但科技体制和管理机制仍然相当不完善。在经济体制改革的浪潮中，改革开放前沿阵地的广东进行了以“技术经济承包责任制”为内容的第二轮科技体制改革。这轮改革要求科技工作以科技成果转化为生产力为核心，确立了科技

工作必须面向经济建设和社会发展的基本方针，鼓励民营企业的科技进步，推动企业创新能力提升。

（一）出台《关于依靠科技进步，推动经济发展的决定》，切实把发展科技放在经济和社会发展的首要位置

1991年7月，广东省委、省政府做出《关于依靠科技进步，推动经济发展的决定》（以下简称《决定》），提出“第一把手要抓第一生产力”的要求，提出切实把发展科技放在经济和社会发展的首要位置，科学技术是第一生产力，发展科技是实现“四化”的关键，吹响了加速科技进步的进军号角。《决定》提出若干具体措施，包括：进一步改革和完善科技管理体制，建立充满活力的运行机制；增强企业对技术的吸收、开发能力，大力推进企业技术进步；完善农业科技开发推广体系和农业科技业务，促进“科技兴农”；有重点有步骤地推进高技术和高新技术产业的发展；建立和发展科工（农）贸企业；建立多层次、多形式的中试基地，促使科技成果尽快成为现实生产力；积极培育技术市场，推进技术成果商品化；加强引进技术的消化、创新和推广工作；大力加强科技队伍建设，充分调动科技人员的积极性；增加全社会对科技经费的投入。

（二）加强专业镇技术创新，推动传统产业转型升级

省科技厅制定专业镇技术创新工作方案和管理办法，把专业镇技术创新试点工作作为我省科技工作的一项重要任务来抓，进行试点工作前，组织有关专家对省内专业镇进行调研。在调研的基础上，制定了《广东省专业镇技术创新试点实施办法》和《广东省专业镇技术创新试点管理办法》，对专业镇技术创新的试点工作提出了总目标、措施和要求。按照《广东省专业镇技术创新试点实施方案》的各项要求和标准，坚持“自愿申请，专家论证，择优遴选”的原则，选好一批试点镇，推进企业镇创新试点。充分发挥各镇尤其是镇政府的积极性，根据各镇的特点，因地制宜，推进技术创新试点工作。坚持以市场机制为主，发挥企业的积极性。

（三）出台《关于扶持高新技术产业发展的若干规定》，全力扶持高新技术产业的发展

1993年6月，广东省委、省政府发布了《关于扶持高新技术产业发

展的若干规定》，决定全力扶持高新技术产业的发展。这一政策从建立适应高新技术产业发展的运行机制、增加投入、减免税收、发展国际经济技术合作交流、引进人才等方面制定了相应措施，对高新技术企业在税收、进出口、建设用地等方面给予优惠和扶持。广东省逐步开始有计划、有重点地发展电子信息、生物技术、新型材料、精细化工、机电一体化、新能源领域的高新技术产业。

（四）颁布《关于加速科学技术进步若干问题的决定》，加速科技成果向现实生产力转化

1995年7月，广东省委、省政府召开全省科学技术大会，颁布《关于加速科学技术进步若干问题的决定》，要求加速科技成果向现实生产力转化，要求全省积极利用外资发展高新技术，各级财政对科技投入以及科技贷款有所增加，通过各类技术服务收入、开拓民间集资方式、建立科技风险投资机制等各种方式，使科技投入多元化，初步建立了多途径的科技资金投入机制。

第三节　深化：科教兴粤战略

1998年至2003年是广东自主创新道路发展的深化阶段，这一阶段主要特征表现为继续深化科研机构运行机制改革，破解科技与经济“两张皮”的问题，逐步明确广东自主创新道路的发展方向。

一、概述

以1998年9月《中共广东省委、广东省政府关于依靠科技进步推动产业结构优化升级的决定》（以下简称《决定》）为起点，广东自主创新道路进入一个深化发展的阶段。该文件对全省科研院校形成了一种“倒逼”机制，引导科研人员进入市场，结束了科技游离于经济之外的局面。“两张皮”一夜之间成为广东科技界的流行语。“铁饭碗”被打破之后，科技人员主动面向经济战场的意识得到了极大的增强。1998年至2003年，是广东自主创新道路发展的深化阶段，这一阶段把发展高新技术产业、促进广东经济发展作为增创广东发展新优势的战略重点，继续深化科

研机构运行机制改革，破解科技与经济“两张皮”，明确了广东自主创新道路的发展方向。

1998 年 9 月，广东省委、省政府经过缜密调研，从市场经济、全球经济、知识经济的高度出发，正式颁发了《决定》，提出广东要加快实施“科教兴粤”战略，把增创科技新优势摆在全省首要地位，充分发挥科技进步对经济建设的强大推动作用。从此，广东进入了以克服科技与经济“两张皮”为核心的第三阶段科技体制改革。这是一次对科研机构、原有科技体制的深层次改革，也是对科技资源配置的一次重大调整。这次科技体制改革，突破了原有的科技投入体制，初步建立了适应市场经济的科技投入新机制。首先要树立科技投入是生产性投入的观念，鼓励、引导全社会多渠道、多层次增加科技投入的新机制。从过去注重国民收入二次分配中的政府财政增加科技投入，转到重点放在大幅度增加国民收入一次分配中的科技投入和国民收入二次分配中的民间投入。鼓励企业增加科技投入，大大提高国民收入一次分配中科技投入的比重。

二、主要发展战略

过去体制问题集中表现在科技和经济“两张皮”上，整个科技体制、技术创新机制还没有从根本上摆脱计划经济的束缚，已经不能适应形势发展的要求，主要表现在科研机构、科技人员游离于产业系统之外。科技人员中，依靠财政投入的占 76%。而产业系统生产技术十分落后，社会财富积累缓慢。此外，科技成果的转化率很低，因为科技人员的课题大多不是来源于市场，而来自于政府，更非由企业提出然后跟科研部门合作的。从此，广东进入了以克服科技与经济“两张皮”为核心的体制机制改革阶段。这是一次对科研机构、科技体制的深层次改革，也是对科技资源配置的一次重大调整。

（一）迎接知识经济挑战，加快实施“科教兴粤”战略

1998 年 9 月，中共广东省委、广东省人民政府出台了《中共广东省委、省政府关于依靠科技进步推动产业结构优化升级的决定》，提出广东要加快实施“科教兴粤”战略。面对国内外各种严峻挑战，广东要增创发展新优势，必须加快实施“科教兴粤”战略，把增创科技新优势摆在首要地位，全面落实科学技术是第一生产力的思想，充分发挥科技进步对

经济建设的强大推动作用。通过深化科技体制改革，克服科技和经济“两张皮”、科研机构游离于产业之外、科技成果转化率低、企业技术创新能力薄弱的弊端，在政府的大力支持下，加快建立以大企业为主体，以高等学校、科研机构为依托，以市场配置资源为基本途径，适应社会主义市场经济，符合科技发展规律的科技创新机制，走出一条科技与经济紧密结合的新路子。落实科技是第一生产力的思想，重点是紧紧围绕大力发展高新技术产业和以高新技术改造传统产业这个中心环节，促进产业结构升级换代，推动经济增长方式的根本性转变，全面提高我省经济综合竞争力。

（二）组织制定系列改革配套政策，大力推动科研事业单位改革

贯彻落实《广东省深化科技体制改革实施方案》，组织制定各项改革的配套政策，出台的配套政策有《广东省科学事业费管理改革办法（试行）》《广东省科研机构及其所创办的科技型企业享受税收优惠政策试行办法》《关于技术开发型和咨询服务型科研机构抓紧办理企业登记注册手续的通知》等。通过深化科技拨款方式改革，调整科研经费使用方向，继续深入推进省属科研机构的改革。到2000年年底，全省科研经费全部减拨到位。广东省69个直属科研机构都已制定了体制改革方案，绝大部分已进行人事制度、分配制度、产权制度和社会保障制度的改革，一批科研机构与产业界联合组建了企业集团，有力地促进了科研机构和科技人员进入经济建设主战场。在深化事业单位人事制度改革方面，省科技厅还根据省委组织部的要求，牵头制定了“广东省深化科研事业单位人事制度改革实施方案”。

（三）依托大型企业、企业集团组建省重点工程中心，促进产学研有效结合

根据《中共广东省委、广东省政府关于依靠科技进步推动产业结构优化升级的决定》（以下简称《决定》）和《择优扶持50家工业大企业办好工程技术研究开发中心实施方案》相关要求，省科技厅会同省计委、经贸委继续抓紧在大企业、企业集团和高新技术企业中组建省重点工程中心。2000年新组建省重点工程中心30家，资助科技经费5850万元，省

财政投入累计1亿元，支持50家工业大企业和企业集团组建省重点工程中心。目前，全省共依托121家企业、高等院校、科研机构组建国家和省级工程中心159家，推动了企业及相关行业的科技进步，促进了企业成为研究开发及投入的主体，形成了有利于经济发展的科技投入机制，进一步解决了政府办科研机构存在的科技与经济脱节的问题。

（四）加强生产力促进中心体系建设，完善科技中介服务体系建设

生产力促进中心是在深化科技体制改革中产生的科技创新与服务机构，广东正努力使省生产力促进中心逐渐成为与技术市场、信息中心等技术服务机构密切联系，与科研院所、大专院校、工程中心建立技术依托关系，为广东省中小企业科技创新服务的中介机构。截至2000年，全省已建立了生产力促进中心21家。新建立了包括机械、渔业、电信等行业和佛山等市级生产力促进中心9家，其中5家被科技部列为国家级示范中心。广东省被科技部列入“全国生产力促进中心重点省行动计划”。

（五）多措并举，鼓励企业加大科技投入

鼓励企业增加科技投入，提高国民收入一次分配中科技投入的比重。建立风险投资机制，吸收民间资金，支持高科技攻关。大力发展民营科技企业，支持留学、退休的科技人员创办民营科技企业。采取合伙经营、股份合作制等形式，充分调动方方面面科技人员的积极性。大力培养和吸纳优秀科技人才。加快人才队伍建设，一是抓培养。重点培养产业技术带头人、优秀专家和拔尖人才，特别是重视培养既懂现代科技又有经营管理才能的复合型人才。二是制定优惠政策，吸引海内外科技人才来广东工作。硕士、博士研究生毕业后被基层单位正式录用的，地方办户口开绿灯，免收城市建设增容费。

（六）实施四大战略，争创五大优势，加快广东的社会主义现代化建设

2002年5月，广东省第九次党代会对加快广东的社会主义现代化建设做出战略部署，提出要以提高国际竞争力为核心，实施四大战略：以加入世贸组织为契机，在更宽领域、更高层次上参与经济全球化，大力发展

开放型经济，带动全省经济持续快速健康发展的外向带动战略；坚持科技先行、教育为本，确立人才资源是经济社会发展第一资源的思想，实施增强自主创新能力和核心竞争力的科教兴粤战略；推进经济发展与人口、资源、环境相协调，努力开创生产发展、生活富裕、生态良好的良性循环发展道路的可持续发展战略；把加快山区开发摆上重要的战略地位，努力实现全省不同类型地区优势互补协调发展，促进共同富裕的区域协调发展战略。争创五大优势：进一步利用广东改革开放先行一步和毗邻港澳、海外侨胞众多的有利条件，抢抓历史机遇，提高对外开放水平，争创加入世贸组织后的先发优势；加快推进经济结构的战略性调整，打造一批具有国际竞争力的支柱产业、骨干企业和名牌产品，争创产业新优势；坚持引进、消化、吸收、创新相结合，提高自主科技创新能力，加快高新技术及其产业发展，争创科技新优势；加大改革力度，完善市场机制，充分发挥市场配置资源的基础性作用，争创体制新优势；积极营造良好的人文、政务、法制、市场和生活环境，争创发展新优势。

第四节　蜕变：科技强省战略

2004年至2013年是广东自主创新道路发展的成熟阶段，这一阶段特征主要表现为广东自主创新发展已日益成熟，在明确提出“自主创新”的口号后，首次提出把广东建成“科技强省”和建设“创新型广东”的目标。

一、概述

自2004年开始，广东经济发展进入新的发展阶段。过去以劳动密集型为主的低技术产业结构和拼资金、拼环境、拼土地的粗放型经济增长模式面临着巨大压力。随着全国改革开放的深入，广东在政策、体制上的优势逐渐消失，科技人才也从初期的“南飞”到现在的逐渐“北归”。从自身发展来看，广东外源型经济比重仍然较大，全省规模以上工业企业近60%为外源型企业，这些企业90%以上的研发活动都放在境外，外源型经济的发展模式造成了产业技术的“空心化”，不利于自主创新能力的发展和人才的培养。因此，提高自主创新能力成了广东新一轮发展的迫切需

要和现实选择。同时，中央对广东自主创新工作也寄予厚望，要求广东“闯出一条新路”。胡锦涛总书记指示“广东要建设成为国家重要的高新技术研究开发基地和成果转化基地”，温家宝总理指示“广东要更加注重科技进步，增强自主创新能力”。作为改革开放的排头兵，广东比以往任何时候更真切地感受到肩头的压力。

时任中共中央政治局常委、广东省委书记张德江在《提高广东创新能力和国际竞争力调研报告》上做出重要批示，首次提出把广东建设成为“科技强省”的目标，要从经济强省向科技强省跨越，成为广东的最高科技层和科技界的一致共识，广东省委、省政府召开了全省科技、教育、人才大会，提出要以增加国际竞争力为核心，加快建设科技强省。2005 年，广东省委、省政府印发了《关于提高自主创新能力提升产业竞争力的决定》，加快构建“创新型广东”，实现从制造大省向创新大省转变，开创了科技工作促进广东省经济社会的快速、健康发展的新局面，标志着广东自主创新道路发展日益成熟。此外，广东省委、省政府还出台了发展专业镇、建设高新区、强化科技服务业、加强科技金融结合、引进高层次人才等系列政策，深入推进科技体制改革，建立以企业为主体、产学研结合的区域创新体系。

二、主要发展战略

广东要从经济强省向科技强省跨越，这成了广东的最高决策层和科技界的一致共识。2004 年 5 月，一年一度的广东省“科技进步活动月”拉开帷幕，年度主题就是“树立科学发展观，建设科技强省”。广东省委、省政府召开了全省科技、教育、人才大会，提出要以增加国际竞争力为核心，加快建设科技强省。

（一）出台《关于加快建设科技强省的决定》，明确建设科技强省

2004 年 8 月，广东省委、省政府颁发了《中共广东省委、广东省人民政府关于加快建设科技强省的决定》，将“科教兴粤”战略的实施推向新的阶段，指出广东的发展潜力在科技，广东的竞争力在科技，广东的可持续发展在科技，广东人民生活水平的提高和生活质量的改善也在科技。全省要以科技强省建设，推动经济强省和文化大省建设，要把广东省建设

成为区域性国际化的科技创新中心、全国重要的高新技术研究开发基地、成果转化和产业化基地。要促进科学技术对各领域、各行业的渗透，为经济社会全面、协调、可持续发展提供强有力的技术支撑。

（二）加快建设创新型广东，推动制造大省向制造强省转变

2005年10月28日，对作为改革开放排头兵的广东来讲，不同寻常。广东省委、省政府出台了《关于提高自主创新能力提升产业竞争力的决定》，其核心思想是把构建创新型广东、实现从制造大省向创新大省的转变，作为未来科技发展的基本战略取向。在战略思路上要实现以下五个转变：创新途径要从当前以引进消化吸收为主逐步向以自主创新为主转变；发展方向要从比较重视工业经济向更加重视工业经济和知识经济共同发展转变；能力建设要从注重科研院所发展向重点构建区域创新体系转变；价值取向要从比较重视项目实施向既重视项目实施更加重视发挥科技人才的作用转变；目标定位从比较重视近期市场目标为主向以满足近期市场与引领中长期市场相结合转变。

（三）出台《广东省促进自主创新的若干政策》，开创科技促进经济社会快速、健康发展的新局面

2006年11月30日，印发《广东省促进自主创新若干政策》，提出要认真执行国家激励自主创新的税收政策，努力构建多层次资本市场；积极支持、协调有关方面参与创业板市场、代办转让系统和柜台交易市场的建设和试点，支持有关非上市公司开展证券发行和交易试点，推动高新科技企业充分利用多层次资本市场体系加快发展；支持有条件的高新技术企业在国内主板和中小企业板上市；建立健全促进自主创新的政府采购制度；加大产学研合作专项资金的投入。自《关于提高自主创新能力提升产业竞争力的决定》出台以来，广东的科技工作紧紧围绕创建创新型广东、增强自主创新能力、提高综合竞争力和建设和谐社会的要求，营造有利于科技创新的大环境，加大重点支柱产业和领域的关键技术攻关，建立和完善区域科技创新体系，推动高新技术产业快速发展，开创了科技工作促进经济社会快速、健康发展的新局面。

（四）大力发展科技金融，着力化解企业融资难题

强化了金融资本对科技发展重要性的认识，多措并举，推动科技金融快速发展。2008 年以来先后受理和评审 3 批共 263 家科技型中小企业贷款项目，并向银行推荐科技项目 165 个，申贷金额达 30 亿元。

（五）首次召开全省科学技术大会，探索具有广东特色的自主创新道路

2008 年，广东省首次召开全省科学技术大会，广东省政府、科技部、教育部印发《广东自主创新规划纲要》和《广东省建设创新型广东行动纲要》，把自主创新作为转变经济发展方式的核心推动力，探索具有广东特色的自主创新道路，加快建成创新型广东，并在土地、税收、资金扶持、人才引进等方面，全方位向自主创新倾斜。这标志着两部一省共促创新型广东建设的新局面全面展开，将自主创新工作进一步推向高潮。

（六）深入实施重大科技专项，推动核心领域率先发展

实施“节能减排与可再生能源”“产业关键共性技术”重大科技专项，推动新能源、绿色照明、生物医药、海洋、环保等战略性新兴产业成长壮大；加大高新技术改造提升传统产业力度，建立一批产业转移园技术服务中心。

（七）推动行业公共创新平台建设，完善全省科技创新平台体系

2009 年，华南新药创制中心获批组建“华南综合性新药研究开发技术大平台”并获科技部近 4000 万元资金支持，成功跻身国家生物医药重大创制平台行列。华南理工大学“国家组织功能重建工程技术研究中心”、华南农业大学“国家航空育种工程技术研究中心”、省农科院“畜禽育种国家重点实验室”已通过科技部论证，全省国家工程技术研究开发中心总数将达 20 家，国家重点实验室将达 10 家。企业技术创新平台建设效益凸显。新增 78 家大中型企业组建省级工程技术研究开发中心，全省共建有省级工程中心 420 家。

（八）开展区域和国际科技合作，加速搭建科技创新网络

组织实施国际科技合作项目，创新国际科技合作模式。重点开展中医药国际合作研究、新能源国际合作、对独联体国家合作、“走出去”战略等专项计划。中乌巴顿焊接研究院建设列入中乌战略合作重点项目，获科技部重点支持；推进与德国弗劳恩霍夫协会的合作，佛山“中德工业服务示范区”建设取得阶段性成果，成功推动广州、东莞、佛山等一批企业、研究机构与协会开展合作。积极开展国家级国际创新园建设工作，东莞松山湖高新技术开发区、广州大学城分别获批为“东莞环保水处理国际创新园”和“广州现代服务国际创新园”。完善粤港科技合作机制，积极推进“粤港创新走廊”建设，加速形成粤港创新网络。

（九）加快推进现代产业体系建设，推动高技术产业发展

2009年，广东省委、省政府颁发《关于加快建设现代产业体系的决定》，在全国创新性地提出了现代产业体系的明确定义，要求以构建产业技术创新体系、提升产业自主创新能力为重点，加快发展高新技术产业，培育发展战略性新兴产业，形成产业结构高级化、产业布局合理化、产业发展集聚化、产业竞争力高端化的现代产业体系，并提出了发展以现代服务业和先进制造业为核心的六大产业，以及重点建设现代产业体系的八大载体。

（十）构建“部省合作”和“跨省合作”模式，推动产学研深度融合

首创“两部一省”共建创新型省份的新模式，出台《广东自主创新规划纲要》和《广东省建设创新型广东行动纲要》。截至2012年，广东省新建产学研创新平台53家、院士工作站27家、企业科技特派员工作站18家、企业重点实验室10家；新增企业科技特派员909名，累计达6200名；组建产学研创新联盟69家，总数达103家。组织广东企业赴全国多个省市开展校企对接活动，加快国家重点建设高校科研成果来粤转移转化。全年省部产学研合作实现产值2300多亿元，利税230多亿元；累计实现产值突破1.2万亿元，利税1700亿元，获得专利2.8万多件，为企

业培养技术和管理人才 9.1 万人。[1]

第五节　飞跃：创新驱动发展战略

自 2014 年以来，广东把创新驱动发展战略作为核心战略和总抓手，不断加强基础研究、应用研究和科技成果转化产业化，建立完善技术创新市场导向机制，深化科技投融资体制改革，加强知识产权保护运用，加强高校院所、企业等创新主体能力建设，打造创新创业重大平台，营造大众创新万众创业良好氛围，区域创新能力显著提升，广东区域创新能力连续九年排名全国第二，《中国区域创新能力评价报告 2017》显示，广东区域创新能力首次超过江苏，跃居全国首位。

一方面，广东要加快完善创新驱动发展层设计，制定创新驱动发展中长期发展规划，全方面部署创新驱动发展的微观、中观和宏观层面，并着力解决制约全省创新驱动发展的突出重点瓶颈问题。另一方面，要深化科技管理体制改革，推动科技管理向创新治理转变，设立隶属于省长的科技创新咨询委员会、为省政府制定创新驱动发展政策提供决策建议。同时，组建新的省科技创新委员会，全面负责创新驱动发展政策制定、实施以及评估，充分调动全省各部门科技创新资源，加强创新驱动发展统筹协调。

一、概述

党的十八大做出了实施创新驱动发展战略的重大决策，把科技创新摆在关系国家发展全局的重要位置。党的十八届五中全会提出“创新、协调、绿色、开放、共享”的五大发展理念，明确创新位居五大发展理念之首。习近平总书记对广东创新驱动发展寄予厚望，在去年全国两会参加广东代表团审议时，要求广东充分发挥创新驱动作用，走绿色发展之路，努力实现凤凰涅槃。当前，广东经济发展已处于工业中后期阶段，区域创新能力综合排名居全国前列，创新经济绩效和科技创新环境等多项指标位居全国第一，基本具备率先建设创新型经济的条件，有责任有能力承担起率先实施创新驱动发展战略的历史重任。

---

① 数据根据广东省科技厅《2012 年科技工作总结》和《2013 年科技工作重点》整理。

实施创新驱动发展战略，是新阶段广东发展的必然选择。当前广东经济发展的要素资源环境面临挑战，劳动力要素成本迅速上升，制造业一线工人人均工资是 10 年前的 2.9 倍，大大高于东南亚，珠三角地区土地开发已近极限、资源环境约束趋紧，传统的依靠要素驱动的经济发展模式难以为继。广东较早提出了产业转型升级，初期重点在做减法和除法，腾笼换鸟，淘汰落后产能，取得了阶段性成果。现在要在加法和乘法上下更大功夫，把培育新的增长点、实施创新驱动发展战略这篇文章做好，把广东发展的动力机制真正转到创新驱动上来。

2014 年以来，广东坚定不移地走自主创新道路，将创新驱动发展战略实施到科技工作的各个层面，广东以高新技术企业培育、新型研发机构建设、企业技术改造、孵化育成体系建设、高水平大学建设、自主核心技术攻关、创新人才队伍建设、科技金融结合为八大抓手，持续优化全省创新创业生态，努力建设创新型省份和打造国家科技产业创新中心，在区域创新能力的提高和科技创新引领经济社会发展上实现了质的飞跃。如今，广东已初步构建起开放型区域创新体系，在加速形成以创新为主要引领和支撑的发展模式的同时，也为建设创新型国家不断提供新鲜经验和成功范例。

二、主要发展战略

2015 年，广东全社会研发经费投入占 GDP 的比重达 2.50%，超过创新型国家或地区 S 曲线 2% 的研发投入强度，开始进入创新驱动发展阶段，广东经济社会发展既面临发达国家创新能力整体优势的竞争压力，同时又要避免陷入“有增长无发展”的中等收入陷阱。与此同时，长期以来支撑我省经济快速发展的土地、空间、资源、环境等已难以为继，迫切需要从原有的特殊政策、区位优势、人口红利转变为环境优势、创新驱动与改革红利。广东必须大力实施创新驱动发展战略，把创新驱动作为转型升级和加快发展的重要抓手，提升科技进步对经济增长的贡献率，使科学技术创新成为提高社会生产力、提升国家和地区竞争力的新引擎，起到战略支撑作用，加快由要素驱动、投资驱动到创新驱动的转变，发展创新型经济。

（一）做好创新驱动发展战略顶层设计，深入实施创新驱动发展战略

2014 年 6 月，广东省委、省人民政府出台了《中共广东省委、广东省人民政府关于全面深化科技体制改革加快创新驱动发展的决定》，明确指出广东省到 2020 年开放型区域创新体系和创新型经济形态基本建成，努力实现从要素驱动向创新驱动全面转变，主要创新指标达到或超过中等创新型国家和地区水平。强调发挥科技创新支撑引领作用，促进经济社会转型升级。我省将组织实施重大科技专项突破关键核心技术，聚焦计算与通信集成芯片等八大重点领域关键核心技术，抢占高新技术产业与战略性新兴产业技术制高点。2015 年出台了《广东省人民政府关于加快科技创新的若干政策意见》，提出了企业研发准备金、远期约定政府购买等国内首次探索实施的重大创新政策。另外，还出台了《中共广东省委、广东省人民政府关于加快建设创新驱动发展先行省的实施意见》《中共广东省委、广东省人民政府关于建设高水平大学的意见》《广东省深入实施知识产权战略推动创新驱动发展行动计划》《广东省人民政府办公厅关于推动新一轮技术改造促进产业转型升级的意见》等系列重磅政策，对实施创新驱动发展战略的目标任务和重点措施进行了系统部署。

（二）建设国家自主创新示范区，形成“1 + 1 + 7”珠三角国家自创区建设格局

2014 年 6 月，深圳国家自主创新示范区成为第四个建设国家自主创新示范区，也是党的十八大后第一个以城市为基本单位的国家自主创新示范区。2015 年，国务院发文批复同意珠三角国家高新区建设国家自主创新示范区，支持广州、珠海、佛山、惠州仲恺、东莞松山湖、中山火炬、江门、肇庆共 8 个国家高新技术产业开发区建设国家自主创新示范区。2016 年，广东省人民政府印发了《珠三角国家自主创新示范区建设实施方案（2016—2020 年）》（粤府〔2016〕31 号），提出形成以深圳、广州为龙头，珠三角其他七个地市为支撑的“1 + 1 + 7”珠三角国家自主创新示范区建设格局，珠三角国家自主创新示范区涵盖珠三角九个市，是广东建设创新驱动发展先行省的重大平台。

（三）培育和发展新型研发机构，完善全省区域创新体系建设

2014年9月28日下午，广东省新型研发机构建设现场会在东莞召开，时任中共中央政治局委员、广东省委书记胡春华和省长朱小丹出席会议并讲话。会议强调，要深入贯彻落实党中央、国务院关于全面深化科技体制改革、加快创新驱动发展的决策部署，学习借鉴东莞市的经验，发挥优势、主动作为，加快推进新型研发机构发展，更好地促进我省产业转型升级。胡春华对加快发展新型研发机构提出三点要求。一要高度重视发挥新型研发机构在促进我省产业转型升级中的作用。要充分认识新型研发机构和产业转型升级相互促进的作用，紧紧围绕解决企业的技术难题、突破产业发展的关键技术、经济发展的实际需要，紧紧围绕改造提升传统产业、大力发展战略性新兴产业、建设现代产业体系，加快建设发展新型研发机构。二要发挥市场化优势，加快新型研发机构发展。要把市场配置科技资源的作用充分发挥出来，引进和建立与优秀科研机构合作的平台，推动新型研发机构与企业合作，建立风险投资和科技金融服务机制，打通科技成果向现实生产力转化的途径，更好地推动科技成果的转化和应用。三要把政府在推动新型研发机构发展中的作用充分发挥出来。各级政府要发挥好支持引导作用，把政府“有形之手”作用与市场“无形之手”紧密结合起来，形成合力。依托高新区、产业集群、创新园区、科研院所建设新型研发平台，结合实际加强政策支持，帮助新型研发机构解决有关项目审批、建设用地、投资融资等突出问题，加大知识产权保护力度，营造促进创新的良好环境。

（四）推进创新驱动“八大举措”，把创新驱动发展战略作为全省发展的核心战略和总抓手

2015年以来，在广东省委、省政府的正确领导下，广东把创新驱动发展战略作为全省发展的核心战略和总抓手来抓，全省科技工作由深入谋划布局转入全面推进落实阶段，以超常规的手段推动各项创新政策落地见效，有力推动全省创新发展工作迈入“快车道”，特别是围绕“八大举措”狠下功夫，取得积极成效：一是高新技术企业实现大幅增长。紧紧抓住高新技术企业培育的“牛鼻子”，高标准开展高新技术企业认定和培

育工作。二是新型研发机构进入快速发展期。进一步完善新型研发机构扶持政策，探索建立形式多样、机制灵活的新型研发机构发展模式。2017年新认定省级新型研发机构219家。三是推动企业技术改造效果明显。四是企业孵化育成体系不断完善。落实孵化器财政奖补政策，2016年全省科技企业孵化器达634家，总数跃居全国第一。五是高水平大学建设步伐加快。率先在全国启动高水平大学、高水平理工科大学建设，形成高校分类发展的全新格局，高校学科实力、科研水平实现大幅提升。六是自主核心技术攻关取得新突破。组织实施重大科技专项，完成一批重点领域核心关键技术和重大创新产品布局。七是创新人才队伍建设成效明显。实施“珠江人才计划”“扬帆计划”“特支计划”等重大人才工程，培育引进一大批产业发展急需的创新型人才和科研团队。八是科技金融结合扎实推进。不断健全科技财政资金与银行、担保、租赁、保险、创投以及民间资本的联动机制。

（五）实施知识产权战略，加速形成创新激励基本保障制度

为我省实施知识产权战略，加快建设创新驱动发展先行省，有效发挥知识产权服务创新驱动发展的功能和作用，促进加快形成创新激励的基本保障制度。广东省人民政府于2015年印发了《广东省深入实施知识产权战略推动创新驱动发展行动计划》，于2016年印发了《关于知识产权服务创新驱动发展的若干意见》和《广东省建设引领型知识产权强省试点省实施方案》。

（六）加快粤港澳大湾区国际科技创新中心建设，打造世界级大科学装置集群

粤港澳大湾区是指由广州、深圳、佛山、东莞、惠州、珠海、中山、江门、肇庆（市区）9市和香港、澳门两个特别行政区组成的城市群。2017年3月5日，国务院总理李克强在十二届全国人大五次会议上做的政府工作报告中提出，要推动内地与港澳深化合作，研究制定粤港澳大湾区城市群发展规划，发挥港澳独特优势。粤港澳大湾区建设成为国家在广东布局的重大发展战略。湾区内各城市优势互补，协同发展，将共同把粤港澳大湾区打造成为国际一流航运中心、贸易中心、金融中心、全球科技创新中心。

（七）推进广深科技创新走廊建设，全力打造中国“硅谷”

2017年12月25日，广东省委、省政府发布了《广深科技创新走廊规划》，提出以广州、深圳和东莞为核心，构建“一廊十核多节点”的空间格局，打造国际一流的科技产业创新中心、全国创新发展重要一极、中国版“硅谷”。其中，广州发挥高校、科研院所集聚的优势，建成具有国际影响力的国家创新中心城市和国际科技创新枢纽；深圳发挥高新技术企业集聚、市场化程度高的优势，加快建设国际科技、产业创新中心，打造具有全球竞争力的创新先行区；东莞发挥制造企业和工业园区集聚的优势，建成具有全球影响力的先进制造基地、国家级粤港澳台创新创业基地、华南科技成果转化中心。结合三市自身的发展战略与意愿，确定了十大核心创新平台，在广深科技创新走廊内初步选择37个创新节点，突出特色，分别发展为创新研发型节点、创新制造型节点和创新服务型节点。

第四章　创新体制改革

改革开放40年来，广东省科技工作始终贯彻“科技是第一生产力”的方针，以改革和创新为主线，全面推进科技进步和自主创新，在科技体制改革上开辟了一条新的道路。广东科技体制改革共经历了四个主要阶段：一是从1983年至1992年，以解决科技与经济“两张皮”为核心的科研机构改革；二是从1993年至2003年，以科技转化为生产力为核心，重点从管理体制、人事制度、分配制度、产权制度等方面进行改革试点；三是从2004年至2012年，重点改革科研组织模式、推进新型现代科研院所制度建设、促进高等教育改革和发展，初步形成以企业为主体、产学研结合的技术创新体系；四是从2013年开始，加快完善技术创新市场导向机制、健全多主体协同创新、提高科技成果转化应用能力、深化科技管理体制改革，推动科技管理向创新治理转变。

第一节　着力解决科技与经济“两张皮”现象

一、概述

总体上实施“面向经济建设”战略，经济建设必须依靠科学技术、科学技术工作必须面向经济建设，主要政策是“放活科研机构、放活科技人员”；在劳动、人事、财政、税收、信贷等方面为科研机构改革创造宽松的外部环境，开展以打破计划经济体制下科研机构吃“大锅饭”、捧“铁饭碗”为标志的科研机构体制大改革，推进科技与经济融合发展，着力解决科技与经济“两张皮”现象。

二、改革历程

1980年，国家科研管理从“统收统支”转变为“预算包干”。1983年，广东围绕科技与经济结合这一中心，开始第一轮科技体制改革试点。1985年，扩大科研院所自主权。1986年，广东省科技主管部门启动了科研管理改革试点工作。1987年，全面改革科研院所的拨款制度。1989年，将民营科技企业纳入政府管理职能范围。1991年，提出“科技兴粤”的理念；同年，广东省委、广东省人民政府出台了《关于依靠科技进步推动经济发展的决定》，成为本时期广东深化科技体制改革的标志性政策。

三、重点改革内容

（1）1983年6月，根据国家科委科研所改革试点工作座谈会精神，广东开始对科研所进行整顿，调整科研所的组织结构、经营体制和科研方向，试行所长任期目标责任制、技术合同制和课题承包制，激发了试点研究所面向经济建设的活力和动力。1984年，广州地区高等学校同企业签订技术有偿转让合同达450项。

（2）1985年3月，广东进一步开展扩大科研所自主权、试行所长负责制、实行有偿技术合同和课题承包制、建立多种形式的科研生产联合组织、创收收入实行基金管理等改革工作，允许科研所兴办科技经营实体。主要措施包括：①落实知识分子政策，制定政策措施挖掘省内科技人才，大力稳定和引进人才。②培育技术市场，建立科技开发交流机构，开展多种形式的技术贸易活动，发展民营科技企业，促进科技成果的转化。③开展农村科技体制改革，根据推广、普及科学技术的需求，将农业技术推广服务机构由国有事业性质的单位转变为独立的技术经济组织，技术服务由无偿逐步变为有偿，技术人员由单纯的技术指导变为产前、产中、产后进行综合配套服务。④将技术进步作为企业考核指标的重要内容，促进企业与科研机构、高等学校、设计部门之间的协作和联合，推动公共性技术创新活动的广泛开展，增强企业的技术吸收与开发能力，加强技术成果转化为生产力。当年，广东举行了21次技术交易会，签订交易合同、协议书2911项，成交金额2.98亿元。

（3）1986年，广东省科技主管部门启动了科研管理改革试点工作，以6个省属科研单位和12个广州市属科研单位为改革试点，探索科研单

位逐步企业化、社会化的途径和政策，积极设立广东省自然科学基金、建设重点实验室，放宽、放活科研机构政策为核心的综合改革试点等方面的探索和实践。同时，在科技拨款制度方面进行了一系列改革，包括：①科学事业费实行归口管理，由科技管理部门承担；②对科研机构实行分类管理，按不同类型科技活动的特点，实行不同的经费管理办法；③多渠道拓展科研经费来源；④科研经费与任务挂钩，实行部分有偿使用；⑤打破条块分割，通过竞争，择优支持，使科技与经济更好地结合起来，努力提高资金的使用效益。

（4）1987 年，广东省人民政府颁发了《关于当前科技体制改革若干政策的暂行规定》和《广东省放宽科技人员政策实施办法》，放宽、放活科研机构，鼓励科技人员以各种形式服务于经济建设。广东全面改革科研院所的拨款制度，按照不同类型科学技术活动的特点，实行经费的分类管理，在改革拨款制度的同时，开辟了财政科技借款和银行科技贷款渠道。并推行所长负责制、岗位责任制、经济核算制和课题承包制。技术开发类型的科研机构以多种形式建立技工贸经营实体，由单一的科研型向科研生产经营型转变。

（5）1989 年，广东省人民政府颁布了《广东省民办科技机构管理规定》，将民营科技企业纳入政府管理职能范围，为民营科技企业的发展制定相应优惠政策和管理办法。

第二节　率先开展省属科研院所转制改革

一、概述

这一轮科技体制改革以科技转化为生产力为核心，重点从管理体制、人事制度、分配制度、产权制度等方面进行试点，促进科研机构转换机制，鼓励民营企业的科技进步，推动技术市场形成，服务于高科技产业发展和传统工业产业结构转型，逐渐适应社会主义市场经济发展的要求。这次科技体制改革，突破了原有的科技投入体制，初步建立以大企业为主体，以科研机构、高等院校为科技投入来源，以市场配置资源为基本途径的科技新机制。

二、改革历程

1993年，广东进行了以“技术经济承包责任制”为内容的第二轮科技体制改革试点。1998年，中共广东省委、广东省人民政府出台了《关于依靠科技进步推动产业结构优化升级的决定》，同时制定了31个配套文件，吹响了广东新一轮科技体制改革的号角。1999年，广东省政府出台了《广东省深化科技体制改革实施方案》，按照“稳住一头，放开一片”的方针，在全国率先启动地方省属科研机构科技体制改革。据统计，2003年，广东高校与企业共签订技术转让合同215项，处于全国先进行列；广东近7成科技开发机构设在企业，7成以上科技人员进入企业，7成以上科技经费来自企业，7成的高新技术产品由企业自主研发，企业成为技术开发的主体。

三、重点改革内容

（1）1993年以来，科研院所的改革又有了较大的突破。首先，实行经费倾斜，“稳住一头”。其次，通过市场牵引、政策导向，“放开一片”。最后，在项目管理上改变了往年按减拨事业费比例上项目的做法，根据平等竞争、择优支持的原则，会同有关部门联合审定项目，加大了对选定项目的投资强度。1993—1995年，广东进行了以“技术经济承包责任制”为内容的第二轮科技体制改革试点工作。

（2）1996年，按照《国务院关于“九五”期间深化科技体制改革的决定》提出的“建立适应社会主义市场经济体制和科技自身发展的科技体制”的目标，在面向经济建设和社会发展主战场、发展高新技术和高新技术产业、有选择地加强基础性研究三个层次上进行了科技体制改革的部署。

（3）从1997年开始，实行核定收支、定额或者定项补助、超支不补、结余留用的预算管理办法。对主要从事理论研究、基础研究和社会公益研究的单位，以及国家赋予专业服务和管理职能的单位，实行定额或者定项补助；对主要从事技术开发研究和科技服务的单位，实行定项补助。

（4）1998年5月，广东省召开第八次党代会，颁布了《中共广东省委、广东省人民政府关于依靠科技进步推动产业结构优化升级的决定》，同时制定了31个配套文件，吹响了新一轮科技体制改革的号角。广东全

面落实“科学技术是第一生产力”的思想，贯彻“经济建设必须依靠科学技术，科学技术工作必须面向经济建设”的方针，实施“科教兴粤”战略，推动产业结构优化升级，促进经济体制和经济增长方式的根本性转变。

（5）1999年6月，广东省政府出台《广东省深化科技体制改革实施方案》，对科研机构进行重新分类和定位，深化科技拨款方式改革，对科学事业费的使用方向进行调整，择优扶持50家省重点发展的工业大企业或企业集团图鉴工程技术研究开发中心，大力发展民营科技企业。

第三节　完善以企业为主体、产学研结合的技术创新体系

一、概述

此阶段的改革主要为适应社会主义市场经济体制，改革科研组织模式、推进新型现代科研院所制度建设、促进高等教育改革和发展，加快形成以企业为主体、产学研结合的技术创新体系，打破束缚自主创新能力提升的机制和障碍，支撑科技强省建设。

二、改革历程

2004年，中共广东省委、广东省人民政府出台了《关于加快建设科技强省的决定》，继续推进科技体制改革，建立适应社会主义市场经济体制的区域创新体系。2006年，广东省人民政府联合教育部出台了《关于加强产学研合作提高广东自主创新能力的意见》和《广东省促进自主创新若干政策的通知》，在国内率先开展省部产学研结合试点工作，并逐渐形成了三部两院一省①产学研合作模式。2008年，广东省人民政府出台《广东省建设创新型广东行动纲要》《广东自主创新规划纲要》等重大政策，大力推进自主创新和科技体制改革。2011年，广东出台全国第一部地方

① “三部两院一省”，即科技部、教育部、工信部、中国科学院、中国工程院、广东省。

性自主创新法规——《广东省自主创新促进条例》，在科技体制改革上再迈进一步。

三、重点改革内容

（1）2004 年，中共广东省委、广东省人民政府出台了《关于加快建设科技强省的决定》，指出科研机构内部二级经济实体可改制为投资主体多元化的混合所有制科技型企业。公益类型科研机构要按照非营利科研机构模式进行运行和管理，建立开放、流动、竞争、协作和人员能进能出的新型现代科研院所制度，构建适应社会主义市场经济体制的区域创新体系。

（2）2006 年，广东省和教育部、科技部以“两部一省”新机制在国内率先开展省部产学研结合试点工作，出台了《广东省人民政府教育部关于加强产学研合作提高广东自主创新能力的意见》和《广东省促进自主创新若干政策的通知》等文件，进一步落实产学研结合研发费用税前加计抵扣政策、有利于自主创新的政府采购和首台首套产品推广应用政策，以及高新技术企业和产品在所得税和增值税方面的优惠政策，鼓励投资和开发具有自主知识产权的高新技术产品以及更新改造技术设备，努力营造有利于技术创新的良好政策环境。

（3）2008 年 9 月，为全面贯彻党的十七大精神，深入贯彻落实科学发展观，进一步落实广东省人民政府、教育部、科技部产学研结合工作会议的总体部署，加快实施《广东省教育部科技部产学研结合发展规划（2007—2011 年）》，有效提升广东自主创新能力和产业核心竞争力，广东省人民政府、教育部、科学技术部出台了《关于深化省部产学研结合工作的若干意见》，有效推进科技体制改革、促进高等教育改革和发展。

第四节　推动科技管理向创新治理转变

一、概述

2013 年以来，党的十八届三中全会和省委十一届三次全会对深化科技体制改革做出了全面部署，提出了今后一个时期科技体制改革的重点领

域和关键环节，体现了战略性、前瞻性和可操作性的有机结合，为我省深化科技体制改革、实施创新驱动发展战略指明了方向。总的来看，未来我省科技体制改革将继续向纵深方向发展，集中在完善技术创新市场导向机制、健全多主体协同创新、提高科技成果转化应用能力以及深化科技管理体制改革等方面。

二、改革历程

2014 年 6 月，广东省委、省政府出台了《关于全面深化科技体制改革加快创新驱动发展的决定》，以技术创新市场导向机制和更好发挥政府作用为核心，开展新一轮科技体制改革。同年，省财政厅主导开展了省级财政科技资金管理改革，省科技厅主导开展了省级科技计划项目管理改革，制定了《广东省人民政府关于加强广东省省级财政科研项目和资金管理的实施意见》《关于深化广东省级财政科技计划（专项、基金等）管理改革的实施方案》等文件。2016 年，广东系统推进全面创新改革试验行动，不断推动政府职能转变，推进科技管理体制改革，采用新的管理方法和手段，为不同对象定制个性化的管理模式，进一步推动科技成果的转移转化，促进科研管理制度改革向纵深方向发展，推动政府管理向创新治理转变。

三、重点改革内容

（1）2014 年 6 月，广东省委、省政府出台了《关于全面深化科技体制改革加快创新驱动发展的决定》，在全面梳理广东科技创新基本情况的基础上，以技术创新市场导向机制和更好发挥政府作用为核心，开展新一轮科技体制改革。

（2）2014 年，广东省人民政府印发了《关于加强广东省省级财政科研项目和资金管理的实施意见》，进一步强化科研项目和资金管理，按照“申报要公平、项目要公开、审批要制衡、去向要审计、绩效要评估、考核要问责”的工作要求，加强科研项目和资金配置的统筹协调，改进科研项目资金管理和监管。通过深化改革，加快建立适应科技创新规律、统筹协调、职责清晰、科学规范、公开透明、监管有力的科研项目和资金管理机制，使科研项目和资金配置更加聚焦我省经济社会发展重大需求。随后，省财政厅制定出台了《广东省省级财政专项资金竞争性分配管理办

法》《广东省省级财政专项资金管理办法》《广东省省级财政资金项目库管理办法》《关于进一步加强省级财政科研项目（课题）资金结转结余管理暂行规定》等一系列文件。2017年，中共广东省委办公厅、广东省人民政府办公厅印发了《关于进一步完善省级财政科研项目资金管理等政策的实施意见（试行）》，改进省级财政科研项目资金管理，完善省属高校、科研院所差旅会议管理、科研仪器设备采购管理、基本建设项目管理，为科研项目资金的使用管理松绑。

（3）2014年，广东省科学技术厅启动实施省级科技业务管理“阳光再造”行动。按照“顶层重构、流程再造、分权制衡、功能优化、权责统一、公开透明”的工作思路，对科技业务管理体系进行顶层重构和流程再造，整合省财政科技专项资金，搭建新型科技计划体系，建立科学高效的财政科技投入管理模式，完善项目资金管理流程，调整业务处室职能，搭建科技业务管理阳光政务平台，加强制度建设和内外部监管，保障科技经费和业务管理的分权制衡和公开透明，实现科技业务管理的基础稳定化、应用市场化、资金杠杆化、立项公开化、流程规范化、手段信息化，真正实现科技业务的全过程管理。2016年，广东省人民政府为贯彻落实国家科技计划（专项、基金等）管理改革的新精神，印发了《深化广东省级财政科技计划（专项、基金等）管理改革实施方案的通知》。省科技厅继续深化科技管理体制改革，全力打造“阳光再造行动”2.0版，重新构建阳光政务平台，完善科技项目申报指南编制，建立竞争评审、推荐论证、备案报告、普惠核准、委托代理等项目立项管理方式，建立完善科技报告和信用管理制度，强化内外部监督制约，构筑“双向制衡、多重监管”体系，实现“全程留痕”管理，进一步推动构建科技管理安全新模式，为我省创新驱动发展提供有力的保障。

（4）2015年，广东省人民政府办公厅印发了《关于深化高校科研体制机制改革的实施意见》《广东省人民政府办公厅关于印发广东省经营性领域技术入股改革实施方案的通知》等文件，从创新高校科研组织管理形式、激发高校科研创新活力、创新高校科研评价考核机制、经营性领域技术入股改革等方面，深化我省高等院校科研体制机制改革，充分调动高校科研人员创新创业主动性、积极性和创造性。

（5）2016年，广东省人民政府印发了《广东省系统推进全面创新改革试验行动计划》，围绕产业链部署创新链，推动产业结构加快调整，强

化产业发展高端化目标导向和政策措施，把科技创新真正落实到产业发展上，加快构建产业新体系，努力建设国家科技产业创新中心，主动抢占高端产业集聚发展新高地，加快形成以创新为主要引领和支撑的经济体系和发展模式。力争通过三年努力，基本构建推进全面创新改革的长效机制，初步构建创新型经济体系框架，率先形成符合创新驱动发展要求的制度环境和政策体系，基本建立开放型区域创新体系和粤港澳创新圈，在全球创新体系中的影响力明显提升，为率先全面建成小康社会、率先基本实现社会主义现代化提供坚强保障，为全国加快实现创新驱动发展发挥引领示范作用。

（6）2016 年，广东省人民政府办公厅印发了《关于金融服务创新驱动发展的若干意见》，从拓宽多元化的科技融资渠道、建设服务创新驱动发展的金融平台和机构体系、完善服务创新驱动发展的金融保障机制等三大方面，共提出了 15 条具体措施，为加快推动我省金融改革创新，促进金融更好地支持创新、支持实体经济、支持对外开放合作，提升金融服务创新驱动发展战略的水平指明了方向。

（7）2016 年 11 月，广东省人民政府办公厅发布实施《关于进一步促进科技成果转移转化的实施意见》，在国内首次提出建立重大科技成果转化数据库，推动新型重大科技成果转移转化载体建设，支持高校和科研院所开展科技成果转移转化，支持新型创新创业孵化平台建设，加强科技成果转移转化激励，开展区域性科技成果转移转化试点示范，落实财政引导投入。2016 年 12 月 1 日，广东省第十二届人民代表大会常务委员会第二十九次会议审议并通过了《广东省促进科技成果转化条例》，从最大程度调动高等院校、科研机构转化科技成果积极性的角度出发，建立“财政性资金项目合同中，单位与成果研发团队或完成人可约定转化机制”，为保障科技成果转化所有权、处置权、收益分配权等主要权益原则性规定落实，全力打通科技成果转化全链条。最大化平衡高等院校、科研机构与研发团队或完成人之间的利益分配，让科技人员在创新活动中得到合理回报。

（8）2017 年，广东省委印发了《关于我省深化人才发展体制机制改革的实施意见》，提出了深化人才管理体制改革、改进人才培养机制、健全引才用才机制、强化人才评价激励保障机制、完善人才流动机制五大方面 24 条内容，并提出了下一步开展人才工作的思路措施。

第五章　创新政策设计

初步统计，近年来我省为深化科技体制改革，加快实施创新驱动发展战略，在研发机构投入、创新主体培育、平台载体建设、科研项目管理、人才发展、成果转化等科技创新领域共出台 200 余份政策文件，包括《广东省自主创新促进条例》修正案、《广东省促进科技成果转化条例》等重要地方法规，初步构建起独具广东特色、覆盖创新全链条的政策法规体系，并在全国引起较大反响；《关于全面深化科技体制改革　加快创新驱动发展的决定》《广东省人民政府关于加快科技创新的若干政策意见》（即“广东科技 12 条”）及系列配套实施细则，着力突破科技体制改革的瓶颈问题；《加快推进创新驱动发展重点工作方案（2015—2017 年）》，进一步明确全省 2015—2017 年三年期间推进创新驱动发展的目标与举措；《关于加快建设创新驱动发展先行省的实施意见》，成为我省未来一个时期深入实施创新驱动发展战略的行动纲领。针对以上纲领性文件，我省还出台了若干配套政策和实施计划，对推动广东建设科技强省意义重大。

第一节　研发投入：财政科技资金四两拨千斤

一、概述

2015 年 2 月 15 日，省政府印发了《关于加快科技创新的若干政策意见》（以下简称“粤府〔2015〕1 号文”），这是近三年我省在科技创新领域做出的重大战略部署性文件，成为省市各级部门推动区域科技创新，加大研发投入力度的纲领性文件。省科技厅等其他部门密切合作，制定并出

台了可落地、可操作的8项实施细则和系列具体操作指引。截至2015年8月底，粤府〔2015〕1号文的8个配套政策文件全部出台，包括《广东省激励企业研究开发财政补助试行方案》《关于科技创新券后补助试行方案》《关于创新产品与服务远期约定政府购买的试行办法》《关于科技企业孵化器后补助的试行办法》《关于科技企业孵化器创业投资及信贷风险补偿资金试行细则》《广东省经营性领域技术入股改革实施方案》，这些政策的出台与实施对财政支持研发创新具有极大的推动作用。

随着广东省创新大会的召开，全省各地市也围绕全省科技创新大会的战略部署，纷纷制定并出台了相关贯彻落实政策或实施细则。珠三角各地市积极探索，先行先试。广州、佛山、珠海出台了关于加快科技创新若干政策措施，配套出台了研发经费投入补助、新型研发机构、创新券等配套政策，形成科技创新“1＋N”政策体系。深圳、东莞、中山、惠州、肇庆、江门分别出台了科技创新券、科技企业孵化器、新型研发机构、高层次人才住房等配套实施细则，科技创新政策体系不断完善。粤东西北等地市加大科技创新政策引导力度。揭阳、潮州、阳江、茂名制定出台了推进科技创新的政策意见，建立企业研发准备金、创新券等制度。汕头、清远、云浮、河源、韶关、湛江、汕尾均制定出台了人才公寓、科技创新券、新型研发机构、企业孵化器等配套政策。省市各级政府从多方式、多渠道加大研发投入，为各类创新主体营造良好的创新创业环境。

二、主要政策梳理

（一）《关于企业研究开发费税前扣除管理试行办法》

2008年10月17日，《关于企业研究开发费税前扣除管理试行办法》（以下简称《办法》）由省科技厅、省经贸委、省国税局和省地税局联合下发并执行。《办法》规定，企业为开发新产品、新技术、新工艺所发生的研究开发费，未形成无形资产计入当期损益的，在按照规定据实扣除的基础上，按照研究开发费用的50%加计扣除；形成无形资产的，按照无形资产成本的150%摊销。研发经费税前加计扣除政策是调动企业加大研发投入，提高自主创新能力最直接、最有效、最管用的政策杠杆。广东省委、省政府高度重视企业研发经费加计扣除政策的规范和实施。

《办法》一出台，省科技厅按照“全面动员、广泛宣传、抓紧培训、建立机制、以点带面”的方针，有重点、有步骤地督促、指导和组织各地市开展政策落实工作，调动各地市主观能动性，鼓励结合本地实际创造性地开展工作。组织力量建设了集宣传、报道、解读、培训等多方面功能为一体的专题网站，组织《广东科技》杂志出版专刊开展宣传发动工作。确定东莞市和中山市为全省加计扣除政策落实工作的重点试点市，从培训师资力量、行政工作指导等方面重点支持两市的政策落实工作，发挥两市的示范带动作用。截至2008年年底，全省各地已有上万家企业参加了各种大型宣传培训活动，超过1000家企业通过科技部门初审，已落实的企业研发费抵扣额达到千亿元以上。

（二）《广东省科学技术奖励办法》中关于科技奖励的相关政策

2009年9月，广东省人民政府出台了《广东省科学技术奖励办法》，该办法为奖励在推动我省科学技术进步活动中做出突出贡献的公民、组织，调动广大科技工作者的积极性和创造性，加速我省科学技术进步和促进经济建设与社会发展，根据《国家科学技术奖励条例》的有关规定，制定本办法。省人民政府设立省科学技术奖。省科学技术奖分自然科学类、技术发明类和科学技术进步类三个类别。省科学技术奖分为一等奖、二等奖、三等奖共三个等级。在当代科学技术前沿取得重大突破或者在科学技术发展中卓有建树的；在科学技术创新、科学技术成果转化和高新技术产业化中，对我省经济建设与社会发展做出特殊贡献的公民和组织，经省科学技术奖评审委员会评议提名，报省人民政府批准，可授予特等奖。

（三）《关于科技创新券后补助试行方案》

2015年2月，广东省人民政府出台了《关于科技创新券后补助试行方案》。该方案提出科技创新券重点支持企业向高校、科研机构和科技服务机构购买科技成果或技术创新服务，以及为建立研发机构而购买研发设备等。企业申报专利、软件著作权等知识产权过程所需服务、工业设计类服务及科技金融类服务不列入本方案支持范围之内。省财政对各地市开展创新券后补助采取事前备案、事后奖补的支持方式。各地市、县（区）、高新区或专业镇可根据自身实际情况制定创新券补助政策，直接受理科技型企业、科研单位、科技服务机构的申请并负责审核兑现。根据各地市上

一年度实际兑现的创新券后补助金额，按规定申报审核后，由省财政按期按比例与各地结算。省财政后补助经费由地市科技、财政行政部门统筹用于创新券后补助，应优先支持开展创新券后补助试点的县（区）、高新区或专业镇等，不得挪作他用。

（四）《广东省科学技术厅　广东省财政厅关于科技企业孵化器后补助试行办法》

2015 年 3 月，为提升全省科技企业孵化器的管理水平，引导科技企业孵化器科学发展，广东省科技厅出台了《关于科技企业孵化器后补助试行办法》。提出根据上一年度获得地级以上市（含顺德区）新增孵化面积补助的孵化器，省财政再按不超过市级（含顺德区）补助额的 50% 给予后补助，每家最高不超过 200 万元。孵化器运营评价结果分为 A、B、C 三个等级，各等级具体比例由当年参加评价的孵化器数量和后补助资金规模确定。新获得国家级科技企业孵化器资质认定的孵化器，当年评价列为 A 等级。评价结果珠三角地区为 A 等级，粤东西北地区为 A、B 等级的孵化器，并获得地级以上市（含顺德区）财政补助的，省财政按照不超过市级（含顺德区）财政补助额的 50% 给予补助。

（五）《广东省企业研究开发省级财政补助政策操作指引（试行）》

2015 年 9 月，广东省科学技术厅联合其他五个部门出台了《广东省企业研究开发省级财政补助政策操作指引（试行）》，文件提出由省级财政预算安排用于推进全省企业研究开发的后补助资金。补助资金采取事后奖补、分档补助、一次性拨付三种方式，对经核实的企业上一年度研究开发费按一定比例进行补助支持，按照财政专项转移支付有关程序拨付。省财政厅会同省科技厅根据全省企业研究开发投入实际情况、省级财力情况和企业规模等情况，测算年度补助资金安排额度，落实预算金额，确定年度补助标准并报联席会议审定。企业按照有关要求，在“阳光政务平台”进行网上申报：填写《广东省企业研究开发省级财政补助资金申报表》，提交相关附件材料；企业在网上提交后、受理截止前，报送相应书面材料到所在地市科技主管部门。

（六）《关于深化广东省级财政科技计划（专项、基金等）管理改革的实施方案》

2016年2月，广东省科技厅出台了《关于深化广东省级财政科技计划（专项、基金等）管理改革的实施方案》，方案提出加强省财政科技投入的统筹，整合设立“科技发展专项资金”。有效统筹政府各部门分管的省级财政科技资金和项目，根据我省经济社会发展需求和科技发展需要进行整合优化，避免交叉重复。按照一个部门设置一个专项的基本原则，整合原基础与应用基础研究（省自然科学基金）专项、公益研究与能力建设专项、前沿与关键技术创新专项、产业技术创新与科技金融结合专项、协同创新与平台环境建设专项、科技奖励资金、企业研究开发资金、高新技术企业培育资金、应用型科技研发专项等，设立“科技发展专项资金”，由省科技厅归口管理。此外，设立“重大科技成果产业化基金”，按照市场化方式运作，作为扶持重大科技成果产业化的政策性基金。

加强科技条件资源的统筹。按照提高财政科技经费绩效的要求，强化共建共享的理念，对省发展和改革委员会、经济和信息化委员会、教育厅、科技厅等部门管理的重点（工程）实验室、工程技术研究中心等科技基础条件平台进行合理归并，进一步优化布局，按功能定位分类整合，完善评价机制，加强与国家重大科技基础设施的相互衔接。有效统筹和整合重大装备、工程、仪器等各类科技条件资源，建立科技重大装备、重大科技工程、大型仪器设备、数据文献、科技人才等科技资源的共享机制和平台，向创新主体开放，加快资源的有序流动。

三、政策实施情况

广东近年来不断加大研发投入，出台若干政策，有效地促进了广东省区域创新能力的提升。根据2017年11月25日发布《中国区域创新能力评价报告2017》显示，广东区域创新综合能力首次排名全国第一，打破了过去9年江苏保持首位的格局。此外，在5个一级指标中广东有3个位居全国第一，分别是企业创新、创新环境和创新绩效。2015年，广东省公布了《关于进一步促进创业带动就业的意见》，提出4年25亿元的补贴计划，针对各类创业发放补贴。此外，政府还鼓励企业融资上市。截至2017年，广东新三板挂牌企业总量全国第一，其中科技型企业占比近

80%。而落地广东的企业中，以华为、腾讯、华大基因为代表的行业巨头都取得了优异的成绩。

第二节　主体培育：企业、高校、科研院所

一、概述

广东省近几年为加强创新主体培育与发展，围绕企业、高校、科研院所，出台了若干扶持政策，营造了良好外部环境，提升了广东基础研究实力、技术创新能力及原始创新能力。主要出台了《高新技术企业培育资金管理办法（试行）》《广东省科技型中小企业技术创新专项资金管理暂行办法》《广东省建设大众创业万众创新示范基地实施方案》《广东省人民政府办公厅关于加快众创空间发展服务实体经济转型升级的实施意见》《广东省人民政府关于鼓励社会力量兴办教育促进民办教育健康发展的实施意见》《广东省高等教育“创新强校工程”实施方案（试行）》《广东省人民政府办公厅关于深化高校科研体制机制改革的实施意见》《关于建设高水平大学的意见》等政策，有效地支撑大众创业万众创新，促进了高校、科研院所、企业培育与发展，提高了全省创新水平。

二、主要政策梳理

（一）《广东省民办科技机构管理规定》

1989年3月30日，广东省人民政府出台了《广东省民办科技机构管理规定》（以下简称《规定》），《规定》对民办科技机构进行了定义，指出民办科技机构是指财产属于集体或者私人所有，以从事科学研究、技术开发、技术转让、技术咨询、技术服务以及新技术产品研制、生产推广为主要业务，实行自愿组合、自筹资金、自主经营、自负盈亏的机构。《规定》还确定了民办科技机构业务方向和经营范围，即主要是对新技术、新材料、新工艺、新产品等进行研究、开发及推广应用；对引进的技术、设备进行消化、吸收和创新；对种植业、养殖业进行研究、开发、生产与推广应用；提供技术转让、技术咨询、技术服务、技术培训、技术信息等

和充当技术贸易中介人；销售自行研制、开发和生产的产品、仪器、设备。

（二）《广东省民营科技企业管理条例》

《广东省民营科技企业管理条例》（以下简称《条例》）经 1994 年 1 月 18 日广东省八届人大常委会第 6 次会议通过；根据 2012 年 7 月 26 日广东省十一届人大常委会第 35 次会议通过的《广东省人民代表大会常务委员会关于修改〈广东省民营科技企业管理条例〉等二十三项法规的决定》第 2 次修正。《条例》分总则、设立与变更、鼓励与扶持、管理 4 章 28 条，自公布之日起施行。《条例》提出民营科技企业是社会主义经济的组成部分，其合法权益和正当经营活动受法律保护。民营科技企业必须依法经营，保守国家机密，不得损害国家利益，不得用非法手段损害他人利益。

（三）《广东省关于加快民营科技企业发展的实施意见》

2006 年 4 月，广东省科技厅印发《广东省关于加快民营科技企业发展的实施意见》（以下简称《意见》），《意见》明确了加快民营科技企业发展的指导思想和总体目标，提出了鼓励各类机构和人员创办民营科技企业、规划建设民营科技园、鼓励民营科技企业增加科技投入、支持民营科技企业开展产学研联合、支持民营企业提高技术创新能力、完善民营科技企业服务体系、推动风险投资资金支持民营科技企业、加快建立民营科技企业贷款担保体系、引导民营科技企业加强知识产权工作、推动民营科技企业实施技术标准战略、鼓励民营科技企业制度创新、加强对民营科技企业发展的引导和服务共十二方面的措施。

（四）《广东省科技型中小企业技术创新专项资金管理暂行办法》

2009 年 4 月，广东省科技厅出台了《广东省科技型中小企业技术创新专项资金管理暂行办法》，该办法提出专项资金以无偿资助、贷款贴息等方式支持科技型中小企业的技术创新活动，单个项目的支持金额一般不超过 100 万元，重点项目不超过 200 万元。对于科技型中小企业技术创新活动中新技术、新产品研究开发及中试放大等阶段进行无偿资助；项目新

增投资一般在1000万元以下，资金来源基本确定，投资结构合理，项目实施周期不超过2年（生物、医药类的药品项目可放宽至3年）；企业需有与申请专项资金资助等额以上的自有资金匹配。对于用于支持产品具有一定的技术创新性、需要中试或扩大规模、形成小批量生产、银行已经贷款或有贷款意向的项目进行贷款贴息。

（五）《广东省高等教育“创新强校工程”实施方案（试行）》

2014年1月，广东省教育厅、广东省财政厅联合出台了《广东省高等教育“创新强校工程”实施方案（试行）》，提出要深化高等教育办学体制机制改革，形成政府主导、行业企业支持配合、社会力量积极参与、公办与民办共同发展的多元化办学格局，促进和规范民办高等教育特色发展。深化高等教育管理体制机制改革，进一步扩大和落实高校办学自主权，加强现代大学制度建设。深化高等教育教学改革，形成多样化的人才培养模式。突破制约高等学校创新能力提升的内部机制障碍，打破高等学校与其他创新主体间的体制壁垒，在办学过程中注重科教结合、彰显协同育人，将协同创新思想贯穿于高校人才培养、科学研究、社会服务和文化传承创新的全过程。重点探索建立有利于协同创新的人事管理制度；建立以创新质量和贡献为导向的综合评价机制；建立能统筹整合和发挥人才、学科和资源优势的协同创新组织模式；创新人才协同培养模式；优化以学科交叉融合为导向的资源配置方式；建立开放、高效的教育资源共建共享机制；探索营造有利于协同创新的文化环境；等等。在协同机制创新的基础上，集中力量建设一批具有重大影响力的协同创新中心和协同育人平台，切实促进高校与高校、科研院所、行业企业、地方政府以及国际创新力量的深度融合与互补共赢。

（六）《高新技术企业培育资金管理办法（试行）》

2015年5月，广东省财政厅、广东省科学技术厅出台了《高新技术企业培育资金管理办法（试行）》，提出对纳入省高新技术企业培育库的企业，如未获得国家授予的高新技术企业称号，高新技术企业培育资金每年根据企业生产经营情况给予补助，补助期限最长不超过三年，单个企业年度补助资金不低于10万元且不超过500万元，补助资金用于国家高新技术企业要求的技术创新及相关事项。如在三年期限内企业获得国家高新技术企业称号，同年高新技术企业培育资金自动停止补助。补助资金安排原则上实行项目库管理，与年初预算同步编列项目滚动预算，提前一年启动项目库的申报、入库、排序、审批等工作。对未纳入项目库管理、需在年中细化分配的补助资金，实行年度安排总体计划报省政府审批，具体实施项目计划报省政府备案。

（七）《关于建设高水平大学的意见》

2015年4月，广东省委、省政府印发了《关于建设高水平大学的意见》，分为总体要求、基本原则和建设目标，创新重点建设高等学校管理体制机制，增强重点建设高等学校的自我发展能力，加快改善重点建设高等学校的办学条件，以及加强组织领导五个部分。明确要建设一批高水平大学和高水平学科。2015年7月，经过严格遴选后，省教育厅公布中山大学等7所高校、广州中医药大学中医学等18个学科项目，分别入选广东高水平大学重点建设高校和重点学科建设项目。

（八）《广东省人民政府办公厅关于深化高校科研体制机制改革的实施意见》

2016年5月，广东省人民政府出台了《广东省人民政府办公厅关于深化高校科研体制机制改革的实施意见》，提出建立开放高效的科研创新机制。引入创新需求方和成果使用方参与高校科研项目的申报、遴选和验收等关键环节。对于已与政府或企事业单位签订创新成果远期约定购买合同，或者形成了其他具有法律效力的需求约定的高校科研项目，在同类项目遴选立项中予以优先考虑。对于政产学研深度结合融合的高校科研创新平台、研发机构和新型智库，在省级财政专项资金综合奖补中予以重点支持。高校承担的各类省财政资助的科研项目，项目负责人可结合项目开展实际需要以及相关人员参与项目的全时工作时间等因素合理编制劳务费预算，用于支付项目组成员中没有工资性收入的在校研究生、博士后和临时聘用人员的劳务费用，以及临时聘用人员的社会保险补助费用。高校根据项目负责人提出的用人需求及劳务费预算，公开公正地落实项目研究人员的聘用和劳务费发放。

（九）《广东省人民政府办公厅关于加快众创空间发展服务实体经济转型升级的实施意见》

2016年6月，广东省人民政府办公厅出台了《关于加快众创空间发展服务实体经济转型升级的实施意见》。提出积极利用众包、众筹、众扶等多种形式，重点强化众创空间的服务功能，通过市场化机制、专业化服务、资本化途径、网络化支撑、集成化应用和国际化链接，不断提高服务质量和水平，构建可持续的商业化发展模式。推动龙头企业、高等院校、科研院所、中小微企业、创客等多方协同，建设产学研用紧密结合的众创空间，吸引更多科技人员投身科技型创新创业，促进人才、技术、资本等各类创新要素的高效配置和有效集成，实现产业链、创新链、资金链、服务链的深度融合，不断提升服务创新创业的能力和水平。到2020年，形成一批有效满足大众创新创业需求、具有较强专业化服务能力的众创空间，全省众创空间数量超过300家；孵化培育一大批创新型小微企业，形成新的产业业态和经济增长点。

（十）《广东省人民政府关于鼓励社会力量兴办教育促进民办教育健康发展的实施意见》

2018年5月，广东省人民政府出台了《关于鼓励社会力量兴办教育促进民办教育健康发展的实施意见》，提出要健全政府扶持奖励机制。各地级以上市、县（市、区）政府要建立健全政府补贴制度，创新财政补贴方式，探索对民办学校给予经费奖补的制度设计，明确补贴的项目、对象、标准、用途；要按不低于公办义务教育学校生均公用经费的标准补助民办义务教育学校，对按规定可继续向学生收取学费的，须扣除公用经费补助标准部分；完善政府购买服务的标准和程序，制定向民办学校购买学位、课程教材、科研成果、职业培训、政策咨询等教育服务的具体办法，建立绩效评价制度；鼓励各地加大对普惠性民办幼儿园的扶持力度。

三、政策实施情况

政策的实施，对促进广东企业、高校和科研院所的发展具有极大影响作用。主要体现在以下几方面：①支持骨干企业、大学、科研机构牵头组建跨界产业技术创新联盟。②加快完善科技服务平台体系。如加强中小微企业公共创新服务平台建设，推动科技服务机构加强技术集成创新和服务模式创新。③加快完善全省实验室体系。④加快完善全省技术创新中心体系。如推动组建若干家省技术创新中心、制造业创新中心等，加快国家级和省级工程技术研究中心建设。政策的实施，对推进创新主体发展具有积极效果。

（1）高新技术企业规模及实力稳步提升。2017年全省高企申报数量达2.5万家，2017年全省高新技术企业数量达到3万家以上，高企入库培育企业累计达1.6万家，有望再储备一批科技创新能力强的科技型中小企业。

（2）科技型中小微企业实力跃升。加大企业研发补助力度，2017年共有7713家企业提交申请，比2016年增长一倍，共有7586家企业获得补助资金34.77亿元，平均每个企业的补助金额为45.8万元，体现了对科技型中小企业支持的倾斜，产生了巨大的社会效应。在省人大常委会新闻发布会上获悉，企业研发省级财政补助资金工作的社会调查满意度达到了九成，是历年来社会满意度最高的一项工作。通过近几年的研发补助，在电子信息、生物医药、新材料等领域涌现出一批如冠昊生物、国星光电、金明精机等创新能力强的科技型中小企业，其中34家获得资助企业成功上市，已迅速成长为行业龙头企业。

（3）建成一批双一流大学学科。2017年年底，全省已形成了一批基础良好、特色鲜明、优势凸显的学科群体，共有5个一级学科、43个二级学科入选国家重点学科，5所高校的18个学科入选国家“双一流”建设学科名单，13所高校的60个学科跻身ESI全球排名前1%。中山大学的化学、临床医学和华南理工大学的工程学、材料学、化学学科、农业科学（新增）已进入全球排名前1‰行列，成为世界一流学科。

第三节　平台载体建设：创新中心、实验室、新型研发机构

一、概述

近五年来，随着广东对创新平台、创新团队建设以及高水平大学建设的重视，广东的创新平台载体建设工作取得了较大进展，优势学科和领域进一步夯实、高水平科研产出逐渐增加、承担国家重大科技任务能力不断提升，基础研究经费投入持续增长，并形成了以高水平大学为主体、以中科院广州分院和广东省科学院等骨干科研院所为重要组成部分，以华为、华大基因、腾讯和广汽集团等一批大型企业为辅的多主体研究格局。

二、主要政策梳理

（一）《广东省科学技术厅等十部门关于支持新型研发机构发展的试行办法》

2015 年，广东省科技厅联合其他十个部门出台了《广东省科学技术厅等十部门关于支持新型研发机构发展的试行办法》，文件提出对新型研发机构的科研建设发展项目，可依法优先安排建设用地，省市有关部门优先审批。符合国家和省有关规定的非营利性科研机构自用的房产、土地，免征房产税、城镇土地使用税。按照房产税、城镇土地使用税条例、细则及相关规定，属于省政府重点扶持且纳税确有困难的新型研发机构，可向主管税务机关申请，经批准，可酌情给予减税或免税照顾。

对符合条件的新型研发机构进口科研用仪器设备免征进口关税和进口环节增值税、消费税，具体名单由省级科技行政部门报海关广东分署备案；未能享受以上税收优惠的，省级财政行政部门根据上年度进口科研用仪器设备金额给予一定比例的经费支持。

支持新型研发机构开展研发创新活动，对上年度非财政经费支持的研发经费支出额度给予不超过 20% 的补助，单个机构补助不超过 1000 万元。已享受其他各级财政研发费用补助的机构不再重复补助。

（二）《广东省科学技术厅关于新型研发机构管理的暂行办法》

2017年6月，广东省科技厅出台了《关于新型研发机构管理的暂行办法》，提出申请认定为新型研发机构的单位须具备以下基本条件：①具备独立法人资格。申报单位须以独立法人名称进行申报，可以是企业、事业和社团单位等法人组织或机构。②在粤注册和运营。注册地在广东，主要办公和科研场所设在广东，具有一定的资产规模和相对稳定的资金来源，注册后运营1年以上。③上年度研究开发经费支出占年收入总额比例不低于30%。在职研发人员占在职员工总数比例不低于30%。具备进行研究、开发和试验所需的科研仪器、设备和固定场地。④具备灵活开放的体制机制。首先，管理制度健全。具有现代的管理体制，拥有明确的人事、薪酬、行政和经费等内部管理制度。其次，运行机制高效。包括多元化的投入机制、市场化的决策机制、高效率的成果转化机制等。最后，引人机制灵活。包括市场化的薪酬机制、企业化的收益分配机制、开放型的引人和用人机制等。

（三）《广东省人民政府关于印发广东省科技创新平台体系建设方案的通知》

2016年，广东省人民政府出台了《广东省人民政府关于印发广东省科技创新平台体系建设方案的通知》，文件提出要积极筹建和申报国家实验室。坚持以国家战略布局为导向，牢牢把握科技创新发展方向，在海洋（南海）、环境科学、先进高端材料、生命与健康、空天通信等领域申报建设国家实验室，力争在新兴前沿交叉领域和具有我省特色和优势的关键领域实现重大突破，打造具有世界一流水平的重大科技创新平台，抢占科技制高点。启动广东省实验室建设。以培育创建国家实验室和服务广东重大产业发展为目标，依托我省特色和优势创新单元，整合各方优势科技资源，在前沿技术领域和战略性新兴产业领域建设若干突破型、引领型、平台型的综合性全链条广东省实验室。力争2017年在海洋（南海）、环境科学、先进高端材料等领域先行启动建设。加快推进国家重点实验室建设。

充分发挥我省学科优势、产业优势和区域优势，重点扶持与分类培育相结合，力争在“十三五”期间实现国家重点实验室质量、数量的双提升。鼓励和引导省内高等院校和科研院所对接我省产业发展重点及民生热点，重点在智能制造、绿色制造、新材料、新一代信息、生命健康等新兴领域建设一批国家重点实验室。组织引导大型骨干企业开展行业关键核心技术和共性技术研究，建设国家企业重点实验室。推进省部共建国家重点实验室建设，鼓励建设国际合作联合实验室。

组建一批广东省技术创新中心。聚焦我省优势支柱及战略新兴产业领域，集聚海内外优势创新资源，以提升产业技术创新能力、推动和引领产业技术发展为目标，按照“政府引导、企业牵头、多方参与、独立运作”的原则，在政府财政资金引导下，由一个或若干骨干企业牵头，联合重点高等院校与科研院所，共同投资、合作经营，建立若干广东省技术创新中心。

推进建设国家技术创新中心。以省技术创新中心为基础，加强产业核心关键技术和共性技术的攻关，推动产业链上下游紧密合作，打通从产业技术研发、成果转化到企业孵化各个环节，带动相关产业的联动发展。建立成果共享机制，形成行业技术标准、产业专利联盟，构建专利池，降低研发成本，同时充分发挥产学研协同创新机制的资源集聚效应，不断提高企业研发能力和国际竞争力，培育一批具有国际影响力的行业领军企业。通过 3 ～ 5 年的建设与发展，争取建成 1 ～ 2 家国家技术创新中心。

三、政策实施情况

高度重视创新平台发展，在海洋科学、环境科学、先进高端材料、再生医学、网络空间等领域，启动建设广东省实验室。推进省重点实验室提质培优，实施国家重点实验室倍增计划，争取建设国家实验室。加快中国（东莞）散裂中子源、惠州强流重离子加速器等大科学装置建设，布局建设一批重大科技基础设施和高水平科技创新平台。

（一）实验室体系不断完善

一是以培育创建国家实验室、打造国家实验室“预备队”为目标，在再生医学与健康、网络空间科学与技术、先进制造科学与技术、材料科学与技术领域正式启动建设首批 4 家广东省实验室，并积极筹建和申报国家实验室，强化战略科技力量。加快国家重点实验室建设，2017年年底我省国家级重点实验室共27家，其中，国家重点实验室12家、企业国家重点实验室13家、省部共建国家重点实验室2家。推进省重点实验室提质培优，2017年新建省级重点实验室29家，累计达306家，覆盖了我省重点发展领域。二是率先在全国启动高水平大学、高水平理工科大学建设，形成高校分类发展的全新格局，高校学科实力、科研水平实现大幅提升，全省12所高校的49个学科进入全球ESI排名前1%，5个学科进入前1‰，跃居全国第三，数量创历史新高。

（二）产业创新平台取得新进展

加快广东省技术创新中心建设，广东聚华印刷显示技术有限公司、美的集团两个企业牵头组建成省技术创新中心，并积极申报国家印刷及柔性显示技术创新中心，将成为带动我省新型显示产业创新发展的龙头。积极推动第三代半导体南方基地建设，惠州IMEC广东分中心、深圳中村修二研究院、中山第三代半导体材料与器件创新中心等一批产业支撑平台进展顺利。打造了一批研发实力强、协同创新效益好、引领示范作用强的产学研合作创新平台，2017年新建院士工作站36家，累计158家；新建企业科技特派员工作站54家，累计249家。新组建1564家省级工程技术研究中心，累计达4215家，其中国家级23家，全省工程中心研发投入累计超过753亿元，新产品产值达13688.6亿元，产生了巨大的经济效益。

（三）组建广东省科学院

2015年，省委组织部、省机构编制委员会办公室（以下简称“省编办”）、省科技厅、省财政厅和广东省人力资源和社会保障厅（以下简称“省人社厅”）共同参加省科学院重组调研工作。6月28日，新的广东省科学院在广州正式揭牌成立。省科学院挂牌成立后，省科技厅按照广东省科学院建设领导小组的要求，牵头联合省相关部门成立广东省科学院建设督导组（设在省科技厅），负责督促指导省科学院建设推进工作，协调省直单位支持省科学院建设相关事宜。督导组根据广东省委、省政府《关于省科学院运行机制改革的意见》和《广东省科学院组建方案》文件精神，积极协调省相关部门加快推进省科学院组建工作，提出“边建设、边发展，边贡献”的建设方针。省科学院围绕广东省委、省政府的重大

战略决策部署，突出创新驱动，严格按照广东省委、省政府制定的组建方案，有序开展各项具体工作，确保在既定时间内完成组建工作，努力实现为广东创新发展和转型升级做出应有的贡献，为全国科研院所做出示范。

（四）加快新型研发机构发展

2017 年，全省新型研发机构继续实现快速发展，成为产学研深度融合的重要载体，中科院深圳先进技术研究院、深圳华大基因研究院、深圳清华大学研究院等新型科研机构已具备与世界一流科研机构相媲美的特质。全年新认定省级新型研发机构 39 家，总数达 219 家，研发人员超过 3 万人，平均每家机构从事研发工作人数超过 137 人，形成了较为扎实的研发团队。全省新型研发机构研发总投入约达 147.3 亿元，平均每家机构研发投入达 0.7 亿元，获得发明专利授权约 8500 项，成果转化收入和技术服务收入约达到 614.5 亿元，累计创办孵化企业约 4660 家，其中孵化和创办高新技术企业约 1130 家。

（五）全面推动企业研发机构建设

召开广东建设国家科技产业创新中心暨企业研发机构工作现场会，引导和支持大型工业企业普遍建立研发机构，支持不同的企业采取不同的建设模式，形成模式多样、功能完善、布局优化的企业研发创新体系。截至 2017 年年底，全省主营业务收入 5 亿元以上的工业企业基本实现研发机构全覆盖，规模以上工业企业研发机构覆盖率达到 30% 以上，其中，珠三角地区达到 35% 以上，粤东西北地区达到 20% 以上。

第四节　科研管理：从项目管理到创新治理

一、概述

广东省省级科技计划项目最早由原广东省科学技术委员会负责组织管理。2000 年，原广东省科学技术委员会更名为广东省科学技术厅后，分阶段并有所重点地对科技计划项目管理进行了改革，并出台了系列科技项目管理的政策文件，不断规范科技计划项目实施各方职责，完善项目管理流程，推动科技管理向创新治理转变。由广东省人大、委省政府、省财政厅、省科技厅、省监察厅等部门制定的、现行有效的、有关科技计划管理的法律法规和规范性制度文件共 70 余份，广东省科技计划项目管制制度体系基本建成。

二、主要政策梳理

（一）《广东省科委关于科学技术计划管理的试行办法》

最初，广东省科技计划项目实行“专项管理、分级负责、同行评议、签订合同”管理体制，并给出了具体的管理办法。1980 年，广东省科学技术委员会出台了《广东省科委关于科学技术计划管理的试行办法》《广东省重大科技项目招标管理办法》，作为省级科技计划项目管理最初的准则。2000 年，广东省科学技术厅对科技计划项目管理进行了改革，并出台了《关于印发〈广东省科技厅关于进一步深化科技计划项目管理改革的意见〉的通知》和《关于印发〈广东省科技项目跟踪管理办法（试行）〉的通知》等文件，改进省科技计划项目管理的工作方法。2003 年，省政府办公厅转发了省科技厅《关于进一步加强我省科研计划项目研究成果知识产权管理的意见》。

（二）出台若干省级科技计划专项管理办法

“十一五”期间，省科技厅致力于加强专项管理，出台了《广东省教育部产学研结合计划项目管理办法（试行）》《关于印发广东省重大科技专项项目管理暂行办法的通知》，为专项管理提出了可行的路径。“十二五”期间，为进一步加强省级科技计划项目管理，省科技厅积极开展科技计划管理改革，组织（制）修订了科技项目管理办法、引入竞争性评审等各项措施，使科技计划项目管理流程日益规范，管理效率不断提高，管理工作不断升级。

（三）《广东省科学技术厅关于省级科技计划项目管理的暂行办法》

2012 年年初，省科技厅制定出台了《广东省科学技术厅关于省级科技计划项目管理的暂行办法》。同年年底，省科技厅进行了省级科技计划

项目管理改革，在系统梳理省级科技计划项目划分类别、管理流程和部门职责后，制定出台了《广东省省级科技计划项目管理改革实施方案（试行）》，以及预算评审、合同书管理、监督管理与考核评价、财务验收、项目结题验收、专项经费绩效评价等环节的管理工作规程，提出重新构建科学系统的矩阵式省级科技计划体系，明确计划管理处室职责，建立协调规范的项目管理流程，完善友好高效的项目综合业务系统等各项得力措施。

（四）实施省级科技业务管理阳光再造行动1.0版

2014年，省科技厅出台了《省级科技业务管理阳光再造行动及业务调整优化实施方案》，开展新一轮科技计划管理改革，并将扎实推进科技计划管理的制度建设、进一步完善科技计划项目和资金管理有关制度列入重点任务之一，围绕科技计划信息公开、项目管理、专家管理和评审、科研信用管理、科技支出绩效评价、购买科技管理服务、责任管理和追究等方面制定新管理制度、修订旧管理制度，2014年制定出台了《广东省重大科技专项总体实施方案（2014—2018年）》和五大科技专项资金的管理办法，逐步将科技计划管理工作思路和工作部署规范化、制度化，通过制度的刚性约束力来改变过去权力过度集中、自由裁量权过大的局面。省政府也印发了《加强广东省省级财政科研项目和资金管理的实施意见》，省财政厅印发了《广东省省级财政资金项目库管理办法》，进一步完善管理制度体系。

（五）实施省级科技业务管理阳光再造行动2.0版

2016年，省政府为贯彻落实国家科技计划管理改革的决策部署，印发了《关于深化广东省级财政科技计划（专项、基金等）管理改革的实施方案》，省科技厅在总结省级科技业务管理阳光再造行动的成效和问题的基础上，制定了《省级科技业务管理阳光再造行动（2.0版）实施方案》，并加紧制定《广东省科学技术厅科技计划信息公开管理规程》《广东省科技咨询专家管理办法（试行）》《关于加强科技计划项目责任管理和责任追究的暂行办法》《省级科技计划（专项、资金等）严重失信行为记录与惩戒的暂行规定》等文件，将省级科技业务管理阳光再造行动推向更高的层次。

三、政策实施情况

随着省级科技计划管理改革的逐步推进，我省科技计划项目管理政策体系不断完善和升级，具有以下成效：

(1) 广东省级科技计划体系进一步完善。聚焦我省经济社会发展需求和广东省委、省政府的重大战略布局，围绕产业链部署创新链，围绕创新链完善资金链，科学设置科技计划体系，突出企业主体，突出成果导向，突出创新第一动力，科技计划重点支持基础前沿、社会公益、重大共性关键技术研究等公共科技活动，重点支持知识创新、技术创新、协同(集成) 创新、应用示范、环境建设五大创新环节，形成科技计划引导与政府创新政策普惠性支持的联动机制，有效服务调结构、转方式、促增长。

(2) 科技计划项目管理流程规范。不断健全建立目标明确和绩效导向的管理制度，对科技计划管理指南编制、项目申报、评审立项、过程管理、评估验收、成果管理的全生命周期，形成职责规范、科学高效、公开透明的组织管理机制，使之更加符合科技创新规律，更加高效配置科技资源，更加强化科技与经济紧密结合，最大限度激发科研人员创新热情，充分发挥科技计划在促进我省经济社会发展中的战略支撑作用。

(3) 科技计划项目实施和管理行为规范。对项目实施方行为管理、专家信用、成果管理、文档管理进行规范。充分发挥专家和专业机构在科技计划项目管理中的作用，完善项目形成和成果产出机制，推动省级科技计划项目信息共享、经费监管和诚信体系建设。实行计划项目管理流程公开透明，并接受社会监督。

第五节　人才发展：从简单粗放到精准高效

一、概述

人才是第一资源，人才政策在很大程度上决定人才第一资源效能的发挥。随着广东经济形势及人才工作形势的变化与发展，广东省在近 40 年制定出台了 2100 余项人才政策，包括人才引进、人才培养、人才评价、

人才流动、人才激励、人才保障以及同时包含上述六类内容在内的综合型政策等七个类型。其中，在2006—2015年期间，广东共颁布了省级人才政策77项，平均每年约8项。这些政策的实施，有效推动了“珠江人才计划”等重大人才发展计划的组织实施，有力支撑我省“人才强省”战略的落实。

二、主要政策梳理

我省人才政策的制定出台可分为四个阶段：

（一）初步开展人才引进和培育工作

1978年至1997年，为激发人才活力，我省初步开始探索建设人才政策，发展特点有：一是围绕完善人才市场建设、优化人才机制，制定出台相应政策，以激发人才活力，促进人才流动，其中又以1992年珠海市出台百万元重奖科技人才为代表。二是成立了引进国外人才领导小组办公室和外国专家局，颁发相关海外人才引进政策，开展以留学生、港澳台人才为主的高层次人才引进工作。三是开展人才培育工作，主要出台了科技人才和博士后相关政策规定。

（二）实施“科教兴粤”及“人才强省”战略

1998年至2007年，我省实施“科教兴粤”及“人才强省”战略，1998年5月广东省第八次党代会召开，提出实施“科教兴粤”发展战略和“人才强省”战略，出台人才工作的综合性政策，全面加强人才工作。1999年5月14日，省政府出台了《关于鼓励出国留学高级人才来粤创业若干规定》，创立中国留学人员广州科技交流会，加强高层次人才引进。2003年，省人事厅出台了《深化我省职称制度改革的若干意见》，初步完善高层次人才评价体系，深化职称制度改革。“高级人才”“高等人才”“高层次人才”等称谓开始出现在许多政策文件中，高层次人才作为人才队伍的高端组成部分逐步成为人才工作的重点。

（三）开创人才引进培育新局面

从2008年到2014年，我省全面加快吸收培养高层次人才。2008年，广东省委、省政府出台了《关于加快吸引培养高层次人才的意见》，提出

把吸引培养高层次人才作为我省争当实践科学发展观排头兵的新引擎，把引进创新科研团队工作放在全省人才工作的首位并予以极大的省财政支持力度，是广东近几年人才工作的纲领性文件，也是广东省开展引进创新科研团队工作的重要依据与指导政策。2010 年，省委出台了《广东省中长期人才发展规划纲要（2010—2020 年）》，明确高层次人才工作发展目标，是广东省首个中长期人才发展规划纲要。对接国家海外高层次人才引进计划（“千人计划”）实施“珠江人才计划”“粤海智桥计划”等省重大高层次人才引进工程；对接国家高层次人才特殊支持计划（“万人计划”），出台实施“广东特支计划”等省重大高层次人才培养工程；实施粤东西北地区人才发展帮扶计划；出台《广东省引进高层次人才“一站式”服务实施方案》等系列文件，进一步拓展人才激励的广度，逐步完善高层次人才制度环境建设。对于科研创新团队的引进和管理，出台了《关于贯彻落实〈关于加快吸引培养高层次人才的意见〉的实施方案》《广东省引进创新科研团队评审暂行办法》《广东省引进创新科研团队专项资金管理暂行办法》与《关于实施〈广东省引进创新科研团队专项资金管理暂行办法〉的补充通知》。2014 年，省政府印发了《关于进一步加强高技能人才工作的意见》。“高层次人才”概念得到了明确，初步形成了引育并举、立体支撑全省科技创新和产业发展的高层次人才政策体系，并开始建立南沙、前海、横琴粤港澳人才合作示范区，探索建立全国人才管理改革试验区。

（四）着力开展人才发展体制机制改革

2015 年，省人社厅、省科技厅出台了《关于进一步改革科技人员职称评价的若干意见》，提出了 11 条操作性较强、含金量高的‘干货’，多项措施为全国首创，这也是近年来广东力度最大的一次人才评价政策改革。2016 年，省委办公厅、省政府办公厅出台了《关于促进中国（广东）自由贸易试验区人才发展的意见》《广东省外籍高层次人才认定办法》，省人才办印发了《“珠江人才计划”海外专家来粤短期工作资助计划（试行）》《“珠江人才计划”海外青年人才引进计划（博士后资助项目）》《广东省南粤突出贡献和创新奖评选奖励办法（试行）》，深化省重点人才专项的实施。2017 年，省委出台了《中共广东省委关于我省深化人才发展体制机制改革的实施意见》，通过深化改革，破除思想观念和体制机制

障碍，率先构建具有全球竞争力人才制度体系，最大程度地培养、引进、聚集各类人才，充分激发人才创新创造创业活力，真正把广东建设成为人才高地。2017 年 12 月，省委组织部、省人社厅等 13 个部门联合出台了《关于加快新时代博士和博士后人才创新发展的若干意见》，从拓宽培养途径、加大引进力度、推进顺畅流动、搭建发展平台、加强服务保障五个方面提出一系列创新举措，着力破解制约我省青年人才创新发展的问题，加快培养集聚一大批优秀拔尖青年人才。

三、政策实施情况

总体而言，广东人才政策的实施取得了较好成效。一方面，政策文件既注重数量又注重质量。广东制定的省级人才政策，覆盖人才引进、培养、评价、流动、激励、保障方方面面，切实为广东人才工作发展营造了良好政策环境。同时，广东人才政策具有较高含金量，如广东省引进创新创业团队计划，1 个团队资助金额最高可达 1 亿元，并在 2009 年就实现了人力资源成本费可占项目经费总额的 30% 等重大引才政策突破。另一方面，政策文件既全面系统又重点突出。广东省级人才政策类型丰富，全方位助力广东人才强省战略建设，既有《广东省中长期人才发展规划纲要（2010—2020 年）》等全省人才发展顶层设计方面的政策，又注重出台针对制约广东人才发展瓶颈问题的政策文件，如出台《广东省引进高层次人才“一站式”服务实施方案》，为引进高层次人才提供良好服务；出台《广东省培养高层次人才特殊支持计划》，强化全省人才培养等；出台《关于组织实施粤东西北地区人才发展帮扶计划的通知》，着力解决粤东西北地区人才短缺问题。

第六节　成果转化：从点上突破到全面推进

一、概述

得益于开放的市场经济和较为完善的产业体系，广东作为改革开放的排头兵、先行地、实验区，在科技成果转化方面也积累了许多经验。近年来，根据国家相关法律政策的精神，积极制定了一系列有利于本地区科技进步和经济社会发展、推动科技成果转化的地方性科技法规和政策，从单纯的技术转让发展到多构建渠道、多元化的科技成果转移转化体系，有力推动我省科技成果转移转化走向法制化时代。

二、主要政策梳理

2002年，我省出台了《广东省技术转让、技术开发及相关服务性收入免征营业税审批管理办法》，进一步规范我省技术转让、技术开发及相关服务性收入免征营业税的审批工作，统一减免税口径和程序，加速科技成果转化。

2015年2月，广东省政府重磅推出《关于加快科技创新的若干政策意见》（又称“科技创新十二条”），包括研发准备金、创新券、科技成果转化收益等政策，赋予高校和科研机构科技成果自主处置权、完善科技成果转化所获收益激励机制、完善科技成果转化个人奖励约定等。

2015年7月，广东省政府出台《经营性领域技术入股改革实施方案》，最大限度释放了科技成果处置分配权，为高校、科研机构推动科技成果转化提供了有力的政策依据。

2016年3月，广东省人大常委会修订《广东省自主创新促进条例》，提出一系列重大突破政策。其中，第33条明确规定本省财政性资金设立项目形成科技成果的知识产权归项目承担者。第31条明确规定科技成果转化科技奖励比例可达60%。

2016年11月，省政府出台了《关于进一步促进科技成果转移转化的实施意见》，提出要加强科技成果信息交汇与发布、推进科技成果转移转化载体建设等措施。

2016年12月，广东省人大常委会出台《广东省促进科技成果转化条例》，为全省科技成果转化提供了更加有效的法制保障。该条例在国家上位法的基础上，重点对科技成果使用权、处置权、收益权“三权”进行细化规定，包括进一步深化改革高校、科研机构科技成果自主处置权，明确科技成果转化退出“投资损失免责”，财政资金项目科技成果约定转化机制，等等。

三、政策实施情况

近年来，我省出台了大量松绑性科技政策与法规，并积极申报创建珠

三角国家科技成果转移转化示范区，逐步破除制约科技创新的体制机制障碍，在促进科技成果转化方面采取了有效的举措，推动了广东高技术产业的发展，对促进经济发展产生了积极的成效。科技成果转化政策的制定和落实，有力推动了技术市场繁荣发展，“十五”以来，广东已成为全国技术交易的主要集散地，技术合同交易额多年居全国前列。2017 年，全省共认定登记技术合同 17423 项，合同成交总额达 949.47 亿元，同比增长 20.24%，其中技术交易额达 928.62 亿元，同比增长 21.15%。但是，科技成果转化仍存在机制体制和执行障碍，需要加快研究制定科技成果转化资产处置和收益管理的具体政策和明确程序，破解科技成果转化全链条中存在的障碍，促进专业成果转化中介机构发展，加速创新科技成果的产出与转化，力争把珠三角地区打造成为全国极具吸引力的科技成果转移转化基地和全球极具影响力的科技成果转移转化中心。

第三编 产业：让创新落到发展上

习近平总书记在2018年两院院士讲话上提到“要大力发展科学技术，努力成为世界主要科学中心和创新高地，瞄准世界科技前沿，引领科技发展方向，肩负起历史赋予的重任，勇做新时代科技创新的排头兵，努力建设世界科技强国。……要把握数字化、网络化、智能化融合发展的契机，以信息化、智能化为杠杆培育新动能，优先培育和大力发展一批战略性新兴产业集群，推进互联网、大数据、人工智能同实体经济深度融合，推动制造业产业模式和企业形态根本性转变，促进我国产业迈向全球价值链中高端”。我省改革开放40年来，一直将推动产业创新发展作为重要工作，依托高新区、专业镇的建设和高新技术企业的培育，推动具有广东特色的高新区技术产业发展。

第六章　高新区引领全省经济发展

在广东省委、省政府正确领导下，经过30年的发展，广东省高新区成功走过了“十一五”期末珠三角国家高新区全覆盖，“十二五”期末粤东西北国家高新区零的突破和高新区地市全覆盖，“十三五”期间国家高新区地市全覆盖加速推进的跨越式发展阶段。近年来，广东省高新区深入贯彻落实创新驱动发展战略，紧密围绕国家科技产业创新中心建设的核心任务，坚持做好“高”和“新”两篇文章，持续不断集聚创新资源与要素，创新成果大量涌现，科技企业快速成长，高新技术产业蓬勃发展，已经成为广东省实施创新驱动发展战略的核心载体和重要抓手。

第一节　广东高新区建设和发展历程

早在1985年7月，在深圳特区诞生了中国大陆第一个科技园——深圳科技工业园。1988年8月，“火炬计划”开始实施，在“火炬计划”的推动下，各地纷纷结合当地特点和条件，积极创办高新区。1991年以来，国务院先后批准建立了146家国家高新区和苏州工业园（简称“146+1家国家高新区”）。广东省高举火炬，在高新区建设上先行先试，勇于探索。

1991年，国务院批准设立广州、中山2个国家高新区。

1992年，国务院批准建立珠海、佛山、惠州3个国家高新区；《中山火炬高新技术产业开发区综合改革试验总体方案》经国家科委、国家体改委正式批准实施；同年，广东省人民政府颁布了《广东省国家高新技术产业开发区若干政策的实施办法》，分别批准设立江门、汕头2个省级高新区。

1996年，国务院批准建立深圳国家高新区。

1998年，广东省人民政府批准设立东莞、肇庆2个省级高新区。

2002年，广东省人民政府批准设立河源、揭阳2个省级高新区；《广东省高新技术产业开发区管理办法》颁布执行。

2003年，广东省人民政府批准设立阳江、清远、梅州3个省级高新区。

2009年，广东首次以广东省委、省政府的名义召开了全省高新技术产业开发区工作会议，颁布了《关于加快高新技术产业开发区发展的意见》，实施了一揽子扶持高新区发展的政策措施，再次掀起高新区建设高潮。

2010年，广东省新增东莞松山湖、肇庆、江门3个国家级高新区，全省国家级高新区达到9个；启动省级高新区申报认定工作，省政府先后批准设立湛江、韶关、茂名、潮州、云浮5个省级高新区。

2011年，广东省人民政府批准设立南海省级高新区，建立了广东第一家县域省级高新区。2013年，省政府批准设立顺德省级高新区。

2014年，汕尾高新区经省政府同意，省科技厅、省发展改革委、省国土资源厅、省住房与建设厅四部门联合发文，批准认定为省级高新区。至此，我省实现了省级高新区的地市全覆盖。

2015年2月，河源的源城高新区升级为国家高新区；2015年9月，清远高新区升级为国家高新区。

2017年2月，国务院批复同意汕头高新区升级为国家高新区。

2018年2月，国务院批准同意湛江、茂名升级为国家高新区，至此，广东共有国家高新区14家，省级高新区8家，在广东高新区30多年的发展过程中，先后经历了“一次创业”“二次创业”“创新驱动”阶段，每一个阶段都凸显了我省高新区发展的浓厚特色。

一、“一次创业”阶段（1985—2009年）

2000年之前，广东省6个国家高新区建设主要以扩展发展高新技术产业为抓手，平均增速超过50%，处于“一次创业”阶段。在随后的几年，国家高新区发展速度略有下降，但仍保持35%左右的快速增长态势。1999年，广东省人民政府出台《广东省加快高新技术产业开发区及珠江

三角洲高新技术产业带建设方案》，着力推动全省尤其是珠三角地区高新区建设和高新技术产业发展。全省形成了以广州和深圳为龙头，以珠江三角洲高新技术产业带为核心，以高新技术产业开发区为重点，带动东西两翼和山区发展的高新技术产业发展格局。“一次创业”期间，广东省重点围绕招商引资、“三来一补”、产品出口等工作来促进高新区的发展，期间取得了巨大的成效，并为广东“二次创业”时期的高新区发展奠定了稳健扎实的基础。

（一）招商引资

广东省高新区大都设立了招商引资机构，其主要职责是制定和实施高新区的招商发展战略和投资政策措施；组织和开展日常对外招商、项目推介、对口洽谈、项目引进，组织、协调、指导、监督境内外各种经贸洽谈会和招商活动等；组织、搭建招商平台，完善和更新客商资料库、项目库，组织建立海内外招商工作站、招商联络点，开展对外联络、委托招商、网上招商工作；组织参与重大招商项目的洽谈，研究和审核与大公司、大财团合作项目的合作对象、合作方案。

（二）“三来一补”

20 世纪 80 年代，香港、澳门将部分轻、小工业迁移到广东各个经济技术开发区，以“三来一补”方式生产加工零部件，逐步地形成了广东与港澳“前店后厂”的工业合作模式，即由香港、澳门方面负责承接国际订单，提供原材料、机器设备、产品设计及样品，控制产品质量，同时负责开拓国际市场及产品销售和售后服务，扮演“店”的角色；而广东方面负责产品的加工、制造及装配，扮演“厂”的角色。进入 90 年代，随着我省设立高新区，在政府的积极主导作用下，以及外资的不断增加和国内资金、技术、人才的南移，部分“三来一补”企业转向高新技术的开发与生产，形成了广东首批高新技术企业，推进了广东省高新区的工业化。

“三来一补”企业的发展为广东省高新区发展解决了资金、技术和市场瓶颈问题，并且为广东省高新区发展培养了一批国际市场营销人才、企业管理人才和熟练的工人，为广东省高新区工业赶超全国高新区奠定了基础。

（三）产品出口

改革开放初期，邓小平同志要求开发区发挥“窗口”作用，“成为对外开放的基地”。按照这一要求，广东省高新区大力引进外资、技术、人才以及先进的管理经验，积极探索按国际惯例办事，建立和完善开放型经济体系。广东省高新区建设者们吸纳了先进工业国家的成功经验，使区内大多数企业在研究开发、生产经营、销售服务等环节中力求与国际接轨，同时有一大批中外合资、合作企业进区，企业充分利用外资、技术，以及产品出口贸易参与国际高新技术产业的竞争，为发展外向型经济创造了较好的条件，高新区在全省的辐射力和带动力不断加强。

经过20多年的努力，深圳、广州、珠海、佛山、中山、惠州、东莞、汕头和江门等高新区形成了以外向型经济带动为主体，以电子、信息、新材料和生物工程为龙头产业的经济格局，各高新区的主要经济指标，包括产品产值、全员劳动生产率、利税及出口创汇均比其他产业高，尤其比传统产业要高得多，使广东省高新区在产业发展的经济质量上具有较大的优势。

二、“二次创业”阶段（2009—2015年）

随着广东首次以广东省委、省政府的名义召开了全省高新技术产业开发区工作会议，颁布了《关于加快高新技术产业开发区发展的意见》，实施了一揽子扶持高新区发展的政策措施，全省再次掀起高新区建设高潮，全省实现省级高新区的全覆盖、粤东西北地区国家级高新区“零”的突破，广东高新区建设进入了“二次创业”阶段。

广东高新区“二次创业”发展重点工作主要集中在以下几个方面：一是抓创新集群。加强特色产业园建设，实施“创新型产业集群建设工程”，加快培育战略性新兴产业。二是抓服务体系。加快发展现代服务业，完善科技服务体系，重点发展现代服务业，加强科技企业孵化器和加速器建设。三是抓环境优化。促进科技金融紧密结合，拓宽高新区融资渠道；大力改善教育、医疗、文化和体育等公共服务和配套设施；以“智慧园区”建设创新社会管理。四是抓人才引进培育。围绕各高新区产业发展重点领域，重点引进中央“千人计划”、创新科研团队、科技领军人才等优秀人才和团队。五是抓体制机制创新。继续做好高新区考核工作，

不断优化考核办法和指标体系；加强高新区专项的组织和实施，提高资金使用效率；发挥高新区战略联盟的作用，推进协同创新和协调发展。

三、“创新驱动”阶段（2015 年—至今）

随着国家创新驱动发展战略的提出，高新区作为我省创新驱动发展的主阵地，大力实施创新驱动发展战略，在推动全省创新发展中发挥了标志性引领作用。全省各国家级高新区在全国排名持续稳步上升，在科技部公布的 2017 年全国高新区评价结果中，我省国家级高新区排名全部实现提升，其中深圳高新区跃居全国第 2（仅次于北京中关村），广州高新区跃居全国第 10，佛山高新区连续 3 年取得进步，从 54 位上升到 29 位。2017 年全省 23 家省级以上高新区实现工业总产值 2.8 万亿元[①]，同比增长 15.6%；实现利润 2479 亿元，同比增长 19.8%；实际上缴税收 1550 亿元，同比增长 8%。该阶段的主要做法和成效如下。

（一）提升经济创造能力，有力支撑全省经济中高速增长

广东省大力实施高新区创新发展战略提升行动，把高新区作为国家自主创新示范区和粤港澳大湾区科技创新中心建设的核心载体，组织实施六大行动计划，持续不断集聚创新资源与要素，创新成果大量涌现，科技企业快速成长，高新技术产业蓬勃发展，已经成为我省实施创新驱动发展战略的核心载体和重要抓手，有力支撑了全省经济中高速增长。近三年，全省高新区主要经济指标保持 15% 以上的增速，远高于全省平均水平；全省高新区以占全省 0.2% 的土地面积，创造了全省 1/6 的工业增加值、1/6 的出口额、1/3 的高新技术产品产值。发展质量和效益同步提升，2015—2017 年，全省高新区工业增加值率超 25%，净利润率达 6.5%，新产品销售占产品销售收入的比重超 30%，全员劳动生产率超 36.5 万元/人，单位增加值综合能耗平均值降低至 0.3 吨标准煤/万元。全省有 7 家国家级高新区营业收入超过 1000 亿元，4 家国家级高新区增速在 20% 以上。在经济进入新常态的情况下，国家级高新区依然在高基数上保持了较快发展，成为保持经济中高速增长的重要力量。

---

① 2017 年高新区数据见《高新区综合统计快报（2017 年度）》。

（二）推动高新区升级发展，加速结构优化和动力转换

“创新驱动”发展阶段广东省重点推动国家级高新区地市全覆盖行动，以升促建工作成效明显。新升级的清远高新区、汕头高新区已成为当地创新发展的核心载体。积极探索以国家高新区为主体，整合区位相邻、相近的、小而散的各类开发区，打造辐射带动区域创新发展的高地。2017年中共广东省委组织部和省科技厅联合向全省高新区派驻科技服务团，增强高新区管委会服务创新驱动的能力。高新区已经成为培育发展新兴产业策源地和引领区域经济结构优化的核心力量。据初步统计，2017年全省国家高新区高新技术企业占纳入火炬统计企业数超65%，其中广州、珠海、佛山高新区占比超70%；实现新产品产值超9000亿元，专利申请量超8万件，保持高速增长态势，引领全省创新发展不断上新水平。

（三）完善创新创业生态，大众创业、万众创新热潮持续涌现

“创新驱动”发展阶段广东高新区积极贯彻落实国家双创政策和广东省委、省政府有关科技企业孵化器工作部署，接连实施了“孵化器三年倍增计划”和“孵化育成体系三年提质增效行动”，全省各高新区出台了相应的创业孵化扶持政策，持续优化高新区创新创业政策环境。一大批高校科研院所、大型企业、新型研发机构、创业投资机构在高新区建立孵化平台，特别是一批行业龙头企业充分发挥自身优势，构建服务产业链上下游企业全链条、一体化的创业生态圈。“投资+孵化+创业辅导”等新的创业模式正在兴起，全省已实现国家级高新区国家级孵化器全覆盖、省级高新区省级孵化器全覆盖，形成相对完善的创业生态，培育出了亿航无人机、柔宇科技等一批高成长性的科技型企业。2015—2017年，全省高新区年新增注册企业增速超30%；在科技部火炬中心发布的《中国国家高新区瞪羚企业发展报告（2017）》中，全省国家高新区拥有瞪羚企业346家，居全国第二；其中深圳、广州高新区瞪羚企业数量在全国国家高新区中分别排名第三、第四。

（四）坚持开放协同发展，集聚辐射全球创新资源

“创新驱动”发展阶段高新区尤其是国家高新区已经成为区域经济发

展的引擎，珠三角高新区与粤东西北高新区有效开展对口帮扶，推动粤东西北地区创新发展和振兴发展。珠三角国家自主创新示范区与中国（广东）自由贸易试验区联动发展，实现双方优势叠加、政策共享、联动发展，将自贸区人才出入境等6条政策推广到珠三角自创区并于2017年12月1日起施行。高新区深度融入全球经济体系，已成为全球创新网络的重要枢纽和节点。到2017年年底，全省高新区入选国家“千人计划”超100人，留学归国人员2万人，外籍专家2000人，国家级国际科技合作基地达10个，广州、深圳高新区成为国家“海外高层次人才创新基地”。[①] 佛山、惠州等高新区建设海外孵化器、海外产业园，探索产能合作、技术溢出和成熟模式的国际辐射。

第二节　广东高新区在广东的地位与作用

一、高新区经济总量基础与增长极

20多年来，高新区凭借高科技的创新突破不断提升生产效率、推动产业结构升级和孕育新兴产业发展，走出了一条以创新为驱动的内涵式经济发展之路，成为带动区域经济结构调整和引领增长方式转变的强大动力引擎。目前，高新区已基本建立起以知识密集和技术密集为标志的高新技术产业基础。高新区以超前的发展理念率先转型升级，逐步打造了区域发展的战略高地。广东全省已新建成广州高新区、东莞松山湖、佛山顺德等国家现代服务业基地；新增广州高新区集成电路设计、惠州仲恺通信、中山高新区先进装备制造业等多个国家高新技术产业化基地。同时，各高新区也积极培育发展高端创新集群。如深圳高新区通过设计新兴产业发展路线图、创新产业组织形式等措施大力扶持互联网、生物医药等新兴产业发展，高新区内的腾讯、迅雷、A8音乐、中青宝、迈瑞等众多优秀互联网企业均实现30%以上增速。东莞松山湖大力促进文化创意发展，促使全省首个粤港澳文化创意产业实验园区落户东莞园区，引进广州三宝影视动

---

① 张伟良等著：《广东高新区创新发展的理论与实践》，中国财政经济出版社2016年版，第59～97页。

画（功夫龙）、研达动漫等 7 家大型原创企业及核心产业链企业。河源高新区积极打造手机、太阳能光伏等新型高端产业集群，“反梯度”构建现代产业体系。2015—2017 年，全省高新区主要经济指标保持 15% 以上的增速，远高于全省平均水平；全省高新区以占全省 0.2% 的土地面积，创造了全省 1/6 的工业增加值、1/6 的出口额、1/3 的高新技术产品产值。高新区成为各市经济社会发展的“金字招牌”和“闪亮名片”。

二、高新区在全省高新技术产业中的先导地位

广东高新区在建设初期主要以产业集聚为主，后来逐渐成为产业、创新资源的集聚地。2015—2017 年，全省高新区工业增加值率超 25%，净利润率达 6.5%，新产品销售占产品销售收入的比重超 30%，全员劳动生产率超 36.5 万元/人，单位增加值综合能耗平均值降低至 0.3 吨标准煤/万元。广东国家级高新区内新材料、光机电一体化和新能源、高效节能三大产业产值超千亿元，这三大产业企业数量有所增加、产值规模继续扩张、人员聚集效应持续显现，继续保持快速发展的态势。电子信息产业“一家独大”，成为区内唯一产值超万亿元的产业。在广东国家级高新区统计的企业中，高新技术产业领域占比达 87.9%。高新区在广东高新技术产业发展过程中起到了重要的先导和支撑作用。

三、高新区在全省自主创新中的核心地位

广东高新区出现的许多新技术和新成果一旦在市场上获得成功，就会引起区域性甚至全国性的模仿浪潮，如 3D 打印技术、LED 节能产品等；在业态发展上，高新区率先涌现出研发设计服务、云计算应用、生命健康技术服务等一些新业态；在模式创新上，高新区涌现了创新谷、车库咖啡等新型孵化模式。目前，广东省国家级高新区拥有新型研发机构 150 多家，全省国家级高新区拥有瞪羚企业 346 家，居全国第二；其中深圳、广州高新区瞪羚企业数量在全国国家高新区中分别排名第三、第四。高新区培育出了亿航无人机、柔宇科技等一批高成长性的科技型企业。2017 年全省国家级高新区高新技术企业占纳入火炬统计企业数超 65%，其中广州、珠海、佛山高新区占比超 70%；实现新产品产值超 9000 亿元，专利申请量超 8 万件，保持高速增长态势。高新区在推动全省自主创新方面发挥了重要的作用。

四、高新区在引领体制机制创新和科学发展中的重要作用

高新区在引领广东体制机制创新和科学发展方面也发挥了重要作用，逐步实现了产业集聚和生产基地向人才集聚和创新基地转变，由输出产品向溢出技术和服务转变，由增量扩张用地模式向存量改造优化转变。一是高新区利用自身的机制和品牌优势，带动周边区域发展。通过实施“一区多园”模式，利用高新区已经形成的区域品牌和良好的机制环境来对这些园区进行提升和改造，如惠州仲恺高新区创新体制机制，实施“一区多园”管理模式，有效地促进了“一区四园五镇”的发展。二是在产业和功能上实现与周边区域的协同发展，促进周边产业竞争力提升。高新区着力发展研发设计、核心生产和技术服务，周边区域则发展生产、制造部分，形成有效的分工与合作，如东莞松山湖高新区重点发展研发和技术服务，为东莞各镇的2000多家制造业企业提供了技术服务。三是创新要素加速流动，促进自主创新能力的提升。通过创新要素、人才、信息和先进技术的合理流动，建立了高新区与周边地区的科技合作机制，提升了区域自主创新能力，如广州、深圳高新区每年都有上百家孵化毕业企业落户在其他区，带动创新资源的有序流动。

第三节　广东高新区创新型产业集群发展情况

2011年以来，广东省在高新区内启动了创新型产业集群建设，高新区也涌现出文化科技、研发外包（众包）、数字医疗等产业新业态。目前，全省拥有国家级创新型产业集群14个，省级创新型产业集群12个，广州个体化医疗与生物医药、深圳下一代互联网等产业集群已经具备国际竞争力。广东各高新区的产业集群发展模式各异，目前拥有外生型、创新型、嵌入式等不同模式，下面以深圳高新区通信产业、肇庆高新区金属材料产业等为例，讲述广东各高新区风格迥异、特色鲜明的发展模式。

一、外生型集群：肇庆高新区金属材料产业

外生型产业集群主要依靠区域的地缘优势、政策优势等，吸引外来企业直接投资，建立外向型加工制造基地，并逐渐形成产业集聚规模。肇庆

高新区按照“有所为、有所不为”的原则，重点突破若干行业关键技术，按照完善金属材料产业链的原则，不断进行招商引资和重大科技成果产业化。肇庆高新区重点发展高性能铝、镁、钛轻合金材料、粉末冶金新材料、电子元器件用金属功能材料、半导体材料、特殊功能有色金属材料（如超铝薄板）、高性能稀土功能材料（高性能磁性材料）等的研发和规模化。

目前，肇庆高新区以亚洲铝业、SK集团、新中亚铝业、澳华铝业、东洋铝业、宝信金属、鸿图科技、鸿特精密压铸、鸿明贵金属、本田金属、明华澳汉科技、兴邦稀土新材料、达博文、捷成精密陶瓷、风华锂电池、三环京粤磁材等企业组成的规模大、种类齐、配套完善的金属新材料产业链已发展成为具有世界先进水平的金属新材料研发生产基地，是国家“火炬计划”金属新材料产业基地（见表6-1）。

表6-1　肇庆高新区金属材料产业

企业名称	主导产品
亚洲铝业	高精度铝合金板带材
三环京粤磁材	第三代稀土永磁材料钕铁硼永磁合金
风华锂电池	锂离子电池和锂离子电池电极材料
鸿特精密压铸	零部件压铸毛坯和精密机加工、精密铝合金压铸件
达博文	储氢合金粉
鸿明贵金属	高纯银、氰化银、氰化银钾
本田金属	精密铝铸部件
兴邦稀土新材料	高纯单一或多元稀土氧化物、稀土氟化物、稀土碳酸盐、稀土磷酸盐、稀土金属以及其他稀土功能材料等
鸿图科技	各类精密铝合金压铸件

二、创新型集群：深圳高新区通信产业集群

创新型产业集群是指产业链相关联企业、研发和服务机构在特定区域聚集，通过分工合作和协同创新，形成具有跨行业、跨区域带动作用和国际竞争力的产业组织形态。深圳高新区在经历了三次产业转型之后，已实

现了从初级传统加工产业向高新技术产业的转型，从小型化、分散化的生产经营向规模化、集群化生产经营转型，以及从受托加工向自主研发、自主设计、自主生产转型。在从以加工制造为主到以自主创新为特征的产业转型过程中，深圳高新区培育和发展了一批特色鲜明、富有竞争力的产业集群。

2013 年，科技部发布《关于认定第一批创新型产业集群试点的通知》，认定 10 个产业集群为第一批创新型产业集群试点。这是自 2011 年创新型产业集群建设工程启动以来，科技部根据《创新型产业集群试点认定管理办法》审核认定的首批创新型产业集群试点，其中便包括深圳高新区下一代互联网创新型产业集群（见图 6－1）。

目前，深圳高新区已形成从移动通信、程控交换到光纤光端、网络设备的通信产业集群，从配件、部件到整机的计算机产业集群，从 IC 设计、嵌入式软件、应用软件到服务外包的软件产业集群和从诊断试剂、基因疫苗、基因药物到医疗器械的医药产业集群。产业集群的兴起使深圳高新区在全国的高新技术产业中占据了一席之地。产业集群成为建设“深港创新圈”的重要载体，帮助深圳加快向创新型城市迈进的步伐。

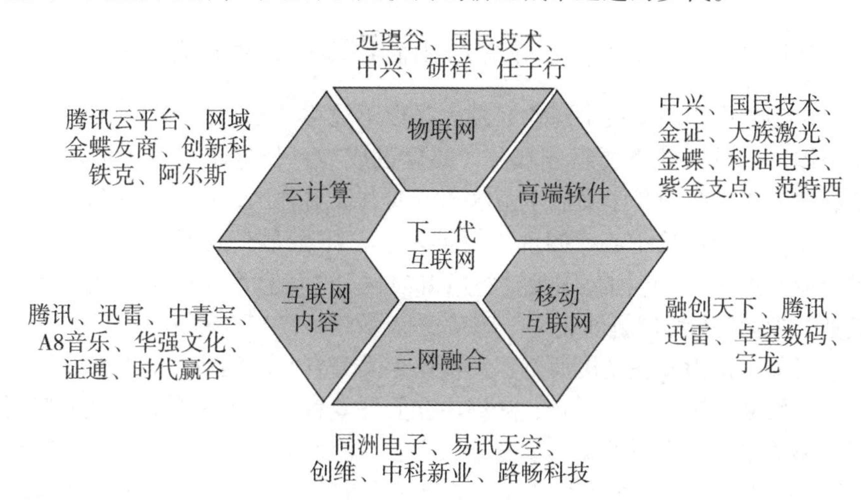

图 6－1　深圳高新区下一代互联网产业集群结构

三、嵌入式集群：珠海高新区软件产业集群

珠海高新区由南屏科技工业园、三灶科技工业园、新青科技工业园、白蕉科技工业园和科技创新海岸组成，其主园区已形成了以名牌大学为依托，以软件研发企业为主体，集“产学研政孵投”于一体的高科技产业走廊。主导产业有软件与集成电路设计、智能配电网、移动互联网、医疗器械等高科技产业和文化创意、高端制造等特色产业。珠海高新区基础设施完善、社会治安稳定，由于毗邻港澳地区，外向型人才资源丰富，园区先后被评定为国家软件产业基地、国家电子信息产业基地、广东省战略性新兴产业基地、广东省软件集群升级示范区等。

主园区以软件和集成电路为主导产业，其中，南屏科技工业园以电子通信和打印耗材为主导产业，三灶科技园以生物医药为主导产业，新青及白蕉科技工业园以电子信息为主导产业。珠海国家软件产业基地以南方软件园为主园区，范围涵盖了珠海科技创新海岸的大部分区域，清华科技园、新经济资源开发港、广东省民营科技园、大学园区等围绕南方软件园而建。

四、创意产业集群：东莞松山湖高新区动漫产业集群

东莞松山湖高新技术产业开发区（以下简称“松山湖”）是东莞“四位一体”主城区的重要组成部分，要建设成为科技进步和自主创新的重要载体，成为东莞科学发展示范区、产业升级引领区，成为珠三角乃至全国产业转型的科技中心。园区先后被授予“中国最具发展潜力的高新技术产业开发区”“跨国公司最佳投资开发区”“信息产业国家高技术产业基地”“国家火炬创新创业园”等荣誉称号。

目前，松山湖在动漫原创、动漫衍生品开发、动漫衍生品交易、网络游戏、影视传媒、工业设计、动漫中介服务等领域已引进多家文化创意项目，形成了较为完善的文化创意上、中、下游产业链。松山湖创建了广东（东莞）动漫文化科技产业集群，搭建起一个文化、科技及相关企业区域化融合发展的新平台，实施动漫产业和网络游戏的双轮驱动战略，帮助动漫、网游企业、科技企业、创意企业、设计企业和制造企业等克服跨区域、跨领域协作发展的困难。接下来，松山湖计划设立产业集群办公室，负责广东（东莞）动漫文化科技产业集群的规划建设、公共平台搭建和

区域品牌建设，全面提升广东（东莞）动漫文化科技产业集群的规划建设水平、公共平台服务能力、区域品牌竞争力以及产业对接合作能力，提供集群内一站式产业服务，进行行业管理，等等。

五、衍生型集群：江门高新区 LED 产业集群

目前，珠三角地区是国内半导体照明产业化发展最活跃和最快的区域之一，LED 产业约占全国 1/3 强。江门市已出台了针对 LED 产业发展一系列的优惠政策和配套文件，其中对 LED 关键设备最高补贴达 1000 万元。江门高新区建立了 LED 核心工业园区，重点发展芯片制造、配套和应用产业，形成外延—芯片—封装—应用由上游到下游一条龙的半导体照明产业链，整个产业链逐渐完善，产业聚集态势增强。全区拥有华南地区唯一一家国家半导体光电产品检测重点实验室。同时，江门高新区还是全市金融创新综合试验区、“三资融合”试点区。

第四节　广东高新区体制机制情况

广东高新区经过多年发展，各个高新区根据自身的情况形成了特有的体制机制，根据管理体制、授权的程度不同，广东可以分为开放型、区政合一型、公司管理型、完全授权型、部分授权型五种模式。

一、开放型管理：深圳高新区

深圳市是全国的特区，根据深圳市的实际情况，深圳高新区自成立以来，坚持实行“开放式”的管理体制，即不中断政府各部门对高新区的行政许可链条，不改变政府各部门对高新区的管理职能和权限，不把高新区作为一个独立的行政区单独划分出来进行管理。高新区实行三级管理模式，是指决策层（以市长为首的高新区领导小组）、管理层（市政府派出机构高新办）、经营服务层（服务中心），这种管理模式的优点是形成政府各部门支持高新区建设的“合力”，很好地调整了市、区两级政府以及市政府各部门之间的权责划分和利益关系，充分调动了方方面面的积极性，形成合力共建的氛围，保证了高新区的健康快速发展。高新区自建设之初，就提倡“小机构、大服务”。在高新区建设中，政府的主导作用是

产业导向、制定政策、创造环境和全方位服务。

二、区政合一型：广州高新区

广州高新区与萝岗区合署办公，萝岗区依托开发区而设立，成立之后，除了依法成立区人大、区政协外，区委、区政府只需在原有开发区党委、管委会基础上适当增设工作机构，而主要政府职能仍由原开发区相关部门行使，实行“多块牌子，一套人员”的合署办公机制。“区政合一”的体制架构，使高新区拥有所有包括经济社会一切的权限与责任。

实施这种模式不仅没有弱化开发区的功能，相反更加强化了对开发区的行政支持与服务。自建立行政区之后，尽管管辖范围和管理职能大幅度增加，广州开发区管委会仍保持着高度精简的管理机构。根据“精简、统一、高效”和“小政府、大社会、小机构、大服务”的原则，对政府内部机构、职能、人员进行整合，率先实行大部制改革，形成精简高效、为民亲商、务实创新的独特管理体制。

三、公司管理型：中山高新区

中山高新区的发展集中体现了“经营性园区”的体制特色。高新区推出“企业化管理”和“企业化经营”模式，设计和形成了“管委会—六大产业公司—区内企业”三级管理架构。高新区依靠三级架构的管理体系落实国家和市政府的目标导向，由管委会做好园区的宏观规划和产业布局，再由产业公司具体落实园区的规划和促进产业发展。

管委会作为市政府的派出机构，行使“市一级经济管理权限”，设立开发区一级财政，成立党政办、财政局、科委、教办等配套职能部门，并由管委会领导牵头成立大项目招商办，建立外经办、区客商服务中心、招商处、中小企业管理中心等组织机构，承担对园区发展的监督和指导职责。市属工商、税务、国土、规划、供电、公安、劳动等在开发区设立分局或分公司，尤其是集中20个部门建立的服务平台——开发区客商投资经营服务中心，为园区投资者提供了“一站式”高效服务。

这种园区管理和运营模式在全国高新区中较为独特，运行以来取得了良好的成效：一是降低了行政运行成本，提高了行政效率；二是实现了在园区招商引资、开发、管理和服务等方面的专业化分工，提高了园区运营的效率，加速了产业的归类聚集；三是通过企业化经营，积累了雄厚的公

有资产；四是促进了公共技术平台的建设，成立了服务于专业园区的电子信息技术、健康医药、包装印刷等技术中心和工程中心。

四、完全授权型：肇庆高新区、东莞高新区

肇庆、东莞高新区基本拥有全部经济、行政和社会管理权限，拥有一级地方政府权限，拥有较完全的经济、行政和社会管理权限，特别是在财政、土地、规划上有较独立的管理授权。市局外派机构接收高新区统一管理，履行园区内专属职能。

这种模式有利方面主要体现在：一是政令一致，权责统一，可以节约决策资源与行政成本；二是可以集中优势资源“办大事”；三是有效实现信息资源共享；四是财政相对独立，在财政审批、资金使用等方面环节较少。存在的弊端主要有：一是完全授权，牵涉大量社会事务，耗费过多精力，难以集中力量发展高科技；二是政策影响深，层级多，涉及面广，决策风险大，试错机会少。

五、部分授权型：珠海高新区

珠海高新区管委会是珠海市人民政府的派出机构，受市政府的委托对高新区实行统一的领导和管理，行使政府赋予各种管理权限。管委会按照“小政府、大服务”的原则，建立精干、高效、统一的管理、服务及监督机构。

高新区主要负责制定和实施高新区的总体规划、详细性规划，负责辖区内的基础设施、开发建设、招商引资和项目审批，不能办理相关证件，无执法权。不具有土地出让、划拨、出租等审批管理职能，不能办理相关证件；无经营性用地的储备职能和土地交易的手段，土地收入纳入市级财政，仅工业用地出让金返还高新区。高新区不设一级财政，区内市属企业税收直接纳入市财政。工业用地出让金返还高新区，此外没有其他收入来源，每月财力仅能维持基本运转。高新区领导班子整体高配，副处级以上领导由市政府任命，其他由高新区管委会负责。

这种模式的优势在于：政府在授权时，可以根据高新区的发展需要，明确授权对象及授权的程度，操作上更为灵活。主要弊端体现在：一是高新区财力缺乏，导致园区运营能力不强，发展陷入被动局面；二是区内社会事务基本上由管委会负责，财政支出比重大；三是高新区部分机构缺少

相应的经济管理行政审批职能，难以形成部门间合力；四是人员结构单一，激励效应不明显。

第五节　广东高新区扶持政策措施

一、促进高新区发展的重要政策

为加快建设高新区，广东省政府曾专门出台过四个针对高新区的政策性文件（见表6-2)。省科技厅联合有关部门制定过多个政策性文件。广州、深圳、东莞、佛山等地市政府都先后推出了有关高新区建设的政策措施。

表6-2　广东省政府建设高新区的专题政策性文件

序号	时间	文件名	发文号
1	1992年3月	《广东省国家高新技术产业开发区若干政策的实施办法》	粤府〔1992〕31号
2	1999年8月	《广东省加快高新技术产业开发区及珠江三角洲高新技术产业带建设方案的通知》	粤府办〔1999〕72号
3	2002年6月	《广东省高新技术产业开发区管理办法》	粤府〔2002〕41号
4	2009年8月	《关于加快高新技术产业开发区发展的意见》	粤发〔2009〕13号

广东省委、省政府高度重视高新区的发展，将高新区作为新形势下提升广东省产业竞争力和自主创新能力的主要载体。2009年，广东省委、省政府高规格召开全省高新区工作会议，颁布了《中共广东省委、广东省人民政府关于加快高新技术产业开发区发展的意见》，该文件指出了广东高新区的战略定位“要把高新区建设成为全省自主创新核心区、现代产业体系先导区、国际科技合作承载区、体制机制创新先行区、科学发展模式示范区”，同时指出了广东省高新区建设的总体目标，即“到2012年，全省高新区营业总收入达到2.5亿元，年均增长25%以上，高新技术产品产值达到2万亿元，研究开发经费占产品销售额比例达到4%，自

主创新能力和产业竞争力大幅提升，成为亚太地区重要的高新技术研发、孵化和产业化基地。到2020年，全省高新区拥有一大批具有较强国际竞争力的创新型企业集团和拥有自主知识产权的重大原创性产品，成为国际上具有较高知名度和影响力的开放型区域创新集群”。该文件的出台在广东省高新区发展过程中具有里程碑意义，有效促进了高新区的建设和发展，推进高新区体制机制改革创新，建立了完善的高新区管理体制和运行体制，有效推动高新区分类指导。

二、高新区分类指导原则

广东省的高新区由于发展基础和所处环境的差异，目前发展水平参差不齐。目前，广东省根据各高新区的实际情况，按照分类指导的原则，对高新区进行分类定位，使其合理布局、科学分工，选好主导产业、特色产业，开展错位竞争，避免恶性竞争和低水平重复建设。

（1）打造两大“世界一流园区”。广州、深圳高新区依托所在市的科技、经济优势，已形成了较大的发展规模和较强的自主创新能力，应着重实施以自主创新为核心的“二次创业”，并力争用5年的时间，建设成为全国领先的科技园区；用20年左右时间，建设成为世界一流的科技园区。

（2）建设一批创新型园区。珠三角的其他高新区，如佛山、中山、珠海、惠州、东莞，则应采取发展高新技术产业与提高自主创新能力并重的方针，在扩大高新技术产业规模的同时，加强引进消化吸收再创新，积极创建国家级创新型科技园区和特色鲜明的自主创新基地，形成一批具有国际竞争力的高端产业集群。建议在全省范围内，选取部分科技园区和其他产业园区，开展“创新型重点园区示范”活动，扶持园区加强创新环境建设。

（3）推动一批园区发展升级。粤东西两翼和北部山区高新区应走发展高新技术产业和采用高新技术改造传统产业并行的道路，大力发展特色产业，壮大产业和经济规模，积极承接珠三角和海外产业转移，集中力量，先打造核心专业园区，取得局部突破，谋求跨越发展。同时，可采取在全省规划建设一批高新技术产业重点培育区的方式，引导高新技术产业集聚发展。

三、高新区发展引导专项

广东省为了推动高新区发展，通过设立相关专项有效推动高新区“二次创业”。2010年，根据广东省委、省政府《关于加快高新技术产业开发区发展的意见》的规定，设立省高新技术产业开发区发展引导资金（以下简称：“省高新区引导专项”），2010—2012年省财政专项安排资金5亿元，三年来共安排项目420个，覆盖全省高新区范围，专项分成创新体系建设类项目和关键技术攻关类项目两大类，主要用于推动高新区研发与引进产业高端项目、孵化自主知识产权项目、加速重大创新成果产业化。

（一）项目管理方式

在项目申报指南制定上，省高新区引导专项立足广东省高新区发展实际，征求全省各个领域知名专家的意见，着眼解决制约广东省高新区发展的突出问题。在组织评审中做到绩效优先兼顾公平，采取了书面评审与答辩评审相结合等方式进行。在创新体系类建设项目组织评审中，广东省将评审工作分成书面预审、组织申报及答辩评审三个阶段，保证了评审公正性。同时，要求项目承担单位在《广东省高新技术产业开发区发展引导专项资金管理办法》（以下简称《管理办法》）的基础上制定具体管理制度。要求各项目承担主体严格按照《管理办法》、管理制度及公司财务制度等，严谨审核相关合同和供应商资质，严格控制每一笔项目的支出，确保资金安全正规的使用。

（二）引导效应

广东省充分发挥省高新区引导专项的带动作用，要求各高新区根据申报指南要求进行资金配套，全省高新区在省高新区引导专项的带动下，市区配套资金近10亿元，带动社会投入50亿元，专项投入带动作用十分明显，形成了以政府资金为引导，以企业资金为主体，以银行贷款、国外资金、其他资金为补充的科技投入新模式。如佛山高新区获得专项资金3000万元，引导承担单位实际投入超9亿元，财政资金和实际承担单位自筹资金比例为1∶30；全部项目达产后的新增销售收入预期约为30亿元，财政资金和预期新增年销售收入比例为1∶100；全部项目达产后的年

利税额约为6亿元，财政资金和预期年利税额比例为1∶20，财政资金杠杆效应明显。同时，广东省严格按照《管理办法》要求，督促各高新区加强高新区发展引导专项资金的管理。如广州高新区严格按照《广州开发区科技发展资金管理办法》的有关规定，指定由区有关部门负责专项资金的管理、审核、审批和发放。

（三）专项效果

专项的实施取得了一批核心自主知识产权，有效带动了园区研发投入规模和强度的提高，加速了创新资源集聚。一是突破了一批核心关键技术，2011—2012年全省共立项资助关键技术攻关项目212项，资助金额2.3亿元，已成功突破100多项产业核心关键技术，完成128项技术攻关任务，申请知识产权超过450件。二是培育扶持了一批科技型中小企业，启动了一批创新型产业集群，专项先后资助了广州个体化医疗和生物医药、深圳下一代互联网、中山健康科技、惠州云计算智能终端、江门绿色光源产业等产业集群。目前，广东省已有深圳、惠州、中山三个产业集群获批国家创新型产业集群建设试点，居全国第一。三是建立了一批科技公共服务平台，加快了全省科技企业孵化器、加速器的建设发展，促进了技术转移和科技成果转化。据统计，仅2011—2012年共资助101个公共平台建设，服务企业超5000家。

在省高新区引导专项实施期间，全省高新区在多个方面取得了历史性的突破，创造了多个全国第一。专项实施期间，广东省新增3个国家级高新区、6个省级高新区，打破了自1996年以来广东省未新增国家级高新区的历史；2014年专项实施结束时，全省国家级高新区（9家）、省级以上高新区（23家）数量位居全国第一。全省高新区以占全省0.2%的土地，创造了1/6的工业增加值、1/6的出口额和1/3的高新技术产品产值，全省高新区实现营业总收入2.8万亿元。

第七章　专业镇是广东经济发展的重要支撑

专业镇是指以行政镇（区）为基本单元、主导产业相对集中、经济规模较大、市场覆盖面较广、专业化配套协作程度较高的一种集群经济发展形态。早在20世纪70年代，广东便利用自身地理区位优势，开始大量承接港澳产业转移，在一些镇域范围内逐渐集聚形成了特色产业集群，特别是进入20世纪90年代后，广东专业镇经济获得了快速发展，在一些市场经济活跃，交通、通信、信息条件优越的市县，涌现出一大批产值规模达十亿、几十亿甚至百亿元的产业相对集中、产供销一体化、以非公有制经济为主体的城镇。随后，广东政府部门制定出台了系列专业镇扶持政策，推动专业镇实现从少到多，从弱到强，从小树林成长为一片荫护广东经济社会健康发展的“大森林”。截至2016年年底，经省科技厅认定的省级专业镇达413个，实现地区生产总值（GDP）约2.92万亿元，专业镇已发展成为广东省打造经济新常态、实施创新驱动战略和产业转型升级的重要载体。

第一节　广东专业镇发展情况

一、自由发展：国际产业转移促使大量外资企业在专业镇聚集

十届三中全会后，广东乘改革开放的春风，先行先试，实行特殊政策措施，积极承接香港产业转移，广东各镇街在市场经济刺激下获得快速发展，产业集聚发展能力大幅提升。从20世纪70年代到90年代，广东专

业镇经历了从“村村点火，户户冒烟”的零星发展到产业集聚发展的转变，初步形成了一批具有广东特色的产业集群[①]。

20世纪70年代，广东经济快速发展，开始承接境外一些产业转移。珠三角地区由于毗邻港澳，成为承接香港产业的主要地区。这一时期进入广东的企业主要是由外商直接投资建立。如东莞石龙镇主要承接港、台等地区和日本等国的产业转移，形成电子信息产业优势。与此同时，广东民营企业和乡镇企业也开始逐渐发展起来，形成了以中山小榄五金、南海西樵纺织等为代表的特色专业镇。

20世纪80年代，港澳产业开始大规模向广东转移，但是此时港澳转移过来的企业多以中小企业为主，产业基本是“三来一补”和“来料加工”，属于劳动密集型产业，有着高能耗、高污染等特点。这一时期港澳向广东的产业转移以“雁阵式”模式为主，技术仍保留在转移方，承接方只作为生产工厂的存在，无法获得先进技术。如大朗羊毛衫专业镇、张槎街道针织业专业镇、古镇灯饰专业镇等都是利用毗邻香港的地理优势发展起来的。

到了20世纪90年代，广东开始承接一些跨国企业和港澳台大中型企业，企业规模大，产业也开始转向高技术产业方向发展，这些大型企业特别是一些跨国公司落户广东，带动了广东高技术产业的快速发展。这一时期，广东承接国际产业转移的模式发生了变化，“雁阵模式”已无法再满足此时的产业转移需求，随之产生的是“网络转移模式”“产业链整体转移”“白领外包”等转移模式。深圳、东莞、惠州就是通过这些转移模式承接国际电子信息产业转移，形成了广东的“信息产业走廊”，同时为广东吸引和培育了大量高技术人才和管理人才，并形成了石碣、石龙、清溪、长安、塘厦等一批竞争力较强的电子信息产业专业镇。

二、政策试点：政府积极开展专业镇技术创新试点工作

从2000至2005年，广东先后制定出台了一系列扶持政策，在全省范围内开展专业镇技术创新试点工作，推动专业镇经济实现由自由发展向政策引导的转变。这一时期，广东专业镇工作的重点是开展技术创新试点和

---

① 参见广东省科技厅《广东专业镇协同创新打造经济新常态》，载《广东经济》2016年第5期，第6页。

技术创新平台建设，增强专业镇创新发展能力，为广大中小企业提供技术集成、工艺配套、信息和技术开发等服务。

2000年，广东颁布了《中共广东省委办公厅、广东省人民政府办公厅关于贯彻〈中共中央国务院关于加强技术创新 发展高科技 实现产业化的决定〉的通知》，文件提出要精心组织实施“科技创新百项工程”，积极开展专业镇技术进步试点工作；对同一产业相对集中，已形成相当规模的镇，省科技行政管理部门要组织科研机构和高等学校的力量，与当地政府共同研究制定和实施产业技术进步规划，推进县和镇一级的产业技术升级和产品更新换代①。该文件第一次明确提出要开展专业镇建设工作，并指明了专业镇具体工作方向，具有里程碑意义。同年，广东科学技术厅制定出台了《广东省专业镇技术创新试点实施方案》，明确了专业镇的定义、目标、任务及试点推广范围，从操作层面明确了专业镇工作的方法，正式拉开了专业镇技术创新试点示范的序幕。到2001年年底，省科技厅已批准21个镇为广东省专业镇技术创新试点。(见表7－1)

表7－1　2001年批准的专业镇技术创新试点单位

专业镇名称	特色产业
中山古镇	灯饰
中山小榄	五金
中山大涌	红木家具
中山沙溪	休闲服装
东莞石龙	电子产品
东莞石碣	电子产品
东莞常平	物流
东莞厚街	家具
花都狮岭	皮具皮条
顺德伦教	木工机械
顺德乐从	家具

① 参见杞人《专业镇：“幸福广东”大厦的重要支撑》，载《科技日报》2011年3月6日网络版。

（续表7-1）

专业镇名称	特色产业
顺德陈村	花卉业
佛山张槎	针织
高明更楼	养殖业
南海西樵	纺织业
南海金沙	五金
南海盐步	内衣
江门蓬江区	摩托车配件
澄海凤翔	玩具
汕尾可塘	首饰加工
高要金利	五金

为推进专业镇技术创新试点工作，省科技厅在在各市（县）科技局的积极配合下，主要开展了以下五项工作。

（1）统一认识，转变观念。专业镇技术创新试点工作是在新形势下提出的新工作，提高认识和转变观念十分重要。经过各部门的努力，省、市、镇各级政府及有关部门都进一步认识到科技与镇级经济的结合是推动镇级经济向新经济转变的一条有效途径。各市科技局都把专业镇技术创新试点工作列入本地区的科技重点计划，各有关镇把这项工作作为一项重要任务，由党政第一把手亲自抓。

（2）加强管理，逐步扩大。科技厅提出开展专业镇技术创新试点工作以来，得到市、县科技局及专业镇的积极响应。按照《广东省专业镇技术创新试点管理办法》的要求，对前期批准的试点镇加强有关方面的协调和管理，做好有关服务工作，不断探索有效的管理方式。同时，逐步扩大试点范围，现已批准21个镇为专业镇技术创新试点，其中有农业、工业和服务业。

（3）制定规划，明确目标。根据《广东省专业镇技术创新试点管理办法》的要求，对已批准的专业镇技术创新试点都要求制定技术创新规划，提出明确的目标和有关措施。这项工作是实施专业镇技术创新最关键的一步。规划既是检查和验收试点工作的依据，也是专业镇实施技术创新工作的指南。第一批立项的十个试点镇已按要求在有关专家的指导下组织制定了有关规划，大部分镇已完成并根据规划提出的目标开始实施。

（4）支持建立创新平台，提高竞争力。各专业镇试点根据规划中提出的目标，结合本地区产业需要，分别与有关大学或研究所合作，建立起技术创新服务中心等，为当地广大中小企业服务，受到广泛欢迎，并取得较好的经济效益。如中山小榄建立的现代设计制造中心，至今已为86家企业设计制作了560多件产品，特别是为华帝集团研制九运会火炬和火种提供了重要的帮助。此外，通过建立技术创新平台，吸引和聚集了一批专业人才。

（5）加强宣传和培训工作。为了让各界了解专业镇创新试点工作，省科技厅分别编印了《广东省专业镇技术创新》画册、《广东省专业镇技术创新试点工作专辑》。结合科技活动月，由省科技厅主持召开了广东省专业镇技术创新试点工作新闻发布会，《人民日报》《经济日报》《南方日报》等给予了较详细的报道。开展专家下乡活动。根据专业镇产业发展的需求，组织有关专家到各镇进行相关技术的讲座及各种培训。

2002年10月，省科技厅在南海西樵主持召开了全省专业镇技术创新试点工作现场会。该会的目的是总结和交流广东省开展专业镇技术创新试点所取得的成效和经验，研究和部署加强专业镇技术创新工作的措施和做法。李鸿忠副省长在会上对科技厅开展专业镇技术创新工作所取得的成效给予充分肯定，并号召科研院校大踏步向专业镇靠拢，在专业镇寻找把科研成果转化为生产力的平台；同时提出专业镇也应该主动到科研院校主动“抢、挖”人才。

2003年，广东颁布了《中共广东省委、广东省人民政府关于加快民营经济发展的决策》，该文件明确提出提升专业镇经济整体素质，推进民营经济向园区化发展；总结推广“专业镇技术创新示范试点”经验，在全省专业镇广泛建立服务于民营中小企业的技术创新中心、质量保证服务体系；省中小企业发展资金和新增加的省科技三项经费，要有一定比例用于支持专业镇技术创新中心和民营科技园的配套建设；结合城镇化建设，在有条件的乡镇建立工业园区；依托专业镇，大型专业企业或专业市场，建立特色工业园区；等等。同年，广东省出台了加快民营经济发展的12个配套政策，在这12个配套政策中，《广东省关于加快民营科技企业发展的实施意见》指出，要“以专业镇、民营科技园为依托，实施技术创

新项目，推广先进标准和先进适用技术，建立健全开发式信息服务体系”；《广东省财政扶持中小企业发展专项资金管理办法》规定，“申报中小企业服务体系建设项目的，必须是经省中小企业局确认其服务于广东中小企业的服务机构的建设项目或专项活动（包括专业镇技术创新平台和民营科技园的配套设施建设项目），项目必须有明确、具体、可行的为中小企业提供服务的方案和计划”。

2004 年，广东出台了《中共广东省委、广东省人民政府关于加快建设科技强省的决定》，文件提出要“建立为中小企业服务的科技平台，大力推广和建设专业镇。实施专业镇技术创新示范工程，大力培育一批产业相对集中、经济规模大、营销网络覆盖面广的专业镇。推动专业镇建立工程技术研发中心等技术创新平台，为中小企业提供技术集成、工艺配套、信息和技术开发等服务”。该文件把专业镇定位为中小企业服务的科技平台，以科技服务建设平台，以平台促进镇区内特色产业发展。

2005 年，广东出台了《关于省市联动推进专业镇（区）建设的指导意见》，提出全面推进专业镇（区）建设是落实科学发展观的重要措施；通过省市联动的形式，搭建专业镇（区）技术创新平台，为中小企业提供优质服务；加强专业镇（区）产业科技创新，提高特色产业发展水平；促进产学研结合；广泛吸纳科技人才和技术成果等政策措施。2005 年，广东省除广州、深圳外，共 19 个地级市签署了《省市共同推动专业镇建设，促进县域经济发展协议》协议书，共同推动专业镇经济的发展。（见表 7－2）

表 7－2　2000—2005 年专业镇相关政策

发文单位	政　　策
广东省委、省政府	《中共广东省委办公厅、广东省人民政府办公厅关于贯彻〈中共中央国务院关于加强技术创新 发展高科技 实现产业化的决定〉的通知》
	《中共广东省委、广东省人民政府关于加快民营经济发展的决策》
	《中共广东省委办公厅、广东省人民政府办公厅关于印发加快民营经济发展的有关配套文件的通知》
	《中共广东省委、广东省人民政府关于加快建设科技强省的决定》

（续表7-2）

发文单位	政　策
广东省科技厅	《广东省专业镇技术创新试点实施方案》
	《关于省市联动推进专业镇（区）建设的指导意见》
	《关于开展全省专业镇问卷调研的通知》

三、爬坡跃升：专业镇规模和创新能力得到大幅提升

2006至2011年，广东进一步加大了对专业镇的政策支持力度，初步构建了专业镇政策体系，推动专业镇数量和质量快速提升，专业镇经济对全省经济和社会发展的支撑作用变得日益重要，成为区域经济发展不可或缺的力量。

2006年7月，广东省委、省政府在广州召开全省加快发展专业镇工作会议，总结交流“十五”期间我省推进专业镇建设与发展的经验，部署推进“十一五”时期专业镇建设和发展工作。时任省委副书记、省长黄华华在会上做重要讲话，要求努力推动专业镇发展实现“五个转变”：产业规模由小向大转变，创新能力由弱向强转变，产业层次由低向高转变，区域布局由不平衡向平衡转变，服务体系由不完善向完善转变。力争到2010年，省级专业镇达到300个以上，实现生产总值1万亿元以上，使专业镇在我省经济社会发展中发挥更加重要的作用。为此，提出了“五个着力”的工作举措。

（1）着力加快发展，做大专业镇经济规模。全省具有专业镇特征的镇有300多个，经认定的专业镇仅159个，发展潜力很大。要继续实施“省市联动共同推进专业镇（区）建设计划”，培育、打造更多的专业镇，形成发展梯队。

（2）着力增强自主创新能力，提高专业镇发展水平。重点做好“四个结合”，即：企业自办研发中心与镇办公共创新平台相结合；以企业为主体，以大专院校和科研院所为依托，推进产学研结合；改造传统产业与发展新兴产业相结合；在消化吸收再创新上下功夫，做到引进与创新相结合。

（3）着力推进产业建设，增强专业镇产业竞争力。重点做好特色产

业、发展产业集群、产业结构调整优化和品牌建设“四篇”文章，打造一批产业名镇。

（4）着力改善服务，完善专业镇配套服务体系。加强人才培养，重点培养技工人才。加强专业镇的公共管理和服务，加快专业镇担保体系建设，支持专业镇龙头企业或民营资本组建行业性会员制担保公司，解决中小企业融资难的问题。

（5）着力加强区域和国际合作，提升专业镇发展层级。推动专业镇参与国内区域合作，特别是加强与大珠三角和泛珠三角的区域合作，吸引港澳企业到专业镇投资发展，支持我省专业镇与兄弟省区市建立产业合作、技术合作联盟。同时，积极推动专业镇企业“走出去”，加强国际交流合作①。

2006年，广东颁布了《中共广东省委、广东省人民政府关于加快发展专业镇的意见》，标志着专业镇在全省经济发展中占据重要地位，广东专业镇工作开始进入快速发展阶段。该文件认为，专业镇的崛起具有重要意义，有利于推动广东省尤其是珠江三角洲区域经济发展壮大，有利于加快全省人民致富奔康步伐，有利于促进广东社会主义新农村建设，有利于推进县域经济和内源型经济发展，有利于推动东西两翼和北部山区加快发展，是省建设经济强省的重要支柱和增强区域竞争力的骨干力量。文件提出在“十一五”期末，基本建立起专业镇技术创新体系和产业服务体系，专业镇发展质量与产业竞争力显著提高，形成对区域经济有强大辐射带动效应的专业镇发展格局的发展目标。该文件发布后，在全省范围内掀起了一股专业镇风潮，特别在“省创新示范专业镇”的示范带动作用下，专业镇经济在全国打响了名号。

同年，广东出台了《广东省人民政府、教育部关于加强产学研合作提高广东省主创新能力的意见》，提出“在广东的各类经济园区以及有条件的专业镇和产业集群中，建成一批部属高校科技成果转化基地和产业化基地”的目标。并在文件中详细表示，省部将“共同支持粤东、粤西和粤北地区的经济社会发展。支持部属高校与粤东、粤西地区合作，发展机械装备制造及海洋产业，壮大专业镇特色经济，培育产业集群。支持部属

---

①　参见林亚茗、符信《全省加快发展专业镇工作会议召开 黄华华要求推动专业镇实现“五个转变”》，见南方网（http://www.southcn.com/news/gdnews/gdzw/rczw/200）。

高校与粤北山区合作，建立成果转化和产业化基地以及人才培训基地，培植和壮大专业镇特色产业”。为贯彻落实《关于提高自主创新能力加快广东经济社会发展合作协议》，省部产学研办加强与高校合作，发出《关于广东省专业镇与高校开展对接工作的通知》，要求各省级专业镇根据本地区的产业聚集情况，有目的选择学校进行有效对接，各有关高校根据学校学科特点和技术成果储备情况，选择专业镇进行有效对接，产学研办将高校与专业镇的初步对接意向挂在网站上，各地市科技局对此做好专业镇与高校的联系沟通工作，促进专业镇与高校间签署合作协议。把高校的科技力量和成果融入专业镇的发展当中，提升专业镇的技术创新能力，实现高校科技成果产业化，增加了专业镇的整体创新能力。

2008年，广东省人民政府、科技部、教育部联合制定了《广东自主创新规划纲要》，纲要把专业镇作为广东省提升现代产业核心竞争力的重要举措之一，并提出要“加强特色产业基地、专业镇和产业集群建设。以公共创新平台建设为突破口，集中力量抓好专业镇公共服务体系建设和区域品牌建设，加强广东省专业镇和产业集群的技术创新，组织突破一批制约特色产业发展的共性技术，形成具有较强创新能力的产业集群”。同时，为贯彻落实《中共广东省委、广东省人民政府关于加快发展专业镇的意见》，广东省科学技术厅制定了《广东省技术创新专业镇管理办法》，提出由“省科技主管部门负责指导全省专业镇建设工作，评审认定省级技术创新专业镇，指导专业镇制定规划、推动省一级专业镇技术创新服务平台建设、促进专业镇与高校及科研院所之间的产学研合作、开展专业镇行业共性关键技术的研究开发”。并明确了专业镇申请条件、审批程序、合同管埋、经费管埋、项目管埋、验收管埋等细则。该文件的出台标志着省级专业的申报和管理工作走向规范化发展道路，对专业镇在下一阶段的转型升级中，起着至关重要的作用。（见表7-3）

表7－3　2006—2011年专业镇相关政策

发文单位	政　　策
广东省委、省政府	《中共广东省委、广东省人民政府关于加快发展专业镇的意见》
	《广东省人民政府、教育部关于加强产学研合作提高广东省主创新能力的意见》
	《印发广东省促进自主创新公共服务平台若干政策的通知》
	《印发广东省建设创新型广东行动纲要的通知》
	《广东省人民政府　科学技术部　教育部关于印发广东自主创新规划纲要的通知》
广东省科技厅	《关于广东省专业镇与高校开展对接工作的通知》
	《广东省创新示范专业镇建设实施办法》
	《关于参加创新集群与专业镇产业升级论坛的通知》
	《广东省技术创新专业镇管理办法》
	《关于组织申报2008年广东省专业镇技术创新项目的通知》

这一时期广东专业镇建设工作取得了积极的发展成效，截至2010年，经省科技厅认定的省级专业镇共有326个，经济规模于2010年突破1.2万亿元，占全省地区生产总值的比重从2001年的3.7%提高到目前的28%，成为区域经济发展的新亮点。在特色产业的拉动下，全省聚集形成了工业总产值超千亿元的专业镇2个，超百亿元的专业镇76个，成为优势特色产业的集聚地。2010年，专业镇专利申请量和授权量分别超过4.1万件和2.7万件，占全省的比重均在30%以上；专业镇内的高新技术企业数占全省的30%以上，民营科技型企业数占全省的半壁江山，成为我省自主创新最为活跃的区域之一。专业镇拥有名牌产品超过1500个，著名、驰名商标数超过1200个，成为自有品牌的丰产区。同时，专业镇在缩小地区差距，带动农业增产和农民增收，促进社会和谐稳定等方面做出了重要贡献①。

① 参见潘慧、陈良湾《十年磨一剑：专业镇转型升级日日新》，载《广东科技》2012年第4期，第30页。

四、转型升级：以科技引领助推专业镇转型升级

2011年1月，广东省委、省政府在东莞市大朗镇召开全省专业镇转型升级现场会，总结近年来全省专业镇发展情况，交流经验，推广典型，并对“十二五”时期专业镇转型升级工作进行了全面部署。会议要求，各级党委、政府要加强领导，研究制定各专业镇转型发展规划和配套措施，增加对专业镇的投入，建立和完善专业镇转型升级绩效考核机制。要着力做好五个方面的工作：一要规划先行，高起点高标准谋划专业镇转型升级。确立政府牵头、企业主体、专家参谋、上下联动的工作体系，对专业镇发展进行整体谋划。要适度超前，分类指导，低碳发展，统筹兼顾。二要科技引领，推动专业镇驶入创新驱动轨道。提升产品整体技术水平，加快技术创新成果产出。三要突出特色，推动专业镇产业结构调整优化升级。着力推动高新技术产业规模化发展，加大对战略性新兴产业的培育力度，加快发展现代服务业。四要强化服务，着力提升专业镇的产业集聚能力。五要品牌带动，培育一批拥有自主知识产权和国际竞争力的知名品牌。

2012年7月，广东省委、省政府再次在中山市古镇召开了以专业镇转型升级为样本的全省科技创新工作会议，并于同日发布了《中共广东省委、广东省人民政府关于领先科技创新推进专业镇转型升级的决定》（以下简称《决定》）。该文件提出了加快推进广东省专业镇转型升级的重大意义、指导思想、发展目标及任务措施。文件强调要实行“一镇一策”产业转型升级改造，加强创新型产业集群建设，运用信息化技术改造提升传统产业，鼓励专业镇发展先进制造业，加快发展专业镇现代服务业，推进发展专业镇战略性新兴产业集群；要突出企业转型升级和自主创新主体地位，突破产业关键共性技术，集聚国内科技资源支持专业镇技术创新，推动产业创新联盟建设，实施品牌带动战略，建设高水平的科技产业园，突出专业镇人才队伍建设，推动专业镇参与国际合作；要加快建设专业镇生产力促进中心、公共技术创新服务平台、信息服务平台、教育培训服务平台等建设，健全中小微企业公共服务体系。全省科技创新工作会议是专业镇转型升级工作的一次重要会议，具有里程碑意义。《决定》的出台，标志着专业镇转型升级工作成为广东省经济发展的重要工作之一，开创了专业镇工作的新格局。

同年，广东省人民政府出台了《广东省人民政府关于加快专业镇中小微企业服务平台建设的指导意见》，该指导意见要求专业镇和产业集聚度较高的镇要结合本地实际加快中小微企业服务平台建设，并且保证平台要有固定的场地、设施和法人实体。提出开展共性关键技术研究与服务，加强质量检测服务，加强知识产权服务，加强信息网络技术运用，建立“品牌培育基地”，建立“创业孵化基地”等九大重点任务，并从资金、政策优惠和服务体系建设等方面提出政策措施。该指导意见的出台是对《决定》任务的具体化和有效补充，有利于进一步建立健全专业镇创新服务平台体系，是进一步推进专业镇产业发展和促进专业镇整体转型升级的具体意见。

2013 年 8 月，广东省人民政府办公室厅印发了《广东省人民政府办公厅关于促进科技和金融结合的实施意见》，提出支持商业银行在高新技术产业开发区、专业镇和孵化器等建立科技支行；在省级以上高新技术产业开发区、经济技术开发区、大学科技园、民营科技园、农业科技园、海洋与渔业科技园以及专业镇，开展科技小额贷款试点工作；鼓励有条件的地区和高新技术产业开发区、专业镇设立科技保险补贴、担保补偿专项资金，并适当提高补贴比例；支持有条件的专业镇、民营科技园、高新技术产业园区等产业集聚区结合自身实际，积极开展促进科技和金融结合试点示范工作。该文件的出台解决专业镇科技型企业尤其是民营科技型中小企业融资难问题，推动专业镇科技金融服务业规模不断发展壮大具有重要的促进作用。

2016 年 5 月，为加强对专业镇的指导和服务工作，推动专业镇积极实施创新驱动发展战略，广东省科学技术厅印发了《广东省科学技术厅关于加强专业镇创新发展工作的指导意见》，提出了专业镇发展的总则、任务与要求、申报与认定、复核与评价等具体措施，对规范全省专业镇管理工作、推进专业镇转型升级，更好适应全省经济发展新常态，促进科技创新驱动发展具有重要的意义和作用。2016 年 9 月，广东省科学技术厅制定出台了《广东省科学技术厅关于推进协同创新加快专业镇发展的实施意见》，明确了推动专业镇协同创新，对提升专业镇产业核心竞争力，促进我省传统产业转型升级的重要作用，并提出推进协同创新加快专业镇发展的指导思想、基本原则、发展目标、重点任务及保障措施，为专业镇开展协同创新工作，提升自主创新能力，加速推进产业转型升级提供了方

向指引和路径选择。(见表7-4)

表7-4　2012年至今专业镇相关政策

发文单位	政　策
广东省委、省政府	《中共广东省委、广东省人民政府关于领先科技创新推进专业镇转型升级的决定》
	《广东省人民政府关于加快专业镇中小微企业服务平台建设的指导意见》
	《广东省人民政府办公厅关于促进科技和金融结合的实施意见》
广东省科技厅	《广东省科学技术厅关于加强专业镇创新发展工作的指导意见》
	《广东省科学技术厅关于推进协同创新加快专业镇发展的实施意见》

第二节　专业镇创新发展取得的成效

多年来，广东省委、省政府一直高度重视专业镇工作，多次召开现场会，并制定出台政策文件支持专业镇的发展，特别是“十二五”以来，我省以技术创新示范为切入点，采取措施不断加大对专业镇发展的支持和引导力度，把加快专业镇转型升级作为全省加快转变经济发展方式的重要举措；在省委、省政府的积极推动下，社会各界关注支持专业镇的发展，形成强大合力，企业和行业之间增强联系，产业配套和分工协作机制逐渐形成。截至2016年年底，全省经认定的专业镇达413个，实现地区生产总值（GDP）2.92万亿元，占全省经济总量的1/3，专业镇涵盖了机械、五金、纺织服装、家电、家具、汽配、建材、陶瓷、农业等传统产业以及电子信息、创新设计、电子商务、生态旅游等新兴产业，形成立足广东、辐射华南的产业集群基地。

一、专业镇产业规模不断壮大，成为我省地方经济发展的主力军

2016年，全省地区生产总值达2.92万亿元，占全省GDP的比重从2010年的28.47%提升到2016年的36.7%，专业镇内规模以上企业数达

3.11 万家，全省工农业总产值超千亿元的专业镇达 11 个，超百亿元的专业镇达 146 个，专业镇成为全省经济发展的重要增长极。[①] 近年来，全省专业镇经济贡献度不断提高，总量稳步增长，对居民就业、财政收入和经济可持续发展的贡献明显，成为地方产业发展的重要抓手。其中，佛山、东莞、江门、汕头、中山的专业镇经济贡献度均超过 75.0%；潮州、云浮、梅州等地的专业镇经济贡献度均超过 50.0%。

二、专业镇产业集聚效应明显，推动产业协同创新活动蓬勃发展

2016 年，全省专业镇平均企业集聚度达 1718 个/镇，其中珠三角企业平均集聚度达 3265 个/镇；全省专业镇名牌名标总数 3707 个，集体商标数和原产地商标数 216 个，共参与制定修订行业标准 1729 件；参与产学研合作企业数为 2131 家，与大学、科研院所共建科技机构数共 851 个；创新服务平台完成和参与的成果转化项目 674 项，成果转化项目产值达 36.43 亿元，形成了电子信息、家电家具、纺织服装等特色优势产业集群基地，涌现出顺德家电、古镇灯饰、横沥模具、虎门服装、澄海玩具等大批区域品牌。[②]

三、专业镇科技创新水平大幅提升，引领传统产业转型升级

2016 年，全省专业镇的全社会科技投入达 430.53 亿元，同比增长 8.9%；共拥有 134.06 万科技人员，占专业镇各类产业职工总数的 8.52%；R&D 人员共 29.86 万人，每万人口中的 R&D 人员数达 67 人；专利申请量和授权量分别达 180948 件和 98943 件，总量占比分别占全省的 35.8%、38.2%；专业镇镇内高新技术企业 4823 家，高新技术企业工业总产值达 15696.04 亿元。[③] 专业镇科研创新能力不断提升，成为全省科技成果产出与转化应用的重要基地，有力地促进了传统产业转型升级。

---

① 参见广东省科技厅调研报告《广东省专业镇发展情况报告》，2017 年 4 月。

② 参见广东省科技厅调研报告《广东省专业镇发展情况报告》，2017 年 4 月。

③ 参见广东省科技厅调研报告《广东省专业镇发展情况报告》，2017 年 4 月。

四、专业镇科技创新载体建设已成规模，成为广东区域创新体系的重要组成部分

根据区域经济发展特点，全省在纺织、陶瓷、五金、灯具、玩具、制鞋、水果、花卉等行业，选择近百个传统优势产业专业镇展开示范试点，重点扶持建立特色产业技术创新平台，大力发展公共服务机构，推动“一镇一品”差异化发展，发挥了专业镇特色产业的品牌效应，摆脱了同质化、低水平竞争的困局。2016年，全省专业镇的创新服务机构共3039个，公共创新服务平台覆盖率达90%以上，共培训人员达24.59万人次，对外服务企业达6.14万家，创新载体形式多样，形成省市县镇多级创新平台服务体系，成为专业镇转型升级的重要法宝。①

五、专业镇发展模式引领粤东西北发展新格局

近年来，全省大力实施粤东西北振兴发展战略，引导省内外各类创新资源向粤东西北地区倾斜，并建立了珠三角与粤东西北对口帮扶工作机制，鼓励珠三角专业镇和粤东西北专业镇形成对口合作关系，加速带动粤东西北经济社会发展，并取得了良好成效。目前，粤东西北地区共建有省级专业镇241个，通过因地制宜发展特色主导产业、创建名标名牌、实施品牌带动效应等措施大大提升了专业镇经济发展水平。2016年工农业总产值实现13099.34亿元，GDP达6389.68亿元，占当地GDP总和的36.0%，镇均生产总值高于当地平均水平40%以上。② 专业镇立足自身的资源禀赋优势，发展特色产业经济的发展路径，为粤东西北的跨越式发展提供了宝贵经验。

第三节　专业镇创新发展的主要做法

多年来，在广东省委、省政府的正确领导下，在全省各级政府部门的紧密配合与共同努力下，持续探索加快专业镇创新发展的路径与模式，形

① 参见广东省科技厅调研报告《广东省专业镇发展情况报告》，2017年4月。

② 参见广东省科技厅调研报告《广东省专业镇发展情况报告》，2017年4月。

成了一系列行之有效的做法，推动全省专业镇经济发展不断迈上新台阶。主要做法有以下八个方面。

一、加强政策制度顶层设计，营造创新创业政策环境

为加快推进专业镇创新发展，广东省委、省政府及省科技主管部门高瞻远瞩，统筹规划，及时制定出台《关于省市联动推进专业镇（区）建设的指导意见》《中共广东省委、广东省人民政府关于加快发展专业镇的意见》《中共广东省委、广东省人民政府关于依靠科技创新推进专业镇转型升级的决定》《广东省人民政府关于加快专业镇中小微企业服务平台建设的意见》《广东省科学技术厅关于推进协同创新加快专业镇发展的实施意见》和《广东省科学技术厅关于加强专业镇创新发展工作的指导意见》等系列政策文件，初步建立了相对完善的专业镇政策体系①。2016年，广东省委、省政府在东莞市召开了全省专业镇协同创新工作现场会，总结和宣传推广横沥等专业镇创新发展的经验做法，取得了巨大社会反响，吹响了加快专业镇从要素驱动向创新驱动转变的号角。

二、建立公共创新服务平台，不断完善公共创新服务体系

推进公共创新服务平台建设对优化专业镇科技资源配置，构建区域创新服务体系具有重要的意义和作用。广东在建设专业镇公共创新服务平台方面的做法有：一是依托高校、科研院所、龙头企业及行业协会等力量，推进院士工作站、重点实验室、工程技术研究开发中心、技术创新中心、新型研发机构等技术创新服务平台建设，提升专业镇产业技术研发创新能力。二是充分发挥地方政府集中力量办大事的作用，在专业镇区统筹建设一批综合性或专业性创新服务大平台，吸引各类科技创新资源集聚发展，有效支撑专业镇中小微企业升级发展，如中山小榄镇生产力促进中心和横沥模具产业协同创新中心便是典型的代表。三是根据专业镇产业创新发展需要，积极推进公共检验检测平台、信息咨询平台、知识产权服务平台、科技成果转化中心等公共服务平台建设，为专业镇企业提供技术创新、商贸会展、检验检测、企业孵化、信息咨询等多元化服务。

---

① 参见广东省科技厅《广东专业镇协同创新打造经济新常态》，载《广东经济》2016年第5期，第7页。

三、推进专业镇人才队伍建设，夯实创新发展基础

广东专业镇的发展过程，始终离不开人才资源强有力的支撑。在广东人才强省战略的指引下，各级政府部门高度重视专业镇人才队伍建设工作，围绕特色产业发展需求，引进和培养了一大批创新创业人才团队和高技能型人才，有力地支撑了专业镇转型升级。主要做法有：一是深入开展人才培训工作，依托高等学校设立专业镇经营管理人才特色培训课程班，分批轮训专业镇企业家和经营管理人才，推动专业镇企业建设现代企业制度和职业经理人制度，提高专业镇企业经营管理水平。二是深入开展创新型人才引进工作。在专业镇设立大学生创新创业实习实践基地和博士后工作站，组织专业镇博士巡回服务团，运用岗位招聘、柔性引进等多种形式吸引各类科技人才到专业镇创新创业。三是创新人才培养模式。采用“校镇合作”“校企合作”等形式，实施专业镇人才“订单式培养”计划，培养造就规模宏大的技能型人才队伍，提高专业镇先进生产和现代营销水平。

四、积极推进产学研合作，打造创新发展新优势

产学研合作是专业镇有效集聚国内外创新资源，快速提升创新发展能力的重要途径。近年来，广东省各级政府部门高度重视产学研合作，针对专业镇的产业特色和需求，充分利用“三部两院一省”产学研合作机制，调动知名高校、科研院所和行业龙头企业等重要创新载体的积极性，推动各专业镇与对口高校、科研机构建立长期的合作关系，取得了良好的发展成效。具体做法有：一是深入实施“校（院）镇合作”“企业科技特派员”等行动计划，组建综合性、专业性的协同创新中心，积极开展产学研合作与协同创新，面向企业与产业集群，不断积累人才、技术、项目、资本、信息等创新要素，促进专业镇实现整体型、集群式创新。二是设立省级专业镇科技计划专项资金，引导专业镇企业开展技术攻关，提升企业研发创新能力，促进专业镇产业转型升级。三是引导专业镇以特色产业的技术创新需求为导向，积极整合高校、科研院所、企业等各类创新资源组建产业技术创新联盟，重点开展产业关键核心技术的攻关，制定相关技术标准，积极吸纳行业内中小企业参加联盟，推进知识产权共享和创新成果的产业化。

五、发挥政府和市场的作用，优化专业镇资源配置

根据广东省委、省政府的决策部署，省科技厅充分发挥政府的政策宏观引导作用，集聚全省各类科技创新资源大力支持专业镇发展，从2000年实施专业镇技术进步试点工作开始，不断创新工作方式方法，出台省市联动推进专业镇建设、创新示范专业镇、专业镇自主创新能力和产业竞争力“双提升”“一镇一策”、专业镇中小微企业服务平台等一系列举措，以“有形之手”为专业镇打造了良好的创新创业氛围。同时，积极发挥市场对资源配置的主导作用，利用市场“无形之手”推动优质资源向创新创业环境优越的专业镇流动，让“有形之手”和“无形之手”形成合力，推动专业镇成为我省经济发展方式转变的重要保证和创新驱动发展的重要载体。此外，广东省委、省政府多次召开全省专业镇工作现场会，为专业镇的发展解放思想、凝聚合力，以成功的经验和鲜活的例子指引着专业镇发展方向，绘就了以专业镇推动产业集群发展的宏伟蓝图。

六、实施品牌战略和知识产权行动，引领专业镇产业升级

通过实施品牌战略、标准战略和知识产权行动等，加快专业镇从低端产业集聚向创新型产业集群转变，形成企业集聚化、技术高端化、产业集群化的区域经济发展新模式。一是加强自主品牌建设。引导企业发展自主品牌，提高专业镇产品在国内、国际市场的影响力，一大批区域品牌得到了广泛认可。二是强化行业标准的研究制定和推广。引导专业镇采用“政府+行业协会+企业”等运作模式研究制定产品标准、地方标准、行业标准和国家标准，积极推动标准的应用。三是实施知识产权行动。加强规划研究，建设专利专题数据库，完善专利信息检索查询与知识产权咨询服务，开展快速维权等各类知识产权保护活动，引导企业确立知识产权战略[①]。

七、完善专业镇产业配套，做强做大特色产业

完善产业配套，做大做强产业链中的主要环节，能够提高企业的协同

① 参见广东省科技厅《广东专业镇协同创新打造经济新常态》，载《广东经济》2016年第5期，第8页。

创新能力，推动专业镇产业转型升级。广东根据不同类型专业镇产业发展需求，按照“建链、补链、强链、融链”的发展思路，引导企业、高校院所、金融机构、科技服务机构等主体不断向专业镇聚集，加快延伸产业链条，逐步完善产业配套，促进专业镇产业从产业链低端向中高端迈进。主要做法有：一是按照“一镇一策”的思路，推动各专业镇制定产业发展规划和科技创新规划，优化镇域产业布局，建立上下游配套完善的产业链条，做强做大特色产业。二是鼓励专业镇与省内外高校、科研院所等开展战略合作，引导资金、技术、平台、人才等科技创新要素入驻专业镇，构建专业镇技术创新体系，形成支持持续创新的有效动力。三是鼓励专业镇加强对外科技合作，在更大范围、更广领域、更高层次上参与国际经济技术合作与竞争，积极承接国际产业转移，主动融入全球创新治理体系，增强其在全球出口价值链中的地位。

八、深化专业镇区域合作，形成联动辐射效应

广东各级政府高度重视专业镇在对口帮扶与跨区域合作方面互补优势，建立珠三角与粤东西北专业镇对口帮扶机制，有效促进了粤东西北地区的发展。主要做法有：一是以中山—潮州市对口帮扶为创新示范，深化互补性特色产业的对接。以共建中小微企业公共服务平台为切入点，促进传统特色产业深度合作，引导两个地区专业镇深度对接，开展“镶嵌式”合作。二是加强专业镇跨区域合作交流，引导专业镇“走出去”。依托省专业镇发展促进会，引导省内专业镇与山东、浙江、内蒙古等省市的专业镇和县区开展了多批次的交流合作，形成了跨省份、跨地区镇域经济、县域经济常态化交流合作机制，推动专业镇经验走出广东，走向全国。

第四节　专业镇转型升级成为推动全省经济社会发展的主战场

专业镇是广东传统产业的主要集聚地，经济总量占全省的1/3，全省80%的传统产业集中在专业镇，80%的中小型工业企业集中在专业镇，80%的加工贸易企业集中在专业镇，转型升级的重点、热点、难点集中在

专业镇①。如何有效推进专业镇转型升级，增强专业镇创新驱动发展能力，对推动全省区域经济优化升级、促进区域协调发展、加快新型城镇化建设，建设创新型省份将起到至关重要的作用。

一、专业镇转型升级的战略意义

“十三五”期间是我省推进专业镇转型升级工作的关键期，这一时期，我省正处于加快转变经济发展方式、促进新旧动能转化的关键阶段。加快转型升级，核心是转变经济发展方式，不仅要有量上的跨越，更重要的是推动经济发展方式的深刻转变，在全省特别是专业镇形成科学的发展模式。从这个意义上讲，专业镇转型升级成功，广东就可以在全国发展格局中继续领先，当好推动科学发展、促进社会和谐的排头兵；否则，不仅难以开创科学发展新局面，“排头兵”的地位也难以保持。

第一，专业镇转型升级是加快转变经济发展方式的重要举措。专业镇是我省特色传统产业集聚程度最高、市场化程度较完善的镇级经济区域。专业镇的转型升级，将直接关系到全省经济总量的近1/3，转型升级的行动，将影响到全省产业结构转型升级的进度。国内外发展经验表明，产业集群是促进产业结构升级的重要载体，专业镇作为我省产业集群的主要形式，是全省产业结构转型升级的重要组成部分。因此，抓好专业镇建设，加快产业转型，促进结构升级，在转变经济发展方式中具有重要意义。

第二，专业镇转型升级是突破专业镇发展瓶颈的必然之路。经过10多年的建设和实践，我省专业镇发展取得了显著的成绩。但随着世界和国内经济形势的起落变化，以及金融危机的爆发，我省专业镇发展也受到了重大影响。专业镇转型升级，就是要通过提升自主创新能力、提升产业竞争力，突破专业镇发展中存在的瓶颈，为专业镇打造一个有利于创新、有利于创业、有利于创造的镇级产业生态持续发展环境，促进专业镇发展走入健康快速发展的轨道。

第三，专业镇转型升级是促进县域经济发展和区域协调发展的重要途径。专业镇代表了市域、县域经济的精华，更是地方经济发展的主要发动机，在强省富民、带动区域发展，特别是“双转移”行动、推进城镇化

---

① 参见李朝庭《广东专业镇转型升级的战略思考》，载《科技管理研究》2013年第8期，第27页。

建设等方面发挥着越来越重要的作用。目前，专业镇均衡分布于全省20个市，在较落后地区分布也十分广泛。推动专业镇转型升级，也将全面带动落后地区特色产业增长，促进全省区域协调均衡发展①。

第四，专业镇转型升级是推动广东新型城镇化发展的主阵地。专业镇不仅创造了大量的就业机会，吸纳农业剩余劳动力和众多外来人口，而且培育了一大批新型工人。专业镇通过实施创新驱动发展战略、积极发展实体经济、促进产业集聚，构筑产城互动的城镇化发展新格局，大大提高了当地居民的生活水平。同时，专业镇以产业化为目标，大力发展新型农业经营体系，带动农业专业镇向城乡统筹、城乡一体、产城互动、节约集约、生态宜居的新型城镇化迈进。

第五，专业镇转型升级是建设创新型省份的重要基石。《广东省建设创新型广东行动纲要》指出，在2018年前广东省主要创新指标将接近或基本达到世界创新型国家和地区的水平，将广东建设成为创新体系完善、创新机制健全、创新人才集聚、创新引领能力强大的创新型省份。因此，应加快专业镇转型升级，努力推进创新型广东的组成细胞——专业镇建设，大力发挥专业镇有效整合区域创新资源和要素的优势，突破体制机制障碍，在人才培养、科技投入、平台建设等方面探索科技、教育和经济发展的新模式、新路径，破解制约广东创新发展重大难题的重要途径，着力推进广东产业转型升级，为构建从国家到省、市、镇的完善的国家创新体系奠定坚实的基础。

二、专业镇转型升级的战略部署

为统筹布局好专业镇的创新发挥工作，2016年6月，广东省政府在东莞召开全省专业镇协同创新工作现场会，总结近年来我省专业镇创新发展情况，推广东莞横沥镇等地区协同创新的经验做法，部署以协同创新为抓手，加快全省专业镇创新发展和转型升级。省长朱小丹出席会议并讲话，他认为近年来全省各地在推进各具特色的专业镇发展中，涌现出一批具有典型示范意义的专业镇。其中，东莞市横沥镇立足模具这一主导优势产业，充分发挥政府的引导作用，建立服务全产业链的协同创新平台体

---

① 参见潘慧、陈良湾《十年磨一剑：专业镇转型升级日日新》，载《广东科技》2012年第4期，第31页。

系，始终把企业生产一线作为协同创新的主战场，构建良好的协同创新制度，走出了一条以协同创新带动专业镇转型发展的新路子，得到了中央和社会各界的高度关注和充分肯定。同时强调各地、各部门要坚持科技创新与现代服务相结合、市场配置与政府引导相结合、统筹规划与分类指导相结合，以深化产学研合作为突破口，以协同创新平台建设为重要抓手，以提高产业核心竞争力为目标，在全省专业镇建立健全协同创新机制，建成一批协同创新服务平台，培育一批新型研发机构，打造较成熟的孵化育成体系，全面推进专业镇协同创新发展。力争到2020年，全省省级专业镇数量达到500个左右，专业镇GDP总量力争突破4万亿元，专业镇协同创新平台覆盖率达90%以上，专业镇R&D支出占其GDP比重达到2.9%，探索出一条具有广东特色的专业镇创新驱动和转型发展新路子①。

朱小丹认为，加快专业镇创新发展，推动专业镇转型升级，需要重点要抓好四个方面的工作。

（1）突出“引”字，着力集聚创新要素，壮大专业镇创新主体。立足专业镇主导产业，有针对性地引入省内外龙头企业、高校、科研院所等创新主体，建成一批新型研发机构，完善孵化育成体系，加快人才引进与柔性流动。

（2）突出“专”字，聚焦优势产业，提供精准、贴身、高效创新服务。坚持问题导向，找准产业共性技术需求，围绕企业需求组织合作项目，制定产业技术标准和产业技术路线图，深入实施“一镇一策”，不断提高科技进步对专业镇经济增长的贡献度。

（3）突出“活”字，强化体制机制创新，提升协同创新效能。统筹发挥政、产、学、研各方面作用，创新完善协同创新平台，形成各类创新主体协同协力的机制，健全各方利益分配机制，完善科研成果转化激励机制。

（4）突出“优”字，延伸服务体系，优化全产业链集成服务。以公共服务为本位，围绕主导产业建立完善全产业链服务体系，组建产业技术创新联盟，强化金融服务，以“互联网+”推进平台服务模式创新②。

---

① 参见张安定、刘耕《全省专业镇协同创新工作现场会在东莞召开》，见东莞时间网（http://news.timedg.com/2016-06/16/20423669.shtml）。

② 参见张安定、刘耕《全省专业镇协同创新工作现场会在东莞召开》，见东莞时间网（http://news.timedg.com/2016-06/16/20423669.shtml）。

2017年3月，广东省科学技术厅、广东省发展和改革委员会制定出台了《“十三五”广东省科技创新规划（2016—2020年）》，对专业镇转型发展工作做出了战略性部署，提出以推进专业镇产业转型升级为切入点，加快以高新技术、新型业态改造和提升传统优势产业，构建社会化、市场化和专业化的专业镇公共科技服务体系。

（1）实施“重点示范专业镇”行动。深入实施专业镇升级示范建设行动计划，支持产业关联度高的专业镇共建产业专业合作区，推动特色产业集群的创新发展、协调发展和绿色发展；探索实行珠三角地区与粤东西北地区专业镇对口帮扶与联动发展机制，深化专业镇对口帮扶工作。

（2）建设专业镇协同创新中心。深入实施一校一镇、一院（所）一镇科技特派团行动计划，支持各地级以上市继续建设一批镇校（院、所）产学研合作平台，推进专业镇协同创新平台建设，力争到2020年末，全省专业镇协同创新中心达100家以上；鼓励支持专业镇内的企业联合高等学校、科研院所和商会、协会等成立基于产业链的技术创新战略合作联盟。

（3）推进传统优势产业升级。面向专业镇转型升级需求，推进新一轮工业企业技术改造，落实技改奖补政策和扩大政策受惠面，推动传统优势行业企业开展“机器人应用”；加快推动移动互联网、云计算、大数据、物联网等与传统优势产业结合，提升纺织服装、食品饮料、建筑材料、家具制造、家用电器、金属制品、轻工造纸、中成药制造、陶瓷、石材等的数字化、网络化、智能化水平。积极推动传统优势产业企业开展清洁生产审核，引导企业推广应用节能环保新技术、新设备（产品），引导和推动专业镇、省级以上工业园区开展循环化改造，发展循环经济。

第八章　高新技术企业和高新技术产业

高新技术企业和高新技术产业创新发展是区域创新驱动发展核心推动力。发展高新技术企业和产业历来受到各级政府的高度重视。我省通过加大对高新技术产业和高企培育力度，引导企业对标国家制定高新技术企业的标准条件，倒逼企业在创新体系、技术攻关、成果应用、人才引进、科研投入、企业管理等方面达标升级，引导中小型科技企业和转型升级中的大型企业，切入创新驱动发展模式，培育经济发展新动能。

第一节　广东高新技术企业和高新技术产业发展阶段和历程

一、对外开放快速起步阶段（1979—1988 年）

1979 年 7 月 15 日，中共中央、国务院决定先在深圳、珠海划出部分地区试办出口特区，1980 年 8 月全国人大常委会颁布了《广东省经济特区条例》。以深圳特区、珠海特区建设启动为标志，中央给予广东对外经济开放先行先试的政策优势。同时，广东凭借紧邻港澳台独特优势，是我国对接境外技术、管理、知识的窗口，又是我国引进外资前沿、对外出口大省，对外贸易额持续快速增长，通过发展“三来一补”劳动密集型企业等方式，涌现了一大批生产高新技术产品的企业。1985 年 7 月，广东省委、省政府积极响应国家科委设想，在深圳特区建立了中国第一个高新技术产业开发区，标志着广东发展高新技术产业已经初步形成了产业集聚，进入集群发展阶段，成为我国高新技术产业发展领头羊。

二、政策扶持加速发展阶段（1988—1998年）

1988年，国家科委启动火炬计划，颁布了《关于高技术、新技术企业认定条件和标准暂行规定》；1991年，国务院发布《国家高新技术产业开发区高新技术企业认定条件和办法》，授权原国家科委（1998年改为科学技术部）在国家高新区内开展高新技术企业认定工作，并配套制定了财政、税收、金融、贸易等一系列优惠政策；1996年，高新技术企业认定范围打破了地区限制，由高新区内扩展为高新区内外。根据国家政策，我省高新技术企业认定、发展正式启动。凭借良好产业基础，相关优惠政策有力促进了全省高新技术企业发展。

1991年，广东省委、省政府召开全省科技工作大会提出发展科学技术放在经济和社会发展首要位置，并出台了《关于依靠科技进步推动经济发展决定》，通过科技体制改革，鼓励科研院所科技成果转化，通过对国家、省级“火炬计划”“科技攻关计划”“技术开发计划”和高新技术产业项目资金、减免税的政策，促进高新技术产业发展。1992年，广东省科委出台《广东省国家高新技术产业开发区若干政策的实施办法》明确对高新技术企业给予银行信贷、固定资产折旧、进出口政策、税收政策、用人用地等方面优惠政策，并且对各高新区建设保税仓库、保税工厂给予政策支持。1993年和1997年，省委、省政府制定了《关于扶持高新技术产业发展的若干规定》《关于进一步扶持高新技术产业发展的若干规定》，从高新技术产业运行机制、高新区管理机制、财政扶持资金、税收政策、进出口监管、建设用地、国际合作交流等7个方面做出了33项政策规定，扶持政策涵盖高新技术企业优惠政策、产业集群载体建设、产业发展要素、财政政策、对外政策等，扶持高新技术产业发展政策体系得到进一步完善。这一阶段，我省高新技术产业加速发展，建设了广州和中山两个国家级高新区，珠三角高新技术产业带被批准为全国高新技术产业带，一批省级高新区也在加快培育形成，吸引了一大批高新技术项目入区。1997年，珠三角地区高新技术企业604家，生产高新技术产品企业959家，产值1038亿元，年出口值424亿元，高新技术企业作为骨干，带动了全省高新技术产业发展。

三、自主创新能力培育发展阶段（1999—2011 年）

1999 年，科技部修订出台《国家高新技术产业开发区高新技术企业认定条件和办法》，高新技术企业认定标准条件更为严格，条件包括与《高新技术产品目录》挂钩，规定研发投入要求，明确了研发人员比例、科技人员比例、高新技术收入比例。2008 年，科技部、财政部、国家税务总局颁布新制定的《高新技术企业认定管理办法》，新办法突出强调企业创新，将企业研发投入强度、研发活动、自主知识产权列为认定评价的核心指标。由此，我省高新技术企业认定发展的导向由高新技术产品生产型企业向高新技术研发创新企业转变，高新技术企业作为区域技术创新主体地位不断加强，涌现了华为、腾讯、美的、格力、金发科技等一批自主创新能力强的高新技术企业，成为我省调整优化经济结构主力军，加快了我省经济发展方式转变。

1999 年，我省发布《广东省发展四大高新技术产业实施方案》《广东省加快高新技术产业开发区及珠江三角洲高新技术产业带建设方案》。2000 年，广东省委、省政府颁发了《贯彻〈中共中央国务院关于加强技术创新，发展高科技，实现产业化的决定〉的通知》，进一步落实高新区经济管理权，鼓励高校建立科技园，依托高新区、珠三角高新技术产业带，围绕电子信息、生物技术、新材料、光机电一体化等重点产业，鼓励企业加强技术创新，发展高新技术企业（集团），加强知识产权保护，完善成果转化的投融资体系等方式，这标志着我省进入通过内生技术创新促进高新技术产业、全省经济发展新阶段。2004 年，省政府出台《关于推动我省高新技术产业持续快速健康发展的意见》。2005 年，广东省委、省政府出台《关于提高自主创新能力提升产业竞争力的决定》，我省通过集中力量突破重点领域核心技术、提高企业自主创新能力、发挥高校科研院所作用、大力推动产学研成果转化、整合利用全球创新资源、实施知识产权战略等方面一系列部署，进入全面培育高新技术企业、高新技术产业的自主创新能力新阶段。

四、创新驱动发展实施阶段（2012 年至今）

2012 年，党的十八大明确强调要坚持走中国特色自主创新道路，实施创新驱动发展战略。2014 年，广东省委、省政府发布《关于全面深化

科技体制改革　加快创新驱动发展的决定》，明确创新驱动发展作为我省经济社会发展的核心战略，并做出了一系列部署，其中包括强化企业技术创新主体地位，实施重大科技专项，抢占高新技术产业与战略性新兴产业技术制高点，以先进技术和新业态改造提升传统产业，发展知识密集、技术密集、人才密集为特征的新兴业态产业等。同年，省科技厅出台《广东省重大科技专项总体实施方案（2014—2018 年）》，通过组织实施重大科技专项项目，在重点新兴产业的核心技术上“瞄准前沿、精心选择、突破重点、努力赶超”，形成 40 个左右具有较强国际竞争力的新兴产业集群，建成一批高水平的研发及应用重大创新平台，大力推动高新技术产业进入创新驱动发展模式。2015 年，广东省委、省政府提出高新技术企业培育是实施创新驱动发展战略的“牛鼻子”、首要举措；同年，省科技厅制定了《贯彻落实创新驱动发展战略　全面促进高企培育的实施方案（2015—2017）》。2016 年，科技部、财政部、国家税务总局修订发布了《高新技术企业认定管理办法》《高新技术企业认定管理工作指引》，通过修订完善研发投入比例、知识产权评价导向等，进一步加大对科技型中小企业创新支持力度，鼓励企业持续提升创新驱动发展能力；同年，省科技厅、省财厅发布了《广东省高新技术企业培育工作实施细则》，省市县三级政府部门协同联动，通过制定培育奖补、技术攻关、研发机构建设、研发补助、人才引进等系列政策措施，扎实推进高新技术企业培育，大力引导科技型企业强化创新投入、创新人才、创新机制、知识产权战略。自 2016 年广东省高技术企业总数首次跃升至全国第一后，我省高层次企业创新主体领先优势不断扩大，全省高新技术产业、新兴产业切入以高企为主力军的创新驱动发展模式。

第二节　广东高新技术企业和高新技术产业发展[①]

一、广东高新技术企业发展

（一）高新技术企业群体持续发展壮大

1. 高企数量全国领先

自从2008年《高新技术企业认定管理办法》制定出来以来，我省高新技术企业（以下简称“高企”）数量持续增长，由2007年的5119家（按原《认定办法》认定）增长到2017年的33073家，增长了6.46倍。认定培育政策实施前5年（2010—2014年），全省高企存量从4600家发展到9289家，年均增加1172家，年均增长率19%，与国内其他省市基本持平。2015年，高企培育政策实施后，开始快速增长。2015年是培育政策实施第一年，当年高企增加1816家，增长率接近20%。2016年是高企培育政策实施的第二年，当年全省高企净增8752家，高企存量达到19857家，增长率达到79%，一举超越北京，跃升为全国第一。2017年是培育政策实施第三年，当年全省高企净增13216家，存量达到33073家，增长率达到66%，对北京、江苏的领先优势进一步拉大。（见表8－1）

表8－1　2010—2017年广东省高新技术企业存量变化情况（单位：家）

年度	高企存量	高企增量
2010	4600	1234
2011	5475	875
2012	6699	1224
2013	8000	1301
2014	9289	1289
2015	11105	1816

① 本章节数据来源于《火炬统计年报（2010—2017年）》数据。

（续表8－1）

年度	高企存量	高企增量
2016	19857	8752
2017	33073	13216

2. 高企创新投入产出持续增强

（1）高新技术企业的创新投入。国家出台高新技术企业税收减免政策的主要目标是鼓励和引导高新技术企业持续增加技术创新投入，提高企业自主创新能力。从企业科技活动经费和科技人员这两项核心创新投入指标来看，自2008年以来，我省高企创新投入均已实现了大幅增长。2008年全省高企科技活动经费投入416.7亿元，2016年达到了2405.4亿元，年均增长率达到24.5%。科技人员是建设高新技术企业创新能力的第一资源、首要组成要素。2008—2016年，全省高企科技人员逐年增加，大专以上学历人员所占比重也逐年上升，科技活动人员从54.39万人持续增长至109.84万人，大专学历以上占从业人员比重从34.81%上升至44.50%。（见表8－2）

表8－2　2008—2016年高新技术企业创新投入　（单位：人）

年度	科技活动人员	大专以上	大专以上人员占从业人数比重（%）
2008	543940	831403	34.81
2009	546893	742602	41.33
2010	609920	1005769	42.84
2011	732836	1204049	46.38
2012	711092	1274645	46.94
2013	780020	1350629	46.10
2014	813552	1453841	47.11
2015	859096	1580485	47.14
2016	1098445	2026698	44.50

（2）高新技术企业的创新产出。高新技术企业创新产出包括知识产

权产出、新产品产值等。拥有核心自主知识产权是高新技术企业区别于一般企业的重要标准，也是衡量企业自主创新能力的重要指标。2016 年全省高企当年获得发明授权数为 37185 项，欧美日专利授权 7947 项，分别是 2008 年的 6.6 倍、16.6 倍，比 2015 年当年授权发明数增长 37.3%、当年授权欧美日专利授权数增长达 102.5%。我省高企创新成果不仅实现了大幅增长，而且具有国际水平技术成果增长速度更快，企业国际竞争力快速提高。（见表 8-3）

表 8-3　2008—2016 年高新技术企业知识产权状况　（单位：项）

年度	当年发明授权数	欧美日专利授权数	集成电路布图	软件著作权	植物新品种
2008	5607	478	230	4399	47
2009	3196	116	170	7487	27
2010	12109	887	711	12312	61
2011	9324	600	387	23545	35
2012	19853	2037	486	35913	55
2013	22475	5756	739	41814	66
2014	15865	1444	1307	56094	25
2015	27078	3924	2102	76991	97
2016	37185	7947	2429	132600	148

新产品产值是反映企业凭借自主技术开发的产品，并有效占领市场的能力，是企业创新能力重要表现。2008—2016 年全省高企新产品产值总体呈上升趋势，2016 年新产品产值达到 18060.86 亿元，比上一年增长了 31.33%，是 2008 年的 3.4 倍。（见图 8-1）

3. 高企经济效益和财税贡献持续向好

（1）工业总产值持续高速增长。工业总产值是以货币表现的工业企业在报告期内生产的工业产品总量。2009 年认定政策及金融危机双重影响，我省高企工业总产值为负增长，自 2010 年起实现连续多年持续增长。2016 年工业总产值大幅增长至 39273.11 亿元，同比增长 30%，较 2008 年增长了 22796.28 亿元，翻了一倍多。（见表 8-4）

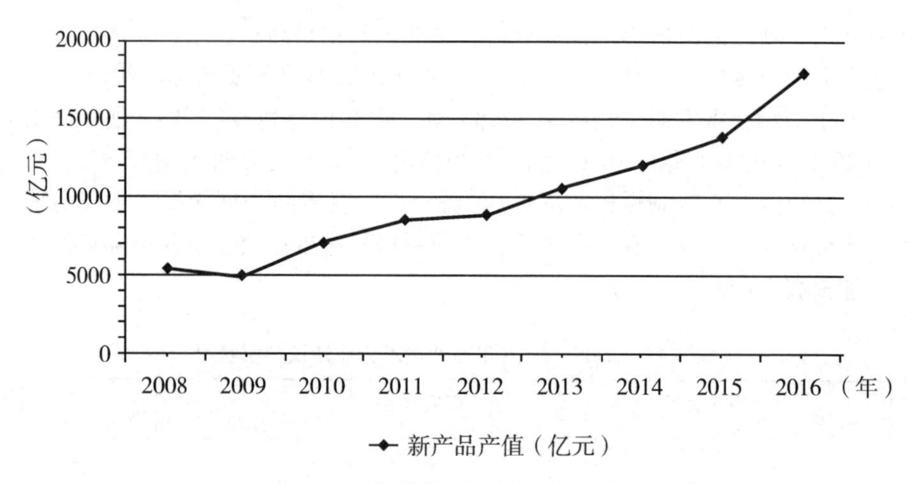

图8－1　2008—2016年广东省高新技术企业新产品产值变动情况

表8－4　2016年广东省高新技术企业经济贡献

年度	工业总产值（亿元）	出口总额（亿美元）	实际上缴税费（亿元）	上缴增值税（亿元）	年末从业人员数（万人）
2008	16476. 82	1001. 56	719. 07	352. 5	238. 86
2009	12411. 20	570. 24	626. 97	341. 58	179. 70
2010	20840. 17	1052. 84	1071. 47	593. 49	234. 76
2011	20923. 28	1214. 23	1160. 95	585. 13	259. 60
2012	21743. 68	1033. 21	1154. 29	561. 48	271. 53
2013	25750. 15	1137. 41	1253. 63	616. 29	292. 98
2014	28264. 25	1112. 15	1565. 79	698. 15	308. 60
2015	30202. 44	1114. 74	1645. 47	767. 38	335. 29
2016	39273. 11	1343. 38	2164. 92	1019. 35	455. 37

（2）经济效益不断提升。2008—2016年，我省高企净利润呈现逐年增长态势，由780.40亿元增长到3544.54，增长了3.54倍；利润率上升2.98个百分点，且稳定在较高水平。高企人均收入显著提升，其中2008年至2010年人均收入稳步增长，2011和2012年人均收入略有下降，至

2013 年人均收入实现大幅上升，增幅达 11.89%。2016 年人均收入为 101.20 万元，较 2008 年增长近 45.84%。2008 年以来，高企人均利润波动式增长，2015 年和 2016 年人均利润基本保持稳定，均为 7.78 万元，相当于 2008 年的 2.35 倍。(见表 8－5)

表 8－5　2008—2016 年广东省高新技术企业经济效益情况

年度	总收入（亿元）	净利润（亿元）	人均收入（万元/人）	人均利润（万元/人）
2008	16575.53	780.40	69.39	3.27
2009	12522.33	932.70	69.69	5.19
2010	21266.98	1584.12	90.59	6.75
2011	21920.03	1508.15	84.44	5.81
2012	22343.68	1618.92	82.29	5.96
2013	26975.91	2032.05	92.07	6.94
2014	31353.01	2499.53	101.60	8.10
2015	34449.10	2607.70	102.74	7.78
2016	46084.78	3544.54	101.20	7.78

（3）涵养税基扩大财源效果持续增强。税收一直是政府财政收入的主要来源，高新技术企业在享受税收减免政策的同时，也通过上缴税收方式促进政府财政收入增长。2016 年全省高新技术企业享受所得税减免额、上缴税费总额分别达 285.9 亿元、2164.92 亿元，是 2008 年的 15.04 倍、30.1 倍。高企上缴税费总额增速接近企业所得税收减免额增速的两倍，上缴税费总额是减免税额的 7.57 倍。特别是 2010 年和 2016 年高企凭借创新能力，率先走出金融危机并表现出明显增长弹性，上缴税收增长较快，对各级政府财政保收增收做出了重要贡献。(见图 8－2)

（4）出口商品总额。随着贸易全球化的发展，高新技术产品逐渐成为世界贸易发展的主力军。自 2008 年以来，广东省高新技术企业出口额平稳增长，2016 年出口总额创下新高达到 1343.38 亿美元。在劳动密集型加工出口产业转移到东南亚地区的背景下，广东省通过发展高新技术企业，促进出口商品结构的调整，用高附加值高新技术产品占领国际市场，

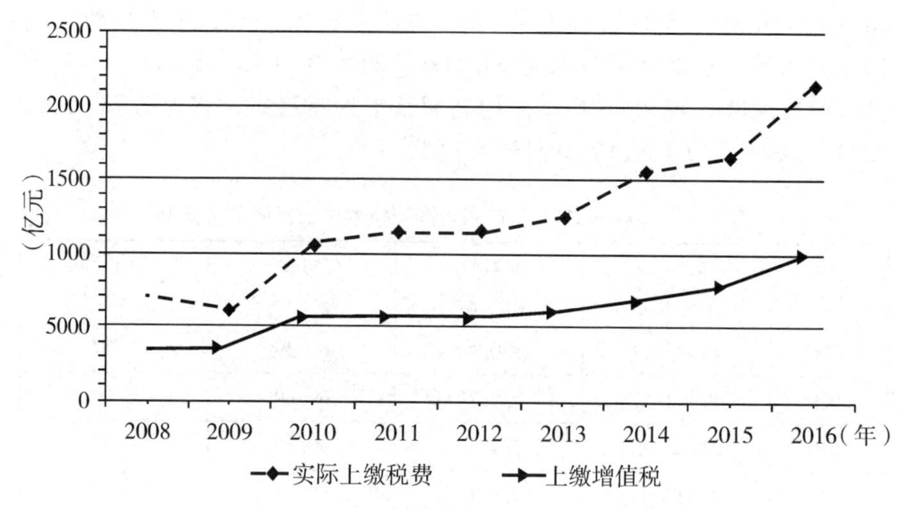

图8－2　2008—2016年高新技术企业上缴税费、增值税情况

不仅实现稳出口，而且利润率进一步提升，进一步带动全省经济发展。

（二）高新区承接培育发展高企功能突出

高新技术产业开发区是各级政府批准成立的科技工业园区，它是以发展高新技术为目的而设置的特定区域。各地为了发展高新技术产业，通过集中资源优化高新技术产业基础设施、技术创新平台、创新孵化体系、创新导向服务供给等方式，把高新区打造成为引进承载高新技术产业、培育高新技术企业的功能区。

1. 高新区是高企培育重要起步区

自从中国第一个高新区——深圳高新区建立后，高新区就是地方政府承接培育高新技术企业的主要聚集区、起步区。2016年，全省11个地市建立国家高新区，虽然受一区多园、园区批复面积有大小差异等因素影响，但是区内高企占比超过30%的地市达到8个，高新区是大部分地市高企的主要聚集区域。其中，河源高新技术、清远高新区是我省近几年新晋国家级高新区，地处粤东粤北欠发达地区，2016年区内高企分别达到48.50%、50%。2016年，深圳、广州高新技术企业数量在全省排前两位，是广东高新技术产业发展领头羊，区内高企占比分别是15.70%、38.6%（见表8－6），且分别比2011年下降了5.2百分点、26.5个百分

点。在高新技术产业欠发达地区，高企发展以高新区为主要起步区，随着高新技术产业不断发展壮大，高企分布呈现以高新区聚集为主，逐步向全市扩散辐射的态势。

表 8 -6　2016 年全省国家级高新区高企数量情况　　（单位：家）

地区	高新区内高企数	全市高企数	区内高企占比（%）
广州	1816	4703	38. 60
深圳	1212	7737	15. 70
珠海	360	784	45. 90
佛山	615	1380	44. 60
江门	115	355	32. 40
肇庆	76	188	40. 40
惠州	179	456	39. 30
河源	32	66	48. 50
清远	56	112	50
东莞	174	2006	8. 70
中山	216	879	24. 60

2. 高新区内企业科技投入产出比较优势明显

高新区作为高新技术产业发展核心区、聚集区，并随着产业发展向区外辐射扩散，总体上产业科技投入强度、科技人才层次均较高新区外更有优势。从 2016 年区内外高新技术企业创新投入强度来看，区内高企占全省 24. 92%，但是区内高企科技活动经费投入占比达到 37. 15%，大专以上人员占比达到 36. 84%，科技活动人员占比达到 35. 60%。区内高企从业人员中，大专以上人员比例达到 57. 61%，远高于区外高企 39. 29% 的水平，科技活动人员比例达到 30. 17%，比区外高企科技活动人员占比高 8. 45 个百分点。

表8－7　2016年高新区内外的创新投入情况

类型	科技活动经费（亿元）	科技活动经费比重（%）	大专以上人员数（人）	科技人员数（人）	大专以上占全省比重（%）	科技人员占全省比重（%）	大专以上人员比例（%）	科技人员比例（%）
高新区内	1107	37.15	746694	390997	36.84	35.60	57.61	30.17
高新区外	1872.43	62.85	1280004	707448	63.16	64.40	39.29	21.72
合计	2979.43	100.00	2026698	1098445	100.00	100.00	44.51	24.12

从各国家级高新区来看，2013—2016年区内高企科技活动经费投入总体呈现上升趋势。其中科技活动经费投入规模最大的是深圳高新区、广州高新区、东莞高新区。2016年，深圳、广州、东莞三地市区内高企的科技活动经费投入分别同比增长76.6%、38.58%、232.22%，这三个地市区内高企科技活动经费投入在规模较大的情况保持了良好的增长态势。

在科技产出方面，区内高企也比区外高企更有优势。2016年全省高企发明授权25422件，其中区内高企获授权发明11763件，占比达到31.63%，区内高企软件著作权占比更是达到41.45%，均高于区外高企数量占比。区内高企户均获得授权发明2.4件，户均备案软件著作权11.3件，分别相当于区外高企的1.41倍、2.13倍。（见表8－8）

表8－8　2016年高新区内外高新技术企业知识产权产出情况

分组	企业数（家）	占比（%）	当年发明授权数（件）	当年发明授权数占比（%）	软件著作权	软件著作权占比（%）	户均发明授权数（件）	户均软件著作权数（件）
高新区内	4851	24.92	11763	31.63	54968	41.45	2.40	11.30
高新区外	14612	75.08	25422	68.37	77632	58.55	1.70	5.30
合计	19463	100.00	37185	100.00	132600	100.00	1.90	6.80

从各国家级高新区发明授权数来看，深圳高新区处于显著领先优势，

2016年比2011年增加1555件，增长40.0%，占总数的46.3%，中山、东莞高新区2016年比2011年分别增加456件、629件，2016年分别是2011年的16.7倍、13.1倍。软件著作权方面，广州、深圳高新区2016年比2011年分别增加19712件、16406件，增长368.8%、238.6%。佛山、中山、惠州、东莞等高新区均呈现几何倍数增长，2016年分别是2011年的15.0倍、14.9倍、12.5倍、11.4倍。

3. 高新区内高企经济贡献表现突出

高新区内高新技术企业的科技投入产出及人才层次结构的优势，打造了企业竞争力。2016年，约占24.92%的区内高企，贡献了全省高企总收入的36.17%，总收入额达到1.67万亿元，出口额达到467.22亿美元，约占全省高企的34.78%，净利润达到1437.14亿元，约占全省高企40.55%。区内高企创新能力表现为市场竞争能力和营利能力更强，新产品产值占收入比达到了41.36%，高于区外高企3.4个百分点，表明区内企业科技成果转化、新产品更新换代周期更短。区内高企净利润率8.62%，高于区外企业1.46个百分点，区内高企产品的技术附加值、利润空间更大（见表8－9）。区内高企通过科技投入比较优势打造了企业科技竞争的比较优势，从而获得市场竞争的比较优势，已形成科技投入、销售收入、利税贡献逐级放大的良性循环。

表8－9　2016年高新区内外高企经济贡献情况

类型	总收入（亿元）	出口总额（亿美元）	新产品产值（亿元）	新产品比重（%）	净利润（亿元）	实际上缴税费（亿元）	新产品产值占收入比（%）	净利润率（%）
高新区内	16668.04	467.22	6893.1	38.17	1437.14	916.52	41.36	8.62
高新区外	29416.73	876.16	11167.76	61.83	2107.40	1248.40	37.96	7.16
合计	46084.77	1343.38	18060.86	100.00	3544.54	2164.92	39.19	7.69

从各国家级高新区来看，2016年深圳、广州、珠海的区内高企净利润排在前三位，净利润分别达到615.08亿元、261.18亿元、184.90亿元。2016年河源高新区、清远高新区、肇庆高新区等3个新晋国家级高

新区的区内高企净利润增长最快，分别是2015年的4.76倍、2.83倍、2.59倍，表现了较强后发速度优势。

（三）高企是各地市经济科技发展主力军

高企对地方经济发展支撑作用持续增长。2012—2016年，全省珠三角以及粤东西北地区高企工业总产值均呈现成长态势，珠三角和粤西地区增速分别达到82.57%、117.80%，比粤东地区、粤北地区增长快。其中，2016年珠三角区域工业总产值为36644.54亿元，远高于其他三个区域，占全省高企工业总产值的93.31%；粤东西北地区工业总产值分别是1071.50亿元、561.20亿元、995.87亿元，在全省高企中分别占2.73%、1.43%、2.53%。（见表8－10）

表8－10　2012—2016年粤东西北工业总产值变动情况（单位：亿元）

年度	珠三角	粤东	粤西	粤北
2012	20071.46	681.51	257.67	732.44
2013	23810.51	826.02	274.96	838.66
2014	26457.55	876.05	412.73	517.92
2015	28193.76	861.36	442.12	705.20
2016	36644.54	1071.50	561.20	995.87
近五年产值增长率（%）	82.57	57.22	117.80	35.97

全省绝大部分地市（云浮市除外）高新技术企业工业总产值实现持续增长，特别是2016年增速显著加快。2016年，广州市高企工业总产值达到4832.13亿元，同比增长30.7%，深圳市高企工业总产值16078.9亿元，同比增长25.9%；茂名市高企工业总产值90.85亿元，同比增长61.5%，当年工业总产值增幅最大。同期，各地市高新技术企业工业总产值与GDP比值在波动提高，2016年比值超过50%的地市有珠海、深圳、东莞、中山、惠州，分别达到112%、82%、60%、56%、53%。

从近五年出口情况来看，珠三角、粤东西北地区高企出口总额均实现了增长，其中粤北和珠三角地区增速较快，分别达到49.85%、38.48%。珠三角出口总额占全省出口总额比重最大，其次是粤东地区，粤西和粤北

出口额偏低（见表8－11）。全省绝大多数地市（阳江市除外）高企出口额自2012年以来均呈波段式上升态势。自2012年以来，高企出口额增长最多的5个地市是东莞、深圳、惠州、珠海、广州，分别增长了93.29亿美元、55.53亿美元、37.17亿美元、31.49亿美元、28.33亿美元。高企出口额增速最快的5个地市分别是茂名、河源、东莞、湛江、韶关，增速分别是235.00%、217.29%、198.51%、172.73%、170.00%。

表8－11　2012—2016年区域出口总额情况　（单位：亿美元）

年度	珠三角	粤东	粤西	粤北
2012	918.44	27.80	7.74	16.23
2013	1076.85	33.52	6.50	20.54
2014	1048.52	36.74	5.63	21.25
2015	1054.43	33.79	4.29	22.22
2016	1271.87	37.76	9.43	24.32
近五年增长率（%）	38.48	35.83	21.83	49.85

自从2012年以来，全省17个地市（韶关、云浮、汕尾除外）高企上缴税费也呈逐年递增趋势，深圳市、广州市上缴税费总额一直位列全省前两位，其中2016年广州市高新技术企业上缴税费394.32亿元，较上一年增加48.9%，深圳市上缴税费同比增加32%，2008—2016年位列全省前二。高新技术企业对地方经济、财税收入贡献持续加大，为各市推进供给侧改革、实现新旧动能切换提供了有力支撑。

（四）高企科技投入产出优势突出

2016年，各省市高新技术企业存量由大到小顺序依次是：广东省、北京市、江苏省、浙江省、上海市、山东省、湖北省、安徽省。8个省市的高新技术企业各投入产出指标总量如表8－12所示，在科技总投入方面，广东高企的各项投入指标均处于首位。其中科技活动人员和科技活动经费分别达到109.83万人、2349.89亿元，分别高于第二名62%和50%。在高企总体科技产出方面，广东高企的营业收入、营利能力、税收贡献、成果产出方面均有显著的优势。其中，广东省高企营业收入达到

46084.77亿元，比排名第二的江苏省高企多13445.24亿元，广东高企净利润总额是3544.54亿元，分别是江苏省和北京市的1.54倍和1.85倍。在税收贡献方面，广东省高企实际上缴税费总额达2164.92亿元，分别比江苏省和北京市高27.46%、78.13%，广东高企出口达到8735.49亿元，比北京、江苏两个地区高企出口额之和还多。在获得知识产权方面，广东省当年授权发明专利37185件，分别是江苏省和北京市的1.96倍、2.20倍，处于明显领先的地位。与主要经济发达省市相比，广东高企在科技投入产出的8个核心指标上全面领先。2017年我省高企数量继续保持加快增长，这一领先优势将进一步扩大。

表8-12　2016年主要省（市）高企投入产出总量对比

省（市）地区	科技活动人员合计（人）	科技活动经费内部支出（亿元）	营业收入（亿元）	工业总产值（当年价格）（亿元）	净利润（亿元）	实际上缴税费总额（亿元）	出口总额（亿元）	当年授权发明专利（件）
广东	1098345	2349.89	46084.77	39273.56	3544.54	2164.92	8735.49	37185
北京	632199	1566.28	23220.64	6903.24	1918.95	1215.37	1003.16	16894
江苏	676580	1418.85	32639.53	30729.21	2307.44	1698.51	6102.71	18958
浙江	412853	938.74	19051.54	16667.48	2327.38	1149.50	3207.77	9467
上海	472866	1358.12	20044.95	13813.21	1813.77	983.17	2042.80	12185
山东	306805	609.27	15221.49	13816.88	1016.43	759.76	2300.68	6527
湖北	252647	538.39	13315.16	10693.41	790.80	556.61	713.39	5815
安徽	202414	391.44	9738.39	9426.93	567.04	453.22	883.45	7773

（五）上市高企增量存量双领先

2017年我省A股上市企业98家，77家是高新技术企业，3家的子公司是高新技术企业，共占当年A股IPO企业数81.6%。同期，江苏A股IPO上市高新技术企业56家，占比86.2%，北京上市高新技术企业16家。我省2017年上市高企数大于江苏、北京上市高企之和。在我省各地市中，深圳的上市企业数和上市高新技术企业数均位列第一，上市企业

40 家，上市高新技术企业 33 家，高新技术企业占比 82.5%。惠州市、珠海市、江门市、潮州市、阳江市等 5 个地市的上市企业均是高新技术企业。高新技术企业是我省上市企业主力军，是上市企业重要培育群体。

2017 年我省 77 家上市高新技术企业 IPO 融资总额为 354.6 亿元，分别是企业固定资产总值 1.9 倍、研发费用投入 4.6 倍、营业收入 17.4%。IPO 融资大幅提升了上市高新技术企业的投资扩张能力和研发投入能力。上市高企 IPO 前获得省内外 217 家投资机构参股，股权现值 1097 亿元，分别占当年上市企业的 92%、83%，高新技术企业是风险投资机构核心投资标的。

截至 2016 年，全国各省市上市高企数量由多到少依次为广东省、北京市、江苏省、山东省、浙江省、安徽省、上海市、湖北省，其中我省上市高企 2056 家，约是北京的 1.28 倍、江苏的 1.38 倍。除了上市企业数量领先，广东省上市高企营业收入、工业总产值、净利润及上缴税费、科技人员投入、科技活动内部经费支出、当年授权专利数均居八省市首位。其中，我省上市高企的工业总产值、营业收入约是江苏省（同类第二）的 1.45 倍、1.56 倍，当年授权专利数也比江苏省（同类第二）多 9312 件。北京市上市挂牌企业量位居第二，约相当于广东的 77.87%，但上市高企工业总产值、出口额、当年授权专利仅相当于广东的 18.45%、9.5%、49.70%。广东上市企业科技经济在全国主要 8 个省市中具有明显优势。（见表 8－13）

表 8－13　2016 年主要省（市）上市高企科技经济情况对比

地区	上市、挂牌企业（家）	营业收入（亿元）	工业总产值（亿元）	净利润（亿元）	上缴税费（亿元）	出口额（亿美元）	科技活动人员（人）	科技活动经费内部支出（亿元）	当年授权专利数（件）
广东	2056	10814.31	9146.78	899.01	639.40	2184.08	237315	546.34	22820
江苏	1485	6912.95	6292.47	583.51	366.66	1081.81	128471	302.02	13508
山东	717	4963.17	4622.67	377.64	269.39	916.38	94446	192.67	7069
北京	1601	4724.55	1687.19	518.28	251.20	207.68	131444	330.05	11342
浙江	935	4672.78	4281.24	702.28	316.44	866.26	102030	235.26	8737
安徽	453	3063.67	2738.68	194.85	138.81	296.79	50904	106.51	7880

（续表8-13）

地区	上市、挂牌企业（家）	营业收入（亿元）	工业总产值（亿元）	净利润（亿元）	上缴税费（亿元）	出口额（亿美元）	科技活动人员（人）	科技活动经费内部支出（亿元）	当年授权专利数（件）
上海	821	2583.65	1606.95	475.04	131.72	231.46	63305	155.29	4439
湖北	579	2068.75	1546.14	175.83	102.24	158.95	42868	90.90	3160

二、广东高新技术产业发展

（一）高新技术产业持续保持高速增长

高新技术企业作为我省创新投入产出主力军，具有科技竞争力强、企业成长性强、产品附加值高的特征，是全省高新技术产业创新驱动发展的核心主体。我省作为科技大省、经济大省，自改革开放以来，高企的发展促进了高新技术产业发展迅速，电子信息、新材料、光机电一体化等高新技术领域的产值比重不断加大，有力地推动了全省产业结构的不断优化。

1. 高新技术产业高速增长

近年来，全省高新技术产品产值持续高速增长，由2008年22677.53亿元增长到2016年的61455.98亿元，增长了1.7倍，年均增长率达到25.5%。2016年高新技术产品出口额达到2136.34亿美元，是2008年的1.44倍。（见表8-14）

表8-14　2008—2016年高新技术产品产值和出口额

年度	2008	2009	2010	2011	2012	2013	2014	2015	2016
高新技术产品产值（亿元）	22677.53	25595.12	29113.16	35592.36	39120.42	45142.12	49256.22	54384.54	61455.98
高新技术产品出口销售收入（亿美元）	1486.18	1393.74	1753.39	1975.25	2213.7	2564.09	2310.17	2322.76	2136.34

2016年我省高企工业总产值超过千亿的领域有电子信息、新材料、光机电一体化、新能源与高效节能、生物医药等，工业总产值分别达到19171.30亿元、5696.10亿元、3566.9亿元、3300.5元、2628.9亿元。已形成了工业机器人、新能源汽车、基因检测等新产业新业态迅猛增长，形成了新型显示、高端软件等七个产值超千亿元的战略性新兴产业集群。与2012年相比，八个领域的产值增幅超过50%，增幅最大的三个领域是航空航天、电子信息、生物医药和医疗器械，增幅达到236.18%、102.50%、89.36%。（见表8-15）

表8-15　2012—2016年高新技术领域工业总产值变动情况

（单位：亿元）

技术领域	2012年	2016年	近五年产值增长率（%）
电子信息	9467.30	19171.30	102.50
生物医药	1388.30	2628.90	89.36
新材料	3285.40	5696.10	73.38
光机电一体化	2349.80	3566.90	51.80
新能源与高效节能	2289.90	3300.50	44.13
环境保护	396.70	644.20	62.39
航空航天	68.00	228.60	236.18
地球、空间与海洋	128.60	224.30	74.42
核应用	122.50	152.30	24.33
其他高技术	2178.00	3660.40	68.06

2. 产业科技投入产出不断增强

2016年全省工业企业R&D经费内部支出达到635.43亿元，比2008年增加了403.57亿元，全省PCT国际专利申请数达到2.68万件，是2008年的8.59倍。高速增长的研发投入和专利申请量为高新技术产业发展提供源源不断动力。表8-16为2008—2016年高新技术领域发明专利具体情况。

表8-16　2008—2016年高新技术领域发明专利授权数　（单位：件）

技术领域	2008年	2012年	2016年	近五年增长率（%）
电子信息	4349	13240	24494	85.00
生物医药	228	792	1270	60.35
新材料	266	1404	2943	109.62
光机电一体化	426	1556	3629	133.23
新能源与高效节能	225	1892	1946	2.85
环境保护	22	162	556	243.21
航空航天	2	67	139	107.46
地球、空间与海洋	3	20	75	275.00
核应用	1	23	114	395.65
其他高技术	79	673	2019	200.00

3. 产业利税贡献不断增长

2008—2016年，我省高企的电子信息领域、新材料领域、新能源领域、其他高技术领域、生物医药领域净利润总体呈现逐年上涨态势，而生物医药领域和光机电一体化领域呈现波动增长。2016年电子与信息领域净利润达1744亿元，较2008年增加1364.4亿元，为2008年的4.59倍，2016年生物医药领域净利润达331.8亿元，同比增长22.09%，较2008年增加249.28亿元；2016年新材料领域净利润达348.06亿元，同比增长59.55%，且较2008年增加289.05亿元。新能源领域增幅较缓。

2017年全省国家级高新区在全国排名中全部实现位次提升，深圳高新区跃居全国第二、广州高新区位列全国第十。2018年国家级高新区达到14家、省级高新区9家，全省所有地市均建立了省级以上高新区，而且高新区“国家队”不断扩大。我省高新技术产业总产值、企业R&D人员、产业平台载体、技术国际竞争力、新兴产业都保持较快发展，持续保持全国领先地位，有力地促进了广东经济社会持续、健康、快速发展。

（二）大力推动战略新兴产业发展

2011年，省政府出台了《关于贯彻落实国务院部署加快培育和发展

战略性新兴产业的意见》，提出优先突破高端新型电子信息、半导体照明、新能源汽车三个产业，加快发展高端装备制造、生物、节能环保、新能源和新材料等5个产业，吹响了大力培育战略性新兴产业的号角。“十二五”期间，省财政集中投入220亿元支持八大战略性新兴产业发展，实施一系列推进举措，坚持以技术推力和市场拉力共同推进战略性新兴产业的培育，取得了良好的成效。

1. **高端新型电子信息**

我省高端新型电子信息产业已具备较强的产业和技术基础，市场规模大，龙头企业突出。“十二五”期间，全省规模以上电子信息制造业规模占全国1/4以上，连续25年位居全国首位。2017年，广东高端新型电子信息产业工业增加值超2000亿元，培育出华为、中兴、腾讯等一批跨国创新型企业。全省高端新型电子信息产业发明专利申请量和授权量分别位居全国第二位和第一位。当前，我省在新一代移动通信、物联网、云计算、高端计算机制造、电子元器件及器材制造等领域具备产业和技术优势，如2017年物联网产业规模超3500亿元，软件产业收入6800亿元，规模跃居全国第二位。同时，物联网、超高速无线局域网、北斗导航、云计算与大数据、“互联网+”等新型业态正迅速成长。

2. **新能源汽车**

“十二五”期间，我省新能源汽车产业年均增长30%以上，2017年实现工业总产值超1500亿元，规模位居全国首位。动力电池产能超10亿安时/年，规模居全国前列；新能源客车产量达7357辆，比“十二五”初增长98.3%。新能源汽车发明专利申请和授权量分别位居全国第三位和第二位。在电动汽车整车控制、动力耦合系统总成以及动力电池及其管理系统、电机驱动系统等领域的部分新能源汽车技术居全国领先地位，涌现比亚迪、广汽集团、五洲龙等龙头企业。

3. LED

2017年我省LED产业总产值规模超4000亿元，较2009年的390亿元增长近11倍，年均增长48.3%，产业规模稳居全国之首，完成从小到大、从弱到强的转变。LED产品出口额约1250亿元，占全国LED出口总额的42%。我省拥有规模以上LED企业4200多家，占全国的51%，培育上市公司25家。累计发明专利申请超过5000件，其中代表核心技术水平的发明专利年均增长30%左右。LED市场进一步打开，成本大幅下降，全面向室内照明领域渗透，累计安装室内照明产品超 500 万盏。基本具备从衬底材料、外延片、芯片、封装到应用的全产业链生产能力及国产化能力，其中中下游应用领域优势明显，显示屏占全球市场 90% 以上，LED 封装产量约占全国的 70%、全球的 50%。第三代半导体材料及器件技术是全球 LED 产业发展热点，预计全球产业规模将达到万亿级，目前我省已启动重点项目攻关，有望成为我省 LED 产业新的发动机。

4. **生物产业**

2017 年，我省生物产业完成增加值超 1000 亿元，其中医药制造、医疗仪器设备及仪器仪表制造产值规模分别排名全国第五位和第三位。生物产业投资迅猛增长，其中医药制造投资增长 49. 9%，医疗仪器设备及仪器仪表制造投资增长 26. 0%。研发投入强度处于较高水平，2017 年医药制造业研发投入占主营业务收入比重达 2. 56%，医疗仪器设备及仪器仪表制造业则为 2. 89%。发明专利申请和授权量分别排名全国第五位和第四位。47 家企业入围全国制药百强企业。在生物制药、基因诊断、现代中药、医疗器械等行业具有较强的竞争实力，市场和技术基础较好，其中高端医疗器械、精准医疗等新兴领域在加快发展，具有良好产业前景。

5. **高端装备制造**

2017 我省装备制造业完成增加值超 1. 5 万亿元，拥有 4 个国家级特色装备制造业基地。产业研发基础较好，发明专利申请和授权量均排在江苏和北京之后，位居全国第三位。在智能制造装备、船舶与海洋工程装备、节能环保装备、轨道交通装备、通用航空装备、新能源装备、先进汽车制造、卫星及应用等领域已粗具规模，并涌现出人工智能、工业机器人、3D 打印、海洋装备等具有良好基础的新兴领域，有望在未来几年形成超千亿产值市场规模。

6. **节能环保**

2017 年我省节能环保产业实现工业总产值超 2000 亿元，规模排名全国第三位，仅次于江苏和浙江。其中，洁净产品生产、环保技术服务规模均排名全国第二位，资源综合利用规模位居全国第三位，环保装备和产品生产规模相对落后，位列全国第七位。发明专利申请和授权量均位居全国第三位，大学和科研机构的产业研发力量较强，中山大学、华南理工大学、中科院能源所等专利产出排名全国前列。产业竞争优势集中于中下游，其中家电节能领域处于世界领先水平，建筑节能领域部分达到国内领

先水平，工业节能领域具有一定的基础，智能电网具有较好的市场发展前景。环保行业中，脱硝、MBR（膜生物反应器）水处理、固体废弃物、资源循环利用等领域处于快速发展阶段，但污水、供水和脱硫领域已处于产业发展成熟阶段。

7. 新能源产业

2015 年，我省新能源产业实现总产值超 800 亿元，规模位居全国前列，拥有明阳风电、深圳创益、广州迪森等一批龙头企业。发明专利申请和授权量均居全国第三位。在风能、生物质能、核能等方面具备较好基础和优势，其中风电可开发容量在 2000 万千瓦以上，生物质资源达到 1000 万吨标准煤，可再生能源资源丰富。

8. 新材料产业

2017 年，我省新材料产业实现总产值超过 1500 亿元，同比增长 10%；发明专利申请和授权量分别位居全国第五位和第三位。我省新材料产业集聚态势逐步形成，具有良好的发展基础，在薄膜、涂料、化学建材等高分子材料，电子陶瓷及片式电子元器件，印刷电路板，铝、铁轻合金材料，新型建筑材料，新型二次电池材料、新型发光显示材料及器件等领域均处于国内领先地位。当前，热超导材料、超材料、新型印刷显示材料处于国际领先水平，有望带动形成超千亿新兴产业。

第三节　广东高新技术企业培育主要经验和政策措施

一、实施高企培育主要经验

2015—2017 年，在广东省委、省政府部署推动下，广东大力推进高企培育工作，取得明显成效，主要工作经验有以下三个方面。

（一）省委省政府高度重视，推动高企培育工作

广东省委、省政府高度重视科技创新驱动和高企培育工作，自 2015 年，广东省委、省政府连续三年将开年后第一个全省性会议的主题定为创新驱动发展。省科技厅、省财政厅、省国税局、省地税局等 4 部门在 2015 年联合印发《关于加强协作共同推进高企培育工作的通知》等文件，

全面建立部门分工协作、共同推进的高企培育工作机制。2016年在东莞召开全省性的高企培育工作会议，发布《广东省创新驱动发展工作考核实施办法》，各指标中对于高企培育发展考核的分数最高，高企培育作为全省贯彻落实创新驱动发展战略的首要举措。广州、佛山、珠海、汕头、湛江等市由市委牵头，将高企培育工作列为市科技创新“一号工程”，统筹协调全市相关部门力量，共同促进高企培育工作的开展。

（二）省市联动协同，制定相关支持政策

2015年，省科技厅联合省财政厅出台《贯彻落实创新驱动发展战略全面促进高新技术企业培育的实施方案（2015—2017年）》，结合入库培育企业应税所得额情况，实行10万～500万财政奖补；于2016年及时总结2015年政策实施经验，修订出台《广东省高新技术企业培育工作实施细则》，对入库企业实施30万～300万奖补，调高入库奖补最低标准，引导更多科技型中小企业入库对标高企标准条件。

各地市根据工作部署安排，进一步制定了促进企业创新成长的专项培育计划，如广州“小巨人”计划、东莞“育苗造林”行动计划等，出台了知识产权、人才引进（社会保障、落户、购房等政策）、科技金融、产业用地等相关配套政策，与省级层面政策形成完整体系。如佛山、江门、河源、惠州、湛江、肇庆等地市围绕高企发展各创新要素，突出对研究开发投入、知识产权、成果转化、研发机构设立、高新技术产品等方面的财政扶持；珠海、肇庆、潮州、东莞、湛江、韶关等地市结合当地科技经济发展特点，强调对于优势产业领域高企引进的奖补；东莞、佛山、惠州、肇庆等地市突出对高企创新人才团队引进和落户的政策支持；东莞、佛山制定了高企产业用地方面的优惠政策；佛山、江门、韶关制定了对于高企发展风险投资方面的引导政策。

（三）完善工作管理流程，建立多层级多部门共同参与的工作体系

围绕高企培育，建立高企培育库入库、出库的各种管理流程和工作机制，全面加强政策宣传贯彻与服务，形成各级科技财政税务部门协调共抓，多流程严管严抓的工作流程，有序推进高企培育工作开展。

（1）广东全省各市均已建立省市县（区）各级联动的高企培育工作

机制，成立由科技部门牵头，财政、税务共同组成的高企培育工作机构，珠三角重点地市延伸至县（区）或镇级。各培育机构深入摸查辖区内企业创新发展情况，主动上门逐一进行诊断辅导，“一企一策”建立企业创新发展台账，针对高企认定要素，评估企业研发和创新能力，找准发展短板，提供精细化服务。

（2）全国率先建立高企认定、高企培育信息化管理系统，实现从申报、评审、认定、监管、监测的全流程信息化管理，营造公开透明的工作环境，大幅提高认定管理工作效率，强化企业创新发展服务能力。

（3）评审前由地市、县区组织现场考察，出具推荐意见，在为企业服务同时，严防企业弄虚作假，保证评审质量，确保高新技术企业认定质量。

（4）延长评审工作链条，严格评审服务工作。采用网络评审、申诉答辩、抽查答辩等评审双向纠错机制，评审结果完全向企业公开，评审不通过的企业可申诉，同时抽取一定通过的企业进行现场答辩，确保评审质量。税务部门充分参与高企培育和认定评审工作，并由基层税务机关比对核查企业申报数据。财政部门积极做好高企培育资金的使用和监管工作，组织年度资金使用督查评价，确保资金有效落实。

（5）政府主导，从宣讲、政策解读、高企遴选、材料审查、融资贷款等方面提供“一站式”“保姆式”服务。同时，建立面向科技型企业的服务的公益性平台，加强各类型科技创新发展的培训，吸引社会资源加入培育服务体系，推动创新资源和服务向企业集聚。

二、推进高企发展的主要政策措施

为贯彻落实我省创新驱动发展战略，始终把培育发展高新技术企业作为创新驱动发展首要举措，积极推动我省高新技术企业的数量优势转化为经济发展优势，大力发展战略性新兴产业，加快高新技术产业发展，推动企业、产业、区域的联动发展、协同创新，促进创新型经济加快形成，我省将实施高企树标提质行动计划，继续完善出台一系列政策措施。

（一）加强高新技术企业群体规模培育

完善优化我省孵化链条，充分发挥财政资金在孵化载体建设、中小企业研发攻关方面的支持作用，加快孵化培育中小微科技型企业。继续建设高新技术企业培育库，积极引导科技型中小微企业入库培育和高新技术企业认定。支持龙头高新技术企业建设专业孵化器，牵头建立产业联盟，围绕产业链配套需求，孵化相关科技型中小企业，带动产业技术创新，实现技术、设备共享；鼓励珠三角地区龙头高新技术企业在粤东西北地区扩产新建产业园，优选企业产业园建立示范基地促进区域创新一体化和均衡发展。

（二）推进高企创新能力建设

扩大享受研发费用加计扣除税收优惠政策高新技术企业的覆盖面，激励高新技术企业加大研发投入。推进高企研发机构建设，支持高新技术企业建设各级工程技术研究开发中心、重点实验室、企业技术中心、新型研发机构和产业创新联盟等科技创新平台。支持高企对标国内国外最优最好最先进，充分发挥省、市科技计划项目引导作用，攻克关键核心共性技术。继续支持、引导高新技术企业运用先进技术改进工艺、设备、产品，推动企业实行全方位的技术改造，促进高新技术企业扩产增效、智能化发展和节能减排。

（三）推动高新技术企业成果转化和创新发展

（1）积极推动高新技术企业探索开放型创新模式，加大财政政策支持力度，鼓励通过产学研合作、在境外设立研发机构或分公司、并购拥有核心技术的科技型企业或研发机构等方式，整合国内外创新资源，汇聚转化高水平科技成果。支持高新技术企业参与国际标准、规则制定，突破技术壁垒。支持高新技术企业通过产品出口、投资建立境外生产基地等方式开拓海外市场，参与“一带一路”战略实施。支持高新技术企业通过各类知识产权交易运营平台，开展知识产权转化、运营工作。

（2）支持高新技术企业成果转化标准化评价及推介应用平台建设，借助“互联网+”，为科技成果转化搭建好供求信息发布等公共服务平台，借助市场化手段，完善线上线下科技成果推广对接。支持高等院校、科研院所等建设科技成果转化服务机构。鼓励在珠三角国家自主创新示范区内建设技术转移服务平台。

（3）进一步加大知识产权应用保护政策，支持高新技术企业通过研发获得PCT、欧美日知识产权和专利成果，对获得国家、省、市发明奖的

高新技术企业，加强财政奖励引导。鼓励高新技术企业产学研合作，发挥高等院校、科研院所技术优势攻克产业技术难题，形成共享核心知识产权。建立重点行业、重点区域知识产权储备库、知识产权增值服务平台和产业专利导航及预警体系，支持高新技术企业申报、应用知识产权。支持建立产业知识产权联盟，鼓励产业知识产权交叉许可和共享使用，坚决打击侵犯知识产权、假冒高新技术产品的行为。

（4）大力支持高新技术企业人才平台建设，鼓励高新技术企业引进、培养创新人才，尤其是高层次人才，省、市重大人才工程向高新技术企业倾斜，鼓励高新技术企业组建科技特派员工作站、院士工作站等。实施高新技术企业企业家培育工程，加大力度表彰优秀高新技术企业家，宣传其创新创业事迹，营造良好氛围。建立企业家联盟，组织国内外知名创新人才、专家学者与企业家交流合作，提升企业家创新发展和经营管理能力。各地市要制定高新技术企业吸引高层次人才的住房、入户、子女教育、医疗等倾斜性政策，打造有利于高新技术企业汇聚国内外一流人才的政策高地。

（5）充分发挥高水平大学支撑作用，面向新兴产业发展瓶颈，推动高水平大学重点加强科研结合、前沿学科高精尖人才队伍建设，加强面向高新技术企业的产学研合作，为高新技术企业发展提供更多前沿科技成果。

（四）完善高新技术企业科技金融体系

（1）引导民间资本支持高新技术企业发展，增加高企发展金融资本供给。通过发挥省级财政资金的引导和杠杆效应，引导社会资本做大做强产业发展基金，依托社会机构按照社会化、市场化机制运作，支持高新技术企业科技成果产业化、股份制改造、国内外上市，收购兼并国内外拥有行业关键技术、知名品牌的企业，扩大产能、拓展海外业务。鼓励有条件的地市设立风投、创投基金、风险补偿基金、并购基金等，吸纳民间资本投资高新技术企业。

（2）降低中小型高新技术企业融资成本，增强企业创新发展效益。充分发挥各级融资担保风险补偿资金，降低银行对科技担保贷款的风险和高新技术企业融资担保成本。

（3）积极推动高新技术企业上市，支持高企做大做强。通过高新技术企业数据库，分类筛选拟挂牌上市高新技术企业，建立高新技术企业上市后备企业库，加强动态监测，及时提供各种专业化的服务。加强高成长性高新技术企业、中小微高新技术企业上市培育，通过投贷联动、财政奖补等方式，引导其开展股改、建立现代企业管理制度，尽快达到上市条件。加强我省拟上市高新技术企业与深交所、上交所的对接，引导帮助企业快速进入IPO渠道，各地政府应对上市挂牌的高企给予财政奖励。培育资本市场中介服务机构，逐步建立一批具有创业孵化、评估咨询、法律、财务、投融资等功能的综合服务平台，为高新技术企业挂牌上市提供专业性服务。

（五）以高企为主体骨干打造高水平集群

加强粤港澳大湾区和广深科技创新走廊的高新技术企业招引和培育工作，加快完善创新环境，积极推进以高新技术企业为主体的新兴产业集群发展。推动各级高新区发挥创新资源集聚优势，培育高新技术企业，加速提高区内高新技术企业比重、高新技术企业工业增加值占规模以上企业工业增加值的比例。以专业镇、特色产业基地为抓手，结合当地优势特色产业，针对性地培育、引进高新技术企业，组建产业联盟。围绕核心技术、产业专利池、自主品牌、骨干高新技术企业等核心要素，打造具有国际竞争力的高新技术产业集群。

（六）加快高新技术企业标杆建设与示范推广

（1）评选发布广东省高新技术企业综合创新实力、税收贡献、成长性等年度百强企业名单。支持各地市结合区域高新技术企业情况，评选发布区域优质高新技术企业名单。加强百强和优质企业扶持和示范推广。对百强和优质企业优先引导汇聚民间资本、技术、人才、项目与其对接。省、市联动宣传，推广高新技术企业百强优质的创新发展理念、创新机制，提升高新技术企业品牌效应，为全省企业创新发展提供示范。

（2）针对列入我省成长性百强的高新技术企业，开展“独角兽企业”培育。引导创投等各类社会资本加大投资力度，鼓励各类科技计划倾斜性支持高新技术企业开展核心关键技术攻关。

（3）鼓励高新技术企业贯彻实施《企业知识产权管理规范》，提升企业知识产权制度运用水平。支持高新技术企业通过科技创新、质量管理、

品牌战略，加强品牌和商标培育，培育更多具有较强竞争力的名企、名品、名标、名牌。

（七）加强创新治理服务

（1）探索完善高企培育发展的创新治理服务体系，针对入库培育企业、高企创新发展需求，以问题为导向，研究制定科技、财政、税务、产业经济、金融、知识产权、对外经贸投资等相关省直相关部门共同参与、分工协作明确、针对性行政服务事项具体明晰的工作协调机制，进一步健全广东省高企培育发展的创新治理服务体系，优化高企创新发展行政服务供给，加快推动把广东省高企数量优势转变为经济发展优势，有力促进广东供给侧结构性改革。

（2）完善高企培育发展的财政引导政策体系，把高企培育财政政策资助环节由入库培育、认定高企延伸至认定后的创新发展过程，转变为高企培育全周期财政政策，继续坚持普惠性政策原则，降低美国特朗普政府倡导的企业减税措施对企业冲击；结合高企高投入、高风险、利润波动大的特点，培育奖补标准由与企业所得税挂钩扩展到与企业创新绩效和经济社会贡献挂钩，加强对高企做大做强、提升创新能力的引导；简化企业申报财政支持资金程序，制定科学明确标准，降低企业享受政策成本；结合高企创新发展需求，加强技术改造、科技人才、研发机构建设、科技金融、研发费用补助等财政政策宣传贯彻落实，打造全周期、创新导向多元化的高企培育财政政策体系。

三、推进新兴产业的主要措施

（一）实施重大科技专项

实施重大科技专项是广东加快培育战略性新兴产业的一项重大举措。2011—2013 年，省财政连续三年投入资金近 20 亿元，组织实施省战略性新兴产业核心技术专项攻关，重点支持了 200 多个项目，在 LED、数控一代、建筑节能、新药创制、电子信息等新兴产业领域突破一系列关键共性技术，形成产业发展的增长点。2014 年以来，我省围绕计算与通信集成芯片、移动互联关键技术与器件、云计算与大数据管理技术、新型印制显示材料、可见光通信技术及标准光组件、智能机器人、新能源汽车电池和动力系统、3D打印、干细胞与组织工程等组织实施了九个重大科技专项，支持了三批共400多个项目，累计实现发明专利申请2500件，直接新增销售收入300亿元。2015年起，省财政连续三年安排经费30亿元，实施应用型科技研发专项，面向战略性新兴产业重点领域共支持160项具有自主知识产权、技术成熟度高、市场前景明确、能尽快转化应用的项目。

（二）培育壮大骨干企业

开展省战略性新兴产业骨干企业和培育企业的认定，培育出一批自主创新能力强、掌握核心关键技术、发展粗具规模的战略性新兴产业骨干企业。以省战略性新兴产业专项资金引导投入，组织实施100个重大产业化项目。开展国家战略性新兴产业区域集聚发展试点、省战略性新兴产业基地建设，促进产业集群发展。推进科技企业孵化器、企业加速器、众创空间等创新载体建设，促进新型业态和小微企业发展。

（三）加快应用示范推广

以应用促发展，积极探索合同能源管理等新商业模式。围绕新能源汽车、LED照明、新能源等领域，实施了“十城万盏”“新能源汽车应用试点”等重大应用示范工程，引导消费模式转变，培育和扩展市场。全省累计安装并投入使用LED路灯300万盏，应用路段超过50000多公里，规模领跑全国。实施机器人产业发展专项行动，省财政安排专项资金补贴企业购置机器人，带动企业应用工业机器人1.8万台，保有量4.1万台，占全国近1/5。出台省首台（套）重大技术装备推广应用指导目录和指导领域，奖补支持49个省内首台（套）项目。

（四）建立地方标准体系

在全国率先发布高端新型电子信息、电动汽车和LED照明三大战略性新兴产业标准体系规划与路线图，形成省级地方标准188项，其中高端新型电子信息48项、电动汽车74项、LED照明66项，较好地解决了重点领域标准缺失难题。此外，我省还建立了LED光组件型谱体系和三级实验室体系，推动LED光组件技术规范上升为国家产业标准。

（五）完善产业政策体系

积极发挥政府引导作用，从技术攻关、重点工程、应用示范、财税优惠、人才引进等方面持续完善新兴产业政策支撑体系。出台新兴产业相关重大政策 11 项，发布半导体照明、智能制造等细分领域发展规划及行动方案 28 项。充分发挥市场配置新兴产业资源的决定性作用，设立省战略性新兴产业创业投资引导基金，引导和带动社会资本投向新兴产业。启动省新兴产业创业投资计划，首批参股支持 4 支战略性新兴产业投资基金，总规模达 10 亿元。

第四编 能力：科技创新整体实力持续提升

习近平总书记在党的十九大报告中提出：“要瞄准世界科技前沿，强化基础研究，实现前瞻性基础研究、引领性原创成果重大突破。加强应用基础研究，拓展实施国家重大科技项目，突出关键共性技术、前沿引领技术、现代工程技术、颠覆性技术创新，为建设科技强国、质量强国、航天强国、网络强国、交通强国、数字中国、智慧社会提供有力支撑。”我省改革开放40年来，以实际行动践行新发展理念，加强基础研究与应用基础研究，增强原始创新能力。积极发挥政府引导作用，抓好核心关键技术攻关，强化产业技术创新，汇聚高端创新人才，面向世界科技前沿、面向经济主战场、面向国家重大需求，加快各领域科技创新，掌握全球科技竞争先机。

第九章　布局建设重大科技基础设施

重大科技基础设施是汇聚创新高层次人才、催生重大科技创新、创造技术突破的重要载体。习近平总书记指出，要以全球视野、国际标准提升科学中心集中度和显示度，在基础科技领域做出大的创新、在关键核心技术领域取得大的突破。党的十八大以来，广东基础研究经费投入规模已位居全国第二，并在深圳、惠州、东莞等地建设一批国家重大科技基础设施，积极争取国家新布局的重大科技基础设施落户广东，推动形成大科学装置集群，创造条件建设综合性国家科学中心。

第一节　基础研究投入和产出成效

一、基础研究经费大幅增加

随着创新驱动发展战略的实施，广东省各地、各部门投入基础研究的总经费随着 R&D 投入总量的增长稳步增加。2016 年，广东基础研究经费投入 86.02 亿元，占全国总量的 10.5%，位居北京、上海之后，排全国第三；占全社会研发经费投入总量的 4.23%，近十年年均增速达到 31.9%，占全社会研发经费投入总量的比重也是十年前的 2.8 倍（见图 9 - 1）。1987—2017 年，广东省财政投入全省自然科学基金的专项资金总额超过 16 亿元，资助项目超过 15000 项，年度资金总额从 1987 年的 150 万元增长到 2017 年的 3 亿元。其中，广东省政府与国家基金委共同设立实施了三期 NSFC—广东联合基金、首期 NSFC—广东超级计算科学应用研究专项和首期 NSFC—广东大数据科学研究中心项目，截至 2016 年年底，双方共投入研究经费1.2亿元。

广东省基金资助项目类别不断优化，2012年至今，先后增设了“杰出青年项目”“重大基础研究培育项目”“粤东西北创新人才联合培养项目”“博士科研启动纵向协同管理项目”和“广东省－温氏集团联合基金项目”等，其中“广东省－温氏集团联合基金项目”和“博士科研启动纵向协同管理项目”是省基金设立30年以来的创举，为鼓励更多企业参与并支持基础研究、建立省基金多元化投入体系奠定了坚实基础。

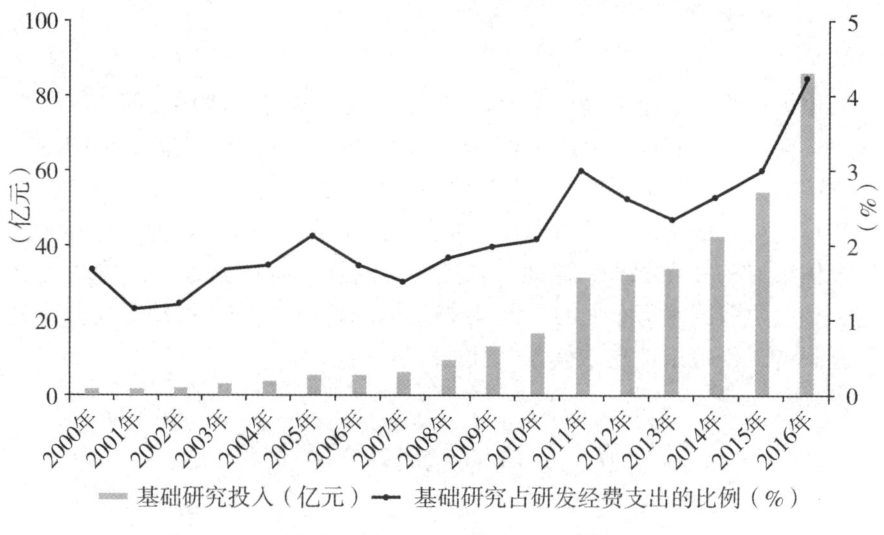

图9－1　历年广东基础研究经费投入总量及强度变化

二、承担国家重大科技任务的能力不断提升

重大科技专项是科技工作的标志性、集成性项目，对于突破关键核心技术，提升我省产业核心竞争力具有重要作用。广东省积极承担国家重大科技专项任务，充分发挥市场对创新资源配置的决定性作用，以产业链、创新链、资金链“三链”融合为主要抓手，积极发挥政府的统筹和引导作用，聚焦产业发展、科技创新的重点领域和关键环节，着力突破一批关键核心技术，推动重大科技成果转化，建设重大科研基地和平台，提升全省自主创新能力和产业竞争力。

广东省基金项目为我省基础与应用基础研究工作者承担更多国家重大

科技任务，开展重大前沿性研究做了前瞻性布局和重要积累。超过六成的省基金项目研究后续获得了国家级资助。1989 以来，全省共获得国家自然科学基金资助经费总额 122.3 亿元，项目 26069 项，其中，重点项目 395 项、国家杰出青年项目 232 项；2005 以来，获重点项目 315 项，国家杰出青年项目 188 项，获得国家“973”计划、国家重大科学研究计划首席科学家项目数量居全国第五；2011 以来，获资助经费 101.88 亿元，资助项目 16142 项，均占过去 28 年总和的一半以上；2017 年立项项目 3201 项，总经费 14.37 亿元，项目总数和经费总额均位居全国第四位。

此外，为加快广东省战略性新兴产业重大科技专项领域发展，广东省出台了《广东省重大科技专项总体实施方案（2014—2018 年）》，全力推进包括计算与通信集成芯片、移动互联关键技术与器件、云计算与大数据管理技术、新型印刷显示技术与材料、可见光通信技术及标准光组件、智能机器人、新能源汽车电池与动力系统、干细胞与组织工程、增材制造（3D 打印）技术九个重大科技专项，省科技厅、省财政厅安排设立 7.5 亿元广东省重大科技专项投资基金，参股创业投资基金，着力突破掌握一批核心关键技术、研发推广一批重大战略产品、培育壮大一批创新型产业集群和骨干企业、培养和凝聚一批高水平的科技队伍、建设重大科研基地和平台、推动重大科技成果转化、构建一个支撑和引领产业持续发展的技术创新体系，辐射带动千亿级的相关产业发展，为经济社会全面转型升级提供强有力的支撑引领。

三、重大基础研究平台和设施不断完善

以广东省实验室体系、大科学装置、新型研发机构建设为抓手的具有广东特色的基础研究基地建设不断整合推进。2017 年 12 月 22 日，广东省实验室建设启动会在广州召开，形成了以 4 家省实验室、27 家国家重点实验室、306 家省重点实验室共同组成的省实验室体系，并将以省实验室建设为基础，积极争取国家实验室落户广东。全省目前已建成和在建的中国（东莞）散裂中子源等 8 个大科学装置、219 个新型研发机构等的有机整合并集聚于基础与应用基础研究领域，建成一批诺贝尔奖科学奖领衔的国家化专业化实验室，为我省进一步加强基础与应用研究工作奠定扎实基础。其中，2017 年 8 月，中国散裂中子源（CSNS）工程项目于首次打靶成功获得中子束流，标志着 CSNS 主体工程顺利完工，进入试运行阶

段；国家超级计算广州中心“天河二号”用户总数突破 2500 家，成为全球用户数量最多、利用率最高的超级计算系统之一。

在空间布局方面，广深科技创新走廊作为粤港澳大湾区国际科技创新中心建设的主要承载区，统筹利用全球科技创新资源。2016 年，科技创新走廊研发经费支出占地区生产总值的比重达到 3. 19%，超过创新型地区水平。同时，广深科技创新走廊汇集了全省所有“双一流”大学和学科，建有 25 家国家重点实验室、16 家国家工程研究中心、97 家新型研发机构以及 449 家科技企业孵化器，集中布局国家超级计算广州中心、国家超级计算深圳中心、东莞散裂中子源、大亚湾中微子实验室、深圳国家基因库等多个重大科技基础设施，成为广东省基础研究和原始创新的策源地。

四、学科发展基础进一步夯实

广东省坚持在数理等八大学科领域支持开展自由探索研究，特别是在电子信息、材料与先进制造等优势领域开展前瞻性布局，推动广东省在基因测序、精准医疗、超材料技术、移动通信 5G 技术等战略性新兴产业前沿领域赢取领跑优势；在农业、人口与健康、海洋、资源环境等特色领域重点布局，为改善民生和解决社会经济可持续发展瓶颈问题奠定了科学基础；在电子信息与医学、材料、生命科学、管理等领域间的交叉融合方面积极探索，有力地推动了基础研究向更深层次和更高水平发展。目前，全省已形成了一批基础良好、特色鲜明、优势凸显的学科群体，共有 5 个一级学科、43 个二级学科入选国家重点学科，5 所高校的 18 个学科入选国家“双一流”建设学科名单，13 所高校的 60 个学科跻身 ESI 全球排名前 1%。中山大学的化学、临床医学和华南理工大学的工程学、材料学、化学学科、农业科学（新增）已进入全球排名前 1‰行列，成为世界一流学科。通过省基金及 NSFC—广东联合基金、“珠江人才计划”等项目的支持，引进培养了一批高水平的基础研究人才，形成了一支具有国际视野、创新性强、研究水平高的高层次人才队伍。

五、重大原始创新成果不断涌现

2009 年以来，省基金资助发表的 SCI 论文超过 19321 篇，2011—2016 年年均增长率为 23. 33%，自 2011 年起，资助产出的 ESI 高被引论文逐年

递增。目前，广东以第一作者发表的国际论文数多年稳定在4000篇左右，居全国第四位。“十二五”期间，370项省基金项目成果获省部级以上奖项，其中国际级6项、国家级39项。3位省内科学家参与的《中国植物志》编研项目，荣获“含金量”最高的国家自然科学奖一等奖。2016年，大亚湾中微子实验荣获国家自然科学奖一等奖，填补了我国在中微子基础物理研究领域的空白。在省基金支持下，全省专利产出量质齐升，发明专利授权量稳居全国首位。具有开拓新领域、开辟新途径、开创新方法重大价值成果的涌现，有力推动了学科发展，为解决世界科学前沿问题奠定了坚实的科学基础。

第二节　重大科技基础设施建设发展

一、广东省实验室体系建设

广东省重点实验室建设是广东适应科技体制改革的重要举措。广东省从“七五”期间实施科技体制改革，于1986年由广东省科委和省计委联合启动省重点实验室建设。省重点实验室主要建设在应用技术与应用基础研究和重大工程技术研究及开发领域。

在省重点实验室建设初期，政府支持力度比较有限，一般只有几十万元。在“七五”“八五”期间所建的实验室主要由科研实力较强、基础条件较好的高校、科研机构或企业独立承担，基本隶属于省属科研单位和高校。“七五”期间，全省共建立8家重点实验室。

从“九五”开始，广东逐步打破隶属关系的限制。以“不求所有，但为所用”的理念，面向全社会，同时在驻粤中央部委属高校和科研机构中择优建立重点实验室。这种不分隶属关系（国家、部委、外省市）的建设方式，充分利用和整合了广东当地的科技资源，提升了重点实验室的整体水平。

从1999年开始，广东省科技厅加大了对重点实验室的投入力度，同时采用政府引导和依托单位与相关部门配套投入的方式。不断创新机制，拓宽合作领域，形成省市共建、院地共建和省部共建等模式，拓宽了资金投入渠道，对重点实验室建设起到了良好的促进作用。省重点实验室在承担科研项目的同时，重视把握本学科领域的研究方向，主动适应广东经济、科技、社会发展的需求。

广东省科技厅在重点实验室建设中不断拓宽合作领域，形成联动机制，采用了省市共建、院地共建和省部共建等模式，拓宽了省重点实验室建设的投入渠道，对重点实验室建设起到了良好的促进作用。在粤的国家重点实验室、部级重点实验室、省公共实验室、省重点实验室、重点科研基地及其他厅局建设的重点实验室，共同构成了广东省的实验室体系，成为广东省科技基础条件平台建设的重要组成部分。

广东省重点实验室紧紧围绕我省经济和社会发展需求实行“开放、流动、竞争、协作”的运行机制，开展应用基础和应用开发研究工作，取得了显著的成效，已成为广东省科技自主创新的核心力量；成为拥有自主知识产权科研成果的创新基地；成为聚集、培养高层次科技人才的基地和科技合作与交流的窗口，对推动广东省科技进步和科技体制改革，提高自主创新能力和促进社会、经济的发展发挥了重要作用，做出了重大的贡献。

据统计，2015年，全省共有5家企业重点实验室进入国家队行列，它们的依托单位分别是金发科技股份有限公司、广东东阳光药业有限公司、珠海格力电器股份有限公司、广东风华高新科技股份有限公司和南方电网科技研究院。[①] 在2016年国家重点实验室增至26家。截至2017年，全省共有27家国家重点实验室、306家省重点实验室，重点实验室“开放、合作、共享”氛围正在形成。

案例分享：制浆造纸工程国家重点实验室

制浆造纸工程国家重点实验室依托华南理工大学建设，是我国直接面向和解决制浆造纸科学与工程技术问题的唯一的国家重点实验室。实验室1989年经原国家计委批准立项，1995年11月通过国家验收，1996年2月正式对外开放。

在国家科技部、教育部的领导和支持下，实验室依托华南理工大学“轻工技术与工程”国家重点一级学科和“制浆造纸工程”及“化学工

① 参见广东省科学技术厅《广东科技年鉴（2016年卷）》，广东省科技音像出版社2016年版。

程”两个国家重点二级学科，围绕制浆造纸学科前沿及我国制浆造纸工业当前环境、资源、效率等问题的重大需求，以植物纤维分离、转化和利用为特色，在制浆与污染控制、造纸技术与纸基功能材料、过程装备与智能化、生物炼制与纳米材料四个方向开展高水平基础研究与应用基础研究，解决制约我国制浆造纸工业可持续发展的节能理论与途径、水循环利用和节水理论与技术、循环经济理论与模式、生物质组分综合转化高附加值化学品、新能源和新材料的化学化工基础、造纸工业关键装备研制及系统信息化、高性能纸基功能材料制备等领域中的重要科学技术问题，实现植物纤维资源高效利用以及工业利用过程中的绿色制造。

目前，在实验室工作的固定人员73人，其中有博士学位70人，占总数96%，45岁以下的学术骨干36人，占总数49%，实验室的中青年学术带头人和骨干已初步形成。固定人员有中国工程院院士1名、“国家杰出青年基金”获得者7名、“国家优秀青年科学基金”获得者5人、教育部“长江学者”特聘教授4名及青年学者1名、中国科学院“百人计划”1名、“万人计划”（中组部）领军人才3名及青年拔尖1名、青年“千人计划”（中组部）2名、“百千万人才”工程3名、中青年“科技创新领军人才”（科技部）3名、教育部“新世纪优秀人才计划”16名、广东省“千百十工程”国家级培养对象8名、广东省“千百十工程”省级培养对象12名、“珠江学者”6名。

2008至2016年，实验室共培养博士682名，博士后110名，其中4人分别获2009年、2010年和2013年全国百篇优秀博士论文奖，4人获全国百篇优秀博士学位论文提名奖，5人获广东省优秀博士学位论文奖。

实验室总面积超过13770平方米，先进仪器与设备共807台，总价值达10523.5万元，建立了设施先进、功能齐全、管理规范的开放共享平台。实验室对所有仪器设备进行统一管理、专管共用，对国内外所有研究机构、高校以及大型企业全面开放，为制浆造纸及相关学科的教学和高水平科学研究提供了强有力的平台支撑。

实验室坚持“开放、流动、联合、竞争”的运行机制和“科学、规范、公平、公开”的运行宗旨，经过二十年的建设和发展，实验室已拥有一支结构合理、在国际学术界具有较强竞争力的高水平学术梯队，拥有先进的仪器设备和管理科学规范的开放共享平台，成为我国制浆造纸领域科学研究、人才培养和高水平学术交流的国家级重要基地。

[资料来源：参见华南理工大学《制浆造纸工程国家重点实验室年度总结报告(2017年)》(www.scut.edu.cn)]。

2017年，为深入贯彻落实党的十九大精神和习近平总书记对广东工作的重要批示要求，广东省正式启动建设首批4家广东省实验室。这是中共广东省委、省政府贯彻落实党的十九大精神的重大举措，是瞄准新一轮创新驱动发展需要，以培育创建国家实验室、打造国家实验室“预备队”为目标，建设创新型广东的重大部署。广东省实验室按照“成熟一个，启动一个”的建设原则，分批启动建设，计划到2020年，建设不超过10家。这对于提高我省基础研究和应用基础研究水平、提升原始创新能力、强化战略科技力量，具有十分重要的意义。

案例分享：广州再生医学与健康广东省实验室

广州再生医学与健康广东省实验室主要依托中国科学院广州生物医药与健康研究院和粤港澳地区的相关优势科研力量建设。从基础研究与国际合作、临床研究与转化、产业发展与产业促进、黄埔商学院四大板块布局建设。设立广州市独立法人事业单位，省实验室主任由理事会经过全球遴选提名。省实验室以广州国际生物岛为中心，形成“总部+基地+网络”发展布局。省实验室筹创阶段（2018—2020年）三年建设预计投入总经费30亿元。发展阶段（2021—2025年）和成熟阶段（2026—2035年）建设投入将视运行情况适时预算。

广州再生医学与健康广东省实验室由广州市政府和开发区管委会各支持1400万元、共计2800万元的启动阶段建设经费已到位。即将由市、区两级财政先期拨付2018年度建设经费3亿元。计划设立实验室建设专项投资基金，初期计划募集6亿元。其中，市政府投入1.4亿元，开发区管委会投入1.6亿元，由广州市生物产业联盟筹集3亿元。

目前，广州再生医学与健康广东省实验室已与华南理工大学、新加坡南洋理工大学、中山大学等单位进行沟通协商，拟在广州国际生物岛联合开设再生医学与健康省实验室黄埔商学院，培养再生医学与健康领域高水平创新管理人才。学院已定址于广州国际生物岛，拟于2018年9月招生。

（资料来源：《广东省实验室建设工作简报》，2018年第1期。）

二、大科学装置布局

大科学装置是指通过较大规模投入和工程建设来完成，建成后通过长期的稳定运行和持续的科学技术活动，实现重要科学技术目标的大型设施。其科学技术目标必须面向科学技术前沿，为国家经济建设、国家安全和社会发展做出战略性、基础性和前瞻性贡献。

大科学装置的建设和利用与一般的科学仪器及装备有很大的不同，也有别于一般的基本建设项目，这些特殊点包括：①科学技术意义重大，影响面广且长远，同时建设规模和耗资大，建设时间长；②技术综合、复杂，需要在建设中研制大量非标设备，具有工程与研制的双重性；③其产出是科学知识和技术成果，而不是直接的经济效益，建成后要通过长时间稳定的运行、不断的发展和持续的科学活动才能实现预定的科学技术目标；④从立项、建设到利用的全过程，都表现出很强的开放性、国际化的特色。

当前，我国正不断兴建大科学装置，积极参与国际大科学计划。在“十三五”规划中，更是提出“积极提出并牵头组织国际大科学计划和大科学工程”的目标。预计到2030年前，我国将发挥汇聚优势创新资源的大科学装置集群效应，实现若干国家科学中心的稳定运行局面，有效吸引世界领域的科学家团队，开展突破产业发展瓶颈的技术攻关研究，实现重大科技创新的引领目标，成为增强我国科技综合实力的重要源泉。

广东省立足于全国改革和经济发展的前沿地位，开始在珠三角布局建设相关大科学装置，并在2016年省政府工作报告中明确指出“依托国家重大科技基础设施，建设广东国家大科学中心”。随着国家“十二五”重大科技基础设施项目之一——中国散裂中子源在东莞建设运行，广东逐步依托在深圳、惠州、江门等地布局建设的各大科学装置，建立广东大科学中心。目前，广东已成为仅次于北京的全国大科学装置第二多省份。

广东省积极参与国家重大科技基础设施建设工作。2017年，广东在珠三角区域建成、在建和拟建的重大科技基础设施共有7项，分别是大亚湾中微子实验室（深圳，建成）、中国散裂中子源（东莞，在建）、江门中微子实验室（江门，在建）、加速器驱动嬗变研究装置和强流重离子加速器（惠州，拟建）、国家超级计算中心（广州、深圳，建成）和深圳国家基因库（深圳，建成）。其中，中国散裂中子源相关技术的开展，可为一些重要医用治疗应用和加速器驱动嬗变研究系统打下坚实基础，中子散射方法和技术主要用于量子和无序材料、材料科学和工程、软物质和生物科学、能源与环境科学等领域；强流重离子加速器装置运用于先进核能技术研发、新型材料研制、优质农作物和经济作物新品种培育等前沿交叉及应用研究领域；加速器驱动嬗变研究装置将为反应堆和燃料循环技术、反应堆物理、材料和燃料科学、中子物理、生命科学、材料科学等提供研究工具；大亚湾中微子研究装置将协助中微子物理、天体物理、宇宙学等尖端科学研究；江门中微子研究装置的科研实验涵盖大部分目前的中微子未知问题，将在科学上达到重要的成果和贡献；国家超级计算广州中心为大气海洋环境、天文地理物理、工业设计制造、新能源新材料、生物医疗健康、智慧城市云计算等领域提供服务；国家超级计算深圳中心服务于科学计算、工程计算、图形图像、大数据等领域；深圳国家基因库依托生物资源进行人类健康、新型农业、物种多样性及生态环境保护等领域的科学研究。

三、大型科学仪器协作共享

1997年9月，由国家科技部、广东省科技厅、广州市科技局、广东省教育厅、中科院广州分院5个单位共同筹集资金，择优选择广州地区有关科研院所和高等院校的大型科学仪器，组成了广州地区科学仪器协作共用网。该网于1998年4月1日正式启动，是一个面向全社会开放的非营利性科技服务网，是国家科技部支持的全国8个省市协作共用网试点之一。

广州地区科学仪器协作共用网对广州市大型科学仪器进行协调、管理与服务，运用政府调控和市场机制相结合手段，如通过对承担项目的课题组或高新企业到网上仪器测试提供分析测试补贴费，鼓励其尽量使用网上仪器开展工作，减少不必要的仪器重复购置；通过对入网仪器提供业务培训补助、评优及提供共享服务后给予机组人员一定奖励等方式，激励大型科学仪器入网，承诺服务质量和价格优惠，为全社会提供优质服务，从而提高仪器的利用率，实现资源共享。

协作网自正式对外开放起就颁布了一系列规章制度，并随着协作网的建设予以修订，这些规章制度包括《广州地区科学仪器协作共用网专用资金管理暂行办法》《广州地区科学仪器协作共用网专用资金管理实施细

则》《广州地区科学仪器协作共用网入网仪器年度考核及表彰暂行办法》《关于入网机组人员进行业务学习（培训）的有关规定》《广州地区科学仪器协作共用网入网仪器对外服务收费标准（试行）》《广州地区分析测试基金资助专题项目管理暂行办法》等。

2004 年开始，国家提出建设科技基础条件平台战略，由国家科技部牵头，建设国家科技基础条件六大平台。作为六大平台之首的“大型科学仪器协作共享平台”，积极建设国家—区域—省级三级共享平台模式，建立七个区域平台按照科技部总体工作包括广东、广西、福建、海南四省（区）的泛珠三角大型科学仪器协作共享平台，由广东省牵头，区域共享平台管理办公室设在广州。

此外，广东省作为第一批大型科研设施与仪器向社会开放的试点省，在科技部的指导下积极开展具有广东特色科研设施与仪器开放共享工作。试点省工作中，遴选了一批服务于国家重大需求和服务广东经济社会发展重大任务的工作状态良好、管理制度健全、开放共享实践经验丰富且绩效良好的科研设施与仪器的单位作为“供”方试点单位，包括高校 4 家、科研院所 5 家、企业 4 家；选择了若干自主创新示范区、高新园区和农业园区、专业镇和部分地市作为科研设施与仪器的“需”方试点单位。于 2015 年 9 月 1 日组织召开了全省科研设施与仪器试点工作会议，落实国家有关文件精神，强化法人责任，切实履行开放职责，最大限度提供科研设施与仪器的开放共享，各供方管理单位制定和完善本单位关于科研设施与仪器开放共享管理的相关制度，建立专业技术团队，不断提高服务质量和开放水平。

为稳步推进科研设施与仪器向社会开放试点省工作，广东省设立了科研设施与仪器向社会开放专题，从建设网络管理平台、完善管理制度、科研设施与仪器开放共享的对接方式、服务模式和服务内容等方面开展相关工作。为促进各项工作的顺利开展，将从省科技计划专项资金中安排经费 1000 万元，定向委托具备承担本省科技基础条件平台建设、管理、研究等职能任务，具有从事科技基础条件平台整合共享经验与成功案例的第三方专业机构牵头，联合本省在大型科学仪器设施开放共享方面工作状态良好、管理制度健全、开放共享实践经验丰富且绩效良好的有关试点单位共同承担，为全面推进广东科研设施与仪器开放共享积累经验。

案例分享：广东省科技资源共享服务平台建设

2016年9月，广东省科技资源共享服务平台V1.0（粤科汇，www.showzy.cn）上线。粤科汇以大型科学仪器共享为主要服务内容，兼顾种质资源、实验动物、科学数据、科技文献等科技资源的共享服务，科享网实现科技资源的信息集成、服务查询与推介、在线服务等功能，为全省的科技资源"供""需"双方提供衔接平台，"供"方通过注册审核、资源发布、提供服务等快捷步骤进行资源的共享与服务；"需方"通过查找、购买、使用等获得所需资源。广东省科技基础条件平台中心通过用户中心、服务监管中心、运营结算中心和纠纷协调中心4个中心进行平台的管理与运营。粤科汇为中小微企业科技创新活动提供资源与技术服务，为科技工作者、科研院校等的科研工作提供基础支撑，为政府科技资源配置提供数据支撑，为社会民生发展提供科技资源专题化服务。

[资料来源：参见广东省科学技术厅《广东科技年鉴（2016年卷）》，广东省科技音像出版社2016年版。]

第三节　基础前沿研究超前部署

一、自然科学基金

1987年，广东省设立广东省科委科学基金。1991年，增设广东省科委青年科学基金。1993年，设立广东省自然科学基金管理委员会，由分管科技的副省长任主任，下设管理办公室，挂靠广东省科学技术厅。从1993年起，广东省人民政府拨出专项资金，设立广东省自然科学基金（以下简称"基金"）。基金面向全省，资助自然科学基础研究、部分应用研究和基础性工作，重点资助广东省经济、社会发展的应用基础研究。此后，根据不同的发展需要，不断创新资助模式，先后于1996年开始进行联合资助，1997年设立博士启动项目。2000年，广东省自然科学基金委员会开全国各省市之先河，率先设立省自然科学基金研究团队项目，集中力量重点资助围绕广东省社会经济发展中重大应用基础性问题开展多学科综合研究的优秀科学家群体。自2001年实施至2005年，全省已有58个

研究团队项目获得资助，支持科技经费达4320万元，涉及领域有材料科学、基因工程、重大疾病防治、资源环境保护利用、农业种质资源创新、海洋生物技术、信息技术等。

2004年年底，与国家自然科学基金委员会探讨设立国家自然科学基金委员会——广东省人民政府自然科学联合基金。2006年，国家自然科学基金管理委员会与广东省人民政府签订《国家自然科学基金委员会—广东省人民政府共同设立自然科学基金的框架协议》，设立国家基金委—广东联合基金，现已实施第三期；2014年和2015年与国家自然科学基金委设立了首期国家基金委—广东联合基金超级计算科学应用研究专项和首期国家基金委—广东大数据科学研究中心项目，截至2016年年底，双方共投入研究经费1.2亿元。

据统计，2015年，广东省基础研究持续稳步前进，获国家自然科学基金项目共计2495项，总资助经费（直接经费）超过13.5亿元，位列全国第四位；新增国家杰出青年基金项目8项，直接经费2800万元；新增国家优秀青年基金项目19项，直接经费2470万元；新增国家自然科学基金重点项目27项，直接经费7687万元；新增国家自然科学基金面上项目1184项，直接经费超过7.1亿元。此外，中山大学获得国家基金资助经费560项，资助总经费约3.15亿元，位居全国第六位。

几十年来，广东省自然科学基金管理工作遵循“尊重科学、激励创新、促进合作、平等竞争”的原则，形成了严格、科学、公平的管理体系，一并建设、完善了一套管理系统。其资助结构一般分为研究团队、重点项目、面上项目（包括自由申请项目和博士科研启动项目），并视实际情况设立专项基金项目。2017年恰逢广东省自然科学基金成立30周年，广东省自然科学基金与基础研究工作经验交流会在广州召开。广东省自然科学基金30年来，基金总额超过16亿元，资助项目超过15000项。2017年，自然科学基金总量位列全国第三。据统计，“十二五”以来，全省各地各部门投入基础研究的总经费随着R&D投入总量的增加稳步增加，从2011年的31.39亿元增加是2016年的86.02亿元，排全国第三。

二、重大科技专项

从1999年“科技创新百项工程”开始，广东为适应各个阶段的发展需求，组织实施了不同形式、不同内容的重大科技专项，集中突破了一批核心、关键和共性技术，示范推广了一批自主创新成果，为广东产业结构调整、现代产业体系搭建、产业国际竞争力增强、小康社会全面建设提供了强有力的科技支撑。

2013年下半年，广东省开始谋划推动重大科技专项。2014年4月开始，省科技厅牵头开展省重大科技专项的系统谋划和遴选凝练工作。经过广泛征集建议，深入调研、反复论证，最终遴选出九个重大科技专项，包括计算与通信集成芯片、移动互联关键技术与器件、云计算与大数据管理技术、新型印刷显示技术与材料、可见光通信技术及标准光组件、智能机器人、新能源汽车电池与动力系统、干细胞与组织工程、增材制造（3D打印）技术等。

2014年11月，广东省重大科技专项推进会在广州召开。会上印发了《广东省重大科技专项总体实施方案（2014—2018）》（以下简称《方案》）和《2014年度广东省重大科技专项项目申报指南》。省市有关部门和单位签订了一批省重大科技专项联合推进工作协议。时任省长朱小丹在会上充分肯定了近年来广东实施重大科技专项所取得的显著成效，指出重大科技专项是科技工作的标志性、集成性项目，对于突破关键核心技术，提升广东产业核心竞争力具有重要作用。在经济新常态下，广东必须更加突出经济社会发展的转型升级，必须更加注重经济发展的质量效益，必须更加坚定地把创新驱动作为经济社会发展的核心战略，大力推进重大科技专项，集中力量在核心关键技术领域下好先手棋、打好主动仗，努力争当全国创新驱动发展排头兵，加快打造广东经济“升级版”。

广东省科技厅为本轮重大科技专项制定了周密的总体实施方案，实施周期为5年，从2014年到2018年，分为策划启动、重点推进和总结推广三个阶段。省科技厅联合省发改委重点推进新能源汽车电池与动力系统、3D打印共性关键技术两个重大专项，联合省经济和信息化委员会重点推进云计算与大数据管理技术重大专项，联合省质监局和国际电工委员会电子元器件质量评定体系（IECQ）中国国家监督检查机构开展重大科技专项的技术标准研制和推广工作。广州、深圳等市发挥各自的优势和特色，选择重点领域和重大项目，与省科技厅签署联合推进重大科技专项工作协议。粤科金融集团和汕头市、惠州市、东莞市、江门市、揭阳市中德金属生态城分别达成了共同设立粤科华汕新型印刷显示与材料、云计算及大数据管理技术、智能机器人、电子信息等创业、产业投资基金的协议。省科

技厅会同省财政厅编制和发布了《2014 年度广东省重大科技专项申报指南》。同时，在2014 年度的省自然科学基金、省创新科研团队引进、产学研合作等项目申报指南中，都把九个重大科技专项作为重点支持的领域，全方位推进专项的组织实施工作。

三、“973”计划

国家重点基础研究发展计划（“973”计划）是具有明确国家目标、对国家的发展和科学技术的进步具有全局性和带动性的基础研究发展计划，旨在解决国家战略需求中的重大科学问题，以及对人类认识世界将会起到重要作用的科学前沿问题，提升我国基础研究自主创新能力，为国民经济和社会可持续发展提供科学基础，为未来高新技术的形成提供源头创新。

1997 年，我国政府采纳科学家的建议，决定制定国家重点基础研究发展规划，开展面向国家重大需求的重点基础研究。这是中国加强基础研究、提升自主创新能力的重大战略举措。“973”计划的实施，实现了国家需求导向的基础研究的部署，建立了自由探索和国家需求导向“双力驱动”的基础研究资助体系，完善了基础研究布局。自 1998 年实施以来，“973”计划围绕农业、能源、信息、资源环境、人口与健康、材料、综合交叉与重要科学前沿等领域进行战略部署，2006 年又落实《国家中长期科学和技术发展规划纲要》的部署，启动了蛋白质研究、量子调控研究、纳米研究、发育与生殖研究四个重大科学研究计划，共立项 384 项。

几十年来，“973”计划始终坚持面向国家重大需求，立足国际科学发展前沿，解决中国经济社会发展和科技自身发展中的重大科学问题，显著提升了中国基础研究创新能力和研究水平，带动了中国基础科学的发展，培养和锻炼了一支优秀的基础研究队伍，形成了一批高水平的研究基地，为我国经济建设、社会可持续发展提供了科学支撑。

从 1998 年科技部组织实施“973”计划开始，直至 2000 年华南理工大学华贲教授获国家“973”计划首席科学家项目，广东才实现“973”计划“零的突破”。2015 年，广东省新增国家“973”首席科学家 7 人，集中在材料科学、农业科学、资源环境科学、干细胞研究、全球变化研究和综合交叉科学等充分体现国家重大需求与重大民生科技领域，开展具有战略性、前瞻性、全局性和带动性的基础研究。截至 2015 年，我省拥有国家“973”首席科学家43人。

2017年7月，科技部组织了国家重点基础研究发展计划（“973”计划，含重大科学研究计划）2011年立项的11个项目、2012年立项的178个项目和2013年立项的1个项目的结题验收，验收结果显示，广东省10个项目获得良好以上级别，其中，中山大学承担的“有机分子基框架多孔材料的前沿研究项目”获得优秀。

第十章　高校科研院所能力建设

教育强则国家强。高等教育发展水平是一个国家发展水平和发展潜力的重要标志。习近平总书记强调，推动一批高水平大学和学科进入世界一流行列或前列，提升我国高等教育综合实力和国际竞争力，培养一流人才，产出一流成果。广东立足全省教育发展实际，针对经济社会发展需求，围绕建设教育强国、强省的目标集中发力，始终坚持正确办学方向，千方百计优化增量，牢牢把握时代新需求，基础研究设施和条件不断完善，高层次创新人才队伍不断壮大，多个学科跻身全球前列，重大原始创新成果加速涌现。

第一节　高校发展阶段和历程

一、积极探索和改革时期（1978—1993 年）：建立与市场经济相适应的高等教育体制

党的十一届三中全会以后，广东高校进入振兴时期，形成中央、省、市三级办学体制。1983 年开始逐步推进教育体制改革，开始尝试系统变革高等教育政策、加快发展高等教育事业，正式启动了改革开放之后广东高等教育的变革与发展历程。

1989 年至 1992 年，广东高等教育调整教育结构，拓展教育功能，学校教育与经济社会发展紧密结合，进一步深化教学领域改革，提高人才培养质量。1993 年之后，是广东高等教育发展最快的时期。广东贯彻《中国教育改革和发展纲要》精神，从社会主义初级阶段出发，以“教育面

向现代化，面向世界，面向未来”为指导思想，不断改革，积极探索，逐步形成一套适应经济社会发展的高校改革和发展的基本思路。

1993年，广东省政府与教育部首倡共建在粤部委高校体制。以“211工程”高等学校建设推动全省高等教育改革和发展。20世纪90年代后期，广东实施科教兴粤战略，致力于建设教育强省，逐步推进教育现代化，为广东率先基本实现社会主义现代化提供强有力的人才和智力支持。

创办一批新院校

20世纪80年代初期，教育的战略重点得到初步确立，教育投入不断增加，在中心城市，一批包括有文理科专业的综合大学和专业学院相继创办，使广东高等文理科教育得到前所未有的大发展。1980年年底广州对外贸易学院经国务院批准正式成立，学院设对外贸易经济系和对外贸易企业管理系，建校时学校仅有学生160人，到1986年在校生达到1126人。这所学校和1983年成立的广东财经学院（广东商学院），填补了广东高等文理科教育有关外贸、商业教育的空白。为配合改革开放中经济特区的建设和对人才的大量需求，汕头大学、深圳大学两所特区综合大学相继创办，这是广东高等文理科教育发展史的大事。

（资料来源：参见张耀荣编著《广东高等教育发展史》，见《20世纪的中国高等教育》，广东高等教育出版社2002年版。）

二、教育强省时期（1994—2003年）：做大做强广东高等教育

1992年，党的十四大召开，提出“必须把发展教育事业放在突出的战略地位，加强智力开发”。为了贯彻这一精神，加快广东高等教育改革和发展步伐，广东省委、省政府于1993年1月2日做出《关于加快高等教育改革和发展步伐的决定》。文件以努力建设与社会主义市场经济体制相适应的高等教育体制，使教育工作服从和服务于经济建设为宗旨，提出了在新的形势下广东高等教育事业的发展目标，为广东省高校的人事、教学、科研和后勤改革提供了有力的指导，为广东高等教育实现跨越式发展奠定了基础。

1995年《关于教育改革和发展的决定》是广东实现教育强省的一份

纲领性文件，其中明确指出了广东高等教育发展的目标和任务，并就高等教育的各项改革提出了具体要求。至2003年，广东高校的本专科结构得到优化，高职教育发展迅速，高职院校数量由16所发展到46所；高校的区域分布进一步合理，全省大部分地级市有一所本科院校和若干所高职院校；专业结构调整方面取得一定成效，工科和信息产业相关专业得到加强，传统和基础学科专业受到压缩和控制，但与广东经济发展和产业结构调整优化的要求尚有距离。

"教育强省"战略口号的提出，给广东教育的改革与发展带来了新的契机，也引发了广东教育思想观念更为深刻的思考和变革。"教育强省"的战略目标强调充分发挥教育的社会作用，以"教育强省、科教兴省"来促进广东社会经济的全面发展。

2003年，广东高等教育毛入学率达到了17.5%，首次超过全国平均水平。广东省普通高校每万人口在校生数由1995年的22.69人，增长到2003年的74.8人，增长了3.3倍；普通高校在校生数由1995年的15.2万人，增长到2003年的58.8万人，增长了3.9倍；普通高校生均预算内教育事业费支出由6513.7元，增长到10235.2元。至2003年年底，广东省普通高校数为77所，居全国第四位；普通本专科招生数为22.6万人，居全国第四位；普通本专科在校生数58.8万人，居全国第四位。高等教育发展的主要综合指标进入到全国前五位，基本上实现了在全国居前列的目标。①

三、教育现代化时期（2004—2020年）：参与和应对全球化竞争

2004年3月，教育部同意广东省率先实现教育现代化的全面试验，并共同颁发了《广东省人民政府、教育部关于共同推进广东省教育现代化试验的决定》。同年7月，广东以前所未有的"高规格、高标准"召开了一次"科技·教育·人才"大会，将科技、教育和人才三方面的工作结合在一起进行思考，这在广东省是一次创新性尝试。随后，广东省委、省政府发布了《关于加快建设科技强省的决定》《广东省教育现代化建设

① 参见张耀荣编著《广东高等教育发展史》，见《20世纪的中国高等教育》，广东高等教育出版社2002年版。

纲要（2004—2020年）》等重要文件。以此为标志，广东开始将教育发展的战略重点转移到以“教育现代化”为核心、以参与和应对全球化竞争为目标的新阶段。

广东虽是教育大省，但不是教育强省，高水平大学和科研院所数量少、科研力量不足，这是制约创新能力的突出短板。2014年，时任中共中央政治局委员、广东省委书记胡春华在中山大学和华南理工大学调研时指出，今后广东高等教育要围绕提高办学质量和教育水平，加快高水平大学建设，实施创新驱动发展战略离不开拔尖创新人才培养、离不开高质量创新成果研发推广，要以高水平大学为龙头，带动高等教育加快由外延扩张为主向内涵提高为主转变，为建设世界一流大学打下坚实基础。

集中力量建设一批高水平大学，对于广东大力实施创新驱动发展战略，实现中央对广东提出的“双支撑”任务（在地区生产总值上支撑全国，在结构调整上支撑全国）和“双中高”（新常态下的经济发展目标要着眼于保持中高速增长和迈向中高端水平）目标具有重大而又深远的意义。2015年4月，广东省委、省政府印发《关于建设高水平大学的意见》，正式启动高水平大学建设工作。2016年1月，广东省委、省政府召开广东省理工科大学和理工类学科建设暨高校科研机制体制改革工作推进会，印发《关于加强理工科大学和理工类学科建设服务创新发展的意见》，部署理工科大学和理工类学科建设、高校科研机制体制改革工作。

第二节　高校发展主要成效

一、高校综合实力大幅提升

2015年6月，广东省委、省政府批准中山大学、华南理工大学、暨南大学、华南农业大学、南方医科大学、华南师范大学、广东工业大学等7所高校作为高水平大学整体建设高校，广州中医药大学、广东外语外贸大学、广东海洋大学、汕头大学、广州大学、广州医科大学、深圳大学等7所高校的18个学科作为高水平大学重点学科建设项目。

从国际排名看，社会关注度和认可度较高的USNews、ARWU、THE和QS四个排行榜，2017年全省共有11所高校入选榜单，再创历史新高，

较2014年的4所大幅增加，跃居全国第四。同时，重点学科是一所高水平大学核心竞争力的重要标志。参建高校入围ESI全球排名前1%的学科数量增速明显加快，目前已有60个学科入围ESI全球排名前1%，比2015年年初增加25个，入选ESI全球排名前1‰的学科数由建设前的2个增加到6个，一流学科大幅增长。2017年1月，有41个学科进入全球前1%，与2016年1月相比，增加了6个学科，增幅达16%，且基本都集中在高水平大学立项建设高校。2017年9月，中山大学等5所高校的18个学科入选国家“双一流”建设行列；2017年年底公布的教育部第四轮学科评估中，我省20所高校的255个学科入选，总数位居全国第七，其中前10%学科31个，位居全国第六。[①]

二、高校研发投入大幅度增加

广东省委、省政府把大幅度增加教育投入、改善办学条件作为落实教育优先发展战略地位的标志性工作来抓。1993年，广东省委、省政府决定每年从全省第三产业产值提取1%作为教育等方面的专项经费，其中用于高校每年达4.5亿元。1998年，省级高教财政拨款116345万元，是1978年2253.8万元的51.62倍。经过一系列举措，在科研创新方面取得了显著成效。[②] 比如，科研经费实现倍增，2016年参建高校科研经费数达120亿元，较2014年的57亿元增长1倍多，2017年有望实现两倍的增长；专利申请数与授权数实现倍增，2016年参建高校专利申请数与投权数分别达8472件、4375件，分别比2014年增加3575件、1579件，基本实现翻番；国家自然科学基金立项数大幅增加，2017年全省高校获国家自然科学基金立项数2719项，比2014年增长60%；高科技平台和创新成果大批涌现，2016年全省高校共拥有各级各类科技服务平台1182个，投入建设经费共77.36亿元，分别比2014年增长62.4%和95%，2016年与企业合作申报获立项的科技类纵向项目以及企业委托横向项目共计8504项，批准经费41.53亿元，分别比2014年增长26.7%和151.8%。[③]

---

① 参见广东省科技厅《2016年科技工作总结和2017年工作重点》，2017年7月4日。

② 参见张耀荣《广东高等教育的发展史》，见《20世纪的中国高等教育》，广东高等教育出版社2002年版。

③ 参见《广东省教育厅关于报送高水平大学和高水平理科工大学建设专题调查报告的函》，粤教科函〔2017〕181号。

“八五”期间，广东十大优秀基础研究成果高校占8项。1996—1998年高校获得的广东省自然科学基金项目数和经费分别占全省的80%、78%。高校在全国基础研究中的地位得到提高。广东获国家自然科学基金的项目和经费由1995年全国的第七位上升到第五位，其中中山大学由第二十四位提高到第十八位，华南理工大学由第四十五位提高到第二十一位。2000年广东高校专利申请量和授权量在全国均居第二位。1996—1998年，高校获得广东省自然科学奖占全省63%。1995年，在国家教委组织的第一次人文社会科学优秀作品评奖中，广东获一等奖3项，二等奖22项，省属高校获国家教委奖励总数在全国排第五位。高校科技工作面向经济建设主战场，通过深化校内科技体制改革，走产学研结合的道路，在科技成果开发、科技服务、技术咨询等方面都取得较大成绩。[①]

三、人才队伍建设明显加强

建设一支结构合理、素质优良、业务精湛的高层次人才队伍，是高水平大学的核心战略。广东以跨世纪人才培养的“千百十工程”[②]建设带动整个师资队伍建设。教师队伍的职务、学历、年龄结构明显改善。2000年，普通高校专任教师有20433人，教授、副教授占专任教师的38.78%，比1978年提高35.68个百分点；研究生毕业的教师占专任教师总数的39.4%。全省两院院士共28名，其中高校占22名。年龄逐步年轻化。1998年，45岁以下的正、副教授占专任教师总数的15.59%。在立足自己培养人才的同时，建立人才引进机制。[③]

各高校围绕建设特色鲜明高水平大学的目标，通过集聚高层次人才、为学科带头人搭建事业平台、加快青年教师队伍培养培育和形成有效的制度建设激励机制等举措，大力加强人才队伍建设。目前，高水平大学建设的人才汇聚效应逐步显现，人才工程项目初见成效。2015年，高水平大学参建高校新增院士2名、“千人计划”18名、长江学者12名、“国家杰

① 参见张耀荣《广东高等教育的发展史》，见《20世纪的中国高等教育》，广东高等教育出版社2002年版。

② “千百十工程”：培养1000名30～40岁的校级学术骨干，100名45岁左右的省级学术骨干，10名国家级学术带头人。

③ 参见张耀荣《广东高等教育的发展史》，见《20世纪的中国高等教育》，广东高等教育出版社2002年版。

出青年”18 名、“青年千人计划”4 名。特别是华南师范大学，一年时间引进长江学者 2 名、“千人计划”入选者 1 名以及美国、俄罗斯和荷兰科学院院士各 1 名；同时，引进国家“青年千人计划”入选者、国家特支计划领军人才各 1 名。[①]

四、服务区域经济社会发展能力显著增强

广东高校将人才培养作为高水平大学建设的核心任务，大力优化专业结构，深化人才培养模式改革，培养拔尖创新性人才，提高人才培养质量，取得明显成效。暨南大学在 2015 年第八届全国大学生创新创业年会上获得 6 项大奖，与西安交通大学并列全国第一。华南师范大学与华大基因联合培养的本科生在国际顶尖刊物 *Science Nature Genetics* 上发表学术论文，教育硕士基地获批首批全国教育硕士专业学位研究生示范基地。广东工业大学荣获 2015 年“全国高校毕业生就业工作 50 强”称号。

2015 年全省高校在科研平台和科研成果上再次获得重要突破。在教育部首批 11 个国际联合实验室中，暨南大学、华南师范大学、广东工业大学各获批 3 个；暨南大学 2015 年获批国家自然科学基金项目 117 项、国家社会科学基金项目 22 项，国家社科基金重大项目立项数居全国第七，重点项目立项数居全国第十四；华南农业大学获批 14 个省部级科研平台，6 个农业部重点实验室获得批复投资建设，项目总投资达 4850 万元。参建高校中，作为第一完成单位，获国家级奖励 10 项的，占全省 83%；获广东省科学技术奖 47 项的，占全省 29. 4%。据统计，高水平大学参建高校与地方政府、行业、企业共建的研究院、企业研发中心、新型研发机构、产学研基地、技术转移机构等平台近 500 个，其中在广州、深圳、东莞、珠海、佛山等地市合作共建了近 30 个新型研发机构，通过技术改造、合作研发、成果转化、企业孵化、创业投资等方式，服务企业超过 2000 家，成为集聚创新资源的新载体、推进产业转型升级的重要力量，为推动广东经济社会发展做出了重要贡献。[②]

---

① 参见广东省科学技术厅《广东科技年鉴（2016 年卷）》，广东省科技音像出版社 2016 年版。

② 参见广东省教育厅《建设高水平大学和高水平理工科大学服务创新驱动发展战略》，2017 年 6 月 1 日。

服务创新驱动发展战略

广东工业大学是一所以工为主，工理经管文法艺等多学科协调发展的省属重点大学。2015年，学校成功入选广东省高水平大学重点建设高校，进入了高速发展的快车道。

作为地方工科院校，广东工业大学坚持“与广东崛起共成长，为广东发展做贡献”的办学理念，坚持走与产业深度融合的高水平大学建设之路，面向广东产业重大战略需求，以重点学科为依托，以科研平台为支撑，整合各方创新资源，汇聚高端人才、打造一流平台、培养创新人才，服务创新驱动发展，为广东经济结构战略性调整和产业转型升级提供科技、人才支撑。

一、搭建创新平台，助力产业升级

学校发挥与产业深度融合的优势，搭建具有“造血”功能的协同创新平台，形成聚集效应和辐射效应。建立“一体双责三延伸”的创新机制。“一体”是指学科、服务、育人三位一体。“双责”是指各类平台要对地方与学校、研发与育人实行双向互动、双向支持、双向负责。“三延伸”包括“向上延伸”聚集国际高端技术资源与人才、“向下延伸”对接产业转型重大需求、“向内延伸”激活校内多学科的创新资源联合攻关，并利用创新平台培养应用型创新人才。

近几年，学校与地方政府和产业界搭建了广州国家IC基地、东莞华南设计创新院、佛山数控装备研究院、河源协同创新研究院等多个重大协同创新平台，利用当地政府近4亿元启动资金，吸引社会投资约13亿元，孵化企业百余家，服务企业千余家。如佛山数控装备研究院瞄准珠江西岸先进装备制造业需求，围绕机器人、精密装备、3D打印等智能制造领域，进行关键技术与产品研发和企业服务，已培育孵化60多个高端创业项目，吸引社会投资资金超3亿元，注册实体38家，研发创新产品超过60项，申请专利近400件（其中，发明专利超300件），服务地方企业超500家，已实现技术服务收入超亿元。如佛山研究院孵化的新鹏机器人公司创办不到三年时间，销售超过亿元，成为国内卫浴行业打磨机器人的翘楚，带动佛山本土卫浴行业走向智能制造；韦达尔团队研发了面向电子、汽车等行业的等离子设备，其性能提升了2倍，能耗和成本均下降50%，填补了国内设备技术的空白。河源协同创新研究院扎根于粤东西北欠发达地区，成立近两年来，实实在在为当地数十家企业提供技术服务，解决了其最迫

切的需求。

二、做强自身学科，提升服务能力

学校坚持科技创新“顶天立地”，出台了以成果为导向的科研管理办法，引导教师瞄准广东产业发展的重大需求，开展基础研究和应用开发，突出成果产业化，在服务产业中做强学科。依托重点建设学科，布局了以机械、控制、材料、化工和工业企业管理为主的五大学科群，着力解决支撑行业发展的核心技术问题，提升对广东创新驱动发展战略的引领能力，实现从“适应、服务”向“支撑、引领”转变。

高水平大学建设使学校学科、科研实力大幅提升、加速发展。学校“工程学”学科2012年进入ESI全球学科排名前1%后，每年前进100多位。2015年到校科研经费较2010年增长3倍，稳居省属高校前列。专利申请与授权量2014年较2010年增长了3倍，继续保持省属高校领先地位。获国家专利奖数位居全国地方高校前列。三大索引论文2014年较2010年增长了3倍。2015年继2012年后再次获得“中国产学研合作创新与促进奖”。

学校牵头或参与组建产学研创新战略联盟近30个，建立各类校企创新平台100多个，覆盖广东主导产业。与全省20个地区、23个高新区、200多个专业镇、20多个广东省重点行业、一大批龙头企业开展全方位的战略合作；学校服务广东企业已超过6000家，解决企业技术难题1万多个，有力支撑了广东企业的快速发展和转型升级。近年来学校派出500多人次科技特派员活跃在企业一线，派出人数位列全国第二位。

如学校与粤东地区的巨轮股份十多年深度合作，使其成长为国内规模最大、技术领先的行业龙头和国内首家上市的轮胎模具开发制造企业，创造了一个非凡的“神话”。学校与巨轮股份联合开发的硫化机产品、轮胎模具高速高精度并行加工技术等多个国际领先的技术成果在企业得到应用，获得多项国家、省重大科技项目立项和省级科技重大奖项。

三、聚集高端人才，引领产业发展

实现转型升级归根到底要靠人才。学校提出“靠市场、靠机制、靠团队、靠服务”的“四靠”引人理念和机制，借力广东产业转型强大的市场拉动力，利用学校搭建的各类协同创新平台，为引进的高端人才提供“学术与市场”双价值的舞台和空间。

近年来，学校引进“长江学者”“国家杰出青年”、国家“千人计划”等一大批A类人才，仅2015年即引进和培育了12个A类人才团队，产生了明显的人才聚集效应。学校还引进了一批海外顶尖人才，如法国科学院主席莫涅院士，诺基亚前首席设计师、芬兰国家创新委员会前主席汉诺教授，亚洲精密制造协会主席李荣彬教授，美国橡树岭国家重点实验室陶瓷科学技术部主任林华泰教授及他们的团队等，他们已在自主创新等方面取得突出成果。

如“国家杰出青年”谢胜利教授团队牵头负责完成的《基于RFID的列车临时限速装置通用技术规范（第一部分装置与接口，第二部分通信协议)》，填补了国内基于RFID技术实现列车临时限速领域的空白。目前，该成果已分别在广州铁路集团公司、济南铁路局等多家铁路局推广应用，产生直接经济效益1亿多元。

四、深化科教融合，培养创新人才

学校是广东省本科生规模最大的高校，每年有上万毕业生进入经济主战场。坚持在人才培养上主动与产业升级对接，与市场需求对接，根据广东社会经济的需要调整专业结构。提出“重基础、强能力、宽视野、多样性、个性化”的人才培养理念，通过多渠道挖掘校内外创新实践教育资源、多专业融合培养组织教学、多维度评价创新能力等推进教育教学模式改革，培养学生成为科技拓路人、行业带头人和产业领军人。

学校依托优势学科开设“创新实验班”，依托科技龙头企业开设“校企联合班”，依托协同平台（孵化基地）开设“创新创业班”。2015年，学校与东莞松山湖国际机器人产业基地、香港科技大学机器人研究所联合创办了全新教学模式的“粤港机器人学院”，面向机器人、智能装备及其现代制造服务业，培养专门人才。与中国建设银行广东省分行联合开办“科技金融创新班”，致力于培养“既懂科技，又懂金融”的高素质复合型人才。学校每年投入1000万元，吸引社会投资机构在校设立基金超过1亿元，支持学生创新创业。学校拿出万余平方米场地，成立两岸四地大学生创客空间、创新创业学院，成立不到一年已吸纳百余支学生创新创业团队。2013年，学校在第十三届全国“挑战杯”竞赛总分居全国第五。2015年，学校与香港科技大学联合承办第十四届全国“挑战杯”竞赛，学校总分并列全国高校第二。

（资料来源：参见广东省教育厅《建设高水平大学和高水平理工科大学服务创新驱动发展战略》，2017年6月1日。）

第三节　高校改革和发展

2015 年 6 月，广东省委、省政府批准中山大学、华南理工大学、暨南大学、华南农业大学、南方医科大学、华南师范大学、广东工业大学等 7 所高校作为高水平大学整体建设高校，广州中医药大学、广东外语外贸大学、广东海洋大学、汕头大学、广州大学、广州医科大学、深圳大学等 7 所高校的 18 个学科作为高水平大学重点学科建设项目。

为加快推进高水平大学建设，省政府各相关部门加大改革力度，着力破除高水平大学建设的体制机制障碍，不断扩大和落实高校办学自主权，出台了一系列具有创新性、针对性的高水平大学建设支持措施。2015 年，出台的《关于进一步深化政府采购管理制度改革的意见》提出，实施省属重点建设高等学校自行采购试点，对纳入高水平建设大学范围的省属重点建设高等学校的科研仪器设备实行统一动态项目库管理，凡纳入项目库的科研仪器设备，高校可自行组织采购，较好地解决了高校科研仪器采购周期长、程序繁杂的问题；出台的《高水平大学建设人事制度改革试点方案》提出“五个下放、两个完善、一个加强”的意见，即下放岗位设置权、公开招聘权、职称评审权、薪酬分配权、人员调配权，完善人员考核晋升退出机制、服务保障机制，加强事中事后监管等，目标是健全岗位管理、人员聘用、人才评价、人员流动和退出等制度，形成能上能下、能进能出的用人机制；出台的《关于深化广东高校科研体制机制改革的实施意见》，提出了创新高校科研组织管理形式、激发高校科研活力、创新高校科研评价考核机制的 9 条具体措施，充分调动高校科研人员创新创业主动性、积极性和创造性，进一步推进高水平大学建设。我省还大力推进高校学费收费制度以及学分制改革，并在改善教师住房条件、建立项目审批绿色通道、支持对外交流合作等方面提出了政策支持意见。省委督查室对解决高水平大学建设的体制机制问题及时进行督办，全省相关单位主动作为、大力支持，形成高水平大学建设改革发展的合力，为高水平大学建设营造了良好发展环境。

同时，出台《关于加强理工科大学和理工类学科建设服务创新发展的意见》。该意见结合当前广东省建设创新驱动发展先行省及被批准成为国家全面创新改革实验区的新形势，提出 15 条具体措施，着力解决高校理工科教育规模偏小、结构不优、水平不高、支撑服务能力不强等问题，涵盖建设高水平理工科大学、建设高水平大学中的理工类学科、其他各类高校中的理工类学科。实施高水平理工科大学建设计划。列入首批建设的高水平理工科大学有 5 所高校，包括已列入高水平大学建设的华南理工大学、广东工业大学，以及对科技创新有迫切需求且经济较为发达的深圳、佛山、东莞市所属的南方科技大学、佛山科学技术学院、东莞理工学院。华南理工大学、广东工业大学分别按照国家一流大学和广东省高水平大学标准进行建设，南方科技大学、佛山科学技术学院、东莞理工学院采取省市共建模式重点建设，所需资金主要由所在市自行解决，省里提供必要的资金和政策支持。

第四节　科研院所改革和发展

一、国家部委研究机构

科研机构是创新体系的重要组成部分，是从事研究开发和推动科技成果转化的重要力量，是创新驱动发展过程中不可或缺的创新主体。2000 年以来，我省实施了省属科研机构分类改革，建设了工业、农业、服务业和社会发展四大板块省属科研机构，培育发展了新型研发机构，重组了省科学院，不断取得新进展，在科研机构体制改革上做了深入探索。广东省政府发布的《广东省系统推进全面创新改革试验行动计划》指出，要依托高等学校、科研机构和创新型龙头企业，集中优势资源，加快科技创新基地与平台建设，补齐高端科研平台建设短板，占领国际科技研发制高点。“十三五”广东省科技创新规划提出，要加强全省科研院所能力建设，实施科研机构改革提升专题计划。

广东是国家部委研究机构比较集中的省份。国家部委驻粤研究开发机构主要包括中国科学院广州分院、广东省科学院、广州中国科学院工业技术研究院、中国科学院华南植物园、中国科学院南海海洋研究所、中国科学院广州化学有限公司（中科院广州化学研究所）、中国科学院广州电子

技术有限公司（中科院广州电子技术研究所）、中国科学院广州能源研究所、中国科学院广州地球化学研究所、中国科学院广州生物医药与健康研究院、广州有色金属研究院、广州机械科学研究院（同时也是国家创新型试点企业）、广州电器科学研究院、中国气象局广州热带海洋气象研究所、国家环境保护总局华南环境科学研究所、广州信息技术研究所、中国水产科学研究院（包括中国水产科学研究院南海水产研究所、珠江水产研究所）、中国林业科学研究院热带林业研究所、中国热带农业科学院南亚热带作物研究所（包括中国热带农业科学院农产品加工研究所、中国热带农业科学院农业机械研究所）、中国赛宝实验室（信息产业部电子第五研究所）、中国电子科技集团公司第七研究所、国土资源部广州海洋地质调查局、广东省地质科学研究所、广东省电信有限公司研究院（中国电信股份有限公司广州研究院）、核工业二九研究所等。

这些研究机构在中央政府的领导下，普遍结合广东的经济和社会发展背景，获得了源源不断的发展动力，取得了一个个的辉煌成就，对提升广东的科技实力和竞争力起到了良好的促进作用，因而也得到了广东省地方的大力支持。

中国科学院广州分院作为中国科学院的派出机构，负责协调、联系位于广东省内的中国科学院南海海洋研究所、中国科学院华南植物园、中国科学院广州能源研究所、中国科学院广州地球化学研究所、中国科学院广州生物医药与健康研究院（由中国科学院、广东省人民政府、广州市人民政府共建）、中国科学院深圳先进技术研究院（由中国科学院和深圳市人民政府共建）、中科院广州化学有限公司、中科院广州电子技术有限公司和地处湖南省长沙市的中国科学院亚热带农业生态研究所，以及2011年开始筹建的位于海南省三亚市的中国科学院三亚深海科学与工程研究所（筹）共10个科研院所及技术开发单位。

中国科学院广州分院

2015年，中国科学院广州分院共有职工4657人，其中科研人员3346人。科研人员中具有正高专业技术职称484人、副高专业技术职称677人、中级专业技术职称1118人、初级专业技术职称1067人，具有博士学位1665人、硕士学位1441人，中国科学院院士1人、中国工程院院士3人、俄罗斯科学院外籍院士1人、国际欧亚科学院院士4人，中组部“万人计划”2人、“千人计划”19人，国家“外专千人计划”7人、“青年千人计划”13人，“国家杰出青年”41人。年底，依托于该院有关单位建有国家重点实验室4个（其中之一为合建）、国家工程实验室1个、中国科学院重点实验室13个、广东省重点实验室13个、广东省工程实验室2个、广东省工程技术研究中心13个、湖南省重点实验室1个、广西工程技术研究中心1个；有野外科学试验站11个，中国科学考察船4艘，植物、岩矿、海洋生物标本馆各1个；有博士学位培养点38个、硕士学位培养点55个、专业性硕士点20个、博士后科研流动站7个。

2015年，该院在研科研项目3968项，项目总经费49.62亿元，当年到位项目经费1649亿元，新增科研项目1728项，新增项目经费16.19亿元。按项目来源分类：承担或参与国家（包括各部委）项目1352项，其中，“973”计划107项，“863”计划26项，国家科技支撑计划50项，国家自然科学基金项目1013项；承担中国科学院项目317项，其中，先导科技专项66项，重点部署23项，百人计划46项，知识创新工程22项；承担省市区各级地方政府项目1591项，其中，广东省科技计划项目368项，其他省科技计划项目96项，广东省基金项目209项，广州市科技计划项目88项，广东省属和广州市其他厅局级项目101项，广东省除广州市外其他市县项目705项；承担国际合作项目、军工项目2项委托项目570项、省院合作项目24项。

“基于超声辐射力的深部脑刺激与神经调控仪器研制”项目由中国科学院深圳先进技术研究院牵头承担，是2015年度国家自然科学基金委批准的5个“国家重大科研仪器设备研制专项”项目之一，是广东省获得的基金委支持经费最高的单体项目，是广东省首次承担的该类重大项目该项目针对脑功能和脑疾病研究的需求，研制大规模阵元面阵超声辐射力发生器、跨颅超声脑深部刺激和反应测的仪器，开发超声敏感离子通道遗传操作技术，以实现对脑深部核团和神经环路开展无创、多点和特异性的刺激与调控。

[资料来源：参见广东省科学技术厅《广东科技年鉴（2016年卷）》，广东省科技音像出版社2016年版。]

二、地方科研机构

广东省属科研机构经历了1985年和1999年两次重要的科技体制改

革，使全省科研机构发生了重大变化。改革的重点是，确立科技是第一生产力的理念，促进科技面向经济、经济依靠科技，以经济建设为中心，推动科研所和人员的市场化。广东省科学院通过实行重组，各科研机构能力得到了较大的提升，在科研开发、科技成果转化、科技服务中各具特色，发挥了重要的作用。

（一）起步探索阶段

1985 年，中共中央做出了关于科技体制改革的决定，广东因此拉开了科技体制改革的序幕。通过改革拨款制度、放活科技人员等一系列改革措施，改变了旧的科技体制，极大地解放和激发了科技人员面向市场，为经济建设服务的积极性。

1999 年，广东省深化科技体制改革，进一步推动科研机构和科技人员进入经济建设和社会发展主战场，加速科技成果转化和高新技术产业发展，建立和加强科技创新体系，提高自主创新能力和综合科技实力。此次改革把 69 个省属科研机构重新划分为技术开发类型、咨询服务类型、体现广东优势和特色的公益类型三种。其中，技术开发类型科研机构 39 个、咨询服务类科研机构 18 个、公益类 9 个，另有 3 个技术监督机构不列入科学研究序列。技术开发类型科研机构进入经济建设和社会发展的主战场，实行科工贸、科农贸一体化，向产业化发展。咨询服务类型的科研机构面向全社会组成社会化的服务网络，从事测试分析、中介、咨询、信息、技术培训、技术孵化、技术集成、委托技术开发、企业诊断等科技服务，由科研事业型向科技经营型或中介服务型转变，为社会提供有偿服务。公益类科研机构主要通过争取承担政府委托任务，获得财政对其骨干力量的稳定支持，重点在农业育种和农作物保护、林业育种与保护、水利整治和灾害防治、人民健康领域加强力量。

自 1999 年实施深化科技体制以来，科研机构与市场结合的意识大大提高，通过面向市场，积极参与产学研相结合的技术开发体系，形成从研究、开发、生产、市场紧密结合的新机制。2004 年开始，广东省委、省政府有意识依托省属研究所，组建一批与广东产业结构相适应、对产业发展有直接推动的国内权威的研究开发、技术标准及测试科研机构，组建一批省重点实验室和省公共实验室的建设。整合科技、人才资源，以新的机制体制组建农业、工业、社会发展三大科研机构。

（二）建设发展阶段

2009年，广东成为全国首批事业单位改革试点省份，进一步加快推进深化科研机构改革的进程。结合国家事业单位改革试点契机，广东省科技厅会同省编办、省财政厅对广东省科研机构开展了新一轮全面、系统、深入的调研，多次召开科研机构、科技人员座谈会，广泛听取意见，在深入了解科研机构当前的弱点和问题的基础上，结合广东产业发展需求，按照“成熟一个，发展一个”的原则，提出在工业、农业、社会民生、科技服务等领域分别以优势科研院所为依托组建四大主体科研机构的意见。将通过改革分类定位，整合资源，做大做强广东科研机构，完善广东区域创新体系，在工业、农业、社会民生科技服务业四大社会支柱领域为广东现代产业体系建设提供强有力的产业支撑。

2009年9月27日，省政府办公厅转发《省编办、省科技厅关于深化科研体制改革的意见》，标志着广东新一轮科研体制改革正式启动。该意见明确提出，围绕广东经济社会发展和现代产业体系建设的战略需求，推动科研机构分类整合业务重组，组建若干主体科研机构。2009年12月8日，省编委会议审议通过了《广东省工业技术研究院机构编制方案》和《广东省工业技术研究院所属事业单位分类改革方案》，标志着广东组建主体科研机构工作进入实际操作阶段，为广东组建四大主体科研机构迈出了坚实的步伐。2013年，广东省科技服务业研究院由省编办批准设立，2015年已基本完成主体组建工作。

（三）能力提升阶段

2011年，为提升主体科研机构创新能力，发挥主体科研机构在提高广东自主创新能力、促进经济发展方式转变中的重要作用，省财政设立“广东省主体科研机构创新能力建设专项”，专项资金总额1.5亿元，主要用于支持省内已经组建或正在参与组建的四大主体科研机构的省属科研单位，重点改善各主体科研机构科研条件，切实提高主体科研机构创新能力。

2015年，根据广东省委、省政府部署，原广东省科学院、广东省工业技术研究院、广东省测试分析研究所及广东省石油化工研究院合并，重新组建了广东省科学院，相关23个研究院所相应整合优化为18个骨干院

所。该院研究领域涉及生物与健康、材料与化工、资源环境、装备与制造电子与信息、智库与服务六大板块，基本覆盖全省八大战略性新兴产业，可支撑或部分支撑全省规模以上工业总产值列前40位中40%以上的重点行业。

工业领域：广东省工业技术研究院

广东省工业技术研究院（以下简称“省工研院”）的组建前身，是20世纪70年代组建的广州有色金属研究院，组建当时为直属冶金工业部的国家重点科研基地。改革开放后，历经多次科研体制改革，于1999年划归广东省管理，逐步成长为广东省工业领域规模最大、综合性最强的省属研究机构。2010年，省政府以广州有色金属研究院为基础，正式成立省工研院，目标是要打造一个工业领域的产业技术研发机构，进而为推进广东产业技术自主创新提供骨干支撑。此后，省工研院以技术创新服务产业发展为核心，紧密把握政府战略和市场技术需求的结合点，通过实施“一院两制三体系”机制、人才激励和开放共建机制，走出一条有技术核心竞争力、有产业基础支撑力、有市场运作活力的可持续发展新路。2015年6月28日，广东省工业技术研究院与原广东省科学院、广东省测试分析研究所、广东省石油化工研究院等研究院所整合重组成新的广东省科学院。

农业领域：广东省农业科学院

广东省农业科学院（以下简称“省农科院”）前身是1930年由著名农学家丁颖教授创办的中山大学稻作试验场及1956年成立的中国农科院华南农科所。经过改革开放30多年的发展，省农科院科技综合实力得到全面提升，对发展现代农业的要求也进一步提升。为进一步研究确立农业主体科研机构的战略定位和主要功能，2007年4月，广东省人民政府与省农科院签订协议，依托省农科院共建中国农业科技华南创新中心，全面深化农科院的科技体制改革，走出一条人员能进能出，公益性研究与商业性经营适当分离，利益共享机制有效整合优化各种创新资源的新路径。2009年，广东省启动四大主体科研机构建设，省农科院成为农业主体科研机构的主要建设单位。

社会民生领域：广东省社会科学院

广东省社会科学院（以下简称“省社科院”）前身为1958年10月设

立的中国科学院广州哲学社会科学研究所。1973年改称广东省哲学社会科学研究所，1980年更名为广东省社会科学院。省社科院从20世纪90年代后期开始，在全国社科院系统率先开展从学术理论研究为主转向决策咨询研究为主的探索，逐步明晰了成为广东省委、省政府“智囊团”和“思想库”，注重贴近实践、贴近决策、贴近社会的特色发展定位。2011年以后，省社科院开展从策略型智库向战略型智库转型的二次探索，整合科研资源，提升科研团队集约效能加快建设新型高端智库。

科技服务业：广东省科技服务业研究院

广东省科技服务业研究院（以下简称“省科服院”）是由广东省技术经济研究发展中心、广东省科学技术情报研究所、广东省科技基础条件平台中心、广东省科技合作研究促进中心和广东省科技创新监测研究中心五家单位筹建而成。省科服院重点开展科技服务领域的应用基础研究、共性关键技术攻关、专业技术服务、战略性新兴科技服务、科技成果转化及产业化等领域的工作。省科服院的建设将带动形成产业布局合理、服务功能强大、支撑作用显著的科技服务创新体系。省科服院的建设有利于进一步推动广东科技服务业整合优势资源、拓展服务功能、提升服务水平，促进广东科技服务业快速发展，为广东建设创新型省份和现代产业体系提供强有力的科技服务支撑。

（资料来源：参见李兴华主编《自主创新之路——广东十五科技发展回眸》，广东人民出版社2008年版。）

三、科研院所改革发展

广东通过采取改革科研人员职称评审制度，细化科研人员离岗创业相关规定，允许高校、科研院所设置一定比例流动岗位，推动经营性领域技术入股改革等措施推动科研人员创新创业。

（一）职称评审制度改革

下放职称评审权是深化“放管服”改革的重要举措。2016年，省教育厅配合省人社厅和省科技厅出台《关于进一步改革科技人员职称评价的若干意见》，提出建立激励科技成果转化的职称评审导向、加大职称评审专利指标权重（结合职称评审行业与资格系列特点，对发明专利转化

应用成效突出的，可降低或免去相应论文要求）、将标准制定纳入职称评价指标、进一步向科研创新单位下放职称评审权等系列改革举措，有效调动科研成果转化工作人员的积极性。

2018年，省委办公厅、省政府办公厅印发《关于深化职称制度改革的实施意见》（以下简称《实施意见》），坚持党管人才原则，紧紧把握职称是人才评价“指挥棒”这一战略定位，进一步深化我省职称体制机制改革，建立科学化、规范化、社会化的职称制度。《实施意见》提出，向广州、深圳依法下放正高级职称评审权，向符合条件的地级市、县（市、区）分别依法下放副高级、中级职称评审权。推动向广州南沙、深圳前海、珠海横琴等省人才发展改革试验区的社会组织和企事业单位下放职称评审权限。支持高校、科研院所、医院、新型研发机构、国有企业、高新技术企业、大型骨干企业等企事业单位分别开展自主评审。支持条件成熟的创新创业园区、人力资源产业园区组建社会化职称评审委员会，面向非公有制专业技术人才开展职称评审服务。在放权的同时，加强政府对职称评审工作监督和考核，强化职称评审委员会管理。

搭建职称评价绿色通道，建立高级职称直报和认定制度，为更多创新性人才提供脱颖而出的机会。对具有特殊潜质、在某一专业领域成果显著、知名度高、社会和业内认可，为本省经济发展和社会进步做出突出贡献的专业技术人才，可不受学历、资历、论文等限制，申报相应的高级专业技术资格。据统计，包括深圳光启高等理工研究院创始人刘若鹏等一批高层次人才，我省已累计有214人通过突出贡献职称评审。

《实施意见》还升级职称服务。聚焦我省非公有制专业技术人才职称申报机制不完善问题，明确将港澳台、外籍、从事新职业和自由职业的专业技术人才纳入我省职称服务范围。创新性提出将职称申报与传统的人事档案管理脱钩，提出设立职称直报点，支持条件成熟的创新创业平台等组织面向非公单位人才开展职称评审服务。改革评价与使用衔接，加强与事业单位岗位管理制度、职业资格制度、学位培养制度、继续教育制度相衔接，提升职称在科学引导单位用人中的作用。

（二）经营性技术入股改革

由于职务发明转化收益对科研人员的保障不够明确和有力，导致我省高校科研人才从事科研成果转化的积极性不高，不少科研成果“沉睡”

在高校而未能转化为现实生产力。2016年，省教育厅配合省人社厅和省科技厅出台《关于进一步改革科技人员职称评价的若干意见》，提出建立激励科技成果转化的职称评审导向、加大职称评审专利指标权重（结合职称评审行业与资格系列特点，对发明专利转化应用成效突出的，可降低或免去相应论文要求）、将标准制定纳入职称评价指标、进一步向科研创新单位下放职称评审权等系列改革举措，有效调动科研成果转化工作人员的积极性。

经营性技术入股改革亦惠及高校和科研院所。在深化收益分配及激励制度改革方面，广东省规定高等院校和科研院所以科技成果作价入股的企业，应从该科技成果技术入股股权或收益中提取不低于50%的比例，分配给高等院校或科研院所的科研负责人、骨干技术人员等重要贡献人员。科技人员所获科技成果技术入股奖励股权权属授予个人所有。未来，高校科研人员可以名正言顺地通过有效的科研创新和成果转化致富，学校也可放心地将成果转化收益用于奖励科研人员，不用担心挤占绩效工资总额。这极大调动了科研人员开展科技成果转化以及高校重奖从事成果转化科研人员的积极性。调查显示，2016年上半年，全省共有61家省属科研院所和高校开展了45起经营性领域技术入股改革工作，产生股份收益3.26亿元。

（三）在岗或离岗创业改革

长期以来，高校科研人员创新创业的合法性没有明确，待遇没有得到很好保障，科技人员对离岗期间及期满之后的编制、身份、人事关系、工龄计算、档案工资正常晋升和职称评定等问题存在着很多顾虑，严重影响了高校科研人员的创业热情。2016年省政府办公厅印发了《关于深化广东高校科研体制改革的实施意见》，落实了2015年4月21日国务院常务会议上对促进高校、科研院所等专业技术人员在职和离岗创业的相关要求，明确了高校教师在岗或离岗创业的合法性和相关待遇保障；除担任学校行政序列处级以上领导职务的科研人员（二级学院的院长除外）需在在岗创业前辞去领导职务以外，科研人员均可在“学有余力”的前提下利用已有科技成果在岗创业或到科技创新型企业兼职。对于经学校批准开展离岗创业的，最大限度地保障了其离岗期间的各种待遇，明确了离岗期满后返回学校或自愿解除人事关系的操作要求，有效消除了高校科研人员

创业的后顾之忧。允许高校科研人员在认真履行所聘任岗位职责的前提下，利用本人及其所在团队的科技成果在岗创业或到科技创新型企业兼职；经单位同意的高校科研人员，可离岗从事创业工作，并签订离岗协议，相应变更聘用合同。

（四）远期约定购买制度改革

目前，高校科研创新与经济社会发展“两张皮”的现象依然存在，高校科研项目的立项、遴选和验收方式主要采用行政部门主导的方式进行，由行政部门制定标准，行政部门组织专家进行遴选、评审、验收和评价；作为成果需求方和使用方的企事业单位对项目的立项和验收缺乏话语权。这导致高校的科研创新活动及其成果与经济社会需求结合不紧密，产出了大量“无用”的成果，严重制约了高校服务创新驱动发展的能力和水平。《关于深化广东高校科研体制改革的实施意见》提出，对于已与政府或企事业单位签订创新成果远期约定购买合同，或者形成了其他具有法律效力的需求约定的高校科研项目，在同类项目遴选立项中予以优先考虑。对于政产学研深度结合融合的高校科研创新平台、研发机构和新型智库，在省级财政专项资金综合奖补中予以重点支持。政策明确了将远期约定购买制度拓展到企事业单位，提出将创新需求方和成果使用方参与高校科研项目的申报、遴选和验收等关键环节，并对有明确需求的科研创新活动在遴选立项时予以倾斜，引导高校着力开展“有用”的科研创新活动。着力解决高校科研创新与经济社会发展“两张皮”的问题。

（五）科研经费使用改革

在我省多数科研经费管理办法中，对人员劳务费的开支都有非常严格限制，科研经费的80%左右是用来购买仪器设备、支付材料费等，只有20%左右用于劳务费和专家咨询费。这种规定造成诸多问题：一是科研经费中可用于人员的劳务费少，难以保证研究生获得适当的津贴和补助，更难以聘请研究助理以形成稳定的科研团队；二是大量科研经费只能用于购买仪器设备，出现设备重复购置、资源使用效益效率低下甚至浪费等问题；三是目前科研经费使用中，人员费仅用于支付没有工资性收入的在校研究生、博士后和临时聘用人员的劳务费用，而对于承担科研项目的高校科研人员不能获得智力回报和补偿。

2016年,《关于深化广东高校科研体制改革的实施意见》明确了高校承担的各类省财政资助的科研项目,用于资助研究生、博士后和临时聘用人员等非在职人员的“劳务费”可不设比例限制,项目负责人可根据项目研究的实际需要将更多的科研经费用于聘请非在职的科研人员参与项目研究,构建起一支梯度合理、分工明确的科研团队;同时,可参照《国家自然科学基金资助项目资金管理办法》有关规定和标准设立、安排和使用间接费用,并从间接经费中安排在职科研人员的绩效奖励,且该部分绩效支出不计入高校绩效工资总额基数,从而在一定程度上解决了在职科研人员开展科研活动的智力回报问题。

此外,我省对高校横向科研经费的管理未能体现分类管理原则,许多高校按照《关于进一步加强科研项目(课题)经费监管的暂行规定》的要求将横向科研经费完全等同于纵向财政科研经费来进行管理,严重制约了高校主动对接企业、推进产学研合作的积极性。《关于深化广东高校科研体制改革的实施意见》明确提出横向经费的使用和分配按照合同书约定由项目组自主支配,横向经费的使用不受纵向科研经费使用范围和比例的限制;且横向项目验收合格后,横向经费的结余部分可按高校制订的管理办法统筹用于科研直接支出,或按一定比例以科研绩效的形式直接奖励项目组成员。今后,横向科研经费的管理不再套用财政资金的管理方式和要求,可按照“谁投入、谁负责”的原则实行合同管理,只要能按委托单位的要求完成合同任务,得到委托单位的认可,高校科研人员也可自主支配横向科研经费。本条所指“非财政性资金来源的委托项目”不包括企事业单位承接财政性资金项目后以协助方式委托的项目。

第十一章　培育发展新型研发机构

新型研发机构作为广东本土成长起来的新业态，近年来受到社会各界的高度关注。它们以体制机制改革为发展动力，采用市场化的运作机制，走出一条与传统科研院所不同的发展道路，成为广东科技对外宣传的特色名片。

第一节　新型研发机构率先在广东成长壮大

一、发展背景

近年来，广东陆续涌现出深圳光启、中科院深圳先进研究院、华中科技大学东莞工研院等一批定位理念新、管理体制新、运行机制新、创新模式新的新形态研究开发机构，被称为“新型研发机构”“新型科研机构”“新型研发组织”“源头性技术创新机构”等，引起了社会各界的广泛关注。国家、省、地市政府部门和学术界对这些机构进行了多次调研，初步探究了新型研发机构的现状特点、发展成效、运行机制。根据笔者近两年参与有关调研的体会，结合有关研究成果，本文从历史发展背景、环境因素及综合动因，对广东新型研发机构的诞生、成长和壮大原因做简要分析，希望为有关部门发展新型研发机构提供有益参考。

新型研发机构在我国沿海地区蓬勃发展，尤其是在广东珠三角地区迅速成长。究其原因，有外部形势变化，也有内部发展需求；有发展环境孕育，也有官方力量引导；有经济发展因素，也有科技发展因素。总体而言，可归结为天时、地利、人和三个方面：天时是指国内外发展态势的转变创造了机遇；地利是指广东自身良好的发展环境和产业转型的需求；人和是指广东各级政府着力推动产学研合作工作的努力。

二、发展历程

1996年12月21日，清华大学校长王大中和深圳市市长李子彬签署合作建立“深圳清华大学研究院”协议书，揭开了高校和地方共建新型研发机构的序幕。

1999年6月18日，省政府出台《广东省深化科技体制改革实施方案》，着力推动科研机构和科技人员进入经济建设和社会发展主战场，加速科技成果转化和高新技术产业发展，启动了新一轮科技体制改革。

1999年10月7日，深圳清华大学研究院举行大楼落成典礼，标志着校地共建新型研发机构步伐的开始。

2002年6月19日，省政府办公厅转发了省科技厅、财政厅、人事厅、编办、地税局、国税局《关于深化我省公益类型科研机构改革的实施意见》，推进省属科研机构分类改革。

2005年9月22日，教育部部长周济和广东省省长黄华华分别代表教育部与广东省人民政府在广州签署《关于提高自主创新能力加快广东经济社会发展合作协议》。根据合作协议，教育部组织有关部属高校支持广东省提高自主创新能力，为广东省重点发展的电子信息、生物与新医药、新材料、先进制造、节能与新能源、环保与资源综合利用等领域发展提供技术支撑。

2006年1月，华中科技大学与东莞市签署了《共建东莞华中科技大学制造工程研究院合作意向书》。

2006年2月，中国科学院、深圳市人民政府及香港中文大学经友好协商，在深圳市共同建立中国科学院深圳先进技术研究院，实行理事会管理，探索体制机制创新。

2006年4月27日，时任广东省省长黄华华主持召开广东省教育部产学研结合协调领导小组第一次全体会议。领导小组下设的办公室设在省科技厅。时任广东省副省长宋海宣读了《关于成立广东省教育部产学研结合协调领导小组的通知》。

2006年8月8日，广东省人民政府和教育部共同印发了《广东省人民政府教育部关于加强产学研合作提高广东自主创新能力的意见》，标志

着广东省与教育部产学研合作正式形成，大力推动国内高校创新资源与广东地方开展产学研合作，建设产学研合作平台。

2007 年 5 月 18 日，东莞华中科技大学制造工程研究院第一届理事会第一次会议召开，标志着该研究院正式成立。研究院立足东莞，积极组织项目研发，推动成果转化，发展高新技术产业，加快人才培养，促进在东莞地区的“产、学、研”合作，为推动东莞社会、经济、科技的发展和学校学科建设、科研开发、产业发展做出贡献。同时，也建立起学校与地方政府部门、企业紧密联系合作的崭新模式。

2007 年 6 月 19 日，在深圳市政府的支持下，原华大基因部分员工南下深圳组建成立深圳华大基因研究院。该院应用“三发三带”等先进理念迅速运行，形成科学、技术、产业相互促进的发展模式，建成了一支具有世界一流水平的产学研队伍。

2007 年 10 月 18 日，《广东省教育部科技部产学研结合发展规划(2007—2011 年)》正式印发。该规划发布的两部一省产学研合作顶层设计，有针对性地引进部属高校重点学科和特色学科的优势资源，组建省部产学研战略联盟、组织重大合作项目、建立省部产学研结合示范基地，为新型研发机构的萌芽和发展奠定了良好的基础。

2008 年 9 月 17 日，中共广东省委、广东省人民政府《关于加快吸引培养高层次人才的意见》出台，推动实施创新科研团队引进计划、领军人才引进计划等，为新型研发机构创办和发展提供了高端人才保障。

2008 年 9 月 26 日，两部一省联合制定印发了《广东自主创新规划纲要》和《广东省人民政府教育部科学技术部关于深化省部产学研结合工作的若干意见》，标志着两部一省的产学研合作已上升为两部一省自主创新的全面合作，省部产学研合作得到进一步深化。

2009 年 1 月 22 日，广东省人民政府、中国科学院在广州举行《广东省人民政府与中国科学院全面战略合作协议》签署仪式，着力引入中科院科技创新资源支持广东发展，标志两部一院一省产学研合作格局形成。

2010 年 7 月 13 日，深圳光启高等理工研究院在深圳揭牌成立。该研究院因其在超材料学科上的独创性和开拓性，被深圳市政府选为 2010 年深圳十大自主创新工程，并列入深圳市“十二五”计划重点支持的科研平台机构。

2010 年 7 月 26 日，广东省政府分别与工业和信息化部、中国工程院在广州签订全面推进产学研合作协议，标志着“三部两院一省”共同推进产学研合作的新局面在南粤大地拉开序幕。

2010 年 8 月，国务院总理温家宝视察了光启超材料技术实验室，考察了光启研究院人才引进与产业化项目进展情况，鼓励光启吸纳全球才俊，进行科技源头创新。

2010 年 9 月 5 日，中共中央总书记胡锦涛参观了光启科技成果展，充分肯定了深圳科研机构的创新工作。

2010 年 10 月 31 日，《广东省引进创新科研团队评审暂行办法》正式印发出台。该办法是广东省引进创新科研团队专项计划的指导性文件，随后正式启动首批创新科研团队、领军人才申报工作，其中深圳光启高等理工研究院、深圳清华大学研究院、中科院深圳先进技术研究院、华大基因研究院、东莞华中科技大学制造工程研究院等新型研发机构均获得首批创新科研团队专项支持。

2011 年 9 月，国务院发展研究中心主任陈清泰向时任中共中央政治局常委、广东省委书记汪洋提交了《支持源头技术创新机构发展的建议》，得到省主要领导的肯定批示，要求着手新兴源头技术创新机构的调研工作。

2012 年 2 月，广东省委政策研究室和广东省科技厅组成联合调研组到东莞、深圳等地进行调研，起草和提交了《关于广东珠三角新兴源头技术创新机构发展的调研报告》，受到了国家科技部和广东省主要领导的高度重视和充分肯定。

2012 年 4 月 10 日—12 日，为落实科技部和广东省政府主要领导的重要指示精神，进一步推动此类新型创新机构的发展，科技部、广东省科技厅和省委政研室组成部省联合调研组，赴深圳、东莞和广州，对典型新型创新机构的机构属性、支持方式、发展模式、存在困难以及对扶持政策的需求等开展了进一步调研。

2012 年 11 月 12 日，根据科技部和广东省联合需求调查情况反映，财政部、科技部、民政部、海关总署、国家税务总局等五部门联合发布了《关于科技类民办非企业单位适用科学研究和教学用品进口税收政策的通知》，明确自 2013 年 1 月 1 日起，对符合条件的科技类民办非企业单位以科学研究为目的，在合理数量范围内进口国内不能生产或者性能不能满足需要的科研用品，免征进口关税和进口环节增值税、消费税。

2012 年 12 月 7 日，中共中央总书记习近平考察深圳光启高等理工研究院，视察光启科技创新、产业化应用的进展，高度肯定了光启的发展方向和模式。同时，习近平总书记还强调国家要走创新发展之路，首先要重视创新人才的聚集，应该择天下英才而用之。

2013 年 10 月，全国政协教科文卫体委员会“深化科技体制改革，促进新型研发组织发展”调研组到广州、东莞、深圳等地市开展调研，与省政府及有关部门座谈交流，考察了若干具有典型意义的研发组织和科技型企业，起草《关于深化科技体制改革促进新型研发组织发展的报告》，广东省省长朱小丹做了重要批示。

2014 年 6 月 21 日，《中共广东省委、广东省人民政府关于全面深化科技体制改革加快创新驱动发展的决定》正式颁布。该决定提出要运用市场化机制新建一批新型科研机构，在项目、人才、资金等方面给予重点扶持，为新时期新型研发机构的发展提供了制度环境。

2014 年 9 月 28 日，“2014 年广东省新型研发机构建设现场会”在东莞召开，会议参观了全省新型研发机构成果展及华南设计创新院、东莞华中科技大学制造工程研究院，并召开座谈会，时任中共中央政治局委员、广东省委书记胡春华和省长朱小丹出席会议并讲话。会议强调，要深入贯彻落实党中央、国务院关于全面深化科技体制改革、加快创新驱动发展的决策部署，学习借鉴东莞市的经验，发挥优势、主动作为，加快推进新型研发机构发展，更好地促进我省产业转型升级。会上，省内典型新型研发机构总结了自身的好经验好做法，为大力推进新型研发机构建设提供了参考。省领导马兴瑞、林木声，广州市市长陈建华，深圳市市长许勤，中山大学党委书记郑德涛，各地级以上市及顺德区主要负责人、分管科技相关负责人，省直有关单位、新型研发机构、省外高校和科研机构有关负责人参加了会议。

2017 年 12 月 26 日，广东省新型研发机构创新发展工作交流会在广州召开，主要任务是贯彻落实党的十九大精神，总结近年来省级新型研发机构发展情况，推广典型新型研发机构发展经验模式，探讨新型研发机构未来发展方向，部署推进我省新型研发机构的发展建设，不断完善我省区域创新体系。副省长黄宁生出席会议并讲话，省科技厅厅长王瑞军主持会议，刘炜副厅长做广东省新型研发机构发展情况报告。来自各地市科技管理部门分管新型研发机构的负责同志、各有关高校和科研院所的负责同志、全省新型研发机构代表，以及有关的专家学者共200多人出席会议。

第二节　新型研发机构成长为广东区域创新体系的重要组成部分

一、发展现状

从2014年9月28日现场会以来，经过近两年大范围高强度的宣传和培育工作，全省新型研发机构进入了一个快速发展的阶段。各地市逐步形成了对新型研发机构的共识，加大了对新型研发机构的建设和扶持力度，全省新型研发机构的数量和质量有了较大提升，成为了创新驱动发展的“生力军”。

（一）凝聚共识共同推进，区域分布趋于合理

截至2017年年底，全省共有广州、佛山、东莞等16个地市针对新型研发机构出台了专项政策文件，并有18个地市设立了专项资金支持新型研发机构发展。经省政府批准认定的省级新型研发机构共219家，其中珠三角地区共有191家，占总数的87.2%。粤东西北地区的新型研发机构数量也有了显著提升，机构数量达到28家，机构数量占比由2015年的8.9%提升到2017年的12.8%。全省形成以广州、深圳为龙头，珠三角地区紧随其后，粤东西北联合跟进的发展格局。

（二）研发人员规模不断提升，高端人才加速集聚

截至2017年年底，新型研发机构研发人员达到2.7万人以上，同比增长4%。平均每家机构从事研发工作人数达到126人，形成了一支稳定而富有活力的研发团队。其中，院士、“千人计划”“长江学者”“国家杰出青年”等高端人才达到720人，平均每家机构拥有3位，大大增强了机构的创新能力。

（三）研发投入稳步增长，基础条件不断完善，创新活动持续活跃

2017年，全省新型研发机构研发支出达132.4亿元，平均每家机构研发投入达0.6亿元；研发场地面积达257万平方米，平均每家机构研发场地面积约达到1.2万平方米；科研仪器设备原值达到176.8亿元，平均每家机构科研仪器设备原价总值达到0.8亿元。持续的研发投入有效激发了创新活力和提升了创新活动频率，科研基础条件的持续完善也为研究开发提供了有力保障。

（四）研发产出大幅提升，创新绩效显著增加

2017年，新型研发机构有效发明专利拥有量达11756件，较上年同比增长为59.6%，平均每家机构有效发明专利拥有量达到54件。发表论文数达6480篇，较上年增长为13.4%，平均每家机构为30篇。牵头或制定标准数达343个，较上年增长为17.9%，平均每家机构为1.6个。科研产出绩效稳步增加，原始创新能力初步形成。

（五）成果转化能力不断增强，可持续发展能力显著提升

近三年，新型研发机构成果转化收入和技术服务收入不断增加，2017年达到600.77亿元，平均每家机构达到2.7亿元；机构总收入达到980.4亿元，较上年增长为6.8%，平均每家机构达到4.5亿元，可持续发展能力不断强化。

（六）创办孵化能力得到强化，社会影响力不断增强

新型研发机构累计创办孵化企业数稳步提升，由2015年的3779家增长到2017年的4460家，平均每家创办孵化企业20家。创办孵化的企业中共有910家被认定为高新技术企业，有效地支撑了当地高新技术产业的发展，经济效益等创新绩效显著，社会影响力不断增强。

从目前219家机构来看，新型研发机构在遵循市场与创新规律、破除体制弊端，充分利用产学研合作机制、加速创新人才集聚，解决科技与经济的有效结合等方面起到了良好的模范带头作用，充分释放了创新活力，

成为了广东省实施创新驱动发展的新动力。①

二、机构分类

（一）高校主导的校地共建型

这是数量最多的一种类型，具有如下特点：一是机构由校地共建，以高校经营管理为主；二是研发的目的在于促进当地产业行业的转型升级，同时实现自身（机构增值和学科建设）的发展；三是研发导向上主要以市场导向为主，与当地对技术创新研发及技术服务的需求紧密结合；四是研发的服务对象主要面向企业，其中以服务当地企业为主；五是在运行机制上企业化，除部分主要领导的考核管理仍隶属于所在高校的体系外，其他人员都通过企业化进行管理；六是在组织结构上表现为独立核算、自主经营、自负盈亏的独立法人组织。这类机构的数量约占六成，成功代表是东莞华中科技大学制造工程研究院、深圳清华大学研究院等。鉴于依托高校投入力量多少、合作机制等原因，各个机构运作的成效有较大差异。

（二）科研机构主导的院（所）地共建型

这类新型研发机构主要是由央属或大型科研机构与地方政府合办，具有如下特点：一是机构隶属于原有科研机构，在体制上、编制上有延续，管理模式基本与原有科研机构一致；二是主要面向当地产业、企业，研发方向逐渐转向市场导向，但其功能仍是以转化原有科研机构的科技成果为主，研发导向实质上由原有科研机构所决定；三是其在运行机制上相对原有科研机构具有一定的自主性和灵活性，在经营决策以及人员招聘上部分通过市场机制解决。这类机构主要是在省院合作框架下，由中科院系统院所与地方共建的新机构，部分在运作机制上也有较大突破（如中国学院深圳先进技术研究院），也有部分机构在管理模式、运行机制上基本与原有科研机构一脉相承，在研发方向上与当地市场需求的结合不够紧密（如中国科学院广州生物医药与健康研究院、广州中国科学院工业技术研究院等）。

---

① 相关数据根据广东省科技厅《2017年广东省新型研发机构评审数据》整理而得。

（三）社会法人主导型

这类新型研发机构主要是由企业、社团组织等社会法人通过自建或多方共建的形式创办，具有如下特点：一是研发的目的在于推进科研成果的转化、产业化和商业化，从而为自身创造更多的财富，创富动机明显；二是研发导向完全市场化，根据市场的需求进行研发方向、项目的选择；三是以企业化模式运行，机构组织与运行完全市场化、企业化。这类机构的主要代表是深圳华大基因研究院、深圳光启高等理工研究院，虽然数量不多，但是成效显著。研发型企业也属于此类。

（四）联盟组织共建型

这类新型研发机构主要是政府根据地方发展需求主导建设，部分联合多家单位、联盟、协会等共建，具有如下特点：一是法人性质多属于事业单位或民办非企组织，如华南新药创制中心则是由广东九家骨干医药企业每家出资1000万元共同成立的科技类民办非企业机构；二是其运行机制具有不确定性，传统的事业单位管理体制特性以及部分企业化运行特性都能在其身上有所体现；三是相对于前面三种类型，其对市场约束的敏感性相对较低。这类新型研发机构的运行模式有可能跟传统的事业单位类似，如广东华南家电研究院、广东省云浮石材研究院等。

三、功能定位

新型研发机构的功能定位，也就是要明确其“做什么”，体现新型研发机构的总体功能目标及其开展的主要功能内容，体现其与传统科研机构的不同。因此，功能定位是否明确、合理，直接关系到新型研发机构未来发展的前景和地位，关系到新型研发机构的持续发展。

对广东新型研发机构的研究表明，不同组织模式构成的新型研发机构的功能定位是有差异。民办公助的新型研发机构，其可能更注重于市场与产业化方面，但由于有公助的特性，在推进产业化发展的同时还要体现政府意图，在自身发展的同时还承担着引导产业技术创新的路径与方向，带动产业整体技术水平提高等功能。而对于国有体制类型的新型研发机构，由于固有的国有属性影响，其可能更注重将产业技术和科学研究的结合，在产业化方面注重科技成果的转化、孵化，承担着为产业发展提供源源不断的技术支撑的功能。尽管存在这些差异，但从目前新型研发机构所起的作用来看，他们在功能目标方面的共同点是明显的，就是引导产业技术创新路径与方向，充分发挥以研发投入（源头创新）带动产业发展的杠杆作用，达到培育具有竞争力的企业，促进新兴产业发展的目标。

更进一步的研究表明，新型研发机构功能发挥的过程，就是一个有效协同、整合了大学、企业与政府、研发与产业、科技与金融等多种创新资源，在产业创新链的不同阶段发挥重要作用的过程。其主要功能包括以下四个方面。

（一）开展科技研发

围绕我省重点发展领域的前沿技术、战略性新兴产业关键共性技术、地方支柱产业核心技术等开展研发，解决产业发展中的技术瓶颈，为全省乃至全国创新驱动发展提供支撑。

（二）科技成果转化

积极贯彻落实国家和省关于科技成果转化政策，完善成果转化体制机制，构建专业化技术转移体系，加快推动科技成果向市场转化，并结合全省产业发展需求，积极开展各类科技技术服务。

（三）科技企业孵化育成

以技术成果为纽带，联合多方资金和团队，积极开展科技型企业的孵化与育成，为地方经济和科技创新发展提供支撑。

（四）高端人才集聚和培养

吸引重点发展领域高端人才及团队落户广东，培养和造就具有世界水平的科学家、科技领军人才和创业人才服务地方经济发展。

四、主要政策

目前，关于新型研发机构的政策包括《广东省新型研发机构管理暂行办法》《关于支持新型研发机构发展的试行办法》和《关于加快科技创新的若干政策意见》。新型研发机构的主要政策内容来源于《关于支持新型研发机构发展的试行办法》，其具体的关键内容包括以下内容。

第五条：省大型科学仪器设施协作网（广东省大型科学仪器设施共享服务平台）向新型研发机构开放。

第六条：新型研发机构在申报、承担各级财政科技计划项目时，可享受科研事业单位同等资格待遇。

第七条：新型研发机构科研人员参与职称评审与岗位考核时，发明专利转化应用情况可折算论文指标，技术转让成交额可折算纵向课题指标。

第八条：新型研发机构聘用本科以上专业技术人员、管理人员及海外留学人员，符合条件的可享受国家规定的以及省和所在地市有关引进人才（海外高层次人才）的优惠政策。

第九条：对新型研发机构的科研建设发展项目，可依法优先安排建设用地，省市有关部门优先审批。符合国家和省有关规定的非营利性科研机构自用的房产、土地，免征房产税、城镇土地使用税。按照房产税、城镇土地使用税条例、细则及相关规定，属于省政府重点扶持且纳税确有困难的新型研发机构，可向主管税务机关申请，经批准，可酌情给予减税或免税照顾。

第十一条：对符合条件的新型研发机构进口科研用仪器设备免征进口关税和进口环节增值税、消费税，具体名单由省级科技行政部门报海关广东分署备案；未能享受以上税收优惠的，省级财政行政部门根据上年度进口科研用仪器设备金额给予一定比例的经费支持。

第十二条：支持新型研发机构开展研发创新活动，对上年度非财政经费支持的研发经费支出额度择优给予不超过20%的补助，单个机构补助不超过1000万元。已享受其他各级财政研发费用补助的机构不再重复补助。

五、典型机构案例

案例一：广东华中科技大学工业技术研究院

一、基本概况

广东华中科技大学工业技术研究院（以下简称“工研院”）创建于2007年，是在广东省“三部两院一省”产学研结合大背景下，由东莞市政府、广东省科技厅和华中科技大学合作共建的技术研发、技术服务和产业孵化的公共创新服务平台，属于高校与政府共建型新型研发机构的典范。工研院坐落于东莞市松山湖高新技术产业开发区，主要从事行业数控系统及装备、智能制造装备、高端核心关键零部件等领域技术研发与成果转化，于2015年被省科技厅认定为第一批新型研发机构。

工研院的性质为非营利研究开发型事业单位，行政上直接隶属东莞市政府，但无事业编制、无级别。工研院秉持“创新是立足之本、创造是生存之道、创业是发展之路”这一宗旨，不断为产业发展提供共性关键技术，为团队和个人提供创业支撑平台，为科技成果提供转化落地基地。

二、运营模式之“新”

在投资模式方面，工研院建设初期注册资金为1000万元，为解决科研场地和仪器设备等问题，东莞市人民政府财政出资1.2亿元。华中科大则以技术成果、专利、人才团队、软件、仪器设备等形式支持工研院建设与发展，各项出资1.2亿元。双方对等投入，产权各占50%。

在组织管理上，工研院采用理事会领导下的院长负责制。在院务部下成立若干事业部，事业部由学术带头人围绕各研究领域成立创新团队，创新团队在成果转化环节由投资部门负责投资运作成为独立公司，工研院以一定比例和孵化公司进行分红，形成闭环。

在产业孵化方面，为支撑创新团队开展科技成果转换，工研院发起成立了东莞首支面向先进制造业的股权投资基金——华科松湖基金，并与多个镇街合作共建产业园，已建设“华溪城”创新产业园，建成3个生产基地。目前已孵化110余家企业，其中自主创办企业31家，建设了43000平方米的松湖华科产业孵化园。

三、运作机制之“新”

在机构运营上，采用的是“事业单位、企业化运作”的新型体制机制，其体制机制特色可以用“三无、三有”概括，即“无级别、无编制、无运行费”，但是“有政府支持、有市场营利能力、有高效的激励机制”。

在激励机制上，建立明确的成果利益分配关系，以“股份制”代替“打分制”，克服利益分配的短视行为，实现合理分工。建立新型人事管理制度，以“聘用制”打破“终身制”，确保人才引得进、留得住、用得好，增强对国内外优秀人才的吸引力和凝聚力。

在项目运作上，建立团队成员之间的联合关系，以“事业部制”代替“课题组”，进而丰富团队成员结构（增加工程人才和商业人才）、提

高决策效率（适当的等级制度代替松散的合作关系）、密切利益关系。

四、开放合作之“新”

在产学研合作方面，工研院与企业和镇街共建研发平台，通过组建产学研创新联盟（已组建5个以上各种形式的创新联盟）等形式积极开展产学研合作，让科技与产业实现对接。与东莞专业镇政府联合共建专业镇创新平台，如与东莞大朗、寮步、常平开展“一镇一校”合作，与横沥、石碣、桥头、清溪等镇建立了专业镇公共创新平台和协同创新中心，与东莞长安联合组建了模具国家重点实验室长安试验中心等。

在人才合作方面，工研院致力于建立科研成果评价机制，以“多元化”代替“分类制”，实现“理论成果上书架、技术成果上货架”，不论年龄、资历、国籍，通过构建公平合理的成果评价机制，进而构建公开透明的人才竞争环境。

五、主要的发展特点及成效

截至2017年9月，工研院累计开展科研项目900多项，其中，承担国家级项目16项、省级项目86项、市级项目32项。发起了全国数控一代示范工程，建设了全国首批智能制造示范点，全国注塑机节能改造示范点，在我国制造领域三次重大战略中发挥了重要作用。

通过吸引风险投资、社会资本等形式，实现科研成果转化及产业化，先后创办了50家企业。例如，在纺织、木工、模具等行业推广应用专用控制系统及装备共1661台/套，实现销售收入7634. 2万元；建立10家行业示范企业。为169家企业提供技术咨询、技术改造、人才培训等服务。

工研院积极延伸公共科技服务平台服务范围，全面转移松湖华科国家级科技企业孵化器建设和运营经验，打造“华科城”系列孵化器，目前已经在大岭山、道滘、石褐、厚街、韶关等地建设了7个孵化园区，建成国家级科技企业孵化器1家，省级科技企业孵化器2家，市级科技企业孵化器3家，国家级众创空间3家，合计孵化面积30万平方米。

案例二：广州市香港科大霍英东研究院

一、基本情况概述

广州市香港科大霍英东研究院于2007年注册成立，机构性质为民办非企业，注册资金2000万，属于境外高校和政府共建型新型研发机构的典范。研究院由香港科技大学负责知识转移事务的协理副校长担任法定代表人，实行由院长全权管理、全职经理负责的管理及运行机制，实施董事会集中决策机制。

研究院围绕物联网、先进制造与自动化、先进材料、绿色建筑与环境四大领域开展科技研发工作，同时为境内外企业提供技术研发服务。研究院以粤港合作为核心，引进海外先进技术，积极进行本地转化；依托优势的科技资源，形成立足南沙，辐射珠三角的技术支撑平台，着力推动珠三角传统产业升级，成功走出了一条以粤港合作为基础的创新型研发机构建设道路。

二、运营模式之“新”

在投资模式方面，研究院的设立开创了香港高校投资内地建立研究院的独特模式。具体来说，霍英东集团对研究院的投资属于间接投资，首先霍英东集团捐款在香港设立了香港科大霍英东研究院。为了开拓内地业务，香港科大霍英东研究院在广州成立广州香港科大研究开发有限公司，然后由广州香港科大研究开发有限公司代表香港科大投资2000万元到广州市香港科大霍英东研究院。这种方式被很多外地高校所效仿，有效地控制了投资风险，也使得研究院的体制机制更加灵活。

在孵化模式方面，研究院在广东自贸区南沙片区建设一个具有国际特色的创新创业平台及国际化产学研创新实践基地——“粤港澳（国际）青年创新工场”、互联网+/智能制造主题创客空间，并牵头组建“粤港澳高校创新创业联盟”、打造“离岸创客空间”，促进粤港澳青年在社会、经济、创新领域的合作与发展，搭建平台集聚粤港澳创新资源。

三、体制机制之“新”

在机构运营方面，研究院为民办非企性质，主要承担政府委托的公益性项目，在承担公益性职能同时，也坚持可持续发展的经费投入模式，通过建立“以开拓商业合作收入为主，依托大学行政拨款为辅，积极承担政府产学研计划项目”的发展模式，达到收支平衡、自负盈亏的长远目标。

在激励机制方面，研究院内各研发部均由科大知名学者担任领头人，以本地全职研发团队为核心研发力量，并建立以产业化项目、科研成果、技术创新产品作为主要考核指标，科技项目为辅助考核指标的KPI考核机制，最大限度地发挥科研人员的主观能动性，鼓励研发团队孵化高新技术企业，提升科技成果向产业化转移的能力。

四、开放合作之“新”

在产学研合作方面，研究院与企业的合作方式主要是共建联合实验室的协议。例如，与中国电信股份有限公司北京研究院共建移动智能感知技术联合实验室合作协议，与广东省环境监测中心共建南沙珠江口空气质量监测超级站合作协议，与山东琦泉集团共建新能源研究联合实验室协议等。

在开放合作方面，研究院充分发挥科大的科研实力优势与国际网络资源优势，将香港乃至世界一流的科技成果引进到南沙的产业化平台。为国内外知名企业及大学提供关键技术攻坚和生产技术优化升级服务。例如，物联网研发部与新加坡南洋理工大学研发团队合作的基于传感器的轨迹跟踪技术合作，与香港科技大学合作的轻质高强无人船体材料关键技术研发与应用项目。

五、主要的发展特点及成效

研究院自成立以来，共承担政府及商业科研项目450个，项目金额超过2.4亿元人民币，带动企业研发投入超过8.0亿元人民币。服务机构283家，其中企业136家。承担项目包括“973”计划、“863”计划、国家自然科学基金项目，以及省、市、区产学研合作项目204项；为国内外知名企业及大学提供关键技术攻坚和生产技术优化升级服务，技术服务项目254项。

研究院一直定位于高水平技术研发，过去三年有两项技术获得省级技术奖励。“基于物理层技术的无线网络性能优化研究”项目获得2015年度广东省科学技术一等奖、“基于智能协同的密集型无线网络关键技术及应用”获得2017年度广东省科学技术二等奖。

（资料来源：根据相关调研资料整理。）

第三节　新型研发机构是广东科技体制改革的重大成果

纵观新型研发机构的发展历史，离不开政府部门不懈推动产学研合作的努力。为了解决广东创新资源不足的问题，广东省委、省政府把产学研合作作为推动科技成果产业化、促进科技与经济紧密结合的重要抓手，并在2005年携手教育部、科技部启动省部产学研结合试点工作；2009年与中国科学院开展全面战略合作，引导和支持全国高校及科研机构，尤其是国家重点建设高校、中科院科研院所，与广东的产业界开展自主创新全面合作，到广东创建各种类型的创新平台，促使广东再次成为“孔雀东南飞”的重要落脚点。目前全省180家新型研发机构中，绝大部分都是为推动产学研合作而建设的机构或组织，是广东着力推动省、部、院产学研合作的重要成果。

一、体制机制创新

新型研发机构虽然不以追求现实经济效益为目标，但为了保证高水平研究所需经费，除依靠政府资金支持外，也通过主动参与市场竞争而获取多种资金支持。新型研发机构在协同创新中获取收益的手段主要包括服务成果回报和投资成果回报。服务成果回报主要通过产业共性技术研发、中试工艺研发获得技术成果，进而进行转让，通过中试线对外服务获得技术收入，通过知识产权、产品评价与检测、人才培训等服务获得服务收入。各项服务回报实行研究院与服务团队共享机制，合理分配。投资成果回报主要通过对项目孕育期投资、创业期直接投资、技术成果入股、创业服务转换股权等多种形式参与创业项目成果分配。

新型科研机构采用市场化运作，其显著特色是集产业共性技术研发、成果转化、公共服务和人才培养为一体，实现从研发创新到产品再到市场的快速转化，在一些关键核心领域取得原创性技术成果并实现产业化。如深圳华大基因创造了遵循基因组学发展规律的“三发三带”创新模式，即坚持由基因组为基础的科学发现到技术发明和产业发展的“三发”联动，以与国际竞争接轨的大科学项目为引领，带学科、带产业、带人才，形成了科学、技术、产业相互促进的发展模式，建立了以科研为龙头、教育为根本、产业为支撑的稳固发展模式，形成了科学探索、人才培养、综合研发、产业创新的产学研一体化创新格局，实现了以创新体制为保证、以新技术为支撑的生命科学与生物产业发展互动的新战略布局。深圳光启高等理工研究院则探索出了从研究开发、成果转化到投资收益再投资的良性市场化运作机制。其基本模式是先由当地政府和研究院成果转化公司联合投资光启理工研究院，等开发项目到了相对成熟阶段，成果转化公司即成立项目公司，项目公司如有收益则回报给成果转化公司，最终成果转化

公司继续投资光启研究院，从而完成从投资、研究、产业化到再投资的良性循环。

对于一个科研组织来讲，人才是第一位的，各新型研发机构都非常注重高端人才集聚。深圳华大基因研究院秉承“不拘一格降人才”的理念，取得了突出成效。如年仅17岁的高二学生就可以担任研发经费达500万元的项目组长；在《自然》杂志上发表论文《构建人类泛基因组序列图谱》的4位作者的平均年龄仅为25岁，这篇论文首次提出了“人类泛基因组”的概念，为人类基因组研究做出了里程碑式的贡献，为我国科学家在国际顶尖领域占据了一席之地。深圳光启高等理工研究院则采取“人才甄别人才，人才引进人才”的选才方式，以国际顶尖科研人员去吸引、甄别和引进同等水平人才，集聚了一大批高端科研和管理人才。江苏省（苏州）纳米产业技术研究院高度重视对研究院负责人的选择，在全球范围内招聘技术过硬、有工程平台建设和产业化运作经验的纳米领军人物担任院长。同时，十分重视研发团队建设。纳米技术高端人才是产业发展的核心力量，研究院集聚了包括6名院士、10名“千人计划”、18名中科院“百人计划”、17名江苏省“双创”、54名园区领军、54名园区领军以及多位“973”计划、“863”计划首席专家、“国家杰出青年”和“长江学者”在内的高端人才梯队。

考核机制是机构发展目标导向的重要体现。新型研发机构以创新为根本，以催生新产业和创造社会财富为目标，采取较为灵活的考核评价机制。在成果考核时，定位于基础研究的研发组织设立有利于自由探索的考核机制，以推动科学研究的实际贡献来评价研究成果；定位于应用开发的研发组织则强调市场导向，以满足产业需求为目标，以对产业发展的贡献来考核研究成果。这些举措都使研发效率和科技服务社会能力大大提高。

新型研发机构普遍采取各种激励机制，鼓励创新型人才不断涌现，为人才成长提供了广阔空间。深圳光启高等理工研究院通过与国际接轨，建立终身制度，从初级科学家开始一步步晋升为终身科学家，在各个阶段，研究院都会为其营造一流的学术氛围，给予充足的资金支持和各种保障。同时还建立了较为严格的遴选机制，对每位科学家每两年评估一次，如果合格，经过6年时间就可由初级科学家晋升为终身科学家，不合格者将被降级或辞退。另外，还建立破格提拔机制，对于具有突出才能的研究员提前晋升。深圳华大基因研究院建立了灵活激励机制，在人员聘用和晋升上大胆任用具有极强创新意识和创新能力的年轻人，不论年龄，不论资格，不论学历，一大批青年才俊持续涌现，为研究院的后续发展注入了活力。昆山工业技术研究院建立了吸引和鼓励创新人才的激励机制，包括高层次人才补贴制度、各级人才计划推荐选拔制度和科技成果申报奖励制度。

二、产学研合作

作为产学研资的连接通道，新型研发机构在人才、产业、体制等领域表现抢眼，在当下被赋予了全新的意义。它们的存在，不仅为破解科研与市场对接“两张皮”痼疾提供了一种新渠道，也为科技和经济社会发展深度融合、孕育培养“科研产业”找到了新的方向。

新型研发机构将研发立足于产业的发展，开拓了科技与产业相结合的新途径，加快了产业转型升级的步伐。通过技术改造、合作研发、成果转化、企业孵化、创业投资等方式，自 2015 年以来，新型研发机构三年来服务企业超过 3 万家，成功孵化了 1000 多家企业，催生了新材料、基因测序等一批新兴产业的发展壮大，有力推动产业结构转型升级。比如，华中科大东莞研究院根据东莞的家具、针织、食品、服装、造纸等传统产业技术需求，自主研发了十几类、几十个系列的行业关键设备，申请专利 100 多项，改变了传统产业生产设备严重依赖进口的局面；深圳清华大学研究院累计孵化了 600 家企业，创办和投资了 180 多家高新技术企业，15 家上市公司。

第十二章　集中抓好核心关键技术攻关

科技兴则民族兴，科技强则国家强，核心科技是国之重器。习近平总书记在主持2018年中央财经委员会第二次会议时强调，要提高关键核心技术创新能力，把科技发展主动权牢牢掌握在自己手里，为我国发展提供有力科技保障。改革开放以来，广东运用市场化机制，整合科技规划和资源，按照中央和国家的有关部署，不断完善政府对基础性、战略性、前沿性等核心关键技术的支持机制，瞄准全省国民经济和社会发展各主要领域的重大科技问题，逐渐形成省市联动推进核心技术攻关的有效机制，为全省经济社会发展提供了强大的科技动力。

第一节　谋划部署省级重大科技专项

2006年，国务院颁布实施《国家中长期科学和技术发展规划纲要(2006—2020年)》，提出“自主创新，重点跨越，支撑发展，引领未来”的“16字”指导方针，明确指出必须提高自主创新能力，在若干重要领域掌握一批核心技术，拥有一批自主知识产权，通过核心技术突破和资源集成，在一定时限内完成重大战略产品、关键共性技术和重大工程的研发，实施国家重大专项。为贯彻落实国家部署，广东于2008年4月首次启动省级重大科技专项攻关计划。从“十一五”到“十三五”，各个五年科技创新规划中，广东都专门对实施重大科技专项进行详细部署，系统谋划这一科技工作的重要抓手。

一、“十一五”启航：带动形成经济新增长点

“十一五”期间，广东开始组织实施重大科技专项。2008年，省政府开始设立“节能减排与可再生能源”“创新药物的筛选评价”及“产业共性技术”3个省重大科技专项，并投入财政专项经费予以重点支持。专项加速了石化、钢铁、陶瓷、造纸等重点耗能行业节能减排关键技术集成与应用示范，带动了LED、高端新型电子信息、新能源、新材料、生物医药等新兴产业加快发展，逐步形成新的经济增长点。

实施重大科技专项，成为当时促进全省经济社会全面转入科学发展轨道，构建和谐广东的重要举措。

（1）实施重大科技专项是推进节能减排的客观要求。省政府设立“节能减排与可再生能源”重大科技专项，决心用两到三年的时间，集成一批节能减排的先进技术，促进高能耗、高排放、高污染重点行业的节能减排；研发一批节能减排的产品及装备，加快发展节能环保产业；示范一批节能减排企业、园区、城市，推动广东省可持续发展，为圆满完成广东“十一五”节能减排约束性指标和重点任务提供有力支撑。

（2）实施重大科技专项是进一步改善民生，以人为本的具体体现。突出以人为本、和谐发展是新时期的重要特点。为促进我国经济社会协调发展、构建社会主义和谐社会提供有力的技术支撑，要求我们更加关注民生，更加有效地解决医药卫生等人民群众最关心、最直接、最现实的利益问题，让科技成果走进百姓生活，惠及千家万户。广东实施“创新药物的筛选评价”重大科技专项，就是着眼于提高人民健康水平，积极整合全省医药科技资源，重点研制肿瘤药物、心脑血管病药物、代谢病药物、抗感染药物和传染病药物等重大原创新药，构建具有华南特色的国际一流的新药创制体系，为攻克严重影响公共卫生和社会安全的感染性和突发性疾病，保障人民群众生命健康，建设和谐广东做出积极贡献。

（3）实施重大科技专项是实施自主创新战略、提高我省产业竞争力的现实需要。自主创新是科技发展的战略基点。《广东省产业技术自主创新“十一五”专项规划》明确提出要建立适应社会主义市场经济体制、符合产业发展规律的产业技术自主创新体系，实现关键技术和核心技术攻关的新突破。瞄准上述目标，“产业共性技术”重大科技专项坚持需求导向，集聚创新要素和资源，着力突破制约全省经济社会发展的核心技术和

关键技术，形成一批具有竞争力的重大产品和关键零部件，努力实现优势领域的战略突破。

（4）实施重大科技专项是解放思想、创新科技项目管理的重要实践。长期以来，科技项目管理成效卓著，但还存在着重立项、轻管理等现象，不太适应组织实施重大科技专项的要求。要突破这种思维定式，必须继续解放思想，自觉地把思想认识从传统的、不适应当前自主创新发展要求的观念、做法和体制的束缚中解放出来，学习国内外先进经验，创新科技项目管理模式，强化绩效考核，实施好重大科技专项，为科技管理创新多出经验，多做贡献。

“十一五”期间，广东首次以重大科技专项为抓手，坚持重点突出、实效优先的原则，瞄准我省重点领域和重点行业的重大科技需求，以重大关键共性技术攻关、重大战略产品开发和重大科技示范工程为重点，大力培育新兴产业，全面提升我省自主创新能力，促进产业升级，提升综合竞争力，实现经济、社会和环境的全面协调可持续发展。

二、“十二五”续航：培育发展战略性新兴产业

“十二五”期间，我省紧密衔接国家重大科技专项，组织实施一批战略性新兴产业重点项目。2014 年 4 月开始，省科技厅牵头开展省重大科技专项的系统谋划和遴选凝练工作。经过广泛征集建议，深入调研、反复论证，最终遴选出九个重大科技专项，包括计算与通信集成芯片、移动互联关键技术与器件、云计算与大数据管理技术、新型印刷显示技术与材料、可见光通信技术及标准光组件、智能机器人、新能源汽车电池与动力系统、干细胞与组织工程、增材制造（3D 打印）技术等。通过组织实施省重大科技专项，着力突破掌握一批核心关键技术、研发推广一批重大战略产品、培育壮大一批创新型产业集群和骨干企业、培养和凝聚一批高水平的科技队伍、建设重大科研基地和平台、推动重大科技成果转化、构建一个支撑和引领产业持续发展的技术创新体系，辐射带动千亿级的相关产业发展，为经济社会全面转型升级提供强有力的支撑引领。

聚焦：全省重大科技专项推进会（2014 年）

2014 年 11 月 14 日，广东省重大科技专项推进会在广州召开。会上印发了《广东省重大科技专项总体实施方案（2014—2018 年）》和 2014

年度省重大科技专项项目申报指南。根据总体实施方案，省科技厅会同省财政厅编制和发布了2014年度重大科技专项申报指南。同时，在2014年度的省自然科学基金、省创新科研团队引进、产学研合作等项目申报指南中，都把九个重大科技专项作为重点支持的领域，全方位推进专项的组织实施工作。

专项推进会，引导企业和高校加大对重大科技专项的研发力度，在带动全省产业转型升级的前沿技术领域“攻城拔寨”，形成多个领域的技术储备，为全省现代化经济体系建设奠定了扎实的基础。

［资料来源：参见《朱小丹出席广东省召开重大科技专项推进会强调　努力争当全国创新驱动发展排头兵》，见广东省人民政府网站（http://www.gd.gov.cn/govpub/zwdt/szfdt/201411/t20141119_205428.htm。）］

2015年是全省落实《广东省重大科技专项总体实施方案（2014—2018年)》的关键时期，这一年，省科技厅制定了前沿与关键技术领域重大项目研发指南，在多个领域引导全社会加大对核心关键技术的研发力度：

（1）在计算与通信芯片领域围绕多模多频段射频芯片、物联网专用芯片、卫星导航终端专用芯片、信息安全专用芯片、集成电路产品检测与质量监督检验共性支撑平台等专题，布局12项重大项目，立项资金6000万元，包括炬力集成电路设计有限公司的高性能多媒体终端设备专用芯片的研发项目、国光电器股份有限公司的基于蓝牙V4.2的物联网专用芯片的研发与产业化项目等。

（2）在移动互联网关键技术与器件领域重点支持四个方面技术：一是在移动互联网应用支撑关键技术，包括面向移动支付的安全防护技术、面向移动应用的数据分析技术和异构网络融合技术；二是新型设备核心技术，包括移动智能终端人机交互技术研发与产品化、可穿戴新型设备核心技术研发与产品化和新型传感器核心技术研发与产品化；三是移动互联网行业应用与示范，包括移动医疗行业应用、移动电商行业应用和车联网行业应用，为移动互联网行业应用树立可推广的创新示范应用方案，带动移动互联网产业发展；四是移动互联网应用公共服务技术，包括移动互联网软件质量保障技术、移动互联网产业重点领域发展情况监测技术和移动应用开发公共支撑技术研究。

（3）在云计算与大数据管理技术领域重点支持四个方面技术：一是云计算与大数据关键技术、产品研发与应用，包括面向云计算的环境构建、大规模软件开发和部署运行，重点研究解决大规模云计算、存储和网络环境，节能绿色计算，资源动态管理，云环境安全与可靠性，混合部署运行等关键技术研究、产品开发及应用；面向大数据管理和智能处理，重点研究解决大数据高速采集与融合，大数据组织与存储，大数据平台系统和管理软件等关键技术研究、产品开发及应用。二是面向产业（行业）的大数据分析及示范应用，包括重点针对金融服务、电商服务、工业设计等产业（行业）和骨干企业的需求，重点研究和解决大数据组织与存储，多形式非结构数据管理与检索技术，大数据智能处理技术，领域知识表示、识别和推理，大数据可视化展示技术等。三是面向社会化服务的开放型大数据示范应用，针对科技服务、城市视频、环境保护等领域，重点研究和解决：大数据开放标准体系和接口技术，多形式非结构数据管理和检索技术，大数据智能处理技术，领域知识表示、识别和推理，大数据可视化展示技术等。实现面向具体社会服务领域的大数据开放型应用示范。四是云计算与大数据创新基地建设，以大型基础设施为支撑，建设广东省云计算与大数据创新基地，面向企业和政府开展产业路线图、数据集成与分析、监测评估、标准专利、前沿技术等研发和人才培训，整合相关资源，引进创新团队，促进广东大数据与云计算产业链的形成。

（4）在可见光通信技术及标准光组件领域重点支持四个方面技术：一是可见光通信关键技术研究，高灵敏度、高速可见光探测器模块开发，面向超远距离室外可见光通信的新型大功率准直 LED 发射模组；新型照明通信共用宽带高效 LED 器件核心技术研究。二是可见光通信工程化应用关键技术，可见光异构网络融合关键技术及系统开发，实现高准确度定位、隐形广告、单向传输、光线遮挡、抗电磁干扰等技术开发实际应用工程。三是面向标准光组件精准化与规模化生产关键技术及产业化，直贴式倒装 LED 芯片、芯片级光源（CSP）关键工艺和技术；带光学透镜的室内照明应用（层级 2）集成标准光组件；带数字电源管理功能的 IC 与 LED 芯片一体化集成标准光组件（层级 2）；面向新型标准光组件自动化制图与蚀刻工艺的核心一体机装备开发应用；面向光组件大规模制造的整套关键工艺装备。四是标准光组件检测能力与技术优化体系：标准光组件检测实验室能力建设及产品品质保障工程；新型标准光组件设计与优化体系建设。

另外，在新能源汽车电池及动力系统、新型印刷显示、增材制造（3D 打印）技术方面，也分别确定了一系列的重点研发方向。据统计，2015 年度全省省级科技发展专项资金在前沿与关键技术创新方向的立项资助金额达到 5.6 亿元，有效带动了各类研发主体的研发投入。

三、“十三五”远航：面向全球抢占创新制高点

“十三五”开局之年，广东继续发挥重大科技专项的引领和带动作用，深入推进计算与通信集成芯片、移动互联关键技术与器件、云计算与大数据管理技术、智能机器人、新能源汽车电池及动力系统、增材制造（3D 打印）技术、新型印刷显示技术与材料、第三代半导体材料与器件、精准医学与干细胞、无人智能技术等重大科技专项的实施。面向 2020 年，重点在超高速无线局域网、北斗导航和卫星通信应用等新兴产业发展领域，争取继续启动一批新的重大科技专项，着力突破一批关键核心技术、研发推广一批重大战略产品、转化应用一大批重大科技成果、培育壮大一批创新型产业集群和龙头骨干企业，积极对接国家重大科技专项和重点研发计划，牵头和参与科技项目攻关及产业化。

第二节　攻克核心技术支撑社会发展

为民生谋福祉，让科技创新及其成果成为社会发展第一推动力，是科技创新的重要战略意义。从提升农业现代化到支撑电子信息产业飞速发展，众多的产业转型都离不开广东科技创新的有力支撑。

一、电子信息产业

为着力推进高端新型电子信息产业发展，广东省以抢占全球电子信息产业发展制高点为目标，立足现有产业基础和优势，通过做大新型显示、新一代通信等优势产业，培育物联网、云计算、三网融合、下一代互联网、网络增值服务、新一代空间信息等新型业态，突破软件与集成电路设计、数字家庭、高端消费电子产品等高端环节，提升关键元器件、专用电子设备等基础产品，实现全省电子信息产业由大到强的战略性跨越，形成

具有全球竞争力的超大规模高端新型电子信息产业群，促进产业转型升级和经济发展方式转变。①

“十二五”期间，广东在高端新型电子信息领域重点聚焦核心高端芯片、基础软件和新型软件开发、新一代宽带通信与互联网、物联网和云计算等方向，形成一批具有自主知识产权的技术标准，催生了一批行业核心关键技术。

聚焦：IT领域重点突破

· Polar Code入选5G标准，华为得到短码控制信道

2016年11月，经过3GPP RAN187次会议讨论，由华为公司主推的Polar Code（极化码）方案，成为5G控制信道eMBB场景编码方案。这标志着中国的通信厂商在5G时代有了更高的话语权，也体现出中国通信技术实力越发强大。

华为主推的极化码的主要优点除了纠错能力强外，还是世界上唯一一种已知的能够被严格证明达到信道容量的信道编码方法，这对于高带宽网络的规范管理具有重要的意义，这使得Polar Code诞生不足十年，纠错性能便已超过目前广泛使用的其他技术。

[资料来源：参见《3GPP确定Polar码为5G控制信道编码方案》，见华为新闻中心网站（https://www.huawei.com/cn/press-events/news/2016/11/3GPP-Polar-5G。）]

· 华星光电投建全球最高世代液晶面板生产线

2016年11月，总投资538亿元的华星光电G11项目在深圳市光明新区开工建设。计划于2019年3月实现量产，届时将成为全球最高世代液晶面板生产线。项目采用先进显示技术和工艺，可为消费者提供65英寸以上超大尺寸、精美画质的新型显示产品。

[资料来源：参见柳艳《华星光电G11项目计划2019年量产》，载《南方日报》（http://epaper.southcn.com/nfdaily/html/2016-12/13/content_7604659.htm。）]

二、农业

省科技厅针对制约广东省农业产业发展过程中的关键技术环节，致力

① 参见《广东省发展高端新型电子信息产业行动计划（2010—2012年）》。

突破产业技术发展瓶颈：重点发展动植物种业创新、动植物重大病虫害防护关键技术、农产品与食品加工关键技术和食品安全关键技术，提升农业科技自主创新能力；育成了一大批优质高产、抗逆性强的农作物新品种和畜禽良种；推动杂交稻优质化和高产育种研究与应用、畜禽和航天育种技术、重大动物疫病快速诊断与防控技术、疫苗和饲料产品等研发水平位居全国领先位置，部分达到国际先进水平。

截至2015年年底，全省农业行业累计获得国家和省科技进步奖励210项、农业部科技奖励82项、省级农业技术推广奖962项。

聚焦："中国野生稻种质资源保护与创新利用"获国家科技技术进步奖

野生稻是水稻育种不可或缺的基因资源，"野败"不育株的发现与应用解决了三系杂交稻选育的世界性难题。广东省农业科学院水稻研究所作为主要完成单位参与了"中国野生稻种质资源保护与创新利用"项目，该项目利用分子标记检测研发了居群采集技术，设定居群遗传多样性阈值，结合遗传多样性分析，制定了取样间距以及取样数量的标准，克服了以往凭经验随机取样，取样单株少，代表性差等问题。项目组研制的技术、标准和产品已在野生稻保护和水稻育种中发挥重要作用，其广泛应用将为野生稻长久保护和水稻产业发展产生深远影响。该项目获得2017年度国家科学技术进步奖二等奖。

[资料来源：《中国野生稻种质资源保护与创新利用》，见广东省农业科学院水稻研究所网站（http://www.gdrice.com/huojiang_view-237.html。）]

三、节能环保

2011年，《广东省"十二五"节能环保产业发展规划》提出在"十二五"期间通过实施一系列节能环保产业重大项目，培育发展一批技术领先、具有核心竞争力的节能环保骨干企业，重点支持47项重大项目①。2014年7月，省人民政府办公厅印发《关于促进节能环保产业发展的意

① 《广东"十二五"节能环保产业发展规划出台》，见广东省环保厅网站（http://www.gdep.gov.cn/zwxx_1/hbxx/201112/t20111201_121568.html）。

见》，对全省通过节能环保产业大力推进发展方式转变，加快构建资源节约型和环境友好型社会，进一步提出了明确的发展思路和目标。该意见提出要大力发展节能环保技术，加快节能环保技术模块化、产品化建设，提高工业废水、生活污水、畜禽养殖废水等废水处理和餐厨垃圾、生活垃圾、污泥、工业固体废弃物、危险废物等固体废弃物处理技术的模块化和装备化水平，着力发展烟气脱硫脱硝、烟气除尘、工业有机废气治理等技术的装备化和整体化，加快已有装备的标准化和机动车尾气净化技术的产品化等。

经过“十二五”期间的培育，全省节能环保产业领域专利授权量居全国首位，新能源汽车的推广应用已在全省范围内铺开，整车性能与技术水平全面提升，高效节能装备技术及产品应用水平不断提高，新能源、高效节能、先进环保等新兴产业发展空间日益广阔。

聚焦：“变废为宝”研究成果获得广东省专利金奖

2018年7月12日，广东省人民政府在广州召开“国家知识产权局广东省人民政府年度知识产权合作会商暨广东建设知识产权强省推进大会”。由中国科学院广州能源研究所研究员孙永明等完成的发明专利“一种城市生活有机垃圾强化水解和厌氧消化产生生物燃气的方法”获第四届广东省专利金奖。

该技术采用强化水解－中高温厌氧发酵耦合工艺实现物料梯级转化代替全组分同步转化工艺，将组分和热能的合理利用与工艺有机结合，实现了转化工艺的简易化、合理化及高效化。目前已在畜禽养殖企业、轻工业企业、食品加工企业及市政废弃物处理企业等废弃物资源化利用领域应用，在成都中科环境能源有限公司、汕尾宝山猪场有限公司等10多个生物燃气相关企业实现了应用，取得良好的效果。

［资料来源：参见王康《国家知识产权局与广东省人民政府年度知识产权合作会商在穗举行》，载《知识产权报》（http://www.sipo.gov.cn/zscqgz/1126202.htm。）］

四、LED新光源

在LED产业方面，广东的产业化和市场占有率均居全国首位，且培育了总体性能指标接近同类型国际产品的设备，有力促进了我国LED产业的国际化水平。LED蓝宝石衬底ASF工艺、大功率倒装焊LED集成芯片技术、去电源化高压LED核心技术等一批专利技术项目实现产业化，填补了产业链空白。据统计，自省政府决定在全省范围内推广使用LED照明产品至2014年年底，全省累计节约用电超过17亿千瓦时，应用规模居全国首位。

聚焦：广东组建半导体照明产业联合创新中心

2011年9月，由广东省科技厅发起，国家相关部门参与，省内科研机构、省内半导体照明上市企业、龙头企业共同出资，广东省半导体照明产业联合创新中心成立，一期投资1.2亿元。联合创新中心主要面向产业链各个环节的创新需求，系统集成有效创新资源，完善创新服务功能，营造创新环境，建成广东LED产业发展战略智库、信息交互枢纽、检测认证基地、技术创新桥梁、金融服务尖兵、人才培养高地、成果展示舞台。

［资料来源：参见范宏国、杜敏《整合产业资源 打造民族品牌（中国战略新兴产业LED专栏）》，载《人民日报海外版》（http://paper.people.com.cn/rmrbhwb/html/2012-05/03/content_1044969.htm?div=-1。）］

五、生物医药

“十二五”期间，广东将干细胞关键技术研究、临床转化研究、产品研究开发、创新载体建设等4个专题作为干细胞与组织工程重大科技专项给予支持，带动省内生物医药产业快速发展。2013年，我省组织实施广东省科学技术厅—广东省中医药科学院联合科研专项和国家“十二五科技支撑计划项目华南区中药材规范化种植及大宗中药材综合开发技术研究”，有力推进广东省建设中医药强省，并积极配合科技部做好“重大新药创制”和“艾滋病和病毒性肝炎等重大传染病防治”国家科技重大专项的推荐和答辩工作，推动全省生物医药产业发展。

在临床医学方面，广东总结登革热临床救治经验，建立登革热早发现、早诊断、早治疗的诊治流程；探索重症登革热预警指征，在2014年年底总结并制定重症登革热诊疗规范和治疗方案；开展重症登革热的免疫致病机制研究，中医药治疗登革热临床研究以及登革病毒基因分型及特异性抗原诊断试剂研发。另外，在埃博拉出血热科学研判的基础上，形成埃

博拉出血热科技预案，提出埃博拉出血热科技攻关方向。

聚焦：广东两家单位入选国家首批临床医学研究中心

2013年8月，由科技部、国家卫生计生委和总后勤部卫生部共同组织的“国家临床医学研究中心启动会”公布首批认定国家临床医学研究中心的名单。其中，广东省入选两家单位，分别是由钟南山院士牵头，依托广州医科大学第一附属医院组建的“国家呼吸系统疾病临床医学研究中心”，和由侯凡凡院士牵头，依托南方医科大学南方医院组建的“国家慢性肾病临床医学研究中心”。

[资料来源：参见《广东2家单位入选首批国家临床医学研究中心》，见国家科技部网站（http://www.most.gov.cn/dfkj/gd/zxdt/201309/t20130910_109283.htm。）]

第十三章　加强创新人才队伍建设

人才资源是第一资源，创新人才尤其是高层次创新型人才，是一个国家和地区在经济全球化竞争日趋激烈条件下制胜的核心战略资源。综观世界各国发展态势，谁拥有一流的创新人才，谁就拥有创新的优势和主导权。广东，作为改革开放的前沿阵地，一向争当人才改革的促进派、实干家。改革开放以来，广东得风气之先，大力推进人才强省战略、创新驱动发展战略，牢牢抓住人才这个根本，打好引才、培才、用才和留才“组合拳”，推动创新人才队伍建设，人才队伍规模不断壮大，结构不断优化，创新能力不断增强，创新创业载体不断增多，为广东创新驱动发展战略实施和经济社会发展提供了强有力的人才保证和智力支持。

第一节　广东创新人才队伍建设总体概况

20 世纪 80 年代起，伴随着改革开放的东风，全国人才“孔雀东南飞”，争先恐后涌入广东。40 年筚路蓝缕，得益于创新人才这一核心战略资源，广东已逐渐发展成为全国乃至世界上经济和科技创新最为活跃的地区之一。

40 年改革开放，广东始终是创新人才工作的探路者。尤其是党的十八大以来，广东更加注重政策引领和顶层设计，对创新驱动发展和创新人才队伍建设做出了全面部署，以更加积极、更加开放、更加有效的创新政策、人才政策，聚天下英才而用之，努力打造创新人才高地。

一、创新人才稳步发展，队伍规模不断扩大

广开进贤之路，广纳天下英才。经过近40年的大力培养和积极引进人才，广东创新人才队伍规模从改革开放初期的落后状态跃居全国前列，形成了一支规模宏大、门类齐全的创新人才队伍。截至2017年年底，全省专业技术人才总量573万人，比2010年的420万人增加36.4%，占全国专业技术人员总量的9.7%；高层次创新人才总量达74万人，占我省专业技术人才总量的12.9%；技能人才总量1115万人，其中高技能人才329万人，比2010年的163万人翻了一番，两者总量均居全国首位；[①] 研究与开发（R&D）人员总量持续增长，2016年年底达到73.52万人，比2010年的44.66万人增加64.6%（见图13－1）；规模以上工业企业R&D人员全时当量为423730人年，仅次于江苏（451885人年），居全国第二位，研发人力投入强度与科技发达国家的差距继续减小。

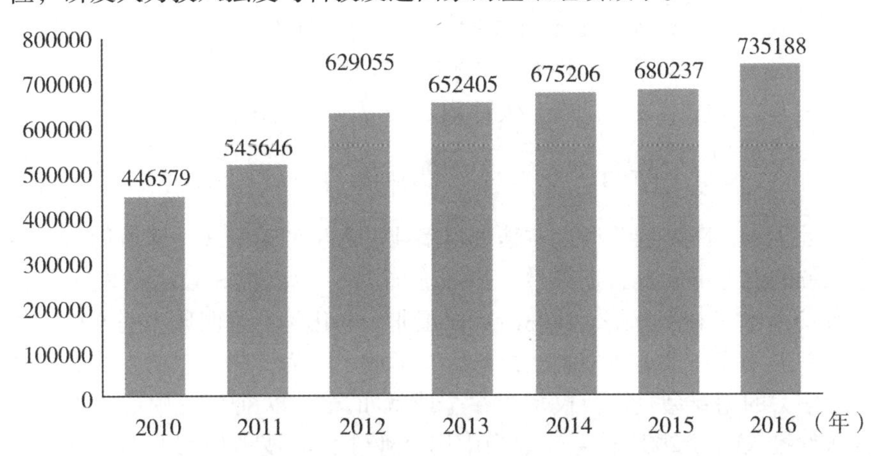

图13－1　2010—2016年全省科学研究与试验发展（R&D）活动人员*数量情况

资料来源：根据《2011—2017年广东统计年鉴》整理而得。

注："*"表示含科学研究与技术开发机构、全日制普通高等学校、工业企业及其他。

① 黄汉标：《打造创新人才高地助推"四个走在全国前列"》，载《南方日报》2018年3月24日，第2版。

二、队伍结构不断优化，科技领军人才队伍逐步壮大

创新人才队伍结构不断优化，以专业技术人才为主体的高层次创新型人才比重不断提升，优秀青年创新人才不断补充，人才队伍知识结构日益合理、竞争力日益提升。在粤的“两院”院士、国家“千人计划”入选者、中科院“百人计划”入选者等高端创新人才数量不断增多。截至2017年年底，全省本地院士、双聘院士、院士培养对象分别为43人、148人、93人。国家“千人计划”人才653人，国家“万人计划”专家210人，享受政府特殊津贴专家5196人，“百千万人才”工程国家级人选153人；累计招收培养博士后约13000人，在站博士后4200余人，出站博士后80%左右留粤工作。近年来，广东多措并举引进海外智力，实施各类引智项目近1000个，使得广东日益成为中国吸引海外高层次人才创新创业和发展的首选地之一。党的十八大以来，累计到粤工作的外国人才75万人次，港澳台人才115万人次，两项合计居全国首位；累计引进海外高层次人才5.8万人，其中诺贝尔奖获得者、发达国家院士、终身教授等143人，入选中央“外专千人计划”19人，居全国前列。①

三、人才不断向产业聚集，创新能力显著增强

近年来，广东创新型人才越来越多地进入生产第一线，区域创新和经济服务的能力不断提升。如今，广东全省90%以上的科技活动机构和科技研发人才集中在企业，涌现出了任正非、马化腾、董明珠、刘若鹏、汪滔、袁玉宇等一批创新型企业家队伍，形成了华为、腾讯、格力等具有国家竞争力的创新型企业。仅华为在全球就布局了47个研发中心，十年累计研发投入超过2000亿元，成为中国企业在核心技术创新上实现崛起的样本。创新人才尤其是高层次创新人才源源不断的注入，为广东建成国家级科技产业创新中心注入了源源不断的新动能。据《中国区域创新能力评价报告2017》显示，广东省创新能力综合排名跃居全国第一位，各项创新指标均位居全国前列。2017年，我省全社会研发经费投入总量、高技术制造业产值居全国首位；全省有效发明专利量、PCT国际专利申请量及专利综合实力连续多年居全国首位，技术自给率和科技进步贡献率分别

① 参见中共广东省委组织部《广东省打造创新人才高地专题调研报告》，2018年4月。

达72.5%和58%，基本达到创新型国家和地区水平；“珠江人才计划”引进的人才团队65%进入企业研发一线，研究领域100%集中在我省重点发展的战略性新兴产业。

四、创新载体不断增多，人才培养和聚集作用日益增强

近年来，广东结合加快推进全国人才管理改革试验区建设，着力改变行政色彩较浓的传统科研人才管理体制，依托院士工作站、重点实验室、新型研发机构、工程技术研究中心、博士工作站、创新创业孵化基地、创新型产业集群、专业镇等新型创新载体，大力引进和培育创新型、应用型、复合型人才，人才“虹吸效应”显现。截至2017年年底，我省拥有院士工作站158家，国家级重点实验室28家，省级重点实验室306家，省级新型研发机构219家；国家级试点（培育）创新型产业集群10个、省级创新型产业集群16个，省级技术创新专业镇440个；产业技术创新联盟286个，省级工程技术研究中心4215家（其中国家级23家），博士工作站（或流动站）400个，特派员工作站249个；科技企业孵化器超777家（其中国家级孵化器110家），众创空间735家（其中国家备案234家）；现代化农业科技创新中心及基地212家，星创天地59家，以及遍布全省的3万多家高新技术企业等等，这些都已成为广东培养和聚集创新型人才的重要载体，为新时代广东创新发展积汇聚了越来越多的“第一资源”。①

第二节　广东创新人才政策发展历程及其广东特色

改革开放以来，广东省创新人才政策发展历经起步阶段、发展阶段、加速阶段和深化阶段。广东各时期的人才工作与创新人才建设敢于变革、积极主动，通过引育并举、创新工作方法、破除体制机制障碍、制定前瞻性政策取得了卓越成效。如今，广东已然梧桐成荫，群凤来仪。

---

① 参见中共广东省委组织部《广东省打造创新人才高地专题调研报告》，2018年4月。

一、起步阶段：激发活力，人才政策探索建设阶段

（一）建设与健全人才市场，促进人才自由流动

1983年，广东在全国率先成立省人才交流服务中心，负责组织和指导全省人才交流工作；同年，广东出台《关于积极开展科技人才交流，充分发挥科学技术人员作用的指示》，促进科技人才的自由流动。1988年，广东省政府出台《广东省人才流动争议仲裁暂行规定》，为人才的合理流动提供了法律保障。1989年，建立广东省国际国内人才智力市场，标志着广东省有形人才市场步入建设常设型人才市场的发展阶段。1995年，由国家人事部与广州市人民政府共同组建的"中国南方人才市场"在广州正式成立，自此一大批人才中介市场纷纷涌现，广东人才市场得以快速发展。

（二）初步探索海外引才，聚集海外高层次人才

1981年，广东省委、省政府发文欢迎已出国或去港澳定居的知识分子到广东工作。1983年，广东在全国率先成立引进国外人才领导小组，颁发《关于做好广东省引进国外、港澳地区人才工作若干问题的规定》，开启海外引智工作。1992年，广东出台《关于鼓励留学人员来广东工作的若干规定》，制定一系列优惠政策，吸引海外留学人员到广东工作和创业；同年4月，深圳市率先组团赴美国招聘留学人才，随后省委组织部、省科委、省科技干部局先后组织两个招聘团分赴英国、美国引进高层次人才，创造性地将引进外海人才"回国服务"改为"为国服务"。

（三）加强高层次人才培育，推动科技人才与博士后队伍建设

1985年，广东开始推行博士后制度；同年11月，中山大学物理学和生物学科设立博士后科研流动站，开始招收博士后研究人员进站从事科学研究。1987年，广东设立省自然科学基金支持原始创新、基础研究人才培养。1992年，广东出台《关于加快我省科技队伍建设步伐问题的决定》，在全国率先采取由地方财政拨款的方式在国家计划外招收省自筹经费博士后，进一步加强了博士后科研流动站的建设，加速了专业人才尤其

是复合型人才的培养。1993 年，广东颁布《广东省自然科学学科、科技带头人队伍建设试行办法》《广东省科学技术人员继续教育规定》，有力推进了科技人才队伍建设工作。

（四）强化人才激励，激发人才创新创造潜能与动力

1980 年和 1984 年，广东分别颁发了《关于试行科技成果奖励的通知》《颁发和试行推广应用科学技术研究成果奖励试行办法的通知》，对推动广东经济、科技和社会发展做出突出贡献的科技人员进行奖励；接下来的五年内，广东省政府批准设立了科技进步奖、自然科学奖、广东省科学技术突出贡献奖、“丁颖科技奖”等一系列奖励性政策，进一步激发了广大科技工作者的积极性和创造性；1987 年，广东发布《广东省放宽科技人员政策实施办法》等，就有关知识产权保护、科技成果入股等方面给予规范和完善，采取各种措施充分调动科技人才的积极性和工作热情，争取做到“人尽其才、各得其所”。

此阶段，广东省主要以恢复和激发人才活力为重点，探索实施各类切实有效的人才政策，快速促进了科技人才与市场经济的结合，人才流动、培养、引进和利用，成效初现。

二、发展阶段：科教兴粤及人才强省战略实施阶段

（一）以人为本，全面加强人才工作

1998—2007 年的 10 年，是广东深入实施“科教兴粤”和“人才强省”战略的 10 年，期间广东出台了多项人才工作的综合性政策，全面加强人才工作。2003 年《中共中央、国务院关于进一步加强人才工作的决定》颁布后，2004 年中共广东省委、广东省人民政府出台了《贯彻〈中共中央、国务院关于进一步加强人才工作的决定〉的意见》，之后 2006 年、2007 年广东省级人才政策达每年 9 项之多，宽领域、多层次、全方位打造吸引培养创新人才的政策体系。

（二）提升人才引进层次，强化培养力度

持续聚焦高层次创新型人才队伍建设，颁发了《广东省贯彻人事部、全国博士后管委会〈博士后工作“十五”规划〉的意见》《关于鼓励出

国留学高级人才来粤创业的若干规定》等相关政策，切实抓好“两院”院士遴选、新世纪“百千万”人才工程、享受国务院特贴专家的选拔和管理工作，积极推进博士后制度建设，加大吸引海外高层次留学人才回国工作力度，加强技能型紧缺人才培养。1998年，首届中国留学人员广州科技交流会（简称“留交会”）在广州召开，此后每年一届的广州“留交会”成为吸引留学人员回国创业的重要途径。随后，广州、深圳、珠海、佛山等市也相继建立了留学人员创业园，吸引留学人员来粤创办高新技术企业。

（三）完善人才评价体系，深化职称改革

2003—2004年，广东出台《关于深化我省职称制度改革的若干意见》《广东省高、中级专业技术资格评审委员库管理办法》《广东省突出贡献人员、离退休人员、高层次留学回国人员和博士后研究人员专业技术资格评定暂行办法》等多个职称评审政策文件，进一步完善创新人才评价体系，推进职称评审工作社会化，建立起有利于能力强、有业绩，尤其是做出杰出贡献的创新型人才脱颖而出的评价激励机制。

（四）落实保障政策，强化人才激励

2000年，广东出台《广东省科学技术奖励办法》，设立了省科学技术奖，奖励在推动我省科学技术进步活动中做出突出贡献的公民、组织；2003年，广东出台《引进人才实行广东省居住证暂行办法》，打破人才地域、身份界限，开辟吸引国内、国际人才的“绿色通道”；2006年，广东省政府与国家自然科学基金委共同签订了《关于共同设立自然科学联合基金的框架协议》，双方共同出资5000万元，吸引和凝聚全国知名科技专家和科技团队帮助广东解决重大科学问题和关键技术问题；2007年，根据《广东省科学技术突出贡献奖评审暂行办法》设立科学技术突出贡献奖，授予在广东省从事自主创新工作，为建设创新型广东做出重大突出贡献的科技人员。

此阶段，广东人才政策的形成发展过程与党中央对人才在当今世界的综合国力竞争中及其在我国社会经济发展中的地位与作用的认识的不断深化是一致的。伴随着科教兴粤和人才强省战略的推进，广东在人才引进、培养、激励等方面进入全面开展、整体推进的全新阶段，高层次创新人才

作为人才队伍的高端组成部分逐步成为人才工作的重点。

三、加速阶段：加快吸收培养高层次人才建设阶段

（一）加强顶层设计，着力构筑高端创新人才高地

2008年，高层次人才的纲领性文件《关于加快吸引培养高层次人才的意见》出台，首开以政府名义、以团队形式规模引进高层次人才之先河；2011年年初，全省人才工作会议颁布《广东省中长期人才发展规划纲要（2010—2020年）》，明确提出结合产业发展需要，实施“百千万”人才引进项目；2013年，广东制定《关于进一步加强我省党管人才工作的意见》，着力打造党委统一领导，组织部门牵头，职能部门各司其职、密切配合，社会力量广泛参与，注重发挥用人单位主体作用的人才工作格局；2014年，广东出台《关于全面深化科技体制改革加快创新驱动发展的决定》，提出要加快形成高层次创新人才集聚机制，打造粤港澳人才合作示范区，创建全国人才管理改革试验区。

（二）多项人才计划并举，汇聚八方来才

以实施“千人计划”“国家特支计划”“珠江人才引进计划”“广东特支计划”“青年优秀科研人才国际培养计划”为重点，引进培养具国际国内先进水平的创新科研团队、领军人才、战略性新兴产业紧缺人才和青年拔尖人才。通过实施“扬帆计划”，聚焦粤东西北地区振兴发展，推动区域人才协调发展。通过实施多项人才专项计划，最大程度地为广东引进和聚集了各类创新人才，也为高层次创新人才的培养提供了重要平台。

（三）创新人才激励和保障机制，营造人才发展最优环境

《广东省加快吸引培养高层次人才的实施意见》《广东省引进创新科研团从专项资金管理暂行办法》《广东省引进高层次人才“一站式”服务实施方案》等系列文件的出台，为吸引高层次人才提供了全方位的服务保障，营造了良好的工作生活环境，解决了他们在职称评定、项目申报、户籍、医保、社保、住房、家属就业、子女上学等方面的后顾之忧。

加速阶段，“高层次人才”概念得到了明确，初步形成了引育并举、立体支撑全省科技创新和产业发展的高层次人才政策体系，并开始建立南

沙、前海、横琴粤港澳人才合作示范区，探索建立全国人才管理改革试验区。

四、深化阶段：深入推进体制机制改革和政策创新阶段

（一）全面深化体制机制改革，激发人才创新创造活力

在顶层设计方面，2015 年，《广东省人民政府关于加快科技创新的若干政策意见》提出，完善高等学校、科研机构科技成果转化所获收益激励机制和转换个人奖励约定政策，完善科技人员职称评审政策，完善高层次人才居住保障政策；2017 年，《关于我省深化人才发展体制机制改革的实施意见》提出，要破除阻碍人才发展的思想观念和体制机制障碍，向用人主体放权、为人才松绑，率先构建具有全球竞争力人才制度体系，把广东打造成创新人才高地；2017 年 12 月，省委组织部、省人社厅等 13 个部门联合出台《关于加快新时代博士和博士后人才创新发展的若干意见》，提出加大博士和博士后培养支持力度，计划未来五年引进约 5 万名博士和博士后。同时，在重点领域、重点工作出台了一系列制度和规定，各地市也相继出台了配套政策，形成了上下衔接、多层次、立体化的人才政策体系，在人才引进、培养、评价、激励、服务等各个环节大胆突破创新；2018 年 6 月，省委办公厅、省政府办公厅印发了《关于加强人才队伍建设打造创新人才高地的行动方案》，明确提出以培养引进集聚“高精尖缺”人才和青年人才为重点，以充分发挥创新人才的引领支撑作用为根本，大力推进人才发展体制机制改革和政策创新，统筹推进各支人才队伍建设，加强人才服务保障，优化人才发展环境，促进区域人才协调发展，激发人才创新创业活力，构建具有全球竞争力的人才制度体系，打造创新人才高地。

（二）创新海外人才引进方式，重点引进高精尖紧缺人才

在海外人才引进方面，近年来广东制定出台了多项更具开放性的海外人才引进激励政策，搭建了用人单位与海外高层次人才交流合作的平台，努力提供更加优质的服务，吸引海外高精尖紧缺人才来粤创新创业。如 2016 年出台的《关于促进中国（广东）自由贸易试验区人才发展的意见》，在完善高层次人才签证及居留政策方面，提出实行更加便捷的签证

政策、实行更加开放的居留政策和为人才出入境提供便利三个方面措施；《“珠江人才计划”海外专家来粤短期工作资助计划（试行）》面向全球择优资助一批急需紧缺的海外专家短期来粤工作，资助经费用于补助单位聘请海外专家所支付的薪酬，资助金额从 10 万元到 48 万元不等；2017 年发布的《关于我省深化人才发展体制机制改革的实施意见》，提出柔性使用海外人才、实施人才举荐制度、推行人才优粤卡服务、实施人才安居工程、奖励突出贡献人才等多项涉及海外人才的主要政策。通过这一系列政策的实施，广东对海外高层次人才的吸引力不断提升。

（三）鼓励创新人才参与科技成果转化，让科技人员“名利双收”

近年来，广东省出台了多项激励科技成果转化的政策，给高等院校、科研院所等科研人员“松绑”，鼓励科研人员参与科技成果转化，鼓励科研人员离岗创业。例如，2015 年 7 月出台的《广东省经营性领域技术入股改革实施方案》，制定了一系列破解科技成果转化难的创新政策，明确提出从科技成果技术入股股权或收益中提取不低于 50% 的比例，分配给高等院校或科研院所的科研负责人、骨干技术人员等重要贡献人员；并明确规定高等院校和科研院所的科研人员经所在单位批准，可保留基本待遇到企业开展创新工作或创办企业。鼓励有创新实践经验的企业家和企业科技人才到高等院校和科研院所兼职，促进科研人员和企业人员“双向流动”。2015 年 8 月，省人社厅、省科技厅出台的《关于进一步改革科技人员职称评价的若干意见》提出建立激励科技成果转化的职称评审导向，加大职称评审专利指标权重，对发明专利转化应用成效突出的，可降低或免去相应论文要求。2017 年 3 月 1 日起正式实施的《广东省促进科技成果转化条例》，从激发科技人员科技成果转化动力的角度出发，建立“财政性资金项目合同中，单位与成果研发团队或完成人可约定转化机制”，让科技人员在创新活动中“名利双收”。

深化阶段，在开放与合作创新日益普遍的趋势下，广东正坚定不移地深化人才发展机制体制改革，充分利用好全球创新资源，吸引和汇聚来自全世界的高层次人才，逐步消除制约高层次人才及其跨境流动与合作的体制机制束缚，努力营造开放和公平竞争的人才政策环境。通过“人才杠杆”撬动创新发展，从“人口红利”迈向“人才红利”。

五、广东创新人才政策的特色

改革开放以来，广东正加速营造一个宽松、宽厚、宽容的创新创业环境，以政策创新打造吸引人才新优势，以制度创新搭建培养人才新平台，以敢为天下先的气魄破除一切束缚人才工作的思想观念和体制机制障碍，以最好的服务、最优的环境、最大的诚意汇聚各方精英，构筑人才高地。纵观广东省创新人才政策的发展历程，主要有以下四个特色。

（一）覆盖面广，涵盖人才发展的方方面面

改革开放来，广东已出台的人才政策涵盖了项目资助、住房安居、出入境签证、考核评价、交流培训、法律保障、综合服务等方方面面，项目丰富，内容全面。其中，《广东省关于加快吸引培养高层次人才的意见》从解放思想、优化环境、狠抓培养、落实责任四个方面，对高层次创新人才专项经费奖励、投入管理、培养载体、薪酬分配、出入境管理、职业资格认定、家属就业入学、医疗保障、学术休假、知识产权保护、建言献策等方面做出了规定。

（二）创新性强，多项政策措施走在全国前列

如2009年启动的“珠江人才计划”引进创新创业团队项目在全国首开以政府名义、以团队形式规模化引进高层次人才之先河；2017年出台的《关于加快新时代博士和博士后人才创新发展的若干意见》，首创在高校、科研机构、三甲医院创建博士工作站，设立博士和博士后创新创业基金、建立博士和博士后事业编制保障制度等；在全国率先探索实行“海外人才绿卡制度”，除选举权和被选举权外，持有“绿卡”的海外人才享有与其他居民完全一样的权利等。

（三）聚焦产业发展需求，大力引进创新团队和领军人才

高层次创新型人才是广东省实现产业转型升级的关键。近年来，广东以世界眼光的定位谋求科学发展，从现代产业体系建设尤其是战略性新兴产业发展所急需的科技、智力、创新要素出发，有针对性地引进海内外创新团队和领军人才。在近几年的创新科研团队申报公告中，均以遴选一批符合我省产业转型升级要求的创新科研团队为目标，以团队项目的产业化

情况来把握遴选的方向。

（四）财政资助政策力度大，吸引力高

广东省引进创新科研团队政策是迄今我国省级对创新科研团队含金量最高的“黄金政策”。广东在《关于加快吸引培养高层次人才的意见》文件中提出，对具有国际一流水平的创新科研团队最高可给予1亿元的财政科研工作经费。在实际操作中，首批引进创新科研团队资助额度最高为8000万元，2010年度引进创新科研团队最高的资助额度增加到8500万元。2017年广东出台的博士和博士后人才新政，为吸引国（境）外优秀博士来粤从事博士后研究，省财政给予进站博士后每人每年30万元生活补贴，出站后留在我省工作的，省财政给予每人40万元住房补贴；对引进博士和博士后创新创业团队最高给予2000万元资助。

第三节　广东创新人才队伍建设的主要举措及成效

国以才立，政以才治，业以才兴。广东省委、省政府历来高度重视创新人才队伍建设工作。早在2003年，广东便提出实施人才强省战略，把人才作为支撑发展的第一资源。近年来，特别是党的十八大以来，广东认真贯彻落实习近平总书记关于人才工作的系列重要讲话精神，全面推进人才发展体制机制改革，加快实施人才优先发展战略，优化提升重大人才工程，大力推动创新人才高地建设，走出了一条以创新人才发展引领经济社会发展的新路子。

一、筑巢引凤，搭建创新人才成长的新平台

（一）人才先行，支持高水平大学建设和高水平理工科大学建设

高水平大学建设，人才先行。为破除高校改革发展的人事制度障碍，赋予高校充分的人事管理权限，2015年，广东出台《高水平大学建设人事制度改革试点方案》提出“五个下放、两个完善、一个加强”的意见，即下放岗位设置权、公开招聘权、职称评审权、薪酬分配权、人员调配

权，完善人员考核晋升退出机制、服务保障机制，加强事中事后监管等。2016年，广东省教育厅和省外国专家局组织14所高水平大学参建高校，赴美国哈佛大学召开了一场广东省高水平大学高层次人才招聘会，现场与150多名海外精英签订了意向书。此举引起了国内和国际的广泛关注，广东高水平大学建设的人才会聚效应逐步显现。

（二）重组省科学院，打造创新驱动发展枢纽型高端平台

推动广东省科学院重组，深化运行机制改革，积极支持省科学院建立完善员额制管理下的人事管理制度，由省科学院自主管理员额、自主设置岗位、自主确定人才结构、自主引进人才。自2015年6月重组以来，省科学院通过“外部引进”和“自主培养”相结合，以人才为核心的科技竞争力明显增强。两年多的时间，该院共引进高水平创新团队7个、领军人才28名、博士61名；培养中国工程院院士1人、“国家杰出青年”“千人计划”“南粤百杰”“广东省杰出青年”等科技创新领军人才20人，博、硕士研究生182人。[①] 凤栖梧桐，如今省科学院已初步形成人才引进和成长的良好生态，创新驱动发展的枢纽型高端平台雏形已具。

（三）实施“广东特支计划”，建立本土高层次人才培养机制

2014年起，广东面向省内高层次人才组织实施“广东特支计划”，计划用10年左右时间，省财政每年投入1亿多元，有计划、有重点地支持和培养一批自然科学、工程技术和哲学社会科学领域的杰出人才、领军人才和青年拔尖人才。2017年，“广东特支计划”加大资金支持力度，将资助金额提升至每人50万元至100万元不等，并将经费用途由科研工作经费调整为生活补贴，让广大人才有更大的获得感。截至目前，“广东特支计划”共遴选出三批次共984名业绩突出、具有突出贡献或发展潜力的专家学者进行重点支持。其中，杰出人才（原“南粤百杰”）入选人才有4人成功当选中国工程院院士。“广东特支计划”的实施，充分发挥了省内人才的高端引领和辐射带动作用，为我省创新驱动发展战略提供坚强的

① 参见林亚茗《聚焦核心战略的科技产业创新“集团军”》，载《南方日报》2017年6月28日。

人才支撑。下表为“广东特支计划”具体项目及负责平台单位，详见表13－1所示。

表13－1　“广东特支计划”具体项目及负责平台单位

<table>
<tr><th>工程</th><th colspan="2">具体项目名称</th><th>实施成效</th><th>负责平台单位</th></tr>
<tr><td rowspan="10">广东特支计划</td><td colspan="2">杰出人才
（“南粤百杰”）</td><td>从2011年开始评选“南粤百杰”，2014年并入“广东特支计划”，共培养93名</td><td>省人力资源社会保障厅</td></tr>
<tr><td rowspan="6">领军人才</td><td>科技创新领军人才</td><td>从2014年开始，培养90名</td><td>省科技厅</td></tr>
<tr><td>科技创业领军人才</td><td>从2014年开始，培养82名</td><td>省科技厅</td></tr>
<tr><td>宣传思想文化领军人才</td><td>从2014年开始，培养61名</td><td>省委宣传部</td></tr>
<tr><td>教学名师</td><td>从2014年开始，培养89名</td><td>省教育厅</td></tr>
<tr><td>“百千万工程”领军人才</td><td>从2014年开始，共培养86名，2017年该项目并入科技创新领军人才</td><td>省人力资源社会保障厅</td></tr>
<tr><td rowspan="3">青年拔尖人才</td><td>科技创新青年拔尖人才</td><td>从2014年开始，培养394名</td><td>省科技厅</td></tr>
<tr><td>青年文化英才</td><td>从2014年开始，培养88名</td><td>省委宣传部</td></tr>
<tr><td>“百千万工程”青年拔尖人才</td><td>从2014年开始，培养146名，2017年该项目并入科技创新青年拔尖人才</td><td>省人力资源社会保障厅</td></tr>
</table>

资料来源：中共广东省委“深调研”课题之“提高科技创新能力、建设科技创新强省”系列专题三《关于我省打造创新人才高地的调研报告》。

（四）实施博士后培养工程，发挥博士后青年人才在科技创新中的中坚作用

广东于1985年开始设立博士后流动站和实行博士后制度。目前，在博士和博士后人才培养上，新出台的《关于加快新时代博士和博士后人

才创新发展的若干意见》提出了四条主要措施，一是在广东特支计划等重大人才工程和科技项目中，专门针对博士和博士后，加大培养支持力度，扩大资助规模；二是实施青年优秀科研人才国际培养计划，每年资助400名优秀博士、博士后人才到国外（境外）开展博士后研究工作、学术交流、访问进修、合作研究等活动；三是建立博士和博士后职称评审绿色通道，博士毕业生和在站博士后可直接申报副高以上职称，粤东西北地区工作成绩突出的博士和博士后更可直接认定为副高或正高职称；四是提高在站博士后科研人员资助标准，由原来每人每年8万元提高到15万元。

经过30多年的深耕易耨，广东博士后工作取得了丰硕成果，博士和博士后人才创新发展呈现新局面。截至2017年年底，广东省共设立博士后科研流动站147家，占全国流动站总数的4.9%；博士后科研工作站363家，总数居全国第二；省级博士后创新实践基地323家。迄今我省累计招收培养博士后约1.3万人，约占全国累计博士后招收总数的6.6%。目前在站博士后4200余人，出站博士后80%左右留粤工作。[①] 在广东，博士后一直都是珠三角各市人才争夺的重点，绝大多数博士后出站后被聘任为高级专业技术职务，许多人已成为省相关领域、单位的科研骨干和学术、技术带头人，为广东科技创新发展提供源源不断的动力。

（五）充分发挥人才工作平台作用，着力培养高水平创新团队和科技人才

着力建设政产学研相结合、多元投入、专业化和集成化服务的创新创业人才孵化平台，打造创新型人才培养平台。依托院士工作站、创新创业孵化基地、留学生创业园、科技产业园、重点实验室、新型研发机构、高技能人才培训基地等创新创业载体，培养本土创新型、应用型、复合型人才。据不完全统计，截至2016年年底，全省158家院士工作站，吸引了全国165名院士来广东开展产学研合作工作，培养各类创新型人才超过1000人；700多家科技企业孵化器吸纳就业人数超26万人，其中全省80%以上的中央“千人计划”创业人才落户孵化器；219家新型研发机构共有研发人员超3万人，形成了具备巨大创新能力的研发团队，其中院

① 参见周聪《广东未来五年计划引进五万名博士和博士后》，见金羊网（http://www.ycwb.com2018-03-11）。

士、千人计划、长江学者等高端人才预计超过700人。

二、靶向引才，努力创造吸引创新人才的新优势

（一）深入实施“珠江人才计划”，“孔雀结伴东南飞”再现南粤大地

2009年以来，广东省在国内率先开展“整团队成建制”引才，每年投入8.5亿元实施“珠江人才计划”，面向海内外大力引进国际一流水平的创新创业团队和领军人才。省财政分档次给予团队1000万至1亿元的资助，给予领军人才600万元的资助。灵活的引才机制和力度空前的资金支持，点燃了全球高层次人才来粤创新创业的热情，南粤大地再现“孔雀结伴东南飞”的景象。

截至2017年年底，“珠江人才计划”共引进六批162个创新创业团队和122名领军人才（见表13－2），其中包括5名诺贝尔奖获得者、2名诺贝尔奖评委、1名欧盟最高科学奖“笛卡尔奖”获得者、39名欧美发达国家院士，直接带动250个团队、3万名国际人才来粤创新创业。2016年，“珠江人才计划”新增子项目——“海外专家来粤短期工作资助计划”，与长期引才项目相互补充，建立柔性引才长效机制，首批引进海外专家58名。[①] 这些引进人才来粤后，攻破了一批制约产业发展的核心关键技术，研发了一批重大新产品新装备，建设了一批重大科研平台，吸引培养集聚了一批高层次人才。在“珠江人才计划”的带动下，全省各地纷纷启动实施引才工程，如广州的“创新创业领军人才百人计划”“精英计划”和高层次金融人才支持项目，深圳市的“鹏程计划”“孔雀计划”，惠州市的“天鹅计划”“梧桐引凤工程”，等等，形成了全方位、多层次的高层次创新人才引进体系。

---

① 参见中共广东省委组织部《广东省打造创新人才高地专题调研报告》，2018年4月。

表13-2 “珠江人才计划”具体项目及负责平台单位

工程	具体项目名称		实施成效	负责平台单位
珠江人才计划	团队	引进创新创业团队	从2009年开始，引进六批共162个团队	省科技厅
		本土创新科研团队	2017年新增项目	
珠江人才计划	高层次人才认定	科技创新领军人才	从2009年开始，引进六批共122名领军人才	省人力资源社会保障厅
		高端经营管理人才	2017年新增项目	
		金融人才	2017年新增项目	
		青年拔尖人才	2017年新增项目	
		海外来粤短期工作专家	2017年新增项目，首批入选专家60名	
	博士后资助		2017年新增项目，首批入选博士后49名	

资料来源：见广东省委“深调研”课题之“提高科技创新能力、建设科技创新强省”系列专题三《关于我省打造创新人才高地的调研报告》。

（二）全方位拓展海外引才渠道，提升引才质量

实施“粤海智桥计划”，不断拓展、完善引进海外人才渠道。培育和支持一批本土人力资源服务机构参与国际人才合作与竞争，吸引国际知名猎头公司进驻广东，对引才引智有突出贡献的机构和人员予以奖励，构建市场化、信息化、全球化、常态化的引才机制。组织实施省重点高端外国专家项目及海外名师项目，招商引资和招才引智并举，发掘人才项目需求和海外专家对接，积极为海外高层次人才和用人单位牵线搭桥。举办“海外专家南粤行活动”，借助中国国际人才交流大会、广州留交会、深圳高交会等平台，开展洽谈对接，促成项目合作。全省拥有市级以上留创园29家，吸纳入园创新创业留学人才1.8万名，创办企业3135多家，年产值近509亿元。近几年来，全省共引进5.8万多名海外高层次人才，每年来粤工作的外国人才达15万人次。

三、聚焦区域，构建完善区域性人才协调发展机制

（一）实施“扬帆计划”，服务振兴粤东西北发展战略

针对粤东西北地区人才“引不进、留不住、用不好”的问题，从2012年起，广东省每年投入1.25亿元，组织实施“粤东西北地区人才发展帮扶计划”（简称“扬帆计划”），打造柔性引才的公共服务平台，靶向引进区域外各类创新型人才。通过“竞争择优扶持”和“滚动持续扶持”的方式，每年在粤东西北地区扶持一批市级和县级重大人才项目；通过“双高带动”和“双重激励”的方式，专门支持粤东西北地区引进培养创新创业团队和紧缺拔尖人才，对粤东西北地区入选“珠江人才计划”“广东特支计划”的人才和科研团队，免于评审，自动入选“扬帆计划”，享受双重资助政策，充分调动了粤东西北地区做好创新人才工作的积极性，推动以区域人才协调发展促进经济协调发展。

截至2017年年底，“扬帆计划”五批共择优扶持30个市级和135个县级竞争性扶持市县重点人才工程项目，引进51个创新创业团队和81名紧缺拔尖人才，培养高层次人才121名和高技能人才2115名，资助博士后116名，先后在清远、汕尾等粤东西北10市设立了“人才驿站”，“科技专家服务团”首批选派68名专业技术人才赴粤东西北地区挂职服务，为粤东西北地区提升科技创新能力、发展战略性新兴产业、改造升级传统产业等方面提供了有力的人才支撑和智力支持（见表13－3）。5年来，“扬帆计划”入选者承担科技项目达650多项，发表SCI/EI收录论文近900篇，拥有发明专利430多项；“扬帆计划”前四批创新创业团队已研发出新产品、新工艺、新装备139项，累计新增销售额36.7亿元，新增净利润近2.3亿元，新增上缴税费1.2亿元，带动上下游企业新增产值42.9亿元。[①]

① 参见王聪、周志坤《粤东西北地区以人才驱动创新发展》，见南方网（http://economy.southcn.com.2017－10－15）。

表13-3 “扬帆计划”具体项目及负责平台单位

工程	具体项目名称	实施成效	负责平台单位
扬帆计划	竞争性扶持市县重点人才工程	从2012年开始，支持30个市级和135个县级项目	省委组织部、省财政厅
	引进创新创业团队	引进51个创新创业团队	省科技厅
	引进紧缺拔尖人才	引进81名紧缺拔尖人才	省人力资源社会保障厅
	培养高层次人才	培养121名高层次人才	
	博士后扶持	资助116名博士后	
	引进青年博士	2017年新增项目	
	粤东西北乡镇引进专业技术人才	2017年新增项目	
	培养高技能人才	2115名高技能人才	

资料来源：参见广东省委“深调研”课题之“提高科技创新能力、建设科技创新强省”系列专题三《关于我省打造创新人才高地的调研报告》。

（二）大力支持战略性新兴产业企业引进创新型人才，强化产业发展人才支撑

针对广东战略性新兴产业重点领域发展需要，重点引进在高端新型电子信息、半导体照明（LED）、新能源汽车、生物、高端装备制造、节能环保、新能源、新材料八大战略性新兴产业以及传统优势产业取得先进创新成果、拥有自主知识产权、产业化前景广阔的团队和领军人才，“靶向”弥补产业技术短板。对经评审入选广东省创新科研团队和领军人才，按规定享受相关支持政策。统筹省财政技术研发资金，对企业引进、培养战略性新兴产业科技研发人才给予奖励，最大限度激发创新活力和创造潜能。

引导省内高校、职业技术学校、技工院校开设新兴产业专业课程。探索校企联合培养试点，推进高职院校与企业合作举办二级学院，开展现代学徒制试点。优先支持珠江东西岸各市（区）加快技能人才培训网络平台、高技能人才培训基地建设，开展新兴产业技能人才培训。

（三）推进粤港澳人才合作示范区先行先试，开创三地人才融合发展新格局

2012年，我省联合广州南沙、深圳前海、珠海横琴三地创建“粤港澳人才合作示范区”，中央人才工作协调小组批准将其纳入“全国人才管理改革试验区”（目前全国共设两个，另一个是中关村人才管理改革试验区）。近年来，粤港澳人才合作示范区争取中央支持，依托毗邻港澳的开放优势，抓住建设中国（广东）自由贸易试验区的契机，深入开展跨国跨境人才交流合作，在港澳及海外人才来往便利、个税补贴、执业资格认可、创新创业等方面先行先试，有力促进粤港澳人才深度合作，取得明显成效。例如，广州南沙实施高端人才卡服务制度，目前全区持卡人员共计200余人，享受包括政务办理、健康医疗、子女教育、住房保障等12项便捷优质服务；采取“竞配建”等多种模式筹建人才公寓3000多套，一期项目共332套已经完成并投入使用，配备家私家电，可以实现人才拎包入住。深圳前海实施“双15”税收优惠政策，对境外高端人才和紧缺人才缴纳个税超过15%的部分给予补贴，并对符合优惠目录的企业按15%缴纳企业所得税。前海与深圳市科协联手建立“海外现代服务业人才离岸创新创业基地”，在香港挂牌设立“前海离岸创新创业人才（香港）联络站”，将创新创业服务延伸到境外。珠海横琴实施港澳居民个税差额补贴办法，实施4年累计受理申请265宗，累计发放补贴6759万元；出台特殊人才奖励办法，以用人主体市场化薪酬为核心评价标准，实施3年累计奖励1.5万人次，发放奖金近12亿元；设立初始规模为100亿元的产业引导扶持基金，吸引扶持海内外青年人才创新创业。目前，粤港澳人才合作示范区人才总量已超过20万人。①

四、创新机制，营造“进得来、留得下、干得好”的人才创新创业环境

近年来，广东积极构建主体多元、功能齐全、运转高效、服务便捷的

① 参见中共广东省委组织部《广东省打造创新人才高地专题调研报告》，2018年4月。

人才综合服务体系，营造良好的人才创新创业环境，汇聚各方精英，构筑人才高地。

（一）加强人才政治引领和政治吸纳

制定《关于进一步加强联系服务高层次人才工作的实施意见》，领导带头联系服务高层次人才（省领导每人一般联系服务2名以上高层次人才），加强对人才的团结教育引导，充分发挥人才决策咨询作用，推进联系服务高层次人才工作制度化、科学化、常态化。举办高层次人才和优秀企业家研修班，大力宣传党的路线方针政策和国情党史，增强党对人才的感召力、凝聚力和向心力。

（二）优化升级高层次人才服务

设立高层次人才服务专区，实现高层次人才引进随报随批并及时办结调动手续，享受户籍居民同等待遇。打造网上“一站式”服务平台，实行“一条龙”服务模式，高层次人才足不出户便可快速办理落户、出入境、子女入学等26项业务。与相关的18个省直和中央驻穗部门网站进行对接，建设网上审批服务“高速公路”，实现单项联网审批。实施《外国专家来华邀请函》政策，简化外国专家短期来华办理手续，为来粤专家开辟便捷通道。

（三）改革人才评价和激励机制

分类推进人才评价机制改革，针对人才管理行政化、“官本位”问题，人才评价中唯学历、唯职称、唯论文问题，人才科研成果转化难、收益难问题，率先向用人主体放权、为人才松绑。积极支持向高校、科研院所、新型研发机构、大型骨干企业、高新技术企业、创新产业密集度较高的地区及行业协会下放职称评审权，推动人才社会评价深度拓展。率先开展企业高技能人才评价工作，确立企业在评价工作中的主体地位。创新人才激励机制，赋予高校和科研院所科技成果使用、处置、收益管理自主权，提高发明成果转让收益用于奖励研发团队的比例，制定完善人才入股、技术入股及相关税收政策，开展南粤突出贡献和创新奖评比表彰，让人才有更多成就感、获得感。

（四）大力发展人力资源服务机构

以经济社会发展产生的人才服务需求为导向，不断健全完善人才公共服务体系。推动出台《关于加强我省人力资源市场管理工作的意见》，修订《广东省人才市场管理条例》和《广东省职业介绍管理条例》，并整合省人力资源服务机构，实行统一管理、统一监督、统一许可。截至目前，全省共发放人力资源服务许可证3400余个。加大对民间资本开放力度，引导市场为人才提供灵活性、差异性的人才服务，满足人才的多方位服务需求。截至2016年年底，全省各类人力资源服务机构2700家，占全国的10.1%，营收额超1501亿元，占全国的12.7%，年服务量超过1.5亿人次。

（五）加强高端创新人才信息资源共享

开发建立“广东省人才工作综合管理平台”，在顶层设计上将广东省所有重大人才工程业务纳入其中，实现各个项目从申报评审到后期跟踪管理全过程管理，推动全省重大人才工程实现信息化、阳光化。

第四节　继续以“人力是第一资源”为引领

“发展是第一要务，人才是第一资源，创新是第一动力。”2018年3月7日，习近平总书记在参加十三届全国人大一次会议广东代表团审议时强调，中国如果不走创新驱动发展道路，新旧动能不能顺利转换，就不能真正强大起来；强起来要靠创新，创新要靠人才。

“致天下之治者在人才。”谁拥有一流的创新人才，谁就拥有了科技创新的优势和主导权。今后五年，是广东牢记总书记嘱托、在新起点上开创新局的关键阶段，是广东把握新时代我国社会主要矛盾变化、推动经济从高速增长转向高质量发展的攻坚阶段。我们要全面贯彻党的十九大精神，以习近平新时代中国特色社会主义思想为指导，深入贯彻习近平总书记对广东重要指示批示精神，按照省第十二次党代会和十二届二次、三次全会部署，加强党管人才，牢固树立“发展是第一要务，人才是第一资源，创新是第一动力”的意识，遵循社会主义市场经济规律和人才成长规律，瞄准科学前沿和关键领域，聚焦重大项目研究和重点产业发展，以实施人才强省战略和创新驱动发展战略为主线，以建设国家科技产业创新中心、珠三角国家自主创新示范区、粤港澳大湾区、中国（广东）自由贸易试验区和广深港科技创新走廊为抓手，以培养引进集聚“高精尖缺”人才和青年人才为重点，以充分发挥创新人才的引领支撑作用、提高科技创新能力、实现发展动力转换、引领产业转型升级为根本，大力推进人才发展体制机制改革和政策创新，加强人才服务保障，优化人才发展环境，促进区域人才协调发展，激发人才创新创业活力，构建具有全球竞争力的人才制度体系，厚植人才发展优势，打造创新人才高地，构筑创新人才高峰，为我省实现“四个走在全国前列”的目标提供坚强的人才保障和智力支持，奋力推动广东建设成为向世界展示习近平新时代中国特色社会主义思想的重要“窗口”和“示范区”。

第五编

协同：实现创新资源高效配置

集中力量办大事是我们成就事业的重要法宝。

在2014年的两院院士大会上，习近平总书记再次强调，我国很多重大科技成果都是依靠这个法宝搞出来的，千万不能丢了！要让市场在资源配置中起决定性作用，同时要更好发挥政府作用，加强统筹协调，大力开展协同创新，集中力量办大事，抓重大、抓尖端、抓基本，形成推进自主创新的强大合力。

协同创新是一种致力于相互取长补短的行为，是一种“1+1>2”的具体行动。随着经济全球化趋势的不断发展，一个国家和地区的改革、创新已经无法再“闭门造车”和“独善其身”。

只有坚持社会主义市场经济改革方向，打破传统的体制机制束缚，在创新资源的高效配置上“做文章”，让各类创新资源要素按照市场的规律实现机制协同、主体协同、区域协同和组织协同，才能在科技创新领域充分发挥“集中力量办大事”的社会主义政治优势，从而释放创新机制的改革红利。

第十四章　推进产学研结合创新

产学研结合作为一种重要的技术创新模式，在国家发展乃至全球竞争中发挥着极其重要的作用。欧、美、日等发达国家非常重视产学研合作，制定出台了系列政策措施不断提升产学研合作水平，并取得显著成效。为更好地促进我国产学研结合创新，2006 年，国务院颁布了《国家中长期科学和技术发展规划纲要（2006—2020 年）》，提出加快建设以企业为主体、市场为导向、产学研相结合的技术创新体系，引导和支持创新要素向企业聚集，促进科技成果向现实生产力转化。党的十八大以来，从国家层面制定出台了系列有关产学研合作的重大政策文件，为各地推进产学研合作工作提供了重要方向指引。习近平总书记在党的十九大报告中也明确提出，要深化科技体制改革，建立以企业为主体、市场为导向、产学研深度融合的技术创新体系，加强对中小企业创新的支持，促进科技成果转化。广东作为我国的经济大省，历届政府都非常重视产学研结合工作，2005 年 9 月，广东省与教育部签署《教育部　广东省人民政府关于提高自主创新能力，加快广东经济社会发展的合作协议》，在全国范围内首次开展省部联合推动产学研结合试点工作。2006 年，广东省设立了产学研合作专项资金，通过实施产学研合作专项计划不断推进产学研合作工作，使其在研发创新、人才培养、科技成果转化及推动经济发展方式转变、新旧动能转换等方面发挥了越来越重要的作用，对全国产学研合作工作产生了积极深远的影响。

第一节 广东产学研协同创新的发展情况

改革开放以来，广东坚持敢为人先、开拓进取的精神，积极引进国内外创新资源，不断推进经济体制改革，逐步形成了以企业为主体、市场为导向、多主体协同创新的经济格局。从发展历程来看，根据相关重大事件和主要特征，可将广东产学研协同创新划分为“萌芽起步”“缓慢发展”“规范引导”和“蓬勃发展”四个阶段。(见图14-1)

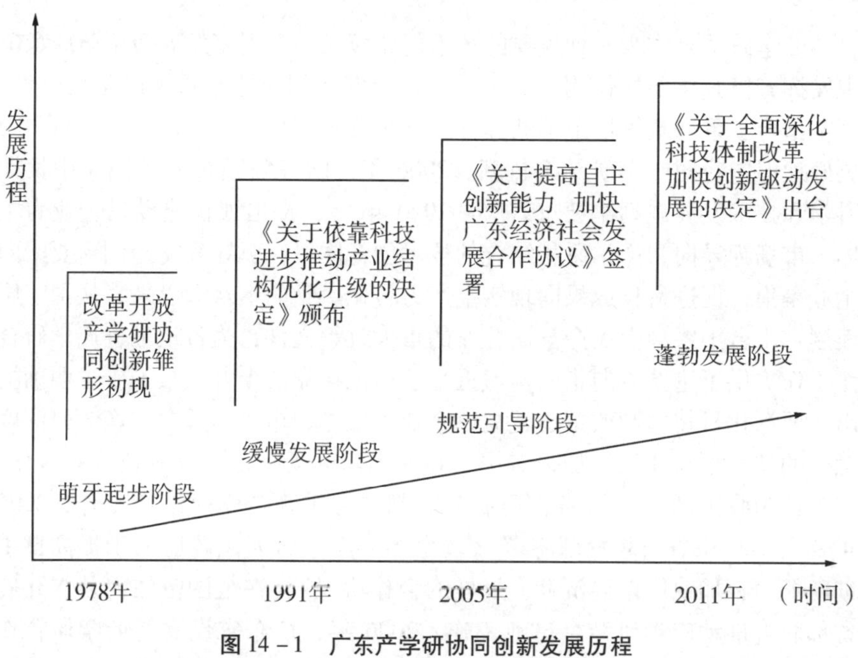

图14-1 广东产学研协同创新发展历程

一、萌芽起步：“星期六工程师”

1978年以来，随着全国科学大会的召开，我国科学技术迎来了发展的春天。作为我国改革开放的前沿地带，广东率先启动了科技体制改革，推动科研机构和科技人员进入经济建设主战场，并大量引进国(境)外技术和设备，极大地解放了经济生产力和自主创新活力，为广东产学研创

新的起航铺垫了基础。

20 世纪 80 年代初，广东开始在全省独立的科研机构推行对外技术转让有偿合同制和对内课题承包制，在技术开发和推广应用型的科研单位，进行由依靠政府事业费拨款改为经济自立的试点，这从一定程度上消除了高校和科研院所的创新要素跨机构流动的障碍，让企业寻求与高校和科研院所的合作成为可能。

1987 年 2 月起，随着拨款制度改革的进一步推进，广东科技人力资源开始盘活，出现了“星期六工程师”，这是一种以业余兼职方式出现的智力流动或技术流动形式，是产学研协同创新的雏形。最初的“星期六”工程师多来自国有科研院所和国有企业，他们通过各种关系与珠三角地区乡镇企业建立联系，利用节假日时间为企业担当技术顾问，并从中获取适量的报酬。渐渐的，这个人群开始壮大起来，广东省科技委 1987 年做的一项调查发现，在广州的一些科研单位，约有 8% ～ 10% 的科技人员从事“星期六工程师”活动①。

“星期六工程师”对经济发展和科研改革具有很大的促进意义。在广东省科学院系统，至今仍流传着一段由“星期六工程师”创造的佳话。1984 年，中科院广州化学所一项“丙纶”技术引起当时的新会县关注，经双方协议，化学所主动派出了 8 位“星期六工程师”，利用业余时间赶赴新会，帮助当地建立一个利用“丙纶”技术进行纺织生产的车间，这也是广东生产与科研结合的最早模式。丙纶车间的建成对新会影响很大，为其后来成为纤维生产重镇奠定了基础。在这批“星期六工程师”的协助下，新会先后引进了两个纺织大项目，从而形成了当地的支柱产业。当中有 3 位科研人员打破了“铁饭碗”，到新会当起了企业的技术顾问。

“星期六工程师”的出现逐渐改变了大学教师和科研人员过去“纸上谈兵”“闭门造车”的科研传统，强化了科研和生产相结合的新观念，使得广东的产业、企业技术需求与高校的科技和人才优势之间找到了结合点②。“星期六工程师”借着改革开放，跃进了广东经济建设的主战场，

---

① 参见陈雷刚《新时期广东自主创新道路探索与发展的历程及启示》，载《广州市公安管理干部学院学报》2011 年第 3 期，第 85 页。

② 参见周永章《审视广东科技发展 30 年的启示：关于推进自主创新的建议》，载《广东科技》2008 年第 12 期，第 11 页。

造就了珠三角无数乡镇企业的发展奇迹。

目前，“星期六工程师”已经逐渐淡出人们的话题，但不管是“星期六工程师”，还是“辞官下海”，都为民营经济和国有经济的“对接”提供了可能，他们对社会进步所做出的贡献将会永远被历史铭记。

这一时期，广东产学研协同创新是在我国科技生产力不断解放的大背景下，省内科研院所、高校、企业和中介机构等主体受市场调节作用，为实现共同利益，自发进行的协同创新，政府直接作用于产学研协同创新政策和措施偏少，处于萌芽发展阶段。该时期广东产学研协同创新表现为分散性的市场行为，协同合作数量少，并未形成规模效应，协同创新合作层次较低；合作主体范围以两两合作为主，合作形式更多是业务往来和项目合作，平台合作几乎没有，大部分未能形成长期有效协同合作关系；协同创新效果并不明显，具有重大社会影响力的协同研发或转化成果极少，尚未形成对全省自主创新的强大推动力。

二、缓慢发展：“产学研结合”概念提出

1991 年 7 月 22 日，广东省委、省政府颁布了《广东省委、广东省人民政府关于依靠科技进步推进经济发展的决定》（粤发〔1991〕24 号，以下简称“24 号文”），标志着广东实质性地开始了探索依靠科技进步推动经济发展的新战略和新路径，积极释放科研人员包袱，在推动产学研协同创新方面有了探索。“24 号文”明确指出，支持和鼓励科研单位派出或同意科研人员兴办民间科研机构或科工（农）贸经济实体；允许科技人员在完成本职工作、不侵犯本单位技术经济权益和经单位同意的前提下，有组织地参加企业的技术改造、技术攻关、技术承包、技术开发和引进技术设备的消化吸收，运用专业知识兼职或业余从事技术服务。

从 1991 年开始，广东依托企业、联合科研机构和高等院校，逐步组建了一批技术水平较高、开发能力较强的国家级、省级工程技术研究开发中心，成为广东省科技创新体系的重要组成部分。多数工程中心后来发展成为广东省工业技术研究开发的重要基地①。

为调整、优化经济产业结构，广东省不遗余力制定相关规章，推动高

---

① 参见宁仕鹏《广东省科技资源配置效率评价及对策研究》（学位论文），华南理工大学公共管理学院 2012 年。

新技术产业发展。1992 年 2 月，广东省人民政府颁发《关于广东省国家高新技术产业开发区若干政策的实施办法》，对广东省辖的国家高新技术产业开发区给予银行贷款有利措施，为开发区吸引外资提供立项审批、计划安排、资金担保方面的支持，并对开发区内的高新技术企业予以各种优惠政策，从而支持了广东省高新技术产业的快速发展。与此相配套，广东积极推进人才资源建设，颁布了《关于鼓励留学人员来广东工作的若干规定》《关于加快我省科技队伍建设步伐问题的决定》《广东省自然科学学科、技术带头人队伍建设试行办法》等系列政策文件，形成了一批具有较高创新水平和能力的产学研人才队伍，提升了产业技术创新水平。

1995 年 7 月，广东省委、广东省人民政府颁布了《中共广东省委、广东省人民政府关于加速科学技术进步若干问题的决定》，要求加速科技成果向现实生产力转化，要求全省积极利用外资发展高新技术产业，各级财政对科技投入以及科技贷款有所增加，通过各类技术服务收入、开拓民间集资方式、建立科技风险投资机制等各种方式，使科技投入多元化，初步建立起了多途径的科技资金投入机制，为深化产学研合作提供了重要资金保障。

1998 年 9 月，广东省委、省政府颁布了《中共广东省委、广东省人民政府关于依靠科技进步推动产业结构优化升级的决定》（粤发〔1998〕16 号，简称“16 号文”），“16 号文”沿着“24 号文”依靠科技进步推动经济发展的战略方向往前迈进了一大步，找到了推动科技与经济结合的最佳着力点——推动产业优化升级，并明确提出“产学研结合”这一概念，标志着广东的产学研结合工作正式提上议事日程。“16 号文”指出，在政府的大力支持下，加快建立以大企业为主体，以高等学校、科研机构为社会科技依托，以市场配置资源为基本途径，适应社会主义市场经济，符合科技发展规律的科技创新机制，走出一条科技与经济紧密结合的新路子；高等学校科研工作要走产学研相结合的道路，成为企业技术进步的后盾和依托；实施“产学研联合开发工程”，形成以市场为导向，以技术为核心、以企业为基地、以合同为纽带的互惠互利共同发展的运行机制。以“16 号文”为起点，广东积极开展科技体制改革，决心将科研院所“逼”到市场中去，结束了科技游离于经济之外的局面。让“两张皮”在一夜之间成为全省乃至全国科技界的流行语。全省共有 69 个省属研究所进行转制，绝大多数被推上经济建设主战场，成为开展产学研合作的重要主体。

这一时期，伴随经济和科技体制改革的不断推进和科技创新活力的不断释放，广东产学研结合开始持续发展，省内以产学研协同方式推动科技创新行为不断涌现，对经济起到了较好的推动作用。

（1）在中央和省政府政策直接引导与推动下，科技工作与经济建设之间“依靠”与“面向”的方针得到了更好的贯彻落实，建立了一大批工程技术开发中心和研发机构，崛起了一批各类型的科技园区，以产业集群和合作创新为特征的专业镇也获得迅速发展。据统计，全省相继建成约 300 家由企业或由高校、科研机构和企业共同参与组建的工程技术开发中心或技术创新中心，在十几个地级市陆续建成了 100 多个各具特色的专业镇和一批大学科学园区和其他各类科技园区。

（2）通过实践，产学研各方对自己的优势和在产学研结合中的角色定位，有了比较准确的认识，尤其是企业实施产学研结合的积极性得到了更好的调动与发挥。企业是产学研相结合的主体，是主要的受益者与风险的主要承担者，其职能主要是承接高校、科研院所知识创新、技术创新的成果，通过工艺创新、产品创新，完成工厂化、产品化，并进一步实现产业化和市场开拓。高校、科研院所的主要职能是产生新思想、创造新技术，在源头上实现知识创新、技术创新，并与企业一道推动这些成果产业化，为企业的发展提供源源不断的技术动力、技术源泉和发展后劲①。高校和科研院所通过多种渠道，主动建立学校与地方、学科与企业、教授专家与企业家之间的合作关系，实现共赢发展。2003 年，广东高校与企业共签订技术转让合同 215 项，处于全国先进行列。基于利益动机的企业与科研机构、高校技术创新协同关系初步形成，企业改变了在技术创新中完全被动的地位，主动性逐步增强。

（3）企业科技人力资源较丰富，大中型企业 R&D 队伍匀速增长，专利件数也远远领先于其他省市。高校采用各种形式主动面向经济建设主战场，与广东高新技术开发区、经济技术开发区、科教园区合作，建立研究开发和产业化基地。据统计，至 2003 年，广东有近七成科技开发机构设在企业，七成以上的科技人员进入企业，七成以上的科技经费来自企业；

---

① 参见彭文晋《提高我省自主创新能力，必须做好产学研结合这篇大文章》，载《广东科技》2005 年 10 期，第 84 ～ 86 页。

近七成的高新技术产品由企业自主研发，企业真正成为技术开发的主体；全省共建立了80多个重点实验室，科研实验条件和环境逐步达到了国内或国际先进水平[①]。重点实验室的建设，培养、稳定和聚集了一批优秀科技人才，成为广东省中长期关键技术、共性技术、高新技术研究开发的重要骨干力量。

三、规范引导：省部产学研合作

2004年5月，广东省委、省政府召开了全省科技、教育、人才大会，提出要以增加国际竞争力为核心，加快建设科技强省。2004年8月，广东省委、省政府颁发了《中共广东省委、广东省人民政府关于加快建设科技强省的决定》，将“科教兴粤”战略的实施推向新的阶段。该决定指出，广东的发展潜力在科技，广东的竞争力在科技，广东的可持续发展在科技，广东人民生活水平的提高和生活质量的改善也在科技。全省要以科技强省建设，推动经济强省和文化大省建设，要把广东省建设成为区域性国际化的科技中心，以及全国重要的高新技术研究开发基地、成果转化和产业化基地。要促进科学技术对各领域、各行业的渗透，为经济社会全面、协调、可持续发展提供强有力的技术支撑。决定还提出，科研机构内部二级经济实体可改制为投资主体多元化的混合所有制科技型企业。公益类型科研机构要按照非营利科研机构模式进行运行与管理，建立开放、流动、竞争、协作和人员能进能出的新型现代科研院所制度。要吸引世界500强企业和境外其他有实力的公司来粤设立研究开发机构，支持有条件的地区建立国际科技合作产业基地，重点支持一批有优势和特色的高等学校研究机构，促使其成为科技持续创新基地。鼓励企业与高等学校、科研机构联合创办研究开发机构，建立技术研究开发战略联盟。

2005年9月22日，教育部部长周济、广东省省长黄华华分别代表教育部与广东省人民政府在广州签署了《关于提高自主创新能力，加快广东经济社会发展合作协议》（以下简称《省部协议》），并得到科技部鼎力支持，开创全国之先河，省部产学研合作开始起航，这一重要事件标志着广东产学研协同创新进入政府大力引导并有效规范的发展阶段。

---

① 参见陈雷刚《新时期广东自主创新道路探索与发展的历程及启示》，载《广州市公安管理干部学院学报》2011年第3期，第87页。

2006年4月26日，成立了广东省教育部产学研结合协调领导小组，广东省省长黄华华担任领导小组组长，教育部副部长赵沁平、科技部副部长尚勇、广东省副省长宋海担任副组长，领导小组办公室设在广东省科技厅，负责日常工作。2006年8月，广东省人民政府与教育部联合下发《广东省人民政府、教育部关于加强产学研合作提高广东自主创新能力的意见》，广东设立了省部产学研专项资金：省财政2006年投入1亿元，2007年投入2亿元，2008年以后每年投入不少于2亿元。

2006年的省部产学研结合项目是在专家评审的基础上择优选择支持，各领域专家组由5位专家组成，其中3位是省外专家、2位是本省专家，省外专家占到60%，有效地保证了项目评审的公正性和权威性。结合广东省科技、经济发展的实际状况和专家评审意见，围绕十个关键技术领域和高新技术产业化基地选择了70个项目共155个课题进行支持资助。从选择立项的项目来看，共有58所大学参与承担项目，其中省外高校46所、省内高校12所，分布在全国17个省和直辖市。省外高校参与的项目数占66%，省内高校参与的项目数占34%，教育部直属高校参与的项目数占80%。2006年，全省各类产学研合作项目3287项，各级政府财政投入10.5亿元，企业投资165亿元，分别比上年增长25.6%、94.4%和41%。各类产学研结合项目实现总产值1500亿元，出口创汇30多亿美元，新增利税230亿元。[①] 组织实施的产学研结合重大项目对广东产业升级具有良好的带动效应，市场前景良好，对提升广东省企业的创新能力和核心竞争力以及行业整体的技术水平和市场竞争力具有重要作用。

2007年6月，广东省教育部科技部产学研结合工作会议及广东产学研结合成果展在广州举行，包括76所重点高校在内的106所省内外高等院校和中科院相关科研机构参加了会议。此次成果展共有720多个重大项目参加展出，其中200多项是省部合作已经取得的硕果，300多项即将与广东企业合作转化。有60多所高校还带来了3500多项科技成果，寻求与广东企业对接合作，广东各地企业提出了2400多项技术需求[②]。在这次会议上，还有13个具有代表性的省部产学研战略联盟、23项校市全面合

---

① 参见广东省副省长宋海《加强省部产学研结合　加快创新型国家建设》，见 http://www.gov.cn/jr29/2007-07/19/content_689491.htm。

② 参见《省部产学研合作大事记》，载《中国科技产业》2011年第2期，第46页。

作项目、11 项高校与专业镇对接项目和 131 个产学研校企合作项目现场签约。

2008 年 9 月，教育部、科技部和广东省联合印发《广东自主创新规划纲要》及《广东省人民政府 教育部 科学技术部关于深化省部产学研结合工作的若干意见》，标志着省部产学研合作已上升为“两部一省”自主创新的全面合作。2008 年 12 月，省部产学研合作纳入国家《珠江三角洲地区改革发展规划纲要（2008 — 2020 年）》，标志着省部产学研合作成为当前及今后一个时期推动广东自主创新及改革发展的重要战略之一。2009 年 1 月，广东省政府与中科院签署了全面战略合作协议。2010 年 7 月，广东与工信部、中国工程院就全面开展产学研合作达成一致意见，分别签署合作协议，并召开省部院产学研结合协调领导小组会议。至此，“三部两院一省”产学研合作的新局面正式形成。

这一阶段，政府成为产学研协同创新的重要推动者，出台了多项政策文件，从项目合作、示范基地、产学研战略联盟、企业科技特派员等产学研合作有关方面进行了引导、扶持和规范，打破高校、科研院所和企业之间积存已久的市场无法自行调节的经济和社会壁垒，推动产学研等主体通过创新合作实现共赢，形成了省市、校地、校企多层次联动，地方政府、高校、企业、研究机构多主体协同创新的新局面。

（1）该时期广东产学研协同创新在政府力量的宏观调整下，开始往系统性、规范性方向发展，合作模式多样化趋势明显，协同创新合作层次不断提升。主要形成了四种比较典型的产学研合作模式：①产学研合作开发，以项目为纽带，通过委托开发、共同开发等形式，建立长期稳定的合作关系。如广东北大新世纪生物工程股份有限公司与北京大学合作开发发酵技术并实现产业化，华南农业大学与广州粤旺农业发展有限公司联合开发无公害蔬菜等。②共建产学研相结合的技术开发实体或科工（农）贸一体化经济实体。如温氏食品集团与华南农业大学以技术入股的形式组建成股份公司，广东中大亿达洲海洋生物科技股份有限公司，是由广东亿达洲集团、陆丰市城东投资有限公司与中山大学联合组建的股份制企业。③高校、科研机构创建科技园区。这类科技园区作为高新技术原创基地、高科技成果转化示范基地、科技企业的孵化基地、创业创新人才和科技企业家的培养基地的功能正逐步发挥，并显示出巨大的活力。④政产学研联合协调模式。在政府部门的直接参与和推动下，实现产、学、研全面合作。像中山大学、华南理工大学、暨南大学、华南农业大学等高校与有关市政府签署全面合作的协议，广州市政府与中科院的合作，东莞市政府与中科院计算机所的合作，就是“政产学研”成功结合的范例。

（2）产学研合作的质量不断提高。合作主体以官、产、学和研为主，其他市场主体参与不多，合作形式由以往的单纯项目合作发展为项目合作和平台合作并重趋势，平台合作在产学研协同创新中的地位得到提升；合作领域往战略性新兴产业延伸，并逐渐将其作为产学研合作的重要战场，合作内容逐渐向科技服务业的各领域延伸；协同创新效果明显，产学研技术创新产生溢出效应，多个产业领域核心技术在产学研共同攻关下得以攻破，技术创新成果转化率不断提高，有力推动了广东经济的快速发展。

（3）产学研合作成果大量涌现。截至 2010 年年底，已组建起 34 个产学研创新联盟，新增 24 个示范基地（市、区、镇），攻关一批关键技术并实现产业化。深入开展“省部企业科技特派员创新工程”，新增派近 1500 名企业科技特派员，进驻全省 2650 家企业，提升了广东企业的核心竞争力。启动国家自然科学基金广东联合基金第二期资助计划，进一步扩大联合基金规模，总额达到每年 8000 万元。国际科技合作深入开展，在白俄罗斯首都明斯克成功举办首届“广东科技节”，广东大型科技节活动首次走出国门；“广东—独联体国际科技合作联盟”快速发展壮大，联盟成员单位从 51 家增至 2010 年年底的近 200 家；获科技部国际科技合作专项支持经费超过 5400 万元；新增省级国际科技合作示范基地近 20 家，累计建有省级基地 43 家，国家级 14 家。①

四、蓬勃发展：产学研协同创新

2011 年 4 月，在庆祝清华大学成立 100 周年大会上，胡锦涛总书记首次提出了协同创新的概念，要求我们在“积极提升原始创新、集成创新和引进消化吸收再创新能力”的同时，要“积极推动协同创新”。2011 年 8 月，在深圳举行的科技体制改革座谈会上，刘延东同志和万钢同志重点强调了要积极推进协同创新。产学研协同创新概念的提出，标志着广东产学研协同创新由单纯产学研结合阶段向“官、产、学、研、金、介”

---

① 参见广东省科技厅《2010 年科技工作总结和 2011 年科技工作重点》，见网站（http://www.gdstc.gov.cn/HTML/zwgk/ndgzjh/1309502516071219988660127551424.htm）。

全社会多主体多方式灵活创新的新阶段迈进，也标志着广东产学研协同创新开始进入蓬勃发展阶段。2012 年 7 月，广东省委、省政府召开全省科技创新工作会议和专业镇转型升级现场会，这是广东科技工作一次里程碑式的会议，为深化我省科技体制改革，确立企业技术创新主体地位，推动产学研协同创新，完善区域创新体系指明了方向。

2013 年 12 月，由省经济和信息化委、省科技厅联合主办、中科院广州分院协办的广东省科技成果与产业对接会在广州成功举办。对接会得到了 50 个国内省内高校、科研院所和创新平台的热烈响应，踊跃参加，并精选出 1264 项技术成果与企业对接，涵盖高端新型电子信息、新材料、新能源、节能环保、半导体照明、生物医药等战略性新兴产业，以及石油化工、有色金属、机械、轻工等传统优势产业等领域。此后每年组织召开一次对接会，通过组织科技成果与产业对接会，为产学研各方开展合作提供了重要交流和学习平台，大大促进了科技成果转移转化和产业化。

2014 年 6 月，广东省委、省政府出台《关于全面深化科技体制改革，加快创新驱动发展的决定》，这是全国第一个颁布实施的关于深化科技体制改革、实施创新驱动发展战略的顶层设计和纲领性文件，也是广东在新的历史起点上探索改革发展与创新驱动深度融合的新硕果。

2014 年 9 月，广东省新型研发机构现场会在东莞召开，据初步统计，当前我省各类新型研发机构 122 家，广泛分布在全省各个地市，其中九成集中在珠三角地区。其有别于传统科研院所，能有效调动各方面科技资源，实现创新链、产业链和资金链的紧密融合，是广东产学研协同创新的主力军。

2016 年 9 月，为总结近年来广东专业镇创新发展情况，推广东莞横沥镇等地区协同创新的经验做法，部署以协同创新为抓手，加快全省专业镇创新发展和转型升级，广东省政府在东莞召开全省专业镇协同创新工作现场会，时任中共中央政治局委员、广东省委书记胡春华作重要批示，省长朱小丹出席会议并讲话。胡春华同志在批示中充分肯定了近年来我省专业镇应用先进技术、推进产业转型升级取得的成效，要求各地各有关部门认真学习贯彻习近平总书记系列重要讲话精神，深入实施创新驱动发展战略，加强政策支持引导，推动专业镇强化协同创新，大力发展新型研发机构和孵化器创新平台，增强产业关键共性技术攻关和成果转化能力，努力形成一批竞争力强的创新型企业和产业集群，实现创新链、产业链、资金链、政策链有机融合，营造全省创新发展的良好氛围，为加快形成创新型经济格局做出新贡献①。朱小丹指出，全省各地、各部门要因势利导、乘势而上，加强组织领导、狠抓落实，以协同创新为牵引，加快构建镇域开放型创新体系，促进金融科技产业融合发展，加强知识产权创造、保护和应用，完善专业镇协同创新政策体系，强化督查考核，加强宣传推广，大力推动专业镇加快转型升级、创新发展，使专业镇成为推动全省经济稳增长、调结构、转方式、换动力的重要力量。

这一阶段，广东在政府和市场共同作用下开展产学研协同创新，政府在前一时期以省部院产学研合作为顶层设计搭建了产学研协同创新的政策框架基础上，继续扫除产学研的行政或社会隔阂，发挥无形之手帮助其破冰搭建协作关系；市场在良好的政策环境下能够充分发挥无形之手的调节作用，对全国甚至全世界创新要素进行优化配置，以省内不断完善的创新环境为着力点，吸引国内外创新团队、人才、资金和项目集聚广东，推动国内外高校、科研院所、企业、中介和金融机构等与广东开展协同创新。该时期广东产学研协同创新在政府和市场的充分作用下实现快速发展，协同合作数量呈现井喷式上涨，协同创新规模效应不断凸显，合作模式不断创新，协同创新合作层次较高；合作范围不再局限在官、产、学和研，而是向全社会多主体蔓延，合作形式以项目合作和平台合作为主，协同创新效果显著，有效推动广东构建创新驱动力的进程。

第二节　广东产学研协同创新发展的主要成效

2005年以来，广东省先后启动实施与教育部、科技部、工业和信息化部、中国科学院、中国工程院的产学研合作，开辟了“三部两院一省”的省部院产学研合作新局面。省部院产学研合作作为区域创新体系建设的突破口与核心环节，大幅提升了广东省产业的核心竞争力和企业自主创新能力，有力促进了广东产业的转型升级，同时也对全国产学研合作工作产

---

① 参见张安定、刘耕、符信《全省专业镇协同创新工作现场会在东莞召开》，见东莞时间网（http://news.timedg.com/2016-06/16/20423669.shtml）。

生了积极深远的影响[①]。

目前，广东正在深入推进产学研协同创新工作，并在产学研合作的广度、深度和精准度方面有新的提升和拓展。产学研协同创新的重点工作从项目合作转向平台、载体建设；从人才的不为所有但为所用转向人才落地、入驻；从营造良好氛围转向落实体制机制，通过统筹布局，精心组织，广泛动员，全力推进，使得广东在产学研协同创新方面走在全国前列。

一、完善产学研协同创新机制，构建产学研协同创新体系

作为我国改革开放的前沿阵地，广东长期以来高度重视产学研协同创新工作，全力推进以企业为主体、以市场为导向、产学研结合的开放型区域创新体系建设，在重大项目联合攻关、产学研协同创新平台建设、企业科技特派员队伍建设等方面成效显著，并建立起“三部两院一省”的产学研协同创新合作机制，形成“三大推进机制、四大支撑保障体系、五大创新模式”，有效地促进了全省科技创新资源的整合、开放与共享，极大地推动了全省科技创新和产业可持续发展。（见图 14－2）

（1）建立了三大高效务实的推进机制。包括三部两院一省的主要领导直接参与的省部高层会商机制、省直相关部门和地市政府共同推进的省市联动机制、高校与地方和企业全面合作的校企校地合作机制。三大推进机制的协同，充分发挥了政府引导、市场导向和企业主体的作用，确保了省部合作的顺利推进。

（2）构建了完善的四大支撑保障体系。包括由省、市、高校或科研院所、中介机构、行业协会等共同组成的组织保障体系；由省部合作协议、五年发展规划、项目、资金和基地管理办法等构成的政策支撑体系；由省级专项资金、地市政府配套资金、社会金融资本等多渠道投入的多元化投入体系；由省部及各地市产学研合作信息网、省及地市科技门户网、中国教育科研网和相关高校信息网等构成的信息服务体系。

（3）形成了五大高效创新模式。五大创新模式分别为：组建创新联盟、共建创新平台、服务集群经济、建设示范基地和派驻科技特派员，构

① 参见朝胜、杞人《广东产学研合作“引擎”区域创新》，载《科技日报》2017 年 4 月 11 日，第 7 版。

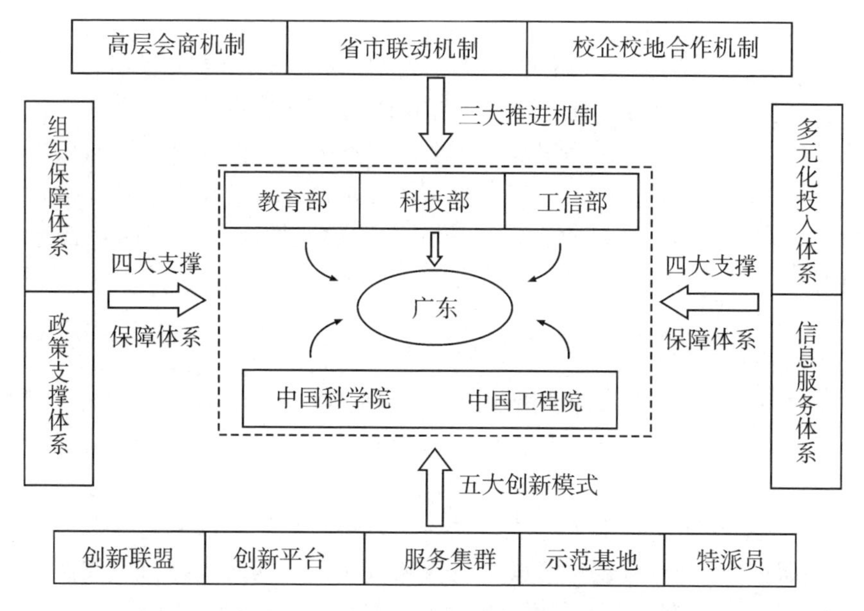

图14－2　广东产学研协同创新体系

建形成以派驻企业科技特派员并鼓励建设特派员工作站、企业院士工作站等为点、以建设产学研合作创新联盟为线、以建立产学研结合区域示范基地、专业镇为面的产学研合作推进模式，示范带动广东省产学研合作工作向纵深发展。“点”上的合作包括项目、人才和单个企业、高校和研究机构的支持，重在突破一些关键的技术问题，“线”上的合作通过产学研创新联盟，沿着创新链和产业链布局，突破行业关键共性技术。“面”上的合作通过示范基地和专业镇的建设，综合解决区域内的发展问题。

二、持续推进科技成果与产业精准对接，促进全省经济发展提质增效

近年来，广东从解决当前最紧迫、最突出、最重大的科技需求问题入手，积极与省内外高校和科研院所签订战略合作协议，有针对性的引进重大项目在广东转移转化。据不完全统计，截至2016年年底，省部院产学研合作累计财政投入50亿元，带动地市财政投入200多亿元，社会及企业投入1000多亿元，吸引全国312所高校、332个科研机构集聚广东开

展产学研合作，有效提升了广东科技创新能力①。

为加快推进优质科技成果在我省落地转化，按照省政府主要领导的要求，省科技厅、省经信委2013年签署协同推进科技成果产业化合作备忘录，每年举办一次科技成果与产业对接会，联手推进科技成果产业化，形成科技与产业对接的长效机制。2013年、2014年，省科技厅、省经济与信息委员会连续两年举办科技成果与产业对接会，走出了产学研合作的新渠道，搭建了科技成果转移转化新平台。其中，2014年以珠江西岸先进装备制造业为主题的科技成果与产业对接会，共汇集300余项具有产业化前景的技术成果，170多家企业提出了200余项技术需求，促成18个签约项目达成初步转化合作意向，为推动科技成果产业化起到了良好的示范带动作用。2016年在中山召开的广东省科技成果与产业对接会共筛选发布科技成果800多项，签约对接项目19项，重大科技成果转化数据库共收录科技成果6000多项，为推动科技成果产业化起到了良好的示范带动作用。②

2017年6月，由教育部和广东省政府作为指导单位，广东省科技厅、教育部科技发展中心、广东省教育厅、广东省经济和信息化委及惠州市政府共同主办，以“跨越产学鸿沟　携手创新共赢”为主题的首届中国高校科技成果交易会和2017年广东省科技成果产业对接会同期在惠州会展中心隆重举行，300所海内外高校齐聚惠州，携带约1万项科技项目前来展示、交易，近3000家企业参会开展产学研对接合作。在参会的300多所高校中，有200多所高校携带成熟的科技成果参加了展示，其中有剑桥大学、牛津大学、加州大学洛杉矶分校、康奈尔大学等国外高校12所，港澳高校3所，在特装展位和标准展位展示的“211工程”“985工程”高校80所。科交会活动重点围绕智能装备、微电子、大数据与通讯、新材料、海洋科学与工程、干细胞与组织工程，精准医疗、节能与新能源、环保与资源综合利用、人工智能等十大行业领域举行了展览展示、论坛会议和推介交易等活动。在进行“十大科技成果发布”和“十大技术需求

---

① 参见朝胜、杞人《广东产学研合作“引擎”区域创新》，载《科技日报》2017年4月11日，第7版。

② 参见刘莉云《省科技成果与产业对接19个重大项目签约中山占4个》，见南方网（http://zs.southcn.com/content/2016-12/29/content_162620145.htm）。

招标”项目对接活动的基础上，安排100个重点项目进行路演，以促进更多的技术成果转移转化、产业化，转化为现实生产力。

三、持续推进产业关键共性技术攻关，支撑企业提升国际竞争力

为突破制约广东产业创新发展的技术瓶颈，我省产学研合作工作紧紧围绕调整经济结构、转变发展方式、提升产业竞争力的重要课题，着眼产业关键技术和共性技术创新。在高端电子信息、新材料、新能源、节能环保、现代农业、先进制造和生物医药等领域系统布局，通过共建产学研合作联盟和示范基地、派驻企业科技特派员、推进专业镇转型升级等方式，探索出基于产业链的产学研协同创新模式，攻克了一批行业共性关键技术，有效提升了相关产业的国际竞争力。如在传统产业领域，开发的掺60%陶瓷废渣的陶瓷砖，可实现陶瓷废渣全部回收利用，大规格超薄建筑陶瓷砖产业化技术开发项目实现瓷砖减薄1/2～3/4，节能75%以上，减少20%～30%的粉尘和废气排放。在战略性新兴产业领域，成功设计和制造出我国第一套锂亚电池电解液产业化装备，打破了国外技术垄断；研发出中国第一台具有自主知识产权的黑白激光打印机，打破了国外的垄断，填补了国内空白，使中国成为世界上第四个拥有激光打印机自主研发与制造能力的国家。这些产业关键共性技术的攻克，促进了我省产业向中高端的延伸，提升了我省产业的国际竞争力。

2016年，组织实施重大科技专项，完成一批重点领域核心关键技术和重大创新产品布局，其中53项核心关键技术达到国际领先或先进水平，181项达到国内领先或先进水平。全省有效发明专利量和PCT国际专利申请受理量分别增长21%和55%。新组建产业技术创新联盟82家，总数达204家，累计攻克产业关键性、共性技术4000多项。①

四、持续推进产学研合作基地建设，推动创新型产业集群发展

近年来，广东以省地、校地、院地对接为纽带，以高新区和专业镇为

① 参见袁宝成《在全省创新发展大会上的讲话》，载《广东经济》2017年第6期，第8页。

载体，积极推进省部院产学研合作基地建设，促进我省产业集群向创新型产业集群发展。

以专业镇打造传统产业转型升级示范基地。大力实施“一镇一策”和“一校（院）一镇”，搭建中小微企业公共服务平台，组织对口帮扶，疏通高新技术、先进适用技术和现代信息技术改造传统产业通道，建设转型升级示范基地。截至2016年年底，全省共计有专业镇413个，实现地区生产总值（GDP）3万多亿元，占全省GDP三分之一。目前，专业镇参与产学研合作企业超过2000家，共建产学研合作平台超过800个，全省专业镇创新服务机构共2900个，公共创新服务平台覆盖率达90%以上，专业镇创新能力大幅提升。[①]

以高新区打造创新型产业发展基地。针对高新区创新型产业的发展需求，大力推进省内外高校、科研院所布点园区，积极搭建创新创业服务平台，推动创新成果就地转化。2016年，全省高新区预计实现工业生产总值24693亿元，同比增长5.9%，实现利润1848亿元，同比增长5.2%，营业收入28015亿元，同比增长8.6%，创新型产业集群发展格局进一步凸显[②]。

五、持续推进科技体制改革，新型研发机构建设蓬勃发展

近年来，通过创新产学研结合方式和科技发展模式，推动了一大批以市场需求为导向，聚焦于产业发展需求和前沿源头创新，集创新创业孵化育成于一体，组织方式更加灵活，投管分离、独立核算、自负盈亏的新型研发机构建设。迄今为止，全省共建新型研发机构180家，数量占全省科研机构1/3，其中与全国高校共建的新型研发机构超过了一半，累计研发经费支出在60亿元以上，有效发明专利近7000件，近三年的成果转化收入达1538亿元，服务企业超过3万家，成功孵化了1000多家企业。[③] 像广东华中科技大学工业技术研究院、清华珠三角研究院等新型研发机构的

① 参见朝胜、杞人《广东产学研合作“引擎”区域创新》，载《科技日报》2017年4月11日，第7版。

② 参见朝胜、杞人《广东产学研合作“引擎”区域创新》，载《科技日报》2017年4月11日，第7版。

③ 参见朝胜、杞人《广东产学研合作“引擎”区域创新》，载《科技日报》，2017年4月11日，第7版。

建设，催生智能制造、新能源、无线通信等一批战略性新兴产业的发展壮大，新型研发机构已然成为广东构建创新驱动发展的一支“生力军”。

同时，积极营造新型研发机构发展的政策环境，出台《广东省人民政府关于加快科技创新的若干政策意见》（粤府〔2015〕1号），提出要在政府项目承担、职称评审、人才引进、建设用地、投融资等方面赋予新型研发机构国有科研机构待遇；《关于支持新型研发机构发展的试行办法》在“粤府〔2015〕1号文”基础上进一步细化新型研发机构扶持细则，从多方面加大新型研发机构支持力度；《广东省科学技术厅关于新型研发机构管理的暂行办法》进一步明确了新型研发机构的申报、认定、管理和评估等工作，有助于推动新型研发机构规范化发展。

六、持续推进创新平台建设，不断优化科技创新支撑体系建设

围绕战略性新兴产业以及传统产业转型升级需求，在省部院产学研引领带动下，广东积极推进重大科技创新平台建设工作，打造了一批研发实力强、协同创新效益好、引领示范作用强的产学研合作创新平台，对推动广东产业转型升级发挥了重要支撑作用。据统计，截至2016年年底，全省共建立204家产学研创新联盟、2651家省级工程中心、121家院士工作站和195家企业科技特派员工作站。其中，产学研创新联盟涉及127所高校、92所科研机构和2000多家企业，在电子信息、数控装备、白色家电等领域突破了一批制约广东产业发展的共性和关键技术。①

同时，利用省部院产学研合作平台，广东积极推进国家重大科学工程建设，持续支持推进散裂中子源工程、强流重离子加速器、加速器驱动嬗变研究装置重大科学装备的建设工作，谋划启动广东国家大科学中心建设。这些高水平的产学研合作创新平台建设，为广东集聚各类优势科技创新资源提供了重要载体保障，有利于促进产学研合作长效机制的建设。

---

① 参见朝胜、杞人《广东产学研合作“引擎”区域创新》，载《科技日报》2017年4月11日，第7版。

第十五章　建设科技孵化育成体系*

习近平总书记在党的十九大报告中指出，要贯彻新发展理念，建设现代化经济体系。加快建设创新型国家，加强国家创新体系建设，加强对中小企业创新的支持，促进科技成果转化。倡导创新文化，强化知识产权创造、保护、运用。培养造就一大批具有国际水平的战略科技人才、科技领军人才、青年科技人才和高水平创新团队。科技企业孵化器（包括孵化器、众创空间等）是国家创新体系的主要组成部分，是面向科技型创业企业和创业团队提供专业化创新创业服务的机构，有利于降低科技创业团队和中小企业的创新创业成本，促进科技成果转化，服务大众创新创业。

在广东省委、省政府的战略部署及高度重视下，我省大力实施创新驱动发展战略，围绕创业企业成长全过程，构建起“众创空间—孵化器—加速器”[①] 一体化的科技孵化育成体系。经过近三十年的发展，我省科技孵化育成体系规模不断扩大、能力显著增强，营造了浓厚的创新创业氛围，有效地促进了科技成果转化，培育了一批新企业、新业态、新产业和企业家，提升了区域自主创新能力，推动“大众创业、万众创新”发展。科技孵化育成体系已成为我省创新驱动发展战略的重要组成部分，对建设国家科技产业创新中心具有重要作用，为我省现代化经济体系建设提供了强有力支撑。

---

* 本章数据除特殊标注外，均来自于《广东科技孵化育成体系建设年度报告》（2016 年，2017 年）及相关政府统计数据。

① 2017 年，广东省科学技术厅印发《广东省科技孵化育成体系提质增效行动方案（2017—2020 年）》，提出要大力推动“众创空间—孵化器—加速器”科技孵化育成链条建设。

第一节　广东孵化育成体系发展概述

一、广东省孵化育成体系发展历程

广东省科技孵化育成体系发展近三十年，从无到有，规模从小到大，主要经历了以下三个阶段：

（一）起步阶段（1991—2006年）

1991年，我省成立了第一家科技企业孵化器——广州市高新技术创业服务中心。经过十几年的起步发展，截至2006年年底，全省共有科技企业孵化器53家。

（二）成长阶段（2006—2011年）

此阶段科技企业孵化器的概念逐渐被普及，孵化器处于成长阶段，与此同时，以创业苗圃为主要表现形式的众创空间也处于萌芽阶段。截至2011年年底，全省孵化器近100家，孵化面积约600万平方米，在孵企业6000家，累计毕业企业3500多家；2011年5月，全省第一家大学生创业苗圃也在广州市白云区民营科技园挂牌成立。

（三）高速发展期（2012年至今）

2012年到2017年年底，我省及各地市出台了各类创新创业发展政策，各地市均高度重视创业孵化载体建设，将孵化育成体系建设作为实施创新驱动发展的重要抓手，全省迎来了孵化育成体系建设的高速发展期。截至2017年年底，全省孵化器达781家，其中国家级孵化器为110家，孵化面积达1919万平方米，在孵企业超2.3万家，累计毕业企业超1.2万家，孵化器总数位居全国第一；2015年1月，李克强总理考察深圳柴火空间，为全国众创空间建设点燃了第一把火，我省众创空间建设也进入了蓬勃发展阶段，截至2017年年底，我省众创空间达735家，其中纳入国家级孵化器管理体系的众创空间为234家，两项指标均列全国首位。

二、广东省孵化育成体系发展概况

（一）全省孵化器建设稳中求进

近年来，全省孵化器数量高速增长，2015 年、2016 年基本实现翻倍增长，2016 年全省孵化器数量跃居全国第一。截至 2017 年年底，全省孵化器达 781 家，较 2016 年增长 35%，其中国家级科技企业孵化器 110 家，国家级科技企业孵化器培育单位 104 家，全省孵化器逐渐由高速发展向平稳增长趋势过渡（如表 15－1、图 15－1 所示）。

表 15－1　2014—2017 年全省孵化器发展基本情况

年份	孵化器数量（家）	孵化场地面积（万平方米）	在孵企业数量（家）	毕业企业数量（家）
2014	150	662	5873	6036
2015	301	923	9594	7850
2016	580	1539	16553	10982
2017	781	1919	23508	12231

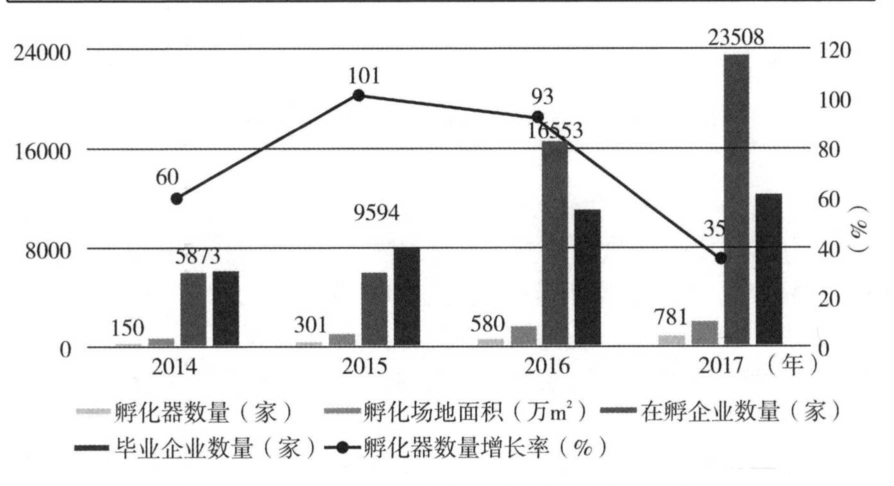

图 15－1　2014—2017 年全省孵化器发展变化示意

“四个全覆盖”行动逐步实现。从全省孵化器分布情况来看，九成集中在珠三角地区，其中广州239家、深圳150家，广州、深圳的孵化器数量占据全省比例近50%，粤东西北地区仅占10%。2017年，珠三角县区80%以上实现孵化器全覆盖，粤东西北地区实现全覆盖，茂名、韶关等粤东西北地市实现了国家级孵化器“零”的突破，全省除茂名、云浮，已基本实现国家级孵化器培育单位全覆盖（如图15-2、图15-3所示）。

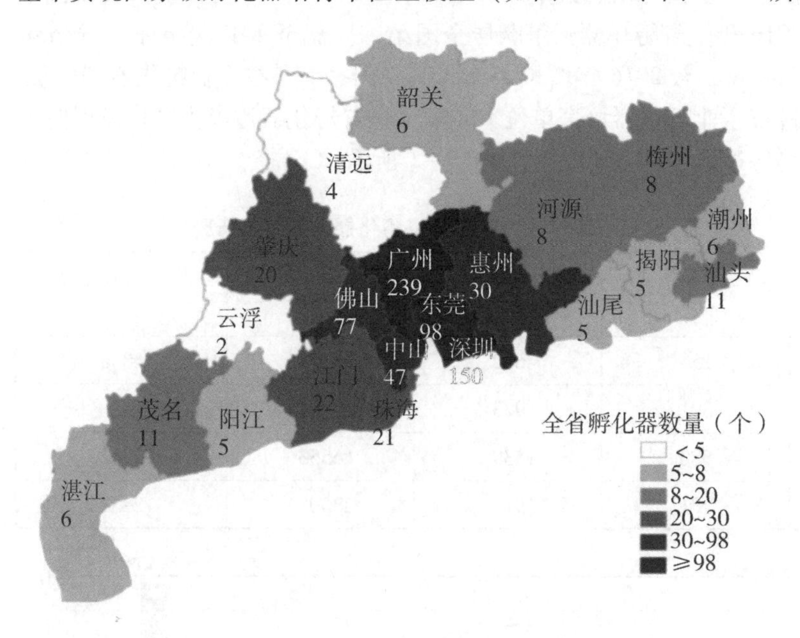

图15-2　2017年全省孵化器分布地图

在孵企业数量平稳增长并创造了大量就业岗位。截至2017年年底，全省孵化器在孵企业数量超2.3万家，较2016年同比增长42%（如图15-4所示），其中大学生科技企业达4007家。平均每家孵化器孵化约30家创业企业，在孵企业创造的就业岗位达到31.6万个，其中吸纳应届大学生超3.6万，以创业带动就业作用明显，成为解决就业的重要途径。

培育一大批科技型企业和高成长企业。截至2017年年底，全省孵化器累计毕业企业达12231家，较2016年同比增长11%（如图15-5所示），孵化了一大批科技型企业，其中培育高新技术企业1640家，主要集中在深圳、广州、东莞等地市；累计上市（挂牌）企业数量434家，同

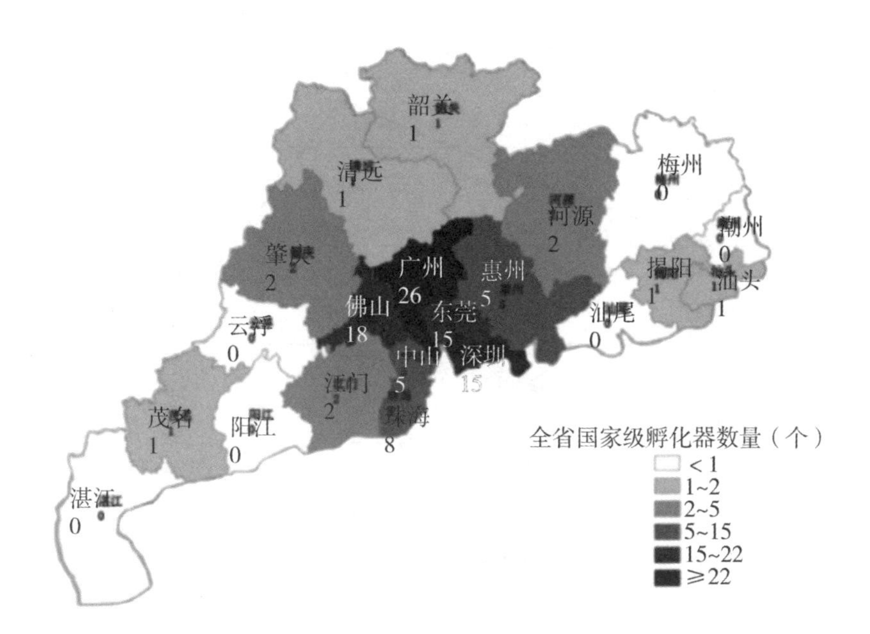

图 15－3　2017 年全省国家级孵化器分布地图

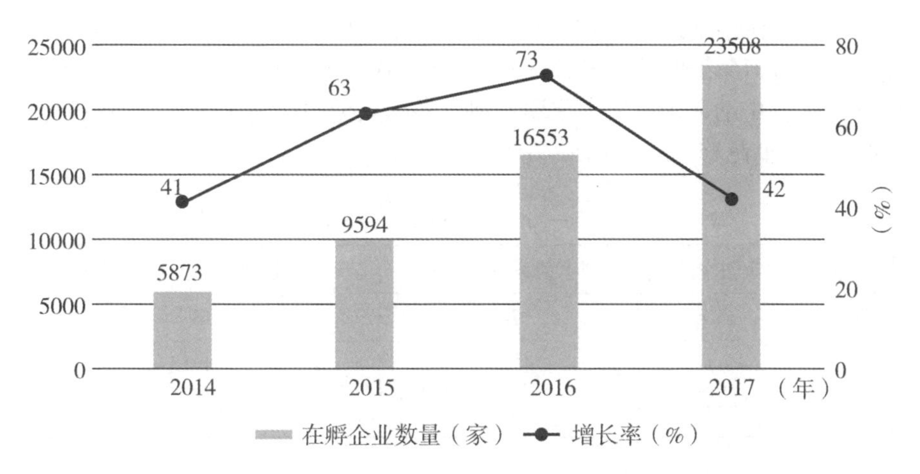

图 15－4　2014—2017 年全省在孵企业数量变化趋势图

比增长 34%；当年营业收入超过 5000 万元的企业 312 家，同比增长 51%。

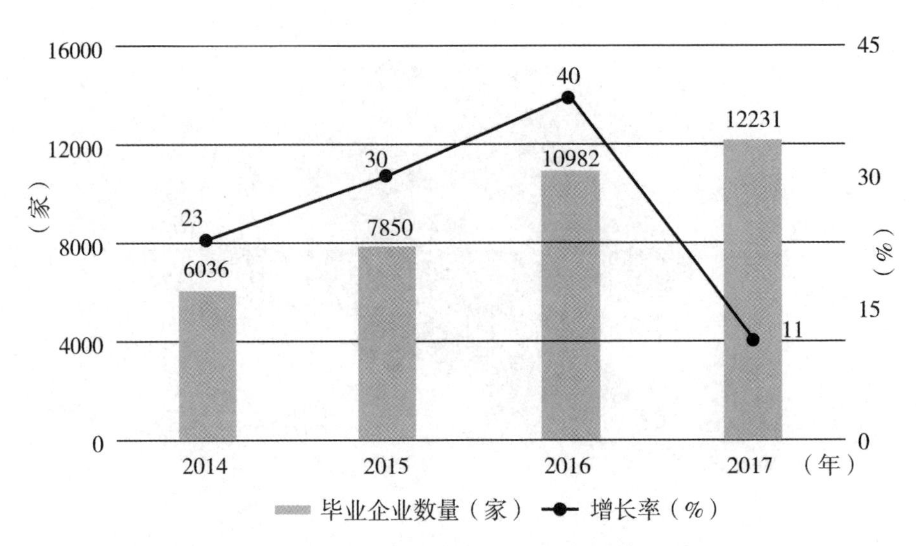

图15－5　2014—2017年全省毕业企业数量变化趋势示意

（二）全省众创空间蓬勃发展

我省众创空间自2015年起进入井喷式发展阶段，2016年全省众创空间数量较2015年同期增长241%，截至2017年年底，全省众创空间达735家，其中纳入国家级孵化器管理体系的众创空间为234家，均位列全国首位（如表15－2、图15－6所示）。

表15－2　2015—2017年全省众创空间发展基本情况　　（单位：家）

年份	众创空间	国家备案众创空间	广东省众创空间试点单位
2015	150	74	13
2016	511	178	49
2017	735	234	110

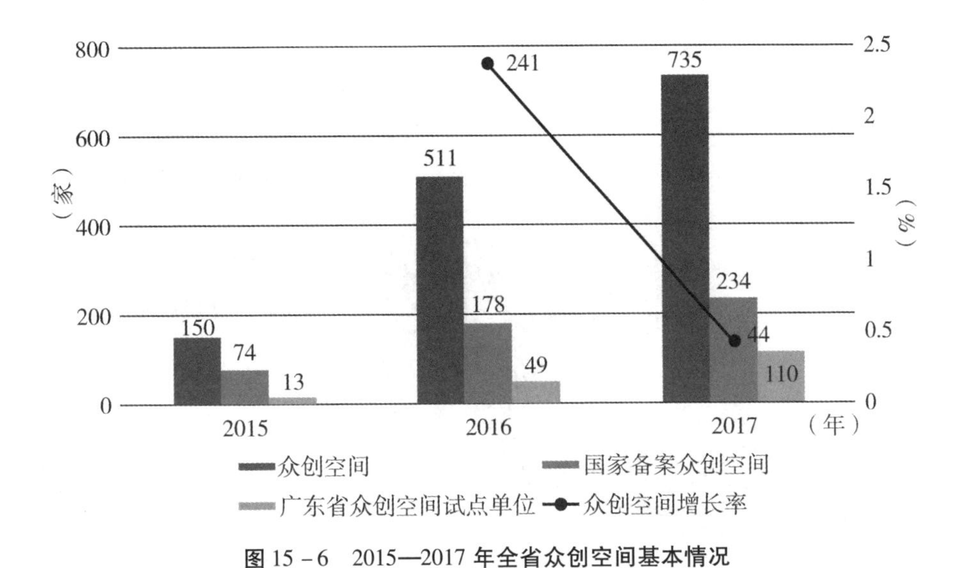

图 15－6　2015—2017 年全省众创空间基本情况

区域分布多集中在珠三角地区。目前，全省各地市已实现众创空间全覆盖，从全省众创空间地域分布来看，珠三角地区因其创新资源丰富、产业基础良好，更容易孕育形成大量众创空间，相比于粤东西北地区，珠三角地区成为众创空间的高度聚集区域，约有 87.8% 的众创空间集中在珠三角地区，其中 90% 以上的国家备案众创空间位于珠三角地区，以广州、深圳两地最为集中，约占珠三角地区的 67%（如图 15－7、图 15－8 所示）。

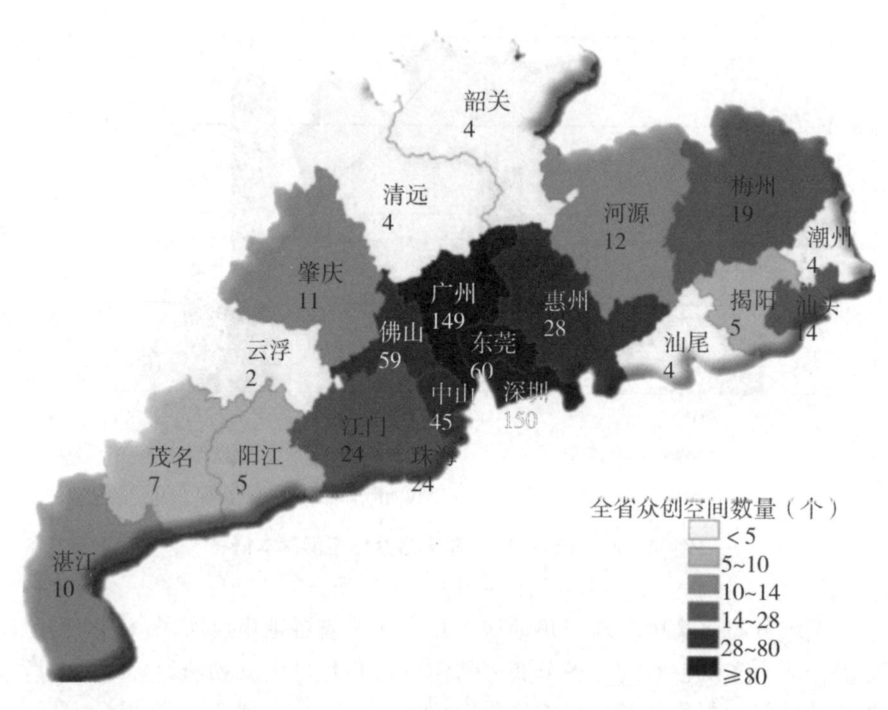

图15－7　2017年全省众创空间分布地图

众创空间服务了一大批创业团队、初创企业。近年来，我省众创空间累计服务创业团队近5.5万个、初创企业近3.6万家，其中2017年共计服务创业团队2.8万个、初创企业1.9万家（如图15－9所示），较2016年分别增长33%和27%，创业团队中近64%的人员为大学生创业和科技人员创业。在服务创业团队的同时，我省众创空间成功孵化了一人批注册企业，2017年全省共有9986家新注册企业是在众创空间的帮助下成立，众创空间成为推动企业快速成长的重要新生力量。

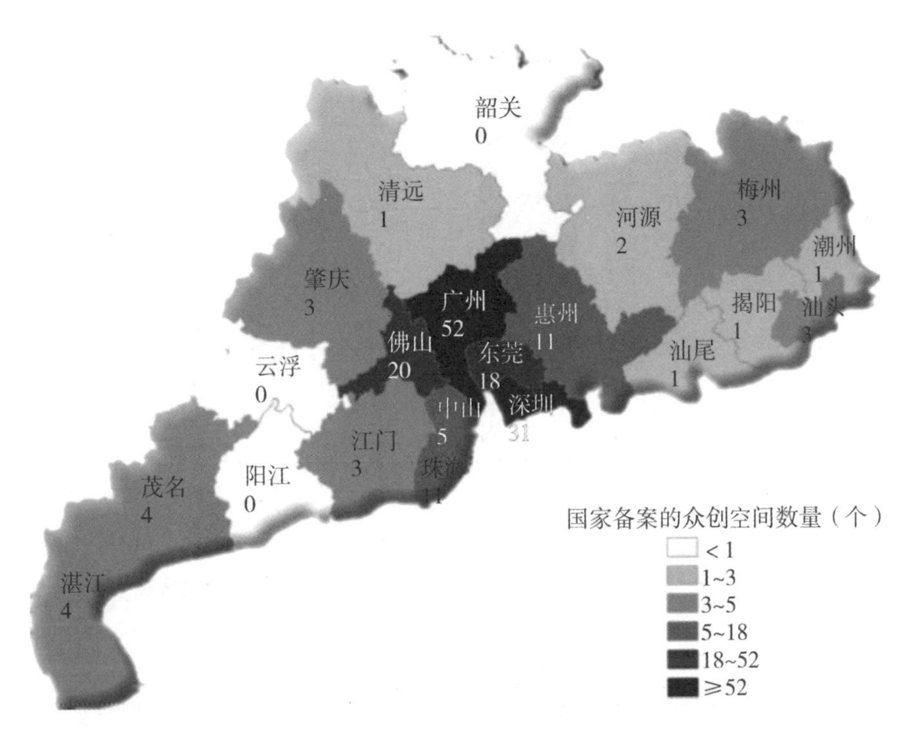

图 15－8　2017 年全省国家备案众创空间分布地图

众创空间创造了大量的就业岗位。众创空间在服务创业团队、企业时，也创造了更多的就业机会，2017 年全省各地市创业团队、企业吸纳就业人数达 11.6 万人，较 2016 年增加 39%，其中广州、深圳、中山、佛山、东莞吸纳的就业人数较多，合计占到全省总数的 4/5；在吸纳的就业人员中，有 3.14 万名应届大学生，占总就业人数比例的 27%，表明众创空间吸引应届大学生的能力越来越强（如图 15－10 所示）。

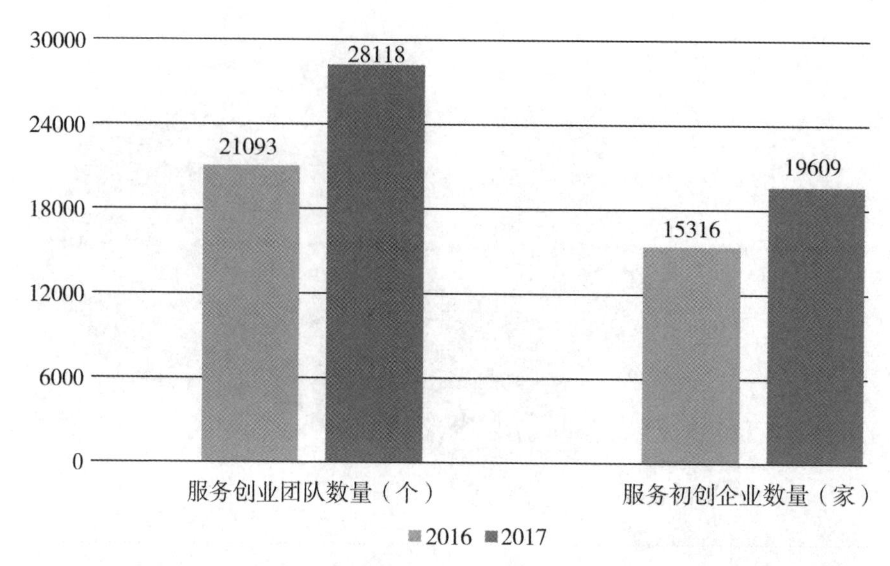

图15－9　2016—2017年全省众创空间服务创业团队、企业情况

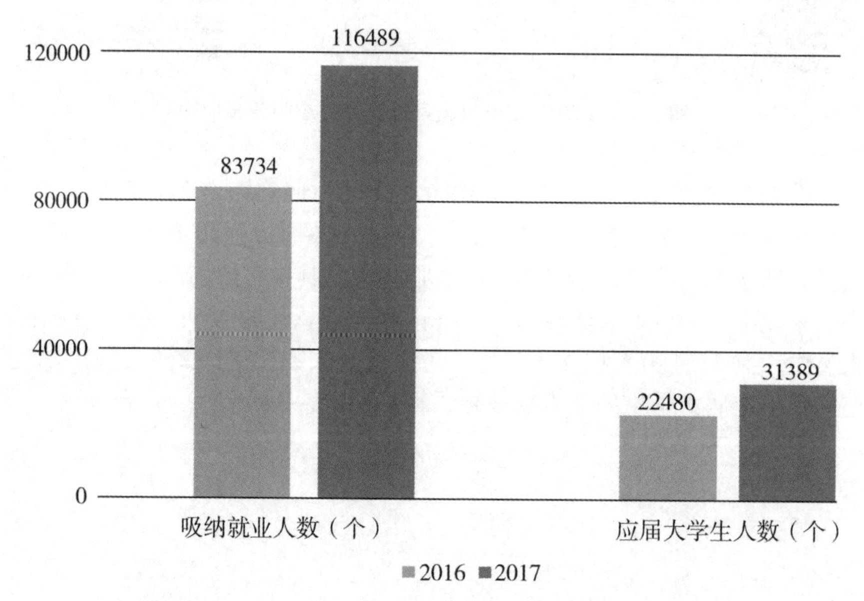

图15－10　2016—2017年全省众创空间吸纳就业人员情况

第二节　广东孵化育成体系建设做法与成效

一、广东省孵化育成体系建设主要做法

（一）各级政府高度重视创新创业，全力推动孵化育成体系建设

我省各级政府一直以来将推动孵化器发展作为实施创新驱动的重要抓手。尤其是近几年来，从省政府到地方政府、地市科技局均高度重视创新创业，全力推动孵化育成体系建设。2014 年省政府工作报告提出“规划建设一批民营小微科技企业孵化器、前孵化器、加速器等创新平台”。2014 年，朱小丹同志（时任广东省省长）在全省一季度经济形势分析会上强调，要加快建设一批小微民营科技企业服务平台尤其是企业孵化器。2015 年 7 月，时任中共中央政治局委员、广东省委书记胡春华在全省科技企业孵化器建设工作现场会上指出，要把科技企业孵化器作为实施创新驱动发展战略的重要抓手来抓。2016 年 9 月，省委、省政府召开了全省科技“四众”促进“双创”工作现场会，推动众创、众包、众扶、众筹等平台快速发展。在省委省政府的积极动员下，各级政府均把孵化育成体系建设摆在更加突出的位置，将孵化育成体系建设纳入创新驱动考核中。

（二）积极出台各类孵化政策，破解孵化器发展的政策障碍

为营造良好的政策环境，全面推动孵化器体系建设，我省积极出台各类推动孵化器发展的政策。2014 年，广东省委、省政府出台了《关于全面深化科技体制改革加快创新驱动发展的决定》，提出激发中小微企业创新活力，重点支持建设一批面向中小微企业的综合性前孵化器、大型孵化器，形成网络化的创新服务体系。2015 年年初，广东省人民政府出台的《关于加快科技创新的若干政策意见》相关政策措施中有三条含金量高的孵化器政策，包括工业用地建设孵化器可实现产权分割、新增孵化面积后补助、孵化器运营评价后补助、孵化器天使投资风险补偿、孵化器企业信贷风险补偿。随后，省科技厅与省财政厅出台了《关于科技企业孵化器

后补助的实施办法》《关于科技企业孵化器天使投资及信贷风险补偿资金实施细则》等配套政策，与金融办联合出台了《广东省科学技术厅 广东省人民政府金融工作办公室关于发展科技股权众筹 建设众创空间 促进创新创业的意见》，并督促各地市落实科技企业孵化器用地政策，完善科技企业孵化器支持措施。我省大部分地市随后均出台了科技企业孵化器用地具体政策和特色扶持政策，全省创新创业政策环境不断优化。2016年，我省出台了《广东省人民政府办公厅关于加快众创空间发展服务实体经济转型升级的实施意见》，并制定了《广东省科技孵化育成体系建设"十三五"专项规划》，加强对全省孵化器建设的顶层设计和规划引导，并将孵化器建设纳入创新驱动发展工作考核指标，以及创新驱动八大举措指标监测体系，进一步激发了各地市推动孵化器建设工作的积极性和主动性。政策环境的持续优化，进一步推动了孵化器的作用在全社会形成广泛共识，一大批成功企业家、天使投资人、龙头企业、新兴服务机构和创业媒体等市场主体投身于孵化器事业，社会各界对孵化器的认知与支持达到前所未有的高度。

（三）设立科技计划项目专项，大力支持孵化育成体系发展

为了推动孵化育成体系发展，省科技厅设立了孵化育成体系专项资金，2014—2017年每年安排资金不低于1亿元，设立了新增孵化面积建设补助、孵化育成体系专项建设、孵化器倍增计划、众创空间建设等子课题，累计支持项目240项，支持专项经费共3.2亿元。其中2014年支持21项，共支持2100万元，重点支持前孵化器（创业苗圃）建设后补助、孵化器建设后补助；2015年，共支持42项，支持经费9040万元，重点支持前孵化器（创业苗圃）、孵化器、加速器、大型综合孵化器运营、面向全省的孵化服务平台、国际大型孵化器建设后补助；2016年共资助项目76个，支持金额达1.1亿元，重点支持新增孵化面积建设补助、孵化育成体系专项建设、孵化器倍增计划、众创空间建设五个方向；2017年累计支持101项，支持金额1亿元，重点支持专业化、国际化、港澳台共建及大中型企业或投融资机构创办专业化、市场化众创空间，同时支持孵化器公共服务平台建设与服务，及科技创业孵化育成链条建设。

（四）推动行业协会建设发展，搭建全省孵化器交流桥梁

我省积极推进省、市孵化器行业协会建设，充分发挥各级孵化器协会的纽带作用，加强行业合作，规范行业行为，促进行业发展。2013 年，广东省科技企业孵化器协会成立，大大提升和加强了全省孵化器的组织管理，推进了全省孵化器的交流与合作，提高从业人员业务素质及管理服务水平，全面提升广东省科技企业孵化器的孵育能力。目前省孵化器协会共有会员 325 家，理事以上单位 57 家，会员单位覆盖全省 21 个地市。2016 年 10 月，在广东省孵化器协会下正式成立了广东省科技企业孵化器协会创业投资专委会、广东省科技企业孵化器协会众创空间专业委员会，进一步推动广东省众创空间及创业投资发展，营造良好的行业生态环境。截止到 2017 年年底，广东省科技企业孵化器协会累计举办各类行业交流、培训活动 100 多场，多次组织协会会员前往北京、天津、杭州等地市进行学习考察，搭建了我省孵化器交流和沟通的桥梁，推动孵化器之间优势互补、资源共享。

二、广东省孵化育成体系建设主要成效

（一）孵化行业提质增效加快推进，全省孵化器建设呈现新格局

2016 年上半年，我省完成孵化器数量倍增后，全省孵化行业进入提质增效阶段，省科技厅发布了《广东省科技孵化育成体系提质增效行动方案（2017—2020 年）》，全省孵化器建设呈现新格局。珠三角地区孵化器实现数量和质量双提升，80% 以上县区建有孵化器、众创空间等孵化载体；粤东西北地区孵化器建设呈现良好局面，至 2017 年年底，粤东西北地区拥有孵化器 77 家，孵化场地面积 95. 8 万平方米，在孵企业超 1800 家。孵化器全链条化、专业化、精细化发展趋势明显，全省超过 30% 的孵化器建成科技创业孵化链条，专业孵化器占比接近 30%；国家级孵化器 70% 以上具有天使投资和持股孵化功能。孵化器从业人员结构持续优化，截至 2017 年年底，全省接受专业培训的人员近 40%，大专以上学历占比接近 90%。

（二）众创空间广东模式初步形成，市场化、专业化服务体系不断完善

近几年，顺应网络时代大众创新创业特点和需求，省科技厅积极引导市场化、专业化和资本化众创空间建设发展，通过省孵化育成体系建设专题支持高校科研院所、大型企业、新型研发机构、创业投资机构围绕优势领域，建设专业化创业服务平台，形成了众创空间广东模式。全省70%以上的众创空间形成不同服务重点和核心资源的新型孵化模式，推动创新与创业相结合、线上与线下相结合、孵化与投资相结合，为创业者应用新技术、开发新产品、开拓新市场、培育新业态提供了有力支撑。仅2017年，各地众创空间举办各类创新创业活动1.58万场，当年服务的创业团队和初创企业超4.7万个。

（三）孵化器成为“四新经济”培育主战场，经济新动能不断汇聚

我省孵化器围绕战略性新兴产业源头培育和传统产业转型升级，实现从注重载体建设向注重主体培育的转变、从注重企业集聚向注重产业培育转变，成为经济社会发展的“创富源”和“就业源”。2017年新增毕业企业近2600家，其中毕业当年收入超过1000万元的企业达30%以上，累计上市（新三板挂牌）企业超过430家。全省80%以上国家“千人计划”创新创业人才落户孵化器。出现一批专注于互联网、生物医药、机器人与智能制造、新材料、文化创意等战略性新兴产业的专业孵化器，带动一批行业龙头企业围绕自身产业链建设专业孵化器，不断催生出新产品、新产业、新服务、新业态，源源不断为经济发展带来新活力。

（四）服务创新驱动发展能力全面提升，社会影响力、带动力持续扩大

近年来，我省孵化器围绕创新驱动发展需要，注重构建科技创业孵化全链条，全面提升孵化器服务创新驱动发展能力，孵化器的社会影响力、带动力持续提升。2017年，全省孵化器吸纳就业人数达到31.6万人，其中吸纳大学生3.6万人；当年孵化服务企业及团队4万家（个），其中在孵企业2.36万家；创业导师数量达到5800人，对接辅导创业企业1.5万

余家。孵化基金与天使投资形成规模，孵化器自身的孵化基金总额达到120亿元，三年累计获得投资的在孵企业达3000家。中国创新创业大赛广东赛区已经连续成功举办六届，服务了2万多个参赛企业和创业团队，带动社会融资超过20亿元、银行授信超过50亿元。

（五）粤港澳和国际合作稳步推进，全球影响力持续提升

在推动孵化器建设中，我省积极搭建粤港澳和国际合作交流平台，坚持“引进来”与“走出去”相结合，不断提升我省孵化器参与全球竞争的能力。目前我省已建成了一批面向港澳台的高水平创新创业载体，如粤港澳（国际）青年创新工场、红鸟创业苗圃、粤港澳（国际）大学生实习基地。另外，多个孵化器通过“走出去”，集聚了一批国际创新资源，如太库孵化器、溢思得瑞科技创新集团等一批孵化机构在海外已建设分支机构或孵化基地。同时，随着全球创新创业资源的流动和配置，一大批孵化器的创新创业服务能力显著提升。“新西兰创新创业论坛”“解密以色列孵化器成功之谜”等一系列国际交流活动持续开展，为我省孵化器从业者与国际同行提供了交流合作舞台，极大地推动了国内外孵化器的双向交流，我省孵化器的国际影响力大幅度提高。

第三节　广东孵化育成体系发展典型模式

一、广东省科技企业孵化器建设模式

随着我省孵化器的快速发展，孵化器建设已逐步形成了政府主导、民营主导、龙头企业主导、政府企业共建、政产学研型等几种典型的模式。

（一）政府主导型孵化器

政府主导型孵化器由科技主管部门或高新技术产业开发区管委会投资兴建并运作，主要是为创业者和创业企业提供公益性科技创业孵化服务，不以赢利为目的，是贯彻执行政府科技政策和法规的一种手段。这类孵化器受到政府的优惠政策和资金支持，拥有庞大的区域网络和广泛的信息联系，能够以较低的成本向创业者和创业公司提供大量有价值的信息和资

源。但由于孵化器管理人员大多缺乏企业管理经验和技术经验，孵化器运营初期易存在经济效率低、管理方式局限、创新活动不足等问题。

我省政府主导型孵化器以广东拓思软件科学园有限公司为代表，该孵化器成立于2002年6月，是经广东省人民政府批准设立的国有独资企业，是软件产业公共技术资源服务机构、软件企业孵化创新服务机构。目前孵化器建成了完善的公共事务服务体系，包含政府服务平台、投融资服务平台、培训服务平台、中介服务平台、科技交流服务平台、后勤保障服务平台等，可为在孵企业提供入孵资金，加大对种子期、初创期企业培育力度。

（二）民营主导型孵化器

民营主导型孵化器由民营资本投资建设，并全面负责孵化器的运营管理，以营利为目的，为创业者和创业公司提供科技创业孵化服务。相对于政府主导型孵化器，这类孵化器坚持市场导向，运营者具有丰富的企业管理经验和技术经验，体制机制灵活，经济效率高，但运营成本也相对较高。我省民营经济发达，民营资本投资孵化器非常活跃，因此民营企业成为孵化器建设的主力军。

我省民营主导型孵化器以天安数码城为代表，该孵化器定位为“创新企业生态圈运营商”，致力于为成长型创新企业打造一个全生命周期的孵化平台。已在全国13个城市落地14个天安数码城项目。其中深圳天安、番禺节能科技园、南海天安、东莞天安、江苏常州、江阴天安、重庆天安数码城等一系列综合科技产业园区，已成为当地产业发展和城市价值提升的重要动力之一。

（三）龙头企业主导型孵化器

龙头企业主导型孵化器是由行业龙头企业创办和运营的孵化器。这类孵化器积极发挥龙头企业在技术、人才、资金等方面的优势，通过聚合企业内部与外部，线上与线下资源，搭建研发、管理、销售等开放式、嵌合式孵化平台，推动创新资源、生产能力、市场需求精准对接，形成大中小企业优势互补、相互服务、利益共享的产业生态。该类孵化器有利于激发市场活力和社会创造力，提升企业效益和竞争力，因此越来越多的龙头企业开始创办孵化器。

我省龙头企业主导型孵化器以达安创谷孵化器为代表，该孵化器通过打造线上“互联网＋”服务平台，线下“达安创谷＊达安茶舍”企业家俱乐部的线上与线下平台，积极整合外部资源、开放内部资源平台，构建起“聚合—连接—分享—赋能”的创业孵化链条，专注服务大健康领域的创业项目及中小型企业。目前，达安创谷以产业相互孵化的模式聚集具有自主创新能力的大健康中小企业达280余家，其中新三板挂牌企业13家，打造了具有达安创谷特色的大健康产业生态圈，有效推动达安创谷与大健康中小企业的协同发展。

（四）政府企业共建型孵化器

政府企业共建型孵化器由政府和企业共建，一般是由政府提供场地等扶持，由企业进行市场化运营。这类孵化器一方面有利于获得政府更多扶持，降低运营成本和风险；另一方面采取市场化运作，有利于发挥运营企业积极性，提高孵化器服务水平，从而为创业者和创业企业提供更多创业服务，更好地发挥孵化科技企业的作用。

我省政府企业共建型孵化器以广东工业设计城为代表，该孵化器采取政府扶持、企业主导、市场化运营的方式，立足于顺德乃至全省家电、家具、机械、服装、模具等支柱产业，为其提供工业设计服务。设计城是以工业设计外包服务产业化集群为特色，以顺德庞大的制造业市场为对象，立足于广东和珠三角产业升级和优化的大背景，为顺德庞大的制造业提供工业设计服务。

（五）政产学研型孵化器

政产学研型孵化器对政府、企业、高校、科研机构等要素资源进行有机整合，实现各方的优势互补，推进制度化合作，共同建设孵化器。这类孵化器充分发挥政府的宏观调控导向作用和企业的市场化和产业化优势，对高校科研院所的研发成果进行充分孵化，进而推进先进科研成果的市场化和产业化。这类孵化器有自己的特点：一是强调整体性，即政产学研作为一种创新生态系统存在，是内在要素的有机集合而非简单相加，特别是在系统存在的方式、目标、功能等方面都表现出整体性；二是动态性，指协同创新生态系统的内在要素及其结合方式处于不断变化的动态之中。

我省政产学研型孵化器以广工大数控装备协同创新研究院为代表，该孵化器围绕广东省产业转型升级和珠江西岸先进装备产业带建设的重大需求，重点建设精密装备、智能机器人、3D打印等创新创业中心，集聚全球高端创新资源，突破一批行业关键技术和产品。同时，瞄准创新链和企业成长需求，搭建数控装备孵化服务平台，培育和引进一批国内领先的创新创业团队，孵化一批科技型企业，推动产业转型升级和区域创新体系建设。

二、广东省众创空间建设模式

近年来，我省逐步形成了依托新型研发机构、政府扶持、龙头企业建设等各具特色的众创空间建设模式。

（一）依托新型研发机构设立模式

新型研发机构是指投资主体多元化、建设模式多样化、运行机制市场化、管理制度现代化，在科学研究、技术研发、成果转化、创新创业与孵化育成等方面相结合的研发机构。在我省众创空间的发展过程中，依托新型研发机构设立众创空间成为我省众创空间建设模式中的亮点。这类众创空间充分利用新型研发机构覆盖基础应用研究、试验发展、成果转化、技术服务、企业孵化、产业投资完整创新链，以及在成果转化和产业对接方面的资源优势，吸引来自高校的技术专家、青年学子来创业，在新型研发机构内部形成“众创空间—孵化器—加速器”完整的创业孵化链条。

我省依托新型研发机构建立的众创空间以“工匠创客汇”为代表，该众创空间是由佛山市南海区广工大数控装备协同创新研究院充分利用和结合国内优秀创业运营团队、创新创业政策和强大技术支持平台等资源成立的国家备案众创空间。致力于探索智能制造业创新源泉和培养创新土壤的众创空间模式，重点围绕家用电器、建筑陶瓷、五金制品、建筑材料、电器仪表、服装纺织等传统制造业转型升级需求，依托国家、省部级重点实验室、创新中心和工程中心的创新创业资源，以机器人、3D打印、无人机、“互联网+”智能制造为主要创新创业方向，建立“科学家团队+对接企业+创业基地+创新券”的众扶模式和“项目引领+持股孵化+对接金融机构+资本市场”众创模式，着力打造面向大学生为主的青年创客群体，集社群、平台、服务三位一体的全方位创业生态圈。工匠创客汇为入驻团队提供包括专业科研平台、高端导师团队、优惠的资金支持、

全面的行政服务、优秀的财税工商服务和颇具特色的创业创新培训等服务，竭尽全力帮助团队孵化成长。目前有入驻创业项目 20 个，孵化出多家智能制造企业，赴北京参加国家“十二五”科技创新成就展，中共中央政治局常委、国务院总理李克强同志亲临指导，多位省市领导也亲临孵化器进行调研指导，对众创空间的发展表示肯定。

（二）政府扶持建设委托运营模式

政府扶持建设委托运营模式是由政府提供众创空间部分建设经费，将建成的众创空间交付企业法人运营，是国内各地政府主导建设众创空间的主要模式。这种模式下的众创空间，无论是地理位置选址、人员选聘还是发展定位、发展目标的设定都充分体现了政府决策意志，具有非常浓厚的政府行为特征。这种模式下建设的众创空间通常拥有大量政府资源，享有各类优惠政策或政府扶持，往往能够在较短的时间内得到快速发展。广东省这类模式与其他地区政府主导建设众创空间存在一个显著差异，广东省政府只是承担众创空间建设费用，众创空间运营由企业法人负责，实行独立经营、自负盈亏。但由于政府出资建设，此类型众创空间公益性质更加明显。

我省由政府扶持建设委托运营的众创空间以科创咖啡为代表，科创咖啡于 2016 年 3 月成立，由广州市科技金融综合服务中心与黄花岗科技园管委会在广州创业大街共同搭建，以市场化的方式进行运营，并已纳入国家级孵化器管理体系。科创咖啡场地包括咖啡厅、众创空间、科技金融服务平台、公共技术服务平台，孵化面积共 8000 平方米，打造了广州新三板路演中心和广州创业路演中心，引进广州市科技企业新三板发展促进会、新华网新三板观察栏目、新华网创业大学、广州创业导师联盟、凤凰网咖啡屋栏目、广州科技金融协同创新研究院，为入驻创客提供丰富优质的科技金融服务，并已成功吸引图灵科技、布塔智能等 20 多家创客团队入驻，多位国家部委领导和省市领导亲临现场调研指导，对众创空间的发展表示肯定。

（三）龙头企业产业链孵化模式

龙头企业产业链孵化模式是指以行业龙头企业雄厚的资金、先进的技术、丰富的产业链资源、庞大的商业网络等优势为依托，围绕龙头企业所在的产业链，构建众创空间，吸引创业者围绕产业链上下游延伸进行创业，为龙头企业保持竞争优势提供新活力。该模式通过将众创空间纳入到企业发展战略规划中，将众创空间的经营与母体企业业务进行深度融合。母体企业为众创空间导入各种优质资源助其快速发展，众创空间为母体企业和社会输送优质的项目、技术和投资机会，最终实现母体企业与众创空间的快速发展。

广州达安创谷企业管理有限公司（简称“达安创谷”）的商业模式就是典型龙头企业带动模式。达安创谷是中山大学达安基因股份有限公司（简称“达安基因”）下属的孵化器运营机构，依托达安基因的服务平台和达安基金的产业资源，为有志于投身创新创业的创业项目（团队）提供创业场地及创业指导与服务，支持生物医药项目快速落地，培育优秀创业项目和创业企业。通过资源共享的方式，开放外界无法提供的具有生物医药行业特色的八大内部资源平台，即管理孵化平台、产业投资平台、金融服务平台、社会营销平台、医院投资平台、健康服务平台、产业服务平台和研发开放平台，来帮助被投资企业和所有合作伙伴实现发展和提高，已形成一套成熟、高效、具有达安特色的资本 + 运营管理辅导 + 产业资源的产业投资模式。达安创谷已纳入国家级孵化器管理体系，现孵化的创客项目及企业涵盖了临床检验试剂、医疗器械、基因测序、生物制药、食品安全、干细胞治疗、医疗辅料等领域。成功商业化运营企业不少于4家，投资孵化企业中98%的企业复合增长率达到45%。

（四）风险资本驱动模式

风险资本驱动模式是指由风险资本设立，以获取投资收益为主要目的的众创空间运营模式。在全球范围内，这类由风险资本设立的众创空间是营利性众创空间的典型代表，由于投资人不仅仅拥有雄厚的资本，同时还拥有发达的社会网络和各种商业、财务与法律专家，在为创业者提供资金支持的同时，更能为创业者提供商业模式优化、财务与法律支援等专业化服务，帮助创业者快速确定创新项目的市场定位等。虽然国内也有很多风险资本设立众创空间，但由于很多风险资本除资金优势外，自身拥有的商业、财务、技术、法律等专业化人才不多，多数风投仅能为创业者提供资金支持，对创业项目商业模式设计、产品技术方案完善等支持力度有限，所以能实现可持续发展的风投类众创空间并不多。

这类众创空间的典型代表是广州创业谷高新企业孵化器有限公司（简称“中大创新谷”），由中大创投和海鳖众筹构成其投资体系。中大创新谷管理团队中超2/3是来自中山大学、华南理工大学、中创产业研究院等高校的老师，长期从事创业、风险资本相关领域研究。中大创新谷充分将学者对创业领域的研究积累，利用校友资源与风险资本有机结合，形成了一个集投资、孵化、服务和资源对接为一体的创新创业空间。先后成立了领先技术投资基金、中大绿色低碳基金、矾石文化产业基金、中大创新投资基金、中创一号投资基金、佛山中创投资基金、民创一号投资基金等创投基金，投资孵化了将近30个创业项目，其中部分企业已经上市或者挂牌。

（五）创业生态系统模式

创业生态模式是众创空间通过搭建平台（虚拟或实体），将与创业相关的利益相关者整合在一起，联合各方优势资源，通过营造完整创业生态圈吸引创业者的众创空间。在众创空间发展的诸多模式中，创业生态系统模式受到广泛关注，也是最具有发展潜力的一种运营模式。

腾讯众创空间是此类模式在广东的典型代表。腾讯众创空间构建的生态系统以创业者为核心，主要核心角色包括创业者、政府（政策扶持方）、腾讯（全平台资源服务方）、合作服务方（包括基础空间服务方、运营方、第三方众包服务方和联盟资源方等）。腾讯众创空间整合了腾讯公司的应用平台、内容平台、能力平台三大平台，全面覆盖从基础资源、开发能力到推广运营，从创业活动初创期、成长期到飞跃期的全方位和全流程。其中，“腾讯开放平台”为众创空间所有创业者提供接入平台；“腾讯云”为创业者提供国内领先的基础云计算服务；“应用宝”提供应用分发服务；“广点通”提供基于腾讯社交网络体系的效果广告平台；“腾讯大数据平台”提供大数据分析平台和大数据分析服务；“腾讯支付”提供便捷的支付平台；“腾讯地图”提供互联网空间地理位置服务。腾讯众创空间与各地政府、产业园区管委会、地产商等开展了广泛的合作。地方政府为众创空间提供了土地资源和便捷的审批服务，地产商为众创空间提供房产开发、空间设计、装修服务及相关配套服务等。2015年开始，腾讯众创空间与各地政府、产业园区管委会、地产商等开展了广泛的合作，打造线下众创空间平台。地方政府为众创空间提供了土地资源和便捷的审批服务，地产商为众创空间提供房产开发、空间设计、装修服务及相关配套服务等。截至2016年年底，腾讯众创空间在全国各地的总面积超过50万平方米，直接为创业者带来收益超过100亿元。

（六）创客孵化模式

创客孵化模式是指以服务、孵化创客为主要功能，能够为创客交流、分享、协作提供空间或平台，能够为创客自身创意的实现甚至产业化，提供所需的开源软硬件平台、互联网、各种制造工具和技术，以及产品设计、小批量生产、市场推广等服务的众创空间模式，此类众创空间也被称为创客空间。

深圳柴火创客空间（以下简称“柴火空间”）就是属于这种模式下的众创空间，它成立于2011年8月，位于深圳华侨城创意园，是深圳首个、中国第二个创客空间。创始人潘昊参加美国 Maker Faire 期间，受到当地创客空间开放轻松、创意四射的创客环境的吸引，回国后创建了柴火空间。柴火空间依托于2008年成立的深圳矽递科技有限公司（Seeed Studio），起初为矽递科技的一个运营部门，做大后独立为分公司运作，目前运营团队有30多人，已成为我国创客空间的典型代表。

（七）聚焦“草根”创业模式

草根阶层通常是指普通的老百姓和平民，这个群体数量异常庞大。从创业角度上看，他们往往表现出创业知识相对较少、创业能力有限、创业资源不足等特征。这些特征使得草根阶层在创业的过程中比精英阶层面临更多的风险和不确定性，更容易失败。然而，草根阶层人数异常庞大是我国创业大军中的中坚力量。虽然草根阶层创业成功率偏低，但是庞大的数量基础使得草根创业表现出“野火烧不尽，春风吹又生”的势态。推动和服务草根创业不仅具有重要的社会意义，而且更具有广阔的市场前景。草根创业模式是相对精英创业模式而言，它是指充分考虑草根创业者的特征，专门为草根创业者提供门槛较低，特别适合草根创业者入驻的一类众创空间。

“众创五号空间”（简称“五号空间”）是广东省面向草根创业者的众创空间中具有一定的典型代表意义的一家。五号空间是由原大森林物业管理公司创始人许伟彬基于自己多年经营房地产的经验，结合互联网思维

所创建，位于广州市陶庄路5号。五号空间着力打造一个面向草根阶层、服务普通大众，集众创空间、孵化器、加速器和青年创业公寓四位一体的创业生态圈，努力为普通创业者提供一个运营成本较低、服务多元化、效率较高的创业平台。

（八）聚焦“精英”创业模式

精英创业模式是以承租一线城市商业中心地段的商业写字楼为载体，重新装修后分装成可以进行联合办公的开放性办公空间，吸引社会精英创业群体入驻办公，打造精英社群创新创业模式。该模式有针对性地通过线下场景平台吸聚一群社会精英，通过线上线下搭建精英社区平台，探索一种围绕“人”而展开的新商业模式，实现对精英社群的运营。

广州酷窝科技有限公司（COWORK，简称“酷窝”）是精英创业模式的代表，酷窝于2015年3月正式成立，总部位于广州，是一家全面布局全球主流城市，提供创意办公空间、办公支持服务、真实社交办公平台的联合办公O2O运营商。酷窝采用联合共享模式，通过整合全球办公空间资源、第三方服务商，为入驻者提供工位出租、资本对接、行政、法务、IT、活动、传媒等办公支持服务，并通过独家线上社交平台，拢聚全球酷窝的线下成员，打造一个熟人职场社交空间，实现在线交流、资源置换、技能共享。至2016年12月已经在已在广州、北京、上海、深圳、天津、乌鲁木齐、佛山、东莞等布局14个联合办公空间，同时开发酷窝APP及微信服务，创新打造O2O联合精英办公模式。在全国众多众创空间营利困难的情况下，酷窝在正式运行三个月内已经实现了营利。

第四节　广东孵化育成体系未来发展展望

下一步，我省将深入实施创新驱动发展战略，紧抓全球新一轮创新创业浪潮、我国“大众创业、万众创新”的时代契机，以引领构建创新创业生态为主线，以培育经济发展新动能为目标，进一步明确未来发展方向，同时营造良好行业发展环境，促进我省孵化绩效达到新水平，服务质量实现新提升。

一、明确未来发展方向

（一）推进四个“全覆盖”行动

分类指导各地孵化器建设。推动广州、深圳建设一批标杆性品牌孵化器，辐射引领全省孵化器发展。推动珠三角其他市孵化器数量和质量双提升，推动粤东西北地区加大对孵化器基础建设的财政投入，把援建孵化器作为珠三角与粤东西北地区对口帮扶重要内容，建成一批支撑地方主导产业发展的孵化体系。

支持孵化平台多元化发展。促进孵化器组织和模式创新，鼓励国有企业、事业单位积极探索，建设混合所有制孵化器，支持集体经济利用农村经济发展留用地和物业建设或合作建设孵化器、众创空间。引导龙头骨干企业建设创业生态，鼓励高校院所建设专业孵化平台，探索实践虚拟孵化、异地孵化等新型孵化形态。

大力建设国际化孵化平台。大力支持孵化器依托中以、中德、中新及粤港澳台等对外合作建设国际化孵化平台，鼓励并支持有条件的孵化机构在海外建设分支机构或孵化基地，提升孵化平台吸引全球高端创业项目和团队的能力。鼓励境外机构通过股权投资等形式在我省设立国际企业孵化器。支持孵化机构与国际技术转移机构建立对接，开展技术交易及国际技术转移服务，支持孵化机构与欧美、亚洲等国际孵化器协会组织开展合作。

加快推进各类创新创业基地建设。培育一批面向小微企业、创业团队、创客的基础设施完备、综合服务规范、示范带动作用强的广东省小型微型企业创业创新示范基地，给予广东省青年创新创业示范园区在资金、政策方面的扶持，营造小微企业创业创新发展的良好环境。推动建设一批面向高校毕业生、科技（海归）人员、高技能人才创业项目的创业孵化基地，重点孵化符合产业发展方向、创新引领能力强、带动就业效果好的创业项目。培育一批面向农村创新创业的“星创天地”，加快推动现代农业发展。

（二）推动专业孵化链条建设

建立创新型产业集群的孵化链条。推动各地围绕当地的支柱产业、特

色产业和战略性新兴产业，建设一批各具特色的众创空间、孵化器、加速器，营造创新创业的良好环境，打造完善的“众创空间＋孵化器＋加速器”科技创业孵化育成链条，真正实现从团队孵化到企业孵化再到产业孵化的全链条、一体化服务，加快促进科技企业迅速成长壮大，推动创新型产业集群发展。

建设专业孵化器群。在国家高新技术产业开发区、国家级经济技术开发区、国家现代农业示范区、高新技术产业化基地等区域，结合战略布局和当地产业发展实际，引导产业技术研究院、行业公共技术服务平台、产业创新联盟、技术转移机构等产业组织者建设专业孵化器，形成产业发展需要的孵化器群。推动专业孵化器成为重大科技成果转化落地的重要载体。

提升发展科技企业加速器。围绕加速器高成长企业个性化需求，提供多种形式的标准厂房定制服务，加大信贷支持与创业投资力度，提供上市辅导，支持企业在资本市场挂牌。鼓励有条件的加速器联合在孵企业构建专利池，制定和实施商标战略，支持参与标准创制。通过整合空间、技术、设备、信息、资本、市场、人力等各类资源，培育形成“高新技术企业”集群。

（三）加快实施“以升促建”行动

开展全省孵化器、众创空间登记。实施全省孵化器、众创空间登记备案制度，建立全省孵化器数据库，及时掌握全省孵化器、众创空间发展动态；依托登记备案制度及火炬统计，继续开展孵化器运营评价，科学诊断和分析孵化器发展水平，遴选孵化器标杆和示范，引导全省孵化器健康有序发展。

开展国家级孵化器培育单位和广东省众创空间试点单位遴选。根据《印发〈广东省科技企业孵化器认定和管理办法〉的通知》和《加快众创空间发展服务实体经济转型升级的实施意见》的要求，继续开展国家级孵化器培育单位（省级）、广东省众创空间试点单位遴选工作，科学引导孵化器和众创空间提升发展水平。

推荐认定一批国家级孵化器和众创空间。按照《科技企业孵化器认定和管理办法》，重点支持孵化器搭建专业研发设计、开发、试验、工艺流程、装备制造、检验检测和标准化等技术服务，完善科技信息、金融、市场、管理咨询等服务，推动各级科技企业孵化器以升促建，推荐认定一批国家级孵化器，提升孵化器管理水平和创业孵化能力。挖掘培育一批模式新颖、服务专业、成绩突出、运营良好的众创空间，纳入国家级孵化器管理体系。

（四）推进孵化器金融融合发展

完善科技金融服务。提升和完善全省科技金融服务体系服务功能，推动区域股权市场、“中国青创板”综合金融服务平台等全省金融服务网络与科技企业孵化器无缝对接。加大孵化器与银行、担保等金融机构的合作力度，鼓励银行业金融机构新设或改造设立从事创新创业金融服务的专业或特色机构，提供科技信贷、融资担保、知识产权质押、股权质押、场外交易市场及新三板挂牌、企业上市辅导等科技金融服务。

推动创业投资全面对接。依托广东省科技企业孵化器协会创业投资专委会，集聚更多的创业投资机构，开展创业投资机构与科技企业孵化器的全面对接，实现全省孵化器创业投资服务的“全覆盖”，筛选优秀在孵企业，加大对在孵企业的风险投资力度。支持孵化器充分利用政府创业投资引导基金，联合其他社会资本合作共同设立细分产业创投基金。大力支持以风险资本为主导设立孵化器，积极引导社会金融资本参与和支持孵化器建设，推进“孵化器+天使投资+创业企业”持股孵化模式。

（五）加快服务队伍提质发展

加强创业孵化人才培训。建立面向孵化器管理人员、孵化服务人员、在孵企业及创业者的多层次孵化培训体系，统筹省内孵化器协会、骨干服务机构的培训资源，在全省各地定期举办各类孵化器培训班，不断加强对孵化器从业人员管理水平和服务能力等专业素质的培养，形成职业化的人才队伍。

建立多层次创业导师体系。凝聚全省创业导师力量，引导和鼓励成功创业者、知名企业家、天使和创业投资人、行业专家等担任创业导师；组织开展创业导师培训，培养一批高水平的创业导师队伍。开展创业导师登记备案，完善创业导师评价机制、激励机制、流动机制，建立全省创业导师库。遴选面向全省大学生的创新创业导师，建立全省大学生创新创业导师库。开展广东省创业导师评选工作，对拥有丰富创业辅导经验和创业资

源的创业导师，经评选后授予广东省创业导师。

开展孵化器从业人员、创业者评优。每年定期组织开展孵化器从业人员评优，对全省在孵化器运营管理、创业辅导、创业投资或推动孵化行业发展，以及为区域创新创业事业做出突出贡献的人员，经评选后授予优秀孵化器从业人员称号。定期组织开展创业者评优，对在全省具有成功企业创业经验、突出管理能力，以及在创业带动就业方面有一定贡献的创业者，经评选授予优秀创业者称号。

二、优化行业发展环境

（一）完善政策支持体系

围绕创新平台、技术转移、科技金融、人才引进等方面，研究完善促进各类孵化器发展的政策措施，加大对孵化器、众创空间的政策支持力度。修订完善《关于科技企业孵化器后补助的实施办法》《关于科技企业孵化器天使投资及信贷风险补偿资金实施细则》政策。积极落实国家科技企业孵化器税收优惠政策，确保符合条件的孵化器享受税收优惠政策。

（二）推动“孵化在线”升级

完善广东科技企业孵化器数据库。开展广东孵化在线平台二期建设，完善众创空间、孵化器登记信息相关指标，开发全省在孵企业、毕业企业、创业导师登记备案模块，加强全省孵化器、众创空间统计，进一步完善全省孵化器、众创空间数据库，实现数据库的开放共享。

完善“广东孵化在线”的服务网络。整合广东省的创新创业资源，通过“云计算”“大数据”等技术，实现创业载体、科技资源、科研众包、创业人才的互联互通、开放共享，为全省科技企业孵化器提供资源共享平台。建设一批虚拟实验室，以市场机制和信息网络技术，实现大型科学仪器、分析测试人才、测试方法及标准等与专业孵化器的有效对接，为科技型小微企业提供更专业、便捷的科技服务。

（三）加强孵化行业自律

完善行业组织服务体系。注重提升孵化器行业组织的服务功能，加快完善行业组织在搭建全省孵化器公共服务平台、促进全省创新创业资源整合与共享、制定行业监管制度、跟踪行业发展动态、推广孵化器典型案例、开展孵化器运营评价、组织创业培训活动等多方位的服务体系。

加快建立孵化器服务标准。建立健全由服务内容标准、服务层次标准、服务流程标准等组成的多层次服务标准体系。分类制定专业孵化器服务标准、综合孵化器服务标准，结合各区域孵化器发展水平差异，制定基础标准、增值标准等服务层次标准。制定并动态调整适应创业规律的在孵企业入驻、毕业、跟踪管理服务流程标准。

组织孵化器专题调研学习。充分发挥孵化器行业协会在孵化器间交流、合作、资源共享等方面的桥梁纽带作用，定期组织省内孵化器代表前往境外、省外调研学习，交流孵化器发展模式与经验，促进省内孵化器提升发展；积极开展孵化器行业内交流、研讨活动，推动孵化器管理先进经验，促进孵化器之间的交流合作。

加强孵化器行业发展研究。重点围绕众创发展、创业孵化生态培育等研究专题，支持第三方专业研究机构、智库等社会研究力量开展孵化器行业研究。对孵化器发展进行专题调研，研究撰写年度孵化器行业发展报告，及时发布孵化器行业发展研究成果，为全省孵化器发展提供指导。

（四）营造创新创业氛围

举办各类创新创业大赛。继续举办好中国创新创业大赛（广东赛区、深圳赛区）、“创青春”广东青年创新创业大赛、广东“众创杯”创业创新大赛等大型创新创业大赛，积极推动各地市结合地方产业特色举办创新创业大赛，充分发挥各类大赛的项目展示、推介功能，通过大赛平台挖掘优秀创业团队和创业项目，引导创业投资机构和金融机构对其进行支持，促进初创期科技型中小企业创新发展。

加强孵化器品牌建设。支持服务模式先进、孵化经验丰富、有实力的孵化器，在全省及至全国推广、输出其运营模式和管理经验等，共享创业者、创业导师、创投资金等创业资源，打造更多在国内有影响力的大型孵化器专业运营商。借鉴国内先进经验，加快专业运营商的培育和升级。

加强品牌及创业文化宣传。加强对省内先进模式的孵化器进行宣传，打造我省科技孵化育成体系品牌影响力；积极举办创业沙龙、论坛、讲座、媒体访谈等，加强创业理念与文化宣传，在全社会营造尊重知识、尊重人才、尊重劳动、尊重创造的创业文化氛围。

第十六章　推动科技金融产业深度融合

党的十九大报告中提出“着力加快建设实体经济、科技创新、现代金融、人力资源协同发展的产业体系”。新形势下，广东将发展科技金融作为部署科技创新与金融、产业融合发展的重要抓手，出台相关政策及配套措施，不断推动科技金融产业深度融合。

第一节　全力优化科技金融创新环境

一、风投行业规模稳步增长

广东是全国最早建立风险投资机制的地区之一。2008 年年底，全省风投行业投资规模已超过 150 亿元，约占全国的 1/3。

在国家“大众创业、万众创新”宏观政策的扶持引导下，近十年来，国内风险投资行业实现了新的快速发展，表现出资金规模稳定扩大，行业逐步走向成熟，行业监管不断加强，制度体系日趋完善，天使投资发展迅速，投资成果显著等特点。

截至 2015 年年底，全国已备案的创业和私募股权投资机构为 13388 家，广东省在基金业协会备案的创业和私募股权投资机构达 2831 家，占全国的 21.1%，位列全国第 2 位。全国已备案的创业和私募股权投资机构管理规模总计 31319.81 亿元，其中广东省的管理规模为 5648.34 亿元，占全国的 18.0%，位居全国第三位。广东省创业投资业无论从机构数量和管理规模上来说都是全国最大的股权投资市场之一。

区域集中度明显是广东创业投资的主要特点。广东省创业投资活动主要集中在珠三角地区，而珠三角地区的创业投资主要集中在深圳和广州两地。2015年，深圳创投机构（VC、PE）达到46000家，注册资本超过2.7万亿元，机构数量和管理资本约占全国的1/3，成为我国风险投资积极性最强、投资最活跃的城市。

在传统的直接资助、补贴等方式之外，广东省政府引导基金更致力于以市场化的创投方式对科技创业企业进行扶持。广东省对政府引导基金的积极布局，成为创投产业链重要一环。清科集团发布的“2015年度中国政府引导基金年度排名榜单”指出，广东地区引导基金的设立较活跃，基金数量达到85支，仅次于北京的88支；从基金设立规模来看，广东为1451.83亿元，位列第三位，其中深圳表现尤为突出。2015年，深圳市财政设立总计800亿元的发展引导基金，其中创新创业和新兴产业各占200亿元，与彼时正在设立的国家新兴产业创业投资引导基金规模相当。

二、企业融资环境不断改善

省科技厅联合省内各金融机构以及建行集团内各分子公司，打造了金融资源向科技领域配置的平台，鼓励银行金融机构在全省设立更多的科技信贷专营机构，改善科技贷款的风险分担结构，集聚各方资源，构建完整的科技金融服务链，极大地促进了科技型中小企业的发展。

2014年，省科技厅设立“广东省省级产业技术创新与科技金融结合专项资金”，引导金融机构降低科技型企业融资门槛，分担融资风险，以财政撬动金融机构等社会资本投向科技领域。

2014年度的股权投资项目主要围绕广东省委、省政府确定的8个重大科技专项领域组织实施，通过股权投资方式推动相关领域重点科研成果的产业化，促进企业做大做强，培育形成规模化的新兴产业。重大科技专项领域包括：计算与通信集成芯片、移动互联关键技术与器件、云计算与大数据管理技术、新型印刷显示与材料、可见光通信技术及标准光组件、智能工业机器人、新能源汽车电池与动力系统、干细胞与组织工程等。

在省科技厅的推动下，银行等金融机构纷纷重视科技信贷业务的服务与推广。

2014年11月3日，中国银行广东省分行与省科技厅共同召开会议，在全省中行系统中推广中行番禺科技支行的建设运营模式，服务科技型中小企业。中行番禺科技支行拥有独立的客户评级和准入机制、独立的拨备

制度、独立的信贷审批机制和独立的风险管理措施，按照科技型中小企业发展的不同阶段，为企业提供不同的授信额度。通过“科技支行”和“科技信贷风险资金池”相结合的科技信贷服务模式，天安科技支行在金融服务科技领域取得了较好的成绩和口碑。

2015 年 7 月 23 日，省科技厅与建设银行广东省分行在惠州联合举办“Fit 粤”科技金融推广大会。会议促使金融资源与科技资源的有效对接，加快形成多元化、多层次、多渠道的科技投融资体系，实现产业链、创新链、资金链“三链”协同发展，为实施创新驱动战略提供坚实保障。

三、金融政策体系越趋优化

近 10 年来，广东先后出台多项政策及配套措施，为科技金融工作营造了良好的政策环境。

2013 年 8 月，《广东省人民政府办公厅关于促进科技和金融结合的实施意见》出台，从发展创业投资、引导科技信贷、建设多层次资本市场、完善体制机制和保障措施等方面提出了明确的要求和工作内容。为贯彻落实该项政策措施，广东先后出台了《2014 年科技 · 金融 · 产业融合创新发展重点行动》《广东省科技金融支持科技型中小微企业专项行动计划(2013—2015 年)》《广东省科学技术厅广东省财政厅关于科技企业孵化器创业投资及信贷风险补偿资金试行细则》《关于发展科技股权众筹建设众创空间促进创新创业的意见》《关于科技和金融结合促进创新创业的实施方案》《关于发展科技保险支持科技创新的意见》《关于发展普惠性科技金融的若干意见》和《关于开展普惠性科技金融试点工作的通知》等配套政策措施；此外，广州、深圳、佛山、东莞等多个地市也出台了各具特色的扶持政策，全省科技金融政策环境不断优化。

第二节　努力打造全国示范试点

一、率先形成科技金融特色思路

2012 年“广佛莞”地区和深圳市被科技部与“一行三会”（人民银行、银监会、证监会、保监会）列为国家首批科技和金融结合试点地区以来，广东把促进科技和金融结合作为深化科技体制改革，完善区域创新体系和创新创业环境，提升自主创新能力和国际竞争力的重要抓手，大胆探索，先行先试，不断完善政策体系，积极开展区域试点示范，形成科技与金融互促共进的良好局面。截至 2017 年 8 月，省科技厅在全省范围内建立了 31 个科技金融综合服务中心，推动粤科金融集团在全省范围内设立了 7 个子公司和 5 个科技金融创新服务基地；在 7 个地市开展普惠性科技金融试点，引导银行投入科技信贷资金超过 200 亿元；珠三角地区成立创投机构达 1800 余家，创业投资基金规模达 3000 亿元，上市企业达 1500 余家。

近年来，广东以改革创新促发展，逐渐形成具有鲜明广东特色的“一个专项、两个平台、三个体系、多方联动”的科技金融工作思路，为全省产业转型升级提供了强大的动力引擎。

——一个专项，是指科技金融专项。从 2014 年起，广东省科技厅设立“产业技术开发与科技金融”专项资金，从科技信贷、创投联动和科技金融服务体系三个方面，引导调动金融机构和社会资本投入科技产业。2015 年，广东在科技金融方面投入的省级财政资金超过 20 亿元，带动社会资本超过 200 亿元，全省科技信贷发生额达 1448 亿元；上市科技型企业 197 家，融资额度达到 240 亿元。

——两个平台，一个是依托广东省生产力促进中心牵头建设全省科技金融综合服务网络平台，负责解决企业迫切需要融资和金融找项目的信息不对称问题，是科技型企业融资对接中的“最后一公里”。一个是依托广东省粤科金融集团建设全省政策性科技金融平台。目前，广东粤科金融集团在全省国家级高新区相继布点设立了 9 个子公司和 5 个融资性担保公司，形成科技金融产业发展的一体化效应。

——三个体系，指科技信贷体系、科技风险投资体系和科技多层次资本市场体系。多方联动，是广东省科技厅与广东省金融办、人民银行广州分行、广东省银监局、广东省保监局、广东省证监局等部门联合制定出台多项政策措施，形成良好的科技金融政策环境；同时成立全省科技金融促进会，加强科技金融各类机构之间的交流与互动，联动营造全省良好的创新创业氛围；并加强与金融机构合作，复制推广中银番禺科技支行的特色服务模式，推动中国银行广东省分行在全省设立了近 20 家科技支行，与中国建设银行广东省分行联合组建“Fit 粤”科技联盟平台，为广东省高

新技术企业量身打造“Fit 粤”综合金融服务方案，大力开展普惠性科技金融服务，解决科技型中小微企业和青年创客融资难问题。

2015 年 4 月，由省财政安排 7.5 亿元设立重大科技专项创业投资基金，省科技厅为投资基金的主管部门，委托粤科金融集团管理。在第四届广州金交会上，粤科金融集团与工商银行、建设银行、海通证券签订四方合作备忘录，以 1∶6 的杠杆撬动社会资本将母基金放大至 45 亿元，将近 100 亿元的资金以股权投资的方式投资于广东省九个重大大科技专项。

为进一步加大科技资金投入，支持省科技创新事业，带动经济发展，省政府设立规模为 50 亿元的广东省重大科技成果产业化基金（含集成电路产业发展基金 15 亿元），重点支持广东省内具有自主知识产权和国际先进水平的重大科研创新成果产业化项目，重点推进包括集成电路产业在内的九大重大科技专项和应用型技术研发成果产业化。2015 年 9 月，首期资金 39.8935 亿元全部到位。

聚焦：省长经济顾问积极建议推进产业金融科技融合发展

2017 年 9 月 21 日，“2017 广东经济发展国际咨询会”在广州召开。马兴瑞省长指出，经过近 40 年的改革开放，广东已经成为中国经济实力最雄厚、开放型经济最具活力的地区之一，正处于加快转型升级的重要战略机遇期。广东将认真贯彻落实习近平总书记对广东工作的重要批示精神，深入实施创新驱动发展战略，着力提升科技创新能力，着力谋划发展新兴产业，着力推动产业链、金融链、创新链三链融合，着力打造国际一流的营商环境，加快集聚全球各领域高端要素，进一步促进产业、金融、科技融合，促进传统动能焕发生机、新动能加快成长。

会上，各位省长经济顾问积极为促进我省集聚全球高端要素、推进产业金融科技融合发展、提升国际竞争力建言献策，重点从新兴技术、科技金融融合发展、粤港澳大湾区建设对广东转型升级的影响等方面，提出了数字化引领产业升级、充分利用国际资本市场、大力发展金融服务和健康产业、共建智能大湾区等意见建议。

［资料来源：《2017 广东经济发展国际咨询会在广州召开　马兴瑞表示集聚高端要素　促进产业金融科技融合发展》，见广东省人民政府网站（http://www.gd.gov.cn/ywdt/szfdt/201709/t20170922_258704.htm。）］

二、构建全省科技金融服务网络

2014年，省科技厅大力推进全省科技金融服务体系建设，依托粤科金融集团、省生产力促进中心和广东金融学院组建覆盖全省的科技金融综合服务网络，搭建广东省科技金融信息综合服务平台，积极实施科技金融特派员行动，通过聚集各地科技金融资源开展相关服务，强化风险投资、融资担保、技术交易、知识产权质押融资等科技金融服务。

广东省科技金融综合服务中心是广东科技金融服务网络的实施牵头单位，是全省科技金融服务网络的中枢。其主要职能是推动科技金融综合服务中心在各地级市、高新区分中心建设，逐步建立起覆盖全省的“线下实体+线上网络”的科技金融服务网络，组织各类科技金融资源，与各地科技金融服务平台上下联动，开展多层次的投融资咨询及对接服务活动。

广东省科技金融综合服务中心联合了投融资机构、高校等专业服务力量，并实施科技金融特派员计划，为科技型中小企业提供投融资策划、银行贷款、创业投资、融资担保、上市辅导等咨询服务，帮助企业获得银行贷款、创业投资、资本市场融资。

在省级科技金融综合服务中心的带头示范下，广东各地级市科技主管部门、粤科集团、广东金融学院等单位全部投入到科技金融服务网络建设工作中来。

聚焦：广东建立覆盖全省的科技金融服务网络

2014年10月9日，广东省科技金融综合服务中心在广州成立，此举标志着即将覆盖广东21个地级市的省级科技金融服务网络建设拉开大幕，科技型中小企业将成为本轮推动科技金融融合发展的第一批受惠者。同日，首批14位科技金融特派员正式上岗，为科技企业提供专业的投融资服务。

[资料来源：参见《广东省成立科技金融综合服务中心》，见国家科技部网站(http://www.most.gov.cn/dfkj/gd/zxdt/201411/t20141102_116425.htm。)]

2015年，全省科技金融服务网络建设加快推进，省科技厅依托省生产力促进中心，指导各地市分中心制定建设方案，开展各种学习、培训活

动，不断锻炼和提高分中心服务队伍的素质，全面提升自身服务水平，根据科技企业的需求，组织专家深入分中心开展科技金融政策宣讲、业务培训、企业上市辅导、企业融资对接咨询等各种活动。当年5月11—29日，联合人民银行广州分行在全省范围内举办广东省企业债务融资工具发行实务培训，为科技型企业在银行间市场发债提供授课和实践指导，共举办5场大型培训会，共有19个地市银行、科技企业和科技部门相关人员共2500余人次参加培训。截至2015年年底，全省共有25个科技金融综合服务中心，其中，2015年新增11个中心。

2015年5月，省科技厅在广东金融学院召开广东科技金融综合信息服务平台推广应用工作会议，会议详细介绍了广东科技金融综合信息服务平台的定位、各项功能和系统应用情况，围绕全省科技金融工作，部署了综合服务中心和地市分中心的各项工作。截至2015年年底，广东科技金融综合信息服务平台建设完成，并在广州等地市正式上线，与中国银行、建设银行、广发银行、华夏银行、兴业银行等相关金融机构和服务中介的对接工作已经初步完成，金融机构可以及时回复科技企业的贷款需求、推介适合的金融产品、掌握第三方机构提供的价值信息，实现科技金融信息的无缝式互动和对接。

三、全面探索推进普惠金融工作

近年来，广东省科技厅全面推动普惠性金融工作，为满足服务中小企业融资需求进行了一次有效的制度探索。

省级科技管理部门与建设银行广东省分行联合在广州、珠海、汕头、佛山、东莞、湛江、清远7个地市开展普惠性科技金融试点，针对科技型企业“轻资产”和银行信贷传统标准风险较高的特点，建立了科技型企业信贷审批授权专属流程和信用评价模型，共同研究出台《小微科技企业创新综合实力评分卡》，建立面向全省科技型中小企业的普惠性科技金融工作机制。截至2017年11月，普惠性科技金融试点服务工作累计惠及全省科技型小微企业1864户，累计投放金额22.82亿元，单户平均金额为122万元。

聚焦：珠三角国家自主创新示范区科技金融工作推进会在穗召开

2017年11月22日上午，珠三角国家自主创新示范区科技金融工作推进会在广州创投小镇召开，会议主要是贯彻落实党的十九大会议精神，回顾总结近年来我省科技金融工作情况，进一步深化科技和金融结合，促进科技成果产业化和高新技术企业做大做强，广东省副省长黄宁生出席会议并做讲话。

参加本次会议的还有省委宣传部等10多家省直单位，深圳市人民政府等13个地市的领导，40多家地市科技部门，8所高校及科研院所，10多家金融服务机构，以及30多个各地市的科技金融综合服务中心。

[资料来源：《珠三角国家自主创新示范区科技金融工作推进会在广州创投小镇召开》，见广州市人民政府网站（http://www.gz.gov.cn/gzgov/s5821/201711/2ca11fd5d893455eb56b30edcdecca06.shtml。）]

四、以赛促建激发创新人才活力

近年来，广东省积极承办中国创新创业大赛，指导各地市和其他机构举办创新创业大赛，共同为创造良好的创新创业环境努力。中国创新创业大赛是由科技部、财政部、教育部、国家网信办和中华全国工商业联合会共同指导举办的一项以“科技创新，成就大业”为主题的全国性“双创”比赛。2013年，广东在组织中国创新创业大赛（广东赛区）的同时，启动了具有本地特色的“珠江天使杯”科技创新创业大赛，形成了国家与省、省与市、粤港澳台四地的联动，政府、企业、社会、创业者多方参与的良好格局。

至2017年，中国创新创业大赛（广东赛区）已在南粤大地上连续举办了六届，大赛按照“政府主导、公益支持、市场机制”的模式，最大化聚合与激发市场活力、社会各主体的创新创业热情。

经过各次大赛选拔，一批高水平创新创业项目脱颖而出，成为一个个新兴的行业创新创业先锋。

聚焦：创新创业大赛上的“舞台明星”

珠海云洲智能科技有限公司经广东省推荐并组织参赛，获得第二届中国创新创业大赛总决赛第一名，在行业赛上大显身手，企业也因此获得国内外的广泛认可。公司拥有无人船完全自主知识产权，产品已应用于水质监测、水文测绘、核辐射监测和水文研究等领域。主要产品有ESM30应

急采样监测船、ME70 中型自动测量平台、MM 中型自动水质监测船、MS70 中型自动采样船、SS30 小型自动采样船、surf20F 流量测量船、MC120 全自动水面保洁船、地面控制基站和手持基站、领航者号、无人机等。

［资料来源：《2013 年第二届中国创新创业大赛全国总决赛榜单》，见云洲智能公司网站（http://www.yunzhou-tech.com/。）］

第十七章　加强区域与国际科技合作

1978 年，党的十一届三中全会掀开了中国经济社会发展的历史新篇章。广东领导人紧紧抓住历史机遇，大胆向中央建议，对广东下放对外开放自主权。1979 年，中央工作会议赞同和支持广东的提议，决定发挥广东毗邻港澳、华侨众多的优势，让广东在开放发展中先行一步，正式拉开了广东改革开放的序幕。1992 年年初，邓小平视察南方，提出广东今后要加快经济发展步伐，力争用 20 年的时间赶上亚洲“四小龙”，基本实现现代化。党的十八大以来，习近平同志第一次出京调研就选择到广东，并明确提出这次调研之所到广东来，就是要到在我国改革开放中得风气之先的地方，现场回顾我国改革开放的历史进程，将改革开放继续推向前进。2018 年 3 月 7 日，习近平总书记参加十三届全国人大一次会议广东代表团审议并发表重要讲话，嘱咐广东要做到“四个走在全国前列”①、当好“两个重要窗口”，赋予了广东新时代开放发展的新的重要历史使命。2018 年 10 月，在改革开放 40 周年之标，习近平总书记再次亲临广东视察指导并发表重要讲话，要求广东高举新时代改革开放旗帜，以更坚定的信心、更有力的措施把改革开放不断推向深入，提出了深化改革开放、推动高质量发展、提高发展平衡性和协调性、加强党的领导和党的建设四项重要要求，为新时代广东改革发展指明了前进方向、提供了根本遵循。在 40 年的开放发展实践中，广东充分发挥地理优势、政策优势、经济外向度高的优势，不断深化与港澳台的科技经贸交流与合作，探索开展

① “四个走在全国前列”：在构建推动经济高质量发展的体制机制上走在全国前列；在建设现代化经济体系上走在全国前列；在形成全面开放新格局上走在全国前列；在营造共建共治共享社会治理格局上走在全国前列。

泛珠三角区域合作，逐步扩大国际科技合作区域和领域，基本形成了面向全球的多层次、多领域对外科技合作格局，为广东在新时代改革开放再出发提供了强力的基础保障。

第一节　粤港澳台科技合作

一、粤港澳台科技合作情况

1998 年 4 月，广东省科委组织全省有关方面参加了在澳门举办的“尤里卡计划（会合）亚洲”活动，促成了一批重要的国际科技合作项目。广东工业大学 CIMS 中心在澳门组建农业机器人和计算机集成制造系统研究所等 5 项科研项目，经过欧共体国家的严格评审，被批准列入欧洲“尤里卡计划”。这是“尤里卡计划”首次与中国的合作。11 月，粤港科技产业促进会与香港生产力促进局、工业科技中心合作，在香港举办“98 粤港高新技术合作项目推介会”。粤港两地科技企业界代表分别就信息技术、光机电一体化、生物制药等高新技术产品方面的项目合作进行洽谈，签署了 18 项合作协议，涉及资金近 8 亿港元，对粤港科技产业合作产生积极影响。

1999 年 5 月，“广东经济技术贸易洽谈会”在香港展览馆举行。共接待来自香港、澳门和台湾地区以及美国等 20 多个国家或地区的 3000 多个公司，8300 多客商，累计签订各种利用外资合同 1260 个，其中外资直接投资合同 698 个，投资总额 50 多亿美元，外资成交金额 35 亿美元，进出口贸易成交额超 13 亿美元。[①] 11 月，广东省科委与香港贸易发展促进局共同组织了一批香港信息技术行业的企业家到广东，共同举办信息技术产业合作研讨会。

2002 年，广东省科技厅与香港生产力促进局、电子信息行业协会、制造业关键技术协会等机构建立了紧密联系，协助组织了粤港珠江三角洲城市规划和交通经济探讨会，安排香港咨询科技协会联合会对广东软件行

---

① 参见周永章等《创新之路——广东科技发展 30 年》，广东人民出版社 2008 年版，第 384 页。

业的考察访问，支持澳门特区政府举办下一届科技周活动。

2003 年，为贯彻落实粤港合作第六次联席会议的精神，广东省科技厅与香港特区政府工商及科技局共同成立了粤港高新技术专责小组，并于同年 10 月签署了《粤港高新技术合作安排（协议)》。

2003 年，内地与香港、澳门特区政府分别签署了内地与香港、澳门《关于建立更紧密经贸关系的安排》（以下简称“CEPA”)。2004—2013 年，内地与香港、澳门陆续签署了十份补充协议，为促进粤港澳科技交流与合作提供了重要政策支持。

2004 年，广东省科技厅与澳门特区政府科技委员会共同成立了粤澳科技合作专责小组，并于同年 5 月签署了《粤澳科技合协议》。粤港澳的科技交流与合作从形式到组织结构上都有了更有效的保证。在此良好基础上，三地政府的科技管理部门联系密切，合作与交流活跃，对推动三地经济建设及提高国际竞争力的发挥了重要的作用。

2004 年，“9 +2”政府领导在广州签署了《泛珠三角区域合作框架协议》。实行科技资源的开放和共享，包括相互开放重点实验室、工程技术研究中心、中试基地等，成为建立泛珠三角科技合作平台的重要起点。开展了粤港重点领域关键技术的联合招标。在泛珠江三角洲区域合作的框架内，经过双方共同研究，各投资 2. 6 亿元，进行联合公开招标。与香港特区政府创新科技署在深圳联合举办了 4 场“粤港科技合作专题研讨会”。

2008 年，美国爆发了严重的次贷危机，并逐渐演化为全球性金融危机，给中国大陆及港澳地区经济发展带来巨大冲击。面对危局，国务院于 2008 年 12 月审议并通过了《珠江三角洲地区改革发展规划纲要》，随后又批准了《横琴岛总体发展规划》和《粤港合作框架协议》（简称《协议》)。《协议》包括了经济、科技、文化、民生、社会等诸多领域的合作内容，促进粤港两地经济、科技实现全面深入合作提供了重要保障。《协议》指出要加强粤港科技创新方面的合作：一是联合推动科技创新，突破共性技术，着眼信息、新能源、新材料、生物医药、节能环保、海洋等战略性新兴产业发展，实施关键领域重点项目联合资助行动，粤港共同投入资金，培育新的经济增长点。二是支持香港的汽车零部件、资讯及通信、物流及供应链管理、纳米科技及先进材料、纺织及成衣等研发中心与广东科研机构和适用企业对接合作。支持香港应用科技研究院及科学园与广东科研机构和高新园区合作。支持广东大型企业在港设立科研中心。三

是推动香港科研资源与广东高新园区、专业镇、平台基地等建立协作机制，合作在广东设立孵化基地，实现香港研发成果在广东产业化。推动粤港科技合作项目经费跨境流动，降低科技服务项目交易成本，粤港双方联合在广东设立的研发中心进口研发设备、实验器材符合有关政策规定的，可依法享受进口税收优惠。四是规划建设“深港创新圈”，联合承接国际先进制造业、高新技术企业研发转移，开展技术研发，推进珠江三角洲区域科技合作和国际合作，支持广州、深圳建设国家创新型城市，扩展建成“香港—深圳—广州”为主轴的区域创新格局①。

2013 年 9 月，省府办公厅发布了《广东省科学和技术发展“十二五”规划》，提出创新粤港澳台科技合作机制，促进粤港澳台创新要素的合理流动和开放共享。探索在 CEPA 框架和《粤港合作框架协议》下的粤港合作新模式，扩大粤港联合资助的实施范围，加强与香港高校及科研机构合作，在粤港经济关联度较大的产业和技术领域，联合建设一批高水平的粤港科技创新平台和科技产业园区，促进粤港产学研合作国际化，为在粤港资传统企业转型升级提供科技服务。优化粤澳科技合作环境，发挥双方在研发、科普、教育方面的优势，加强合作。按照 ECFA 框架协议所确定的原则，积极加强与台湾在农业科技、信息通讯、新材料等领域的科研合作②。

2017 年 6 月，商务部和香港特别行政区签署了《内地与香港关于建立更紧密经贸关系的安排》经济技术合作协议，提出双方进一步加强在创新科技领域的合作：一是加强两地在创新科技领域（包括技术贸易）的交流与合作，继续举办内地赴港科技展览。支持香港发展包括机器人技术、生物医药、智慧城市、金融科技等领域在内的创新科技产业，培育新兴产业。二是两地共建平台，通过互补优势，发挥协同效应，积极联系并引进国际上优秀的科研机构和人才，促进内地、香港以及海外的机构和企业在科技研发和成果转化方面的交流和合作。三是支持香港科研人员和机构参与国家科技计划，稳步推动实施合作研发项目工作，逐步推动香港科研机构和企业纳入国家创新科技体系。四是依托国家重点实验室香港伙伴

---

① 参见《粤港合作框架协议》，载《南方日报》2010 年 4 月 8 日，第 2 版。

② 参见《广东省科学和技术发展“十二五”规划》，广东省发改委网站（http://zwgk.gd.gov.cn/006939756/201506/t20150626_587354.html）。

实验室、国家工程技术研究中心香港分中心、国家高新技术产业化基地香港伙伴基地等平台，加强两地在科学研究、高新技术研发、科技产业应用的合作；继续支持香港伙伴实验室和香港分中心的工作。五是支持两地高新园区、众创空间的合作与交流，鼓励香港青年人创新创业，推动创新科技产业化。加强两地青年创业人才沟通交流，推动香港创业青年到内地考察参观，拓展“双创”合作，为青年人才提供发展空间。六是支持和协助半官方机构、非官方机构和业界在推动两地创新科技合作中发挥作用①。

2017年6月，商务部和澳门特别行政区签署了《内地与澳门关于建立更紧密经贸关系的安排》经济技术合作协议，双方在科技合作方面提出了一些新的举措：一是加强两地在创新科技领域（包括技术贸易）的交流与合作，支持澳门发展包括中医药、生物医药、信息通信、节能环保、智慧城市以及海洋科技等领域的科研及创新科技产业；支持澳门举办科技活动周、科普夏令营等科普教育活动，适时举办内地赴澳科技展览。二是鼓励澳门科研人员和机构参评国家科技奖励，支持其参与国家科技计划，开展内地与澳门联合资助研发计划，稳步推动实施合作研发项目工作，逐步推动澳门科研机构和企业纳入国家创新科技体系。三是依托国家重点实验室澳门伙伴实验室，加强两地在科学研究、高新技术研发、科技产业应用的合作；继续支持澳门伙伴实验室的工作，并探索建立国家工程技术研究中心澳门分中心等平台。四是支持两地孵化器、众创空间等的合作与交流，鼓励澳门青年人创新创业，推动创新科技产业化。加强两地青年创业人才沟通交流，推动澳门创业青年到内地考察参观，拓展“双创”合作，为青年人才提供发展空间。五是透过合作举办研修班、研讨会等方式，促进两地产学研各界的相互了解，为进一步开展合作奠定基础。六是加强两地在创新科技领域的交流和信息资源共享。七是支持和协助半官方机构、非官方机构和业界在推动两地创新科技合作中发挥作用②。

经过多年的探索性实践证明，CEPA提供了很好的区域合作制度性平

---

① 参见《内地与香港关于建立更紧密经贸关系的安排》“经济技术合作协议”，载《中华人民共和国国务院公报》2017年9月20日。

② 参见《内地与澳门关于建立更紧密经贸关系的安排》“经济技术合作协议”，载《中华人民共和国国务院公报》2018年2月28日。

台。它从根本改变大珠三角区域过去的运作方式和发展模式。在运作方式上，CEPA 用政府间的制度性安排取代了过去的市场导向为主，企业微观活动为主体、按比较优势进行市场选择和自由竞争的功能性区域一体化合作方式。以政府介入建立体制接近、规则统一的正式制度去稳定地推动区域经济整合和一体化的发展。

这种建制性的一体化合作方式，通过 CEPA 建立的政府间的协调机制与对话通道，可以超越市场，对有关区域长远发展前景和整体竞争力的重大战略性问题，如经贸关系、产业布局、科技发展以及基础设施建设等，进行有效的协调和整合，使整个区域合作提升到更高的层次。在发展模式上，CEPA 使大珠三角区域合作领域超出了单纯加工出口的范畴，全面涉及区域内外的贸易、服务业合作、科技协调、环境保护、文化交流、教育促进等各个层面，从而使区域间经济全面融合，更有利于发挥三地的比较优势，形成全面分工合作整体竞争优势。

二、粤港澳台科技合作的主要做法和成效

经过多年的发展，粤港澳台科技合作在制度创新、发展模式、产业领域等方面取得了重要成就，从粗放式的民间自发合作逐步进入到了政府力量为主导、市场发挥调配作用的合作体制，合作方式也从单一的企业科技资源往来发展至如今的项目联合资助、科技创新平台共建、园区与科研机构对接等多维度、多层次的合作，合作领域不再局限于单纯的科技研发范畴，开始向科技金融、中介服务、成果转化等方面拓展，有力地推动了两地的经济社会发展①。

（一）科技合作政策体系初步建立

深化粤港澳台科技合作、建立开放式区域创新体系，中央政府及广东省政府相继出台了一系列政策文件，如《内地与香港关于建立更紧密经贸关系的安排》（CEPA，2003 年）及其相关补充协议、《内地与澳门关于建立更紧密经贸关系的安排》（CEPA，2003 年）及其相关补充协议、《珠江三角洲地区改革发展规划纲要（2008—2020 年）》《粤港合作框架协

① 参见拓晓瑞、商惠敏、陈相《粤港科技合作的发展历程与成效研究》，载《科技管理研究》2016 年第 12 期，第 79 页。

议》(2010 年)、《推动共建丝绸之路经济带和 21 世纪海上丝绸之路的愿景与行动》(2015 年)、《国务院关于深化泛珠三角区域合作的指导意见》(2016 年)、《深化粤港澳合作推进大湾区建设框架协议》(2017 年)等，形成了比较完善的粤港科技合作政策体系，扫清了部分制度性障碍。在粤港两地政府的共同努力下，已经建立了稳定的政府联席会议机制，设立了“粤港发展策略协调小组”，组织开展了多项粤港专题合作研究等工作，粤港科技合作实现了由民间自发的有限合作向政府导向推动合作的转变，初步形成了以“粤港科技创新走廊”为核心的发展大格局，一批重大科技产业合作项目顺利开展，如促进中医中药国际化、珠三角空气素质监控网络建设、珠江三角洲水质模型建设、“深港创新圈”三年行动计划等。

（二）联合创建了一批重要科技创新平台

以粤港合作为例，广东省在 2009 年专门设立了粤港共建科技创新平台专项资金，支持建成了“粤港自动化科学与工程联合研究中心”“再生医学联合重点实验室”“自动化科学与工程联合研究中心”“粤港区域大气复合污染综合防治技术与控制策略联合研究中心”“数字生活研究中心射频技术应用及测试实验室”“近海观测与模拟联合实验室”“珠三角大气环境联合实验室”等多个科技创新平台，涉及大气环境、机械自动化、中医药、信息软件等诸多产业和技术领域。通过共建科技创新平台，密切了粤港科技合作，大大提升了广东科技创新能力。

（三）科技交流与合作机制日渐成熟

目前，粤港澳台已经建立了长期稳定的科技交流与合作关系，推动在人才、资金、技术、知识、项目等方面的合作日益增多，大大促进了区域经济的发展。如粤港两地已联合举办了“泛珠三角科技合作成果展示会”“创新科技博览会”“国家科技成就展”等多种形式的高层次国际性专业会议及高端科技交流活动。目前，已有香港中文大学、香港科技大学等 6 所院校在深圳设立 8 家研发中心，累计孵化企业 300 多家，7 个香港高校科研团队在广东设立研发基地，粤港高校、科研机构联合建立了 19 个研究中心及联合实验室，形成了“广东—香港—海外”人才流动模式，实

现了人力资源的互补与共享。[1]

（四）科技合作的范围和领域进一步拓展

目前，广东与港澳台的技术差距越来越小，先前“前店后厂”的分工模式已不再适应区域科技产业发展的时代要求，迫切需要建立新的合作模式在更大范围、更广领域和更高层次上整合及优化科技创新资源，以增强相互之间的产业创新配套发展能力。基于这种认识，粤港澳区域合作开始围绕产业链部署创新链、围绕创新链部署资金链，在技术研发、园区（科技园）建设、外资引进、科技成果转化、人才培养等方面进行了密切合作，促成了全产业链的融合发展态势。

三、粤港澳大湾区建设国际科技创新中心

粤港澳大湾区是指由广州、深圳、佛山、东莞、惠州、珠海、中山、江门、肇庆（市区）9市和香港、澳门两个特别行政区组成的城市群，是与美国纽约湾区、旧金山湾区和日本东京湾区并肩的世界四大湾区之一，是国家建设世界级城市群和参与全球竞争的重要空间载体。

（一）粤港澳大湾区建设情况

2015年3月，国务院发布的《推动共建丝绸之路经济带和21世纪海上丝绸之路的愿景与行动》，提出了要充分发挥深圳前海、广州南沙、珠海横琴、福建平潭等开放合作区作用，深化与港澳台合作，打造粤港澳大湾区。

2016年，广东省在省政府工作报告中指出“开展珠三角城市升级行动，联手港澳打造粤港澳大湾区”。在国务院印发的《关于深化泛珠三角区域合作的指导意见》中明确提出，促进区域经济合作发展，构建以粤港澳大湾区为龙头，以珠江—西江经济带为腹地，带动中南、西南地区发展，辐射东南亚、南亚的重要经济支撑带。

2017年3月，政府工作报告正式把“粤港澳大湾区”纳入其中。报告提出，要推动内地与港澳深化合作，研究制定粤港澳大湾区城市群发展

---

① 参见《胡春华朱小丹会见梁振英　进一步加强粤港创新合作》，载《南方日报网络版》2016年9月15日。

规划，发挥港澳独特优势，提升在国家经济发展和对外开放中的地位与功能。

2017年7月，国家主席习近平在香港出席了《深化粤港澳合作推进大湾区建设框架协议》签署仪式，协议由国家发展和改革委员会、广东省人民政府、香港特别行政区政府、澳门特别行政区政府四方协商一致制定，努力将粤港澳大湾区建设成为更具活力的经济区、宜居宜业宜游的优质生活圈和内地与港澳深度合作的示范区，携手打造国际一流湾区和世界级城市群。

目前，粤港澳大湾区是我国综合实力最强，开放程度最高，经济最具活力的地区之一。2016年，粤港澳大湾区经济总量约1.4万亿美元，超过世界经济体排名第十一的韩国，与纽约湾区相当；港口集装箱吞吐量达7118万标箱，超过东京、纽约、旧金山三大湾区之和；机场旅客吞吐量达1.86亿人次，居各湾区之首。2016年粤港澳大湾区对外进出口总值达17966.7亿美元，若视为独立经济体，排名相当于全球第四（前三位为美国、中国、德国）；共获得外商直接投资总额1029.1亿美元，占全球FDI流入量的5.9%，排名也相当于全球第四（前三位为美国、英国、中国）。

（二）粤港澳大湾区建设国际科技创新中心的基础与条件

经过调研，粤港澳大湾区完全具备建成国际一流湾区、世界级城市群和国际科技创新中心的基础和条件。

（1）内通外联的交通设施网络基本形成。粤港澳大湾区城市群地理位置优越，是华南、中南、西南地区对外联系的主通道和我国的南大门，是我国南部沿海地带重要的交通枢纽。粤港澳大湾区处于全国高速公路网最密集地区的核心。2015年广东省高速公路通车总里程达6880公里，居全国第一，形成了以粤港澳大湾区为核心，以沿海为扇面，以沿海港口（城市）为龙头向山区和内陆省区辐射的路网，全省67个县（市）实现“县县通高速”。粤港澳大湾区有广州南、佛山西、深圳北三个主要高速铁路客站，未来广州将布局以广州站、广州东站、广州南站、广州北站作为主要客站，以佛山西站、新塘站、增城站、南沙站作为辅助客站的“四主四辅”客运枢纽，深圳将相继建成深圳北站和福田站。粤港澳大湾区是全球港口最密集的区域之一，拥有世界上最大的海港群。2016年，深圳港以2420万标准箱的吞吐量蝉联全球第三大港口，香港港和广州港

紧随其后，分别位列全球第五，全球第七。粤港澳大湾区集中了广州、香港、深圳、珠海和澳门五大机场，是我国空中航线最为密集和繁忙的地区，2016 年航空客运量达 1.85 亿人次，货运量 736 万吨，在全球湾区中居于领先地位。①

（2）产业结构呈现高端化发展特征。近年来，9 市不断推进产业结构转型升级，优化提升第二产业，以电子信息、装备制造等为代表的先进制造业逐渐发展壮大，以金融服务、信息服务、科技服务、商务服务等为代表的现代服务业加快发展，服务业在经济结构的比重逐步提高。2016 年，九市整体三次产业结构比重为 1.8∶42.1∶56.1，第三产业对经济增长的贡献不断提升。当前，香港、澳门服务业的比重均超过 90%，已经进入服务经济为主的后工业阶段。金融服务、旅游、贸易及物流、专业及工商支援服务是香港经济的主要行业，澳门的服务业则一向以博彩业为主，与博彩业有关的旅游业、商业、饮食等行业相对发达。总体来看，粤港澳大湾区城市群产业结构处于向服务业经济转型的阶段，呈现高端化发展特征。

（3）区域合作进入深化升级新阶段。改革开放近 40 年来，粤港澳合作一直是国家的重要发展战略。20 世纪 80 年代初，经济特区的建立开启了以跨境加工贸易合作为主要标志的粤港澳合作；2003 年之后陆续签订的 CEPA 及其 10 个补充协议和《服务贸易协议》《投资协议》，标志着粤港澳合作进入了以货物贸易零关税、投资便利化等为主要特征的发展阶段；2015 年 4 月，广东自由贸易试验区挂牌成立，使粤港澳合作进入以经贸制度、法律对接、技术标准一体化和离岸贸易、跨境金融、互联网经济等高端服务业和服务贸易自由化为主导的新阶段。广东自贸试验区建设打造广州南沙、深圳前海蛇口、珠海横琴等开放合作区，为粤港澳深入合作和融合发展提供了广阔的平台。在粤港澳合作深入推进的同时，珠三角 9 市之间的合作也在不断深化，“广佛肇”、“深莞惠”、“珠中江”等经济圈一体化建设逐步推进，以珠三角核心区城市为载体的三大经济圈发展，使珠三角一体化进程大大加快。

（4）生态、生活和生产环境相对优越。粤港澳大湾区具有优越的气

---

① 参见林涛《世界级湾区深调研：粤港湾大湾区距世界级有多远》，见南方网（http://www.360drl.com/content/17/1129/16/45945805_708348468.shtml）。

候、阳光、海岸线以及森林植被等自然禀赋。2016年珠三角城市空气质量达标率为89.5%，环境优良天数已达全年九成，远超全国其他主要地区水平（长三角为76.1%、京津冀为56.8%）；[①] 珠三角主要江河水质优良率80.3%，香港河流水质达标率91%，生态环境持续好转，人居环境不断优化。2016年，深圳、珠海、香港继续上榜中国最宜居城市，深圳、广州、东莞陆续被评为国际花园城市，广州、珠海、惠州、东莞和肇庆被授予“国家森林城市”称号，珠三角9市已全部通过“国家文明城市”创建考核。

（三）粤港澳大湾区建设国际科技创新中心的战略思路

为推进我省建设国际科技创新中心，促进粤港澳创新资源的交流与合作，打造具有国际竞争力的科技创新高地和成果转化基地，省科技厅组织专项调研小组开展了全面调研，形成了《关于加快粤港澳创新合作推进我省国际科技创新中心建设的调研报告》（以下简称《报告》），《报告》提出将粤港澳大湾区打造成为国际科技创新中心，并明确了以下四个定位。

（1）全球科技创新领跑区。建设具有国际水平的全球科技创新中心、高能级的全球产业创新中心和国际高新科技产业重要策源地，主动承担国际与国内有关复杂性、跨学科和大科学的创新挑战任务。

（2）世界高端要素集聚区。依托港澳自由港和国际化优势，发挥珠三角城市科技产业和先进制造业优势，吸引全球研发中心、国际化高端科技人才和全球科技金融机构在粤港澳大湾区集聚发展。

（3）跨境协同创新示范区。积极推进科技创新体制改革，加快珠三角国家自主创新示范区建设，在“一国两制”原则下探索建立大湾区粤港澳三地科技基础设施共用、创新要素跨境便捷流通、知识共享与成本分担的区域科技合作机制。

（4）全国创新创业生态区。充分利用大湾区多元文化融合和对外文化交流顺畅的优势，加快培育粤港澳大湾区创新创业生态，推动港澳和内地青年人才创新创业，提升自主创新能力，建设科技金融中心，以创新生

---

① 参见王昆婷《环境保护部发布2016年全国空气状况》，载《中国环境报》2017年2月17日。

态为支撑，打造粤港澳大湾区创新创业生态区。

《报告》从产业创新、技术创新、服务创新、制度创新等多方面入手，提出推进粤港澳大湾区建设成为国际科技创新中心的战略举措。

第一，开拓和优化科技创新的产业体系。通过产业创新，构筑大湾区完善的现代产业体系。一方面，开拓科技产业空间，集聚世界顶尖研发机构和人才。努力引进集聚全球顶尖的科研机构和人才，提升科技创新能力，形成粤港澳大湾区的“硅谷”。设立产学研合作平台，鼓励高校与企业、跨国公司与中小企业等创新主体形成有效的科技研发网络。积极开展国际合作，促进国际技术、人才和资金等创新要素的流动和融合。另一方面，优化产业结构，推动大湾区产业结构向高端迈进。推动粤港澳三地产业错位发展、优势互补，围绕香港、港澳及珠三角各市的战略重点，在三地启动实施重大产业技术创新专项，在新能源、新材料、新医药、先进制造等领域，突破一批重大产业前瞻技术和核心关键共性技术，提高大湾区制造业产品科技含量和附加值，提升产业竞争力。大力提升企业创新能力，形成以高新技术企业为主的创新型企业集群，培育具有国际竞争力和带动效应的创新型领军企业。

第二，促进和完善科技创新的技术体系。通过建立完善的科技创新体系，打造大湾区技术研发与成果转化高地。一是强化科技创新平台建设，完善大湾区科技创新体系。围绕大湾区产业基础和产业发展导向，大力引进和建设科技与产业创新对接平台、重点关键共性技术研发机构、行业技术与产品开发平台等，探索建立新型创新创业平台，大力发展建设孵化育成平台，鼓励高校、科研院所、企业走出去，开展国际研发合作，建设具有国际影响的高端创新创业活动平台。二是聚集高层次人才，建立大湾区科技创新的智力支撑。支持和引导国内外高层次人才特别是掌握自主知识产权和核心技术的领军人才来此创新创业，打造高层次的科技创新团队。三是积极开展国际技术贸易，健全国际技术交易市场。针对企业在不同发展阶段的技术需求，通过搜寻全球相应的技术持有者实现技术供需双方的交易对接，促进国际科技资源有效流动和合理配置。

第三，构建和加强科技创新的服务体系。通过创新区域合作机制、完善基础设施、构建科技金融支撑、加强创新文化建设等，营造大湾区完善的创新创业生态系统。一是创新区域合作机制，提供覆盖不同制度区域的高效公共服务体系。构建适应开放型经济新体制的公共产品供给体制，充分发挥民间组织在大湾区公共产品供给中的作用，实现大湾区人流、物流、资金流、信息流等经济要素的自由流动。二是完善大湾区基础设施，落实基础设施重大项目。构建以香港和广州为核心的大湾区基础交通体系，构造国内外两个市场的快速通道，增强大湾区的综合实力和辐射能力。三是构建大湾区科技金融体系，强化科技金融支撑作用。围绕大湾区科技创新重点领域，建立适应创新链需求的科技金融体系。完善科技金融风险补偿机制，建设科技金融服务中心，多个层面深化金融体系创新，加快发展多层次资本市场。四是加强科技创新文化建设，创造良好创新氛围。探索建立新型创新创业平台，促进形成高端科技创新活动平台，策划举办各类创新创业活动，形成有利于大众创业、万众创新的浓厚氛围。

第四，建立和完善科技创新的制度体系。通过体制机制探索与创新，形成推动大湾区科技创新的制度保障。推进粤港澳大湾区科技创新合作组织建设。成立由中央和粤港澳四方组成的常设性、权威性科技创新协调机构，协调冲突以及利益分配。建立粤港澳三方法律专家组成的仲裁机构，解决各类法律冲突，处理各类纠纷。建立健全粤港澳大湾区科技创新投融资体制，破除粤港澳大湾区投融资体制中各种障碍。建立激发创新主体内生动力的竞争机制，健全知识产权运用和保护机制，构建激发创新创业的利益导向机制，进一步健全成果转化激励机制，充分调动企业以及广大科研人员的积极性，让企业真正成为创新驱动发展的主力军，促进粤港澳大湾区科技创新加速发展。

第二节　泛珠三角科技合作

一、泛珠三角科技合作情况

2003 年以来，由广东省倡导并得到福建、江西、湖南、广西、海南、四川、贵州、云南等 8 省政府和香港、澳门特别行政区政府积极响应和大力推动的“泛珠三角”区域合作（即“9 + 2”）引起了相关地区社会各界的普遍关注，得到了广泛赞同。

2004 年 6 月，香港、澳门、广州三地成功举办首届“泛珠三角区域合作与发展论坛”，标志着中国最大规模的区域合作工程正式启动。

2004 年 8 月，广东省委、省政府颁发《中共广东省委、广东省人民政府关于加快建设科技强省的决定》，提出推动泛珠三角区域科技合作与交流，建立泛珠三角区域科技发展协作机制。通过政策协调，科技项目的联合攻关，各种研究开发中心、仪器设备的相互开放，实现科技资源的开发与共享，形成区域科技竞争优势，构建泛珠三角区域创新协作体系。

2004 年 12 月，在湖南长沙召开的第三次“泛珠三角”区域科技合作联席会议上，“9 +2”的代表签署了《泛珠三角区域科技合作长沙议定书》。议定书进一步确定了联席会议制度，由“9 +2”成员轮流担任联席会议主席，每年召开一次泛珠区域科技合作联席会议，通过专责小组推进科技合作各种专项工作。

2005 年 6 月，在澳门举行了由澳门特别行政区科技委员会主办、中国科学技术交流中心及泛珠三角澳门以外的其他“9 +1”省（区）科技厅协办的“泛珠三角中医药论坛暨展览”。这是泛珠三角区域合作中首个较高层次的科技合作活动，对促进泛珠三角在中医药技术创新及产业化领域开展务实交流合作具有重要意义。

2005 年 6 月，广东省党政代表团赴琼、滇、黔三省交流考察。广东省科技厅与这三个省的科技厅签订了科技双边合作框架协议，协议基本内容为：签约双方本着“优势互补、注重实效、互利互惠、合作发展”的原则，加强区域科技发展的合作研究；加强两地高新技术产业与高新区的合作与交流；创造条件组织若干研究领域的联合科技攻关；加强智力合作、交流和培训；搭建合作共享平台，实现科技资源共享；发挥科技中介机构的作用，为参与双边科技合作牵线搭桥；建立合作工作机制。

2005 年 9 月，第四次泛珠三角区域科技合作联席会议在香港召开。会议通过了由“9 +2”共同编制《泛珠三角区域科技创新合作“十一五”专项规划》，并就该规划的实施落实进行了详细的探讨、分工。该规划中明确，“十一五”期间，泛珠三角区域科技创新合作将围绕共同创建有利于区域科技合作的环境与机制、实现科技资源互相开放和共享、实现科技人才合作培养与交流、共同培育有区域特色的产业集群和共同研发具有国际竞争力的科技成果等 5 大基本任务，通过科技资源共享行动、合作组建科技组群（联盟）行动、联合创新科技行动和科技人才培养行动这 4 大科技行动中的 20 个重大专项，整合泛珠三角区域的科技资源，实现合作共同的总目标。8 项配合该规划所进行的专题研究也结题并编印成书，公开发行。

2014年，泛珠三角区域合作行政首长联席会议在广州召开。会议由2014年行政首长联席会议执行主席、香港特别行政区行政长官梁振英主持。云南省副省长高树勋在会上就加强泛珠区域合作提出五点建议[①]：一是共同引导产业有序转移，带动欠发达地区新兴城镇化和脱贫致富，推动发达地区经济发展水平跃升；二是在城镇规划建设方面开展交流合作，拓展范围、加强交流、强化协作，加快区域内经济一体化进程；三是共同打造省际交通大动脉，改善提升区域交通运输通达条件，推动形成无障碍立体交通运输网络和现代物流体系；四是加快推进泛珠区域市场一体化建设，促进商品正常流通、要素自由流动，提高内陆通关效率，共同开拓国际市场；五是努力形成东向太平洋、西向印度洋的双向开放格局，把握“一带一路”战略的新契机，强化“两头辐射、边海联动、海陆共济、东西互补”发展方向。会上，泛珠各方共同签署了联席会议纪要和《泛珠三角区域深化合作共同宣言（2015年—2025年)》。

2016年，《国务院关于深化泛珠三角区域合作的指导意见》中提出要促进泛珠三角区域创新驱动发展。

（1）构建区域协同创新体系。加强深港创新圈等区域科技创新合作，加快构建以企业为主体、市场为导向、产学研相结合的区域协同创新体系。充分发挥国家自主创新示范区、国家高新区的辐射带动作用，依靠创新驱动传统产业转型升级和培育发展战略性新兴产业。优化科技资源配置，新建一批产业技术创新平台和企业技术中心。制定区域科技创新基础平台共享规则，率先相互开放国家级和省级重点实验室、中试基地等试验平台。加强区域内国家国际科技合作基地的横向交流和联系。深化产学研合作，共建协同创新平台，联合开展重大科技攻关，共同实施科技创新工程。组建产业技术创新战略联盟，联合开展产业重大共性科技攻关，推动科技成果转化和产业化。

（2）优化区域创新环境。鼓励和支持社会资本设立泛珠三角区域创业投资基金，激发区域创新创业活力。大力发展众创空间，支持广州国际创新城等一批大型创新创业平台建设，着力推进泛珠三角区域大众创业、

① 参见《国务院关于深化泛珠三角区域合作的指导意见》，载《中华人民共和国国务院公报》2016年3月30日。

万众创新。推动建立跨省区知识产权保护联盟，支持中新广州知识城开展国家知识产权运用和保护综合改革试点。发挥知识产权服务业集聚区的辐射作用，促进知识产权服务与区域产业融合发展。加强区域内知识产权司法协作。建立统一的科技人才资源库，完善科技人才市场体系，推动科技人才交流与共享。

二、泛珠三角科技合作的主要做法和成效

科技合作是泛珠三角区域合作的重要领域之一。泛珠三角各省区有着各自的比较优势，在合作中存在较强的互补性，通过有效整合，能够形成一股强大的创新源，从而提升区域科技创新能力。为推动泛珠三角区域科技合作，确保合作的高效、有序进行，规范泛珠三角区域科技合作联席会议的议事和工作流程，泛珠三角区域科技合作联席会议制度在 2004 年正式制定并公布[①]。自这一制度建立以来，泛珠三角区域内各省区积极联手，推动泛珠三角科技合作取得了一系列重要成果。

（一）建立灵活务实的组织和工作机制，为区域科技合作不断深化提供保障

（1）建立泛珠三角区域科技合作联席会议制度。联席会议是泛珠三角科技合作的最高议事和决策机构，按轮值主席和常设机构相结合，临时协调机构和固定联络机构相结合的原则进行组织。一般每年组织召开一次，由主办会议的所在省担任轮值主席，联席会议下设联席会议办公室，各方联络员为联席会议办公室成员。联席会议下设若干专责小组，主要职责是推进联席会议决定事项。专责小组属临时机构，项目结束自然解散。2004 年以来，泛珠三角区域共举办了十五次科技合作联席会议，参加会议的人员既包括科技管理部门代表，也有高新技术企业科研院校等单位负责人，对科技合作涉及的一些重大问题进行研讨。

（2）建立泛珠三角区域中心城市科技咨询合作工作机制。成立泛珠三角区域中心城市科技咨询委员会，由省会及副省级城市科协主要领导及香港、澳门有关人员组成。该委员会围绕促进和推动区域科技咨询工作的

---

① 参见李菁、石福华《科技合作联席会议机制在泛珠三角区域初见成效》，载《科技创新导报》2014 年第 13 期，第 16 页。

合作与发展，加速科技成果转化，为科技创新和产业发展提供服务等方面开展工作，有效发挥了各地科协及科技工作者在区域科技合作中的作用。

(3) 建立与国家部委工作联系机制。积极争取相关国家部委的支持和指导，每次的科技合作联席会议，均邀请到科技部司局级以上领导出席并讲话，也积极争取其他国家部委在多方面给予支持。例如，2012 年 4 月，由国家知识产权局支持，在广州设立了我国第一个国家级区域专利信息服务中心，主要服务于泛珠三角区域内 9 省（区）的各级政府机构企事业单位及社会公众。

（二）制定具有前瞻性的总体规划，为区域科技合作不断深化指明方向

以“框架协议”为基础，签订了多个科技专项规划，强化了区域科技合作的顶层设计，明确了科技合作的目标定位：强化协同发展创新模式，构建能够突破行政范围约束的技术创新资源网络，建立泛珠三角区域技术创新合作体制机制，研讨交流和解决合作项目与重大专项，促进科技成果在区域内及时转化，实现区域间创新要素的自由流动，构建开放融合、布局合理、支撑有力的泛珠三角区域技术创新体系。围绕这一目标，重点推进科技资源共享行动、合作组建科技组群联盟行动、联合创新科技行动、科技人才培养行动等四大行动计划，并确定了合作共建网上技术市场和技术产权交易中心，联合建立区域技术标准检测公用中心，共同开展区域特色资源的开发和利用研究等 20 个重大专项。①

（三）推动科技资源开放和共享，实现科技资源效用最大化

(1) 共享技术创新平台。泛珠三角区域积极推动相互开放国家级和省级重点实验室、工程技术研究中心、中试基地、大型公共仪器设备、技术标准检测评价机构。实施了“泛珠三角区域大型科学仪器协作共用网建设”，取得明显成效。广东、广西、福建、海南四省已签订《泛珠四省（区）大型科学仪器共享管理办法》，建立了区域大型科学仪器协作共享平台资源数据库，开发了区域共享平台资源应用服务信息系统，为区域科

① 参见张海涛、谭东升、王颖、叶林《借鉴泛珠三角科技合作经验　加快中四角区域技术创新体系建设》，载《政策》2014 年第 11 期，第 42 ～ 45 页。

技创新提供良好的基础平台。

（2）共建网上技术市场和技术产权交易中心。泛珠三角9省（区）的产权交易机构，以“自愿参加、市场主导、公平开放、互利共赢”为原则，在搭建统一的信息网络和服务平台、建立统一的信息披露标准交易统计标准、加强联系人机制和项目推介等方面开展合作，着力打造集资本技术信息流动于一身的区域一体化产权交易服务平台。

（3）推动人才资源共享。在广东、广西、云南三省（区）内率先建立专家资源共享机制。推进科技人才共同培养，泛珠三角区域各省（区）互派中青年专家和科技管理人员到各方所属区域的相关部门学习培训挂职锻炼，联合开展国家科技合作考察、交流与人才培养合作。实施人才培训培养计划，广东、香港等地以各种形式优惠为区域内其他省区培养科技、经济、管理与创业人才①。

（四）扎实推进技术创新和产业合作，实现优势互补、互利共赢

（1）开展重大项目联合攻关。从2004年开始，广东省科技厅和香港创新科技署共同开展关键领域项目联合攻关工作，并将这一工作机制扩展到泛珠三角其他省区。联合攻关主要围绕区域内高新技术产业、支柱产业、潜力产业等重点领域，以共性技术实用技术科技攻关为切入点，鼓励和支持区域内高校科研院所企业联合承担国家重大科技项目，并围绕泛珠三角的特色资源和共性技术开展联合攻关。

（2）共建区域性技术创新和产业发展联盟。围绕泛珠三角区域内特色优势产业，以国家重点高校科研院所为核心，联合共建区域性产学研技术创新联盟，建立区域产业协作和战略联盟，制定高新技术产业发展规划，实行优势互补的高新技术产业链发展战略，形成区域内各具特色分工协作的发展格局。围绕区域内的重点优势产业，组织引导区域内大企业实行强强联手，促成跨省区的企业战略联盟。②

---

① 参见张海涛、谭东升、王颖、叶林《借鉴泛珠三角科技合作经验　加快中四角区域技术创新体系建设》，载《政策》2014年第11期。

② 参见张海涛、谭东升、王颖、叶林《借鉴泛珠三角科技合作经验　加快中四角区域技术创新体系建设》，载《政策》2014年第11期。

（五）创新科技合作模式，推动建立区域创新网络

目前，泛珠三角科技要素流动和组合的创新网络已露出端倪。在微观操作层面形成三种合作模式。一是泛珠三角经济圈内高校（科研机构）间科技合作。这种合作模式一般是以基础研究为主的合作。泛珠三角经济圈内成员既有科技实力强的东部省份如广东、福建，也有科技实力弱的西部省份如贵州、广西等。泛珠三角经济圈内高校经自由接触、商洽，结成科研合作联合体。二是泛珠三角经济圈内高校（科研机构）与企业间科技合作。三是泛珠三角经济圈内企业与企业间科技合作。企业间科技合作关系可以分为优势互补和优势加强两种类型。

第三节　对外科技合作

一、广东对外科技合作的情况

改革开放以来，广东发挥自身优势，以多种形式积极开展对外科技合作，不断整合利用国内外创新资源，以科技合作促进广东的科技进步和产业发展，并在诸多方面取得了较为显著的成绩。

（一）探索发展期：1978—1991年

1978年11月3日，经广东省委批准，广东省科委正式设置“外事办公室”，对外同时挂“中国广州对外科技交流中心”和“广东省对外技术合作办公室”两块牌子。1980年初，中国科学院广州分院、广东省科学院将办公室外事科升格为外事处。

1979年，中山大学代表团访问美国，这是中美建交后我国第一个出访美国的教育代表团。同年，该校第一批公派出国的访问学者前往加拿大大不列颠哥伦比亚大学和阿尔伯特大学从事合作研究。此后，中山大学先后与美、加、日、澳、英、德等国家和港澳台地区100多所（个）著名大学、学术机构和团体建立学术交流关系。1979—1994年，全校共派出600多位教师出国进修（1年以上）。仅1994年，由中山大学主办、承办的国际学术会议就达10次。

1980年8月，第五届全国人大常委会第15次会议决定，批准国务院提出的决定在广东省的深圳、珠海、汕头和福建省厦门建立经济特区。自此，经济特区政策以国家法律的形式得以确认。经济特区的设立为广东开展对外科技交流与合作提供了绝好的发展机会。

1997年3月，广东国际科技合作协会正式成立。从此，广东省官方和民间的科技外事管理机构逐步健全，国际科技合作与交流日益活跃，不断取得新的成绩。

这一时期广东对外科技合作是在政府主导下，利用广东的地理位置优势，与华人、华侨、港澳同胞等开展广泛的国际经济技术合作和交流，以推动广东经济社会的发展。通过发挥华人、华侨、港澳同胞等作用，广东对外科技合作与交流取得了重要成效。

（1）引进了大量外商投资。数据显示，从1979年到1991年，广东合同利用外资298.61亿美元，实际利用外资总额149.35亿美元，其中华人、华侨、港澳同胞的资金占80%以上①，部分华人、华侨、港澳同胞投资的企业已成为广东当地的支柱产业。

（2）引进了国外项目和先进技术。利用华人、华侨、港澳同胞的资金和渠道，广东积极引进国外项目和先进技术设备，走出了一条特殊的科技进步道路，促进了广东旅游、能源、交通、农业、服务业等产业发展。一批利用外资、侨资、港资项目的建设，填补了广东在某些方面的技术空白，缓解了当地能源交通紧张状况，如沙角电厂B厂建成、广深高速公路建设、番禺南沙轮渡码头的开通、广州珠江电厂的兴建等。

（3）开拓了国际市场。利用与许多华人、华侨、港澳同胞联系密切的优势，广东各级政府和外经贸部门，经常在香港和境外举办商品展销会和贸易洽谈会，扩大了产品宣传，拓展了海外市场。如广州五羊自行车工业公司在国内自行车市场竞争激烈、产品积压的情况下，在美籍华人的帮助下，在美国举办展销会，建立组装基地，利用华人、华侨当五羊自行车的代理商，使五羊自行车开拓了新的国际市场，1991年五羊自行车出口

---

① 参见利丹《论1978—1991年华人华侨港澳同胞在广东改革开放中的作用》，载《珠江经济》2008年第12期，第90页。

达9.7万辆①。

（4）引进了大量技术人才。通过与华人、华侨、港澳同胞中的科技人才进行科技合作和交流，引进了发展经济过程中亟须的先进技术和人才，推动了广东技术进步和经济发展。据不完全统计，1991年在珠江三角洲地区长期工作的香港技术熟练人员有5万多人，占香港制造业工人的7%。② 佛山市通过各种渠道邀请18个国家和地区的2000多名专家、学者到佛山从事讲学、技术指导服务和产品开发工作，取得了良好的经济和社会效益。

（5）促进侨乡经济的迅速发展。据不完全统计，1991年，广东有归侨、侨眷、港属集资、独资兴办的各类企业4万多个，投资总额10亿元以上，引进各种生产设备15000多台（套），从业人员50多万。侨属企业的兴建既繁荣了侨乡经济，同时也改善了侨眷、港属的生活状况。

（二）快速发展期：1992—2005年

1992年，中国改革开放总设计师邓小平同志到南方视察，发表了具有重大现实主义和深远历史意义的著名讲话，拉开了中国改革开放的序幕，也为广东开展对外科技合作提供了重要的发展机遇。

1996年，广东省对外科技交流中心在广州和其他国家和地区主办、承办的展览会、技术交流会和洽谈会共60多场次，交流展览项目超过5万项，参加会议和参展的公司6000多家，听会人员、参观人员超过20万人次。③

1997年6月，“97广州中国计算机世界展览会”在广交会举办。这次展览会是华南地区最大规模的国际计算机专业展。参展的国内外厂商120家，展览面积8000平方米。4天的展览，共接待了参观者6万人，其中网络馆2万人。

1998年3月，广东省科委组织广州、深圳、珠海、佛山等市和顺德

① 参见利丹《论1978—1991年华人华侨港澳同胞在广东改革开放中的作用》，载《珠江经济》2008年第12期，第90页。

② 参见利丹《论1978—1991年华人华侨港澳同胞在广东改革开放中的作用》，载《珠江经济》2008年第12期，第90页。

③ 周永章等《创新之路——广东科技发展30年》，广东人民出版社2008年版，第376～328页。

区共72个单位（其中企业37家、研究院所14家、大专院校6家、管理机构15家），360余人参加了在澳门举办的欧洲“尤里卡计划”亚洲大型洽谈会。广东省15家单位与“尤里卡”成员国的24个单位开展合作项目洽谈，有27个项目进入实质性阶段洽谈，签约2项，达成意向13项。

1999年，先后举办展览会21场，共有国内外参展企业、科研院所、大专院校近3200多家参加，参展项目11万项，参观人数达30多万人次。组织科技研讨会、技术交流会约100场次，有专业人员15000人次参加科技专业研讨会和交流会。组织专业技术考察团5个。建立了一个按20多个专业分类、80多万个科研单位、大专院校、企业公司和厂商的名录资料数据库，在国际互联网上建立广东科技展览网站，有来自世界各地的上网访问咨询客户近6万人次。①

2000年，广东省对外科技交流中心举办各类国际科技展览会11场，共有国内外参展企业、科研院所、大专院校近300多家参加，参观人数达30多万人次。组织科技研讨会、技术交流会约100场次，组织专业技术考察团4个。②

2003年，经广东省科技厅批准和申报举办的国际科技类型展览会近40场。广东省对外科技交流中心举办各类国际科技展览20多场，中外参展企业3000多家，参观人数达30万人次以上。

2005年，广东省科技厅组织和报批的科技出访团组有49批次、177人次。有针对性地到亚洲、欧洲、非洲、北美、南美等有关国家和地区开展科技交流、项目洽谈、合作磋商、学习考察等活动。2005年度，经省科技厅审批、报批的国际科技会议和展览会共42个，报科技部批准的9个。在国际层次上，广东省分别与加拿大国家研究委员会工业援助计划署、联邦德国弗劳恩霍夫应用研究促进协会、意大利农业研究院等签订了科技合作协议和谅解备忘录，建立了长期稳定的合作交流关系，确定了在新能源、电子信息技术、物流技术、环境保护、软件开发、农产品加工等

---

① 参见周永章等《创新之路——广东科技发展30年》，广东人民出版社2008年版，第328～376页。

② 参见周永章等《创新之路——广东科技发展30年》，广东人民出版社2008年版，第328～376页。

领域开展实质性的项目合作。[①]

1992 年至 2005 年间，广东对外科技合作与交流发展较快，成效显著。

（1）对外科技合作的范围不断扩大。广东在这一时期，积极开展对外科技合作，与全球许多国家和地区建立了广泛的科技合作关系，合作伙伴遍布五大洲近 70 多个国家和地区，包括东南亚、美国、日本、澳洲、欧盟各国，及联合国机构等国际组织。

（2）与港、澳、台地区的科技合作更加密切。广东利用毗邻港、澳、台优势，与它们开展多方面的科技合作与交流。据统计，在广东对外合作项目中约有 50% 以上是属港澳台地区的，其中台湾约占一成。

（3）对外科技合作项目逐渐向高技术化发展。广东在开展对外科技合作中，开始寻求高水平合作项目，加快推动广东科技创新能力的提升。如澳大利亚 Monash 大学和华南理工大学共同合作的“太阳能制冷”项目，是澳大利亚 8 个重点国际合作项目之一，它不仅是对现代制冷新能源的开拓，而且是对发展中国家落后地区的一大帮助。

（4）对外科技合作促进了产业调整升级。广东对外科技合作主要立足于经济发展，坚持“以我为主，为我所用”的原则。通过合作引进了资金、设备、人才、技术与资源，改善了广东科研与生产条件，增强了企业研究与开发能力，有效推动了广东产业结构的调整与升级。

（5）对外科技合作成为广东吸纳外资与技术的主要渠道。广东对外科技合作开始从简单的“三资企业”和设备引进逐步转变为引进国外先进技术，促进广东高新技术产品出口；从劳动密集型为主的低层次产业技术合作转变为以生产性为主的资金、技术密集型的工业项目合作。

（三）全面发展期：2006 年至今

2006 年以来，广东省根据经济社会的发展需要，及时调整对外科技合作发展战略，先后制定出台了有利于促进对外科技合作的相关政策文件，如《广东省中长期科学和技术发展规划纲要（2006—2020 年）》《珠江三角洲地区改革发展规划纲要（2008—2020 年）》《广东省国际科技合

---

① 参见李兴华主编《自主创新之路——广东“十五”科技发展回眸》，广东人民出版社 2008 年版，第 598 页。

作基地管理办法》（2009 试行）等，对加强广东省“引进消化吸收再创新”工作，有效利用国内外科技和智力资源，加快提升自主创新能力，积极促进和扩大国际科技合作与交流的广度和深度具有重要推动作用，引领广东对外科技合作与交流进入一个新的发展阶段。

2011 年 12 月，省府办公厅印发《广东省科学和技术发展“十二五”规划的通知》，提出积极举办高水平的国际学术会议，持续开展国际科技交流活动，主动参与国际科技合作专项计划，形成分享世界最新研究成果、联合提升自主创新能力的国际科技合作交流机制与平台。以广东国际科技合作创新院为平台，积极完善并实践“哑铃型”国际科技合作新模式。重点开展对乌克兰等独联体国家的科技交流与合作，引进先进技术成果、创新人才及团队，积极探索有利于双边或多边科技交流与合作的长效机制。拓宽国际科技合作渠道，加强与美国、欧盟、日本、韩国等发达国家和地区的科技交流与合作。大力支持对东盟、拉美、非洲等发展中国家和地区的科技输出与合作，贯彻实施“走出去”发展战略。

2015 年，省政府出台《广东省人民政府办公厅关于深化高校科研体制机制改革的实施意见》，提出扩大和深化高校科研开放合作。鼓励和支持高校以项目研究、人才派出和引进、平台基地建设为载体，深度参与国际科研交流与合作，有效集聚国际创新资源。支持高校充分利用各类创新资源推进国际合作，积极参与或牵头组织国际和区域性重大科学计划和科学工程；完善访问学者制度，允许在不涉密的高校创新平台和重大科研项目中引进国（境）外优秀科研人员担任首席科学家；吸引国际知名科研机构来粤与高校联合组建国际科技研发中心，引导外资研发中心在粤开展高附加值原创性研发活动。支持高校积极参与国家重大科技基础设施建设，选派骨干教师和优秀学生进入国家重大科技基础设施协同开展面向国际前沿的科研探索和技术攻关。

2017 年，省政府出台《广东省进一步扩大对外开放积极利用外资若干政策措施》，提出支持外资研发机构（含企业内设研发机构，下同）参与我省研发公共服务平台建设和政府科技计划项目，并享受相关配套资金扶持。2017—2022 年，对认定为省级新型研发机构的外资研发机构，省财政最高资助 1000 万元；对认定为博士后工作站、两院院士工作站的外资研发机构，省财政最高资助 100 万元；对外资研发机构通过评审的省级企业技术中心创新平台建设项目，省财政最高资助 200 万元。世界 500 强企业、全球行业龙头企业在广东新设具有独立法人资格的外资研发机构，可按照“一项一议”方式给予重点支持。加强政府采购支持创新产品试点工作，扩大适用产品的范围，对纳入省创新产品清单的外商投资企业产品，实行政府采购鼓励措施。鼓励外资药品上市许可持有人在广东生产结算国家大品种一类新药，为其进入省医疗保险药品目录开辟绿色通道，并与药品价格谈判和集中采购工作相衔接。经认定的外资研发中心，其进口科技开发用品免征进口环节关税、增值税、消费税，采购国产设备全额退还增值税。外商投资企业提供技术转让、技术开发及与之相关的技术咨询、技术服务，符合条件的可按规定免征增值税。在全省推广实施技术先进型服务企业所得税优惠政策。外资研发中心进口研发设备、试剂、样品，可选择提前报检、预约报关和实物放行通关模式。允许外资研发中心保税进口二手研发专用关键设备（入境期限不超过 1 年）。建立高价值专利、首台（套）重大技术装备保险补偿机制。

二、广东对外科技合作的主要做法和成效

近年来，广东省高度重视对外科技合作和交流，紧紧抓住国家“一带一路”发展倡议及广东建设国际科技产业创新中心的机遇，积极开展全方位、多层次、广视角的国际科技合作工作，探索出一条以政府为引导，以企业为主体，以示范基地为载体，以粤港关键领域重点突破项目为抓手，市场化运作的国际科技合作模式，成效显著。

（一）拓展“朋友圈”，创新对外科技合作“加速度”

经过多年的发展，广东对外科技合作的“朋友圈”不断扩大，截至 2017 年 12 月，广东省科学技术厅已与 19 个国家和地区的 30 多个合作机构签署了合作备忘录或合作协议，其中与英国、加拿大、澳大利亚、以色列等 22 个发达国家、创新型国家的合作机构设立重点合作研发资助计划，开展多种形式科技创新合作。

以深圳、广州、东莞为代表的珠三角地区科技职能部门积极创新机制，参照科技部和省科技厅的做法，设立国际科技合作专项支持本地机构开展联合研发项目（广州、深圳、东莞、惠州）、积极与发达国家签署科技合作协议建立合作关系（广州、深圳、东莞、珠海、中山、惠州等），部省市联动引进国外技术转移机构、举办高水平国际科技交流活动，全面

拓展了科技交流合作的国别和领域，营造了良好的国际科技合作环境：如广州近5年累计支持295项国际科技合作项目，投入财政资金3.37亿元，引导社会总投入达5.4亿元；深圳实施与以色列的科技项目联系资助计划，目前已实施5轮，与以方联合资助了12个项目，深圳资助金额达1760万元，与科技部联合共建国家技术转移南方中心，引进英国Isis等国外知名技术转移机构45家；中国（东莞）国际科技合作周至今已连续举办14届，与30多个国家和地区建立合作关系，促进各类科技和人才项目合作超过2000项，累计吸引观众超过60万人次，已成为服务全省乃至全国的国际科技交流合作平台。①

（二）搭建平台，持续建设国际科技合作基地

作为人才—项目—基地相结合的国际合作模式，从科技部到广东省级科技部门，都将培育国际科技合作基地作为重要工作，引导国际科技合作基地成为利用全球科技资源、扩大科技对外影响力等工作的骨干和中坚力量，对我省国际合作发展产生引领和示范作用。目前我省已建成90家国际科技合作基地，其中30家为科技部获批的国家级基地。如部省院市共建的国合基地中国—乌克兰巴顿焊接研究院作为乌克兰巴顿焊接研究所在中国开展焊接和相关工艺技术研发的中心，自2012年启动建设以来，已建成现代焊接装备与工艺、先进表面技术、先进焊接材料、激光与高能束技术、人体组织焊接技术等5个具有国际一流水平的核心技术平台，引进了以乌克兰国家科学院院士领衔的高端海外人才团队，并在核电、船舶、航空、机械、海洋工程、生物医疗等行业50多家企业开展了技术推广，为国家航空涂层材料技术和我省焊接产业技术的发展提供了有力支撑。深圳的中科院深圳先进技术研究院、华大基因等利用国家级国际科技合作基地的合作平台，积极参与中微子实验国际合作项目、国际基因组计划、国际植物组学研究等大科技计划，充分发挥了平台优势开展高水平的科技交流合作。

广州和东莞，还设有专项资金培育建设本地国际科技合作基地。如广州市近年来试点培训了13个国际科技孵化基地，三年培育期新增孵化基地面积45.8万平方米，引进外籍创新人才超过273人，引进或研发、转

---

① 参见广东省科技厅调研报告《交流合作处调研报告》，2017年12月。

化先进科技成果129项，创造产值超过28亿元，在发挥自身的资源优势、吸引国内外高端人才、探索国际科技孵化，促进了国际科技成果转化和战略性新兴产业培育做出了有益的探索和推动。①

（三）引才助资，打造人才高地

在省级层面，通过开展“珠江人才计划—广东省引进创新创业团队”项目，大力引进海外高层次人才前来广东创业。目前该计划已成功引进6批、共计101个海外团队。

广州、深圳、珠海、东莞等地市出台了引进人才专项计划；惠州、中山、江门等地市发布相关政策文件通过支持企业在国内外设立研发中心、分支机构、孵化载体，搭建多种形式合作交流平台，吸引人才资源；汕头、深圳、广州等地市大力引进国内外优质科教资源，高等教育跨越式发展，加大创新人才培养力度。

（四）纵深推进，跻身全球顶尖创新梯队

目前，广东对外科技合作正在向更深、更广方向发展，对外科技合作成为广东省实施创新驱动发展战略，加快进入全球顶尖创新梯队的重要推力。

（1）产业从低端到中高端，科技合作质量不断攀升。因应广东产业转型升级的加快和新旧动能转换的需求，广东对外科技合作正在不断往全球顶尖创新梯队延伸，产业合作领域也正在从劳动密集型向资金、技术密集型的价值链高端迈进。此次中以科技创新投资大会上签署的科技投资基金、加速器和航空合作等都属于此类。

（2）从引进消化吸收到协同创新、共同攻克科技难题。一些观察人士表示，以往一些企业在对外科技合作中只是想着照搬照抄外国的先进技术。现在，更多企业转变思路，对外国技术进行适合本土的“二次创新”，并共享庞大市场。广东中以水处理环境科技创新园有限公司董事长潘华耿说，目前公司正在和以色列公司合作，共同开发适合中国环境、气候、标准、法律的水处理方案，避免这些技术在中国“水土不服”。

（3）从被动应对到主动出击，深度整合全球创新链。过去一些企业

---

① 参见广东省科技厅调研报告《交流合作处调研报告》，2017年12月。

担忧外国企业入华抢占市场，而现在更多企业已经不惧竞争，甚至主动在全球范围内寻找新的创新点，进行开拓性创新。如美的对德国、以色列等企业的海外并购，代表了广东企业深化对外科技合作的最新趋势。

（五）创新合作模式，对外科技合作模式创新发展

随着广东对外科技合作的规模与范围领域不断扩大，合作模式也不断创新。从一开始的出国考察模式、会展交流模式发展到20世纪90年代共同成立高技术发展研究中心模式、校际人才引进模式，今天通过我省科技工作者的不断实践与探索，又创新出许多实用的合作模式，如“哑铃式”国际科技合作模式、联合—自主合作模式、项目合作模式等。据调查显示，我省开展对外科技合作的模式主要是项目合作，占比为73.1%，其他模式如联合建设实验室、工程中心、研发中心等也在不断发展，合计占22.6%（见图17－1）。

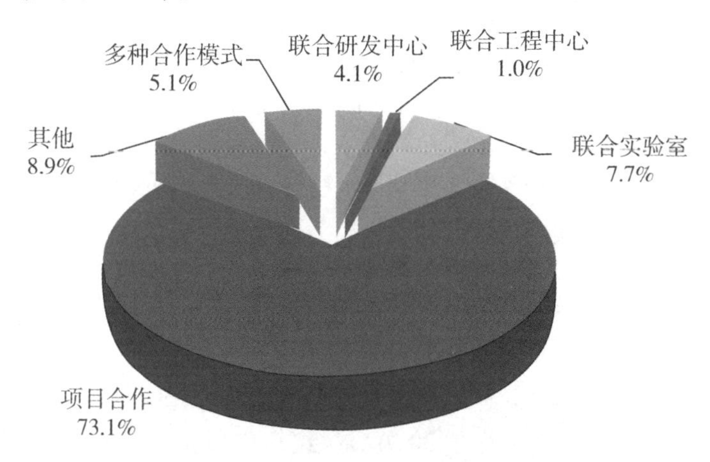

图17－1　对外科技合作模式比例示意

“哑铃型”国际科技合作模式是白云化工、白云电气等对俄合作单位在实践中探索出来的一种技术引进及产业化模式。其实质是，在国外，通过与独联体国家的科研院所建立技术引进网络和科技情报网络，取其所长；在国内，通过企业与科研院所之间合作或企业之间合作，建立技术消化、吸收、再创新的产业化支撑网络，取我所需。在这种合作模式下，通过政府协调，白云化工和白云电气等单位共享合作资源，带动省内企业和

科研院所参与到对俄合作中。例如，白云化工与省农科院合作引进了乌克兰的“农业作物生长促进剂”技术；与广东核电公司合作引进了乌克兰的“核清洗机械装备技术”，有利于促进乌克兰第三代核电设施清洁技术的本土化应用。此外，白云化工通过牵线搭桥，使广州无线电集团、省有色院与乌克兰科学院建立了良好的合作关系。正是由于“哑铃型”国际科技合作模式具有持续吸纳新成员机制，越来越多的企业、科研院所将参与到对俄合作网络，使我省“哑铃型”科技合作体系不断向纵深拓展。

广州无线电集团在与白俄罗斯合作项目“综合指挥自动化系统联合研制”的实施中，通过联合研制项目为载体，引进先进的技术，培养我国专业技术人才，建立成果转化应用基地，从而实现了技术引进的系统创新，形成了对外科技合作的联合—自主合作模式。该模式（项目）先以外方为主，我方进行学习和技术消化，联合研制自动化指挥系统初样系统，再以我方为主进行技术再创新，外方进行技术指导，最终我方自主研制出陪试系统。通过该项目的实施，实现了技术的“获取”“消化吸收”“再创新”三个创新过程，并通过实物进行了验证，从“联合研制”到“自主研制”，分步实施，实现了技术引进、消化吸收和再创新的技术应用模式创新。

项目合作模式是广东省近年来发展较快的一种对外科技合作形式。这主要得益于广东各级政府部门的大力引导和推动，为省内企业、高校、科研院所等参与国际科技项目合作搭建了重要平台，并取得了积极的发展成果。统计数据显示，2013年，广东共组织并推荐申报科技部国际科技合作项目76项，有12项获科技部批准立项，共获得支持专项经费3977万元，其中，自主项目10项，支持专项经费2747万元，国合专项（对R部分）2项，支持专项经费1230万元；组织申报省级对外科技合作项目225项，其中，147项获得立项支持，支持经费5080万元。[①]

① 参见广东省科技厅与专题研究报告《广东“十三五”对外科技合作研究》，2014年12月。

第十八章　强化知识产权保护应用、大力推动科普工作

习近平总书记指出，科技创新和科学普及是实现创新发展的两翼，同时还强调，广东要着眼国家战略需求，培育更多具有自主知识产权和核心竞争力的创新型企业。自从国家建立知识产权和科普工作基本制度以来，广东一直重视这两方面工作。知识产权工作呈现起步早、活跃度高、普及范围广等特点，多项知识产权指标数据多年保持全国第一；同时，科普工作也已进入规范化、法制化、形式多样化的发展阶段。

第一节　推进知识产权改革历史进程

1978 年，邓小平同志在十一届三中全会上明确表示：在我国应建立包括专利制度在内的知识产权制度。1984 年 3 月 12 日，《中华人民共和国专利法》在第六届全国人民代表大会常务委员会第四次会议上通过。1985 年 4 月 1 日，也是我国专利法实施的第一天，国家专利局就收到来自国内外的专利申请 3455 件，被世界知识产权组织誉为创造了专利历史的新纪录。改革开放前十年，商标法、专利法、著作权法等知识产权相关法律法规先后颁布、实施，知识产权制度在我国逐步形成。

作为全国改革开放的先行地，广东较早拥有大批高度重视知识产权的创新型企业，知识产权工作也得到了省委、省政府的高度重视。自 1985 年以来，广东省的知识产权从注重保护阶段，到注重发展阶段，当前，建设引领型知识产权强省已经成为全省层面的发展战略。从 1985 年到 2017 年，广东的专利申请数从 286 件增加到 2017 年的 62.78 万件。截至 2017

年年底，全省有效发明专利20.85万件，连续8年居全国首位。

一、机构改革

1985年3月，广东省专利管理局成立，广东省的专利工作开始依法管理。

1998年，广东专利信息研究发展中心成立（现为广东省专利信息中心），成为我省第一个专业提供专利信息的服务机构。目前我省已形成以省专利信息中心平台为依托，由省、市（区域）、重点行业（企事业单位）构成的三级专利信息服务体系。

2000年的机构改革中，广东省专利局升格为广东省知识产权局，成为主管全省专利工作并协调知识产权事宜的省人民政府直属机构。同时，地级以上市知识产权局相继成立。一个“省—市”多级知识产权工作管理体系开始形成。

二、高层次战略合作

2008年12月，国家知识产权局与广东省人民政府在广州市签署《关于建立知识产权高层次战略合作关系的协定书》，正式建立知识产权合作会商制度。双方于2009年、2013年和2016年展开3轮知识产权高层次战略合作。

2018年1月10日下午，粤澳合作联席会议在广州召开，中共中央政治局委员、广东省委书记李希和省长马兴瑞、澳门特别行政区行政长官崔世安等出席了会议。会议上，广东省知识产权局马宪民局长与澳门特别行政区政府经济局戴建业局长共同签署了《粤澳保护知识产权合作协议（2017年—2018年）》，协议确定粤澳双方将在“深化粤澳知识产权合作机制、加强粤澳知识产权跨境保护合作”等十七个领域开展深入合作，共同推动两地在知识产权领域建立更紧密的合作关系，增强两地自主创新能力、经济实力和国际竞争力，推动粤澳知识产权合作全面发展。

三、政策法规

1982—1996年，在我省探索确立知识产权保护法律体系逐步建立的初期，我省与国内其他兄弟省市一道，就如何贯彻实施在计划经济时代从未遇过的知识产权制度，进行了积极的探索。以宣传和普及知识产权法律

基本知识的目的，出台了一系列的规章和规范性文件，如广东省专利局的《关于加强我省专利工作的报告》，广东省科委的《关于加强广东省科技系统专利工作的通知》，省经委、省科委、省专利局的《关于加强我省企业专利工作的几点建议》等。

1996 年起，广东知识产权工作在立法层面有了较大进步。1996 年颁布实施的《广东省专利保护条例》，在立法内容及立法技巧上都有较大突破，增强了专利行政执法力度，被誉为“专利法规建设的里程碑”。

1998 年 12 月 31 日，广东省第九届人民代表大会常务委员会第七次会议通过了《广东省技术秘密保护条例》。1999 年 9 月 24 日，广东省九届人大常委会第十二次会议通过了《广东省查处生产销售假冒伪劣商品违法行为条例》，这些法规规章成为我省知识产权法制建设时期制定的重要文件。

2007 年 11 月，省政府颁布实施《广东省知识产权战略纲要（2007—2020)》，为构建创新型广东，建设经济强省、文化大省、法治社会、和谐广东，实现全省人民富裕安康，提供了重要纲领性文件。

2010 年 12 月，《广东省专利条例》正式实施，条例进一步完善了广东省知识产权保护体系。

2012 年，中共广东省委、广东省人民政府《关于加快建设知识产权强省的决定》，贯彻响应国家知识产权强国的号召。

2014 年 7 月，省政府审议通过《广东省专利奖励办法》，优化我省专利创造环境，加大财政支持力度做好广东省专利奖励工作。

2016 年 6 月，《广东省建设引领型知识产权强省试点省实施方案》出台，首次提出发挥知识产权对创新发展的支撑和引领作用，加快创建引领型知识产权强省的战略任务。

2016 年 12 月出台的《广东省知识产权事业发展“十三五”规划》中，广东明确提出，到 2020 年要建设成为具有世界影响力的知识产权创造中心和知识产权保护高地，基本建成制度完善、创造领先、转化高效、环境优良的引领型知识产权强省。

第二节　实施引领型知识产权强省战略

一、激励创造：知识产权量质齐升

（一）数量提升

1988年我省专利申请量突破1000件，1997年突破1万件，2004年突破5万件，2007年突破10万件，2015年突破35万件，2016年突破50万件；在专利授权方面，1991年我省专利授权量突破1万件，2007年突破5万件，2012年突破15万件，2016年突破25万件，居全国榜首。

1985—1998年，我省年度发明专利申请量从来没有超过1000件，2015年首次超过10万件，2016年首次超过15万件；1999年我省发明专利授权量首次超过100件，2004年首次达到1000件，2016年量达到3.86万件。

2017年年底，全省每万人口发明专利拥有量为18.96件，比去年同期增加3.64件。2017年，我省PCT国际专利申请量呈现爆发性增长态势，达到26830件，同比增长13.8%，占全国总量的52.6%，连续16年领跑全国。（见表18-1）

表18-1　近三年我省专利申请、授权情况　　（单位：万件）

年　度	2014年	2015年	2016年	2017年
三种专利申请量	27.84	35.59	50.57	62.78
其中：发明专利申请量	7.51	10.39	15.56	18.26
PCT专利申请量	1.33	1.52	2.36	2.68
三种专利申请授权量	18.00	24.12	25.90	33.26
其中：发明专利申请授权量	2.23	3.35	3.86	4.57

数据来源：根据广东省知识产权局相关数据整理。

（二）质量提升

2016年度，我省有效发明专利量达168480件，同比增长21.32%，连续7年保持全国第一。全省每万人口发明专利拥有量为15.53件，比上一年同期增加2.58件。2016年，我省PCT国际专利申请量呈现爆发性增长态势，达到23574件，同比增长55.2%，占全国总量56%，连续15年领跑全国。

截至2017年年底，我国国内（不含港澳台）发明专利拥有量共计135.6万件，每万人口发明专利拥有量达到9.8件。我国每万人口发明专利拥有量排名前十位的省（市）依次为：北京、上海、江苏、浙江、广东、天津、陕西、福建、安徽和辽宁。①

2017年8月31日，在广州举行的“2017广东知识产权交易博览会”上，公布了2017年中国企业专利创新百强榜。广东企业在百强中，占据了22席。特别是前十位，由北京和广东企业各占五席。

2017年9月23日，2017年（首届）粤港澳大湾区知识产权高峰论坛在深圳湾科技生态园召开。近200名来自商界、金融界、知识产权界、科技创新界的专家学者以及多个行业的优秀企业代表参加了会议。论坛围绕“科技创新”“粤港澳大湾区”“知识产权投融资”等多个热点，共同探讨知识产权如何为企业创新发展保驾护航。

二、依法保护：法制环境不断完善

1985—2007年，我省司法部门和行政部门共受理专利纠纷案件8384件，其中法院受理4818件、专利行政机关共受理3566件。2011—2015年，各级知识产权局共受理各类专利案件8701件，结案8114件。2016年，各级知识产权局共受理各类专利案件4038件，其中侵权纠纷案件立案2734件，假冒专利案件立案1230件。

（一）实现多渠道监管

自1999年起，知识产权局连续进驻广交会开展知识产权保护工作。

2016年，国家知识产权局与广东省人民政府共同打造知识产权保护

① 参见国家知识产权局2017年的主要工作统计数据。

“广东高地”。广东省在全国首创知识产权保护责任管理方式，建立目标分解和责任倒查机制。此外，建立知识产权保护重点企业直通车制度和知识产权保护快速反应机制，目前已列入省知识产权重点保护企业89家，市知识产权重点保护企业376家。同时，广东还建立了“政府指导监管+平台自律保护”互联网知识产权保护措施和长效机制，处理电商领域各种专利纠纷600余件。广东与国家知识产权局专利复审委员会签署建立战略合作关系协议，开通了专利复审和无效宣告远程审理系统，建成全国首家具备复审无效案件远程审理能力的巡回审理庭，并审理了无效宣告案件远程审理全国第一案。在开展专利复审和无效宣告案件受理试点后，全年共受理复审请求569件、无效请求47件。

2017年4月24日，广东省高级人民法院发布《广东法院知识产权司法保护状况（2016年）白皮书》。白皮书显示，2016年广东法院受理知识产权案件超4万件，再创历史新高。广东法院开展知识产权市场价值研究、破解侵权损害赔偿难问题，助力服务和保障广东实施创新驱动发展战略。

（二）建立快速维权体系

中山市在2011年设立了国内首个知识产权快速维权中心。2016年，在国家知识产权局的支持下，广东获批新建阳江五金刀剪、汕头玩具、潮州餐具炊具3个知识产权快速维权中心，在粤国家单一产业快速维权中心总数达到7家，形成集专利申请、维权援助、调解执法等于一体的一站式综合服务平台。广东各快速维权中心全年快速授权专利5000多件，快速维权500多宗。除此之外，国家知识产权局还授权在国家知识产权局专利局广州代办处开展为期一年的灯饰、家具、家电等5个领域外观设计专利申请前置服务试点。

（三）启动“三审合一”审判机制改革

“三审合一”是知识产权民事、刑事、行政案件统一集中审理的审判机制，其做法是将涉及知识产权的民事、刑事和行政案件全部集中到知识产权审判庭统一审理。知识产权“三审合一”审判机制的关键字在“合”，将三类案件放在一起审理，不是简单的相加，而是要产生“1+1+1>3”的聚合效应。

2012年9月6日，广州市两级法院全面启动知识产权“三审合一”改革试点暨广州市天河区法院“知识产权审判基层示范法院”授牌仪式在广州市中级人民法院举行，此举代表了广东“三审合一”审判机制改革的起点。

（四）设立知识产权法院

知识产权法院对推动科技创新意义重大。《中共中央关于全面深化改革若干重大问题的决定》中提出深化科技体制改革，其中一项为：加强知识产权运用和保护，健全技术创新激励机制，探索建立知识产权法院。

2014年8月31日，十二届全国人大常委会第十次会议表决通过了全国人大常委会关于在广州设立知识产权法院的决定。自2014年11月3日起，《最高人民法院关于北京、上海、广州知识产权法院案件管辖的规定》正式施行，广东成为全国三个设立知识产权法院的先行实验区之一。

2014年11月19日，国内首个按照中央司法改革精神设立的广州知识产权法院遴选委员会成立，并启动了首批主审法官的公开遴选工作。2014年12月16日上午，广州知识产权法院正式挂牌成立，并在短短几天后便开始受理案件，审理除深圳之外全省的相关案件。此后，广州知识产权法院还先后在中山市古镇、汕头市澄海区设立了诉讼服务处，通过视频技术开展立案咨询、案件查询、调解、庭审、答疑、接访等远程便民服务。

2017年，广州知识产权法院办结案件7000多件，法官人均办结案件260件，同比增长了36.84%。

三、科学管理：体制机制不断健全

（一）知识产权试点示范建设

2016年，在国家知识产权局的统一部署下，广东积极建设知识产权强市群。广州、深圳积极探索开展知识产权区域布局试点，创建知识产权枢纽城市和中心城市，惠州市入围国家知识产权示范城市，截至2017年6月，广东在建国家知识产权示范城市6个，国家知识产权试点城市13个，国家知识产权强县工程试点、示范县（区）18个，国家级高新区12个，获授国家级知识产权试点园区6个，国家级知识产权示范园区5个。

（二）知识产权贯标工作

广东大力推进知识产权强企建设，全面推行《企业知识产权管理规范》国家标准（下称“贯标”）。至 2016 年年底，广东共有 303 家企业通过贯标认证，开展贯标辅导、培训的企业分别达到 1000 多家和 5000 多家。此外，广东启动省级知识产权强企培育工作，截至 2016 年年底，广东国家级知识产权优势和示范企业共 152 家，省级知识产权优势和示范企业累计共有 618 家及 180 家。

广东省知识产权局大力推动贯标工作，推动设立贯标认证分公司[2017 年 5 月 9 日，广东首个知识产权贯标认证机构揭牌，中知（北京）认证有限公司广东分公司在广州举行揭牌仪式]，广泛开展贯标培训，创新贯标模式。有服务机构尝试推出“园区集中采购服务，在孵企业集体贯标”的服务模式，由服务机构配合园区运营管理机构，组织发动园区内企业集体参与贯标，并以贯标为抓手，通过云平台专利管理、专利大数据检索等功能提升企业高价值专利的创造、保护、运用、管理水平。截至 2017 年 6 月，累计开展贯标辅导和参加贯标培训的企业分别超过 1500 家和 6000 家，通过贯标认证的企业达 569 家。

四、转化运用：转化效率不断提高

近年来，广东省积极推动专利转化和运用，通过质押融资、专利保险、专利交易平台建设、专利联盟建设和专利实施计划等措施，让专利真正落地，服务我省创新驱动发展。

1997—1998 年，省政府拨款设立和实施“广东省专利技术实施基金”，用于专利技术实施的引导资金，这是我省也是我国第一次在专利管理系统利用财政支持设立的专利实施专项。

2003 年，省知识产权局设立和实施了“广东省专利技术实施计划”，每年扶持一批专利技术项目实施。

（一）发展知识产权金融

广东大力发展知识产权金融工作，积极推进知识产权质押融资及投融资。2016 年，全省全年专利权质押登记 196 件，涉及专利 1013 件，专利质押融资金额 48. 49 亿元；在专利保险工作方面，到 2016 年年底，全省

累计648家企业投保专利3785件，保费316.45万元，提供风险保险金额1.18亿元。

（二）组建知识产权联盟

在提升专利运用水平上，广东省依托专利导航成果，成立东莞市工业机器人产业专利联盟、深圳医疗器械行业专利联盟等一批知识产权联盟。截至2017年6月底，在广东省知识产权局备案的产业知识产权联盟达25家。

2017年以来，广东立项扶持43个省内重大及高价值专利转化项目。截至2017年6月，累计投入4935万元，支持全省611个重大及高价值专利实施项目。

五、支撑服务：手段策略不断改进

（一）搭建信息服务平台

自2014年8月起，广东省开展“专利信息服务地市行”，这是广东省知识产权局为贯彻实施《广东创建知识产权服务业发展示范省规划（2013—2020年）》，促进专利信息服务公共化及商用化融合发展，提高本省地方政府、企事业单位及社会公众专利信息利用的能力，实现专利信息服务地方创新发展，组织广东省知识产权研究与发展中心及部分专利信息专业服务机构，在珠三角及部分地区及粤东西北地区举办的专项活动。

2015年12月8日，广东省新一代通信产业专利分析及预警报告会，在广州市广东大厦成功举行，报告会上正式开通了“新一代通信专利数据库”。

2017年1月19日，广东省发布智能制造装备产业专利分析及预警报告并开通产业专利数据库。

2017年4月9日，广东省知识产权布局设计中心正式成立，将立足于指导企业知识产权布局，提高企业知识产权保护，解决企业面临的海外知识产权问题。

广东省知识产权局不断加强知识产权服务业集聚中心建设工作，积极培育知识产权优质服务机构，全省知识产权服务业集聚试验区遍地开花，其中深圳市福田区以优秀等级通过国家验收，顺利进入示范服务区行列。

全省9家知识产权服务机构通过了国家知识产权服务品牌机构评鉴，10家列入国家知识产权服务品牌机构培育试点。

（二）启动专利导航

广东省大力支持产业创新，开展重点产业专利导航，探索根据专利链布局创新链新模式。我省围绕珠三角重点产业转型升级和珠江西岸先进装备制造产业带建设，在工业机器人、海洋工程装备、高端制造产业、生物医学工程、轨道交通装备、智能化成形和加工成套设备等9个重点产业技术领域组织导航项目。

2011年以来，广东省知识产权局、广东省财政厅启动实施“广东省战略性新兴产业专利信息资源开发利用计划”，围绕广东省重点培育发展的新能源汽车、LED、生物医药等39个战略性新兴产业领域，组织省内外专业服务力量深度开发利用专利信息，开展专利导航及分析预警工作。

广东省知识产权研究与发展中心搭建了广东省战略新兴产业专利信息资源发布系统。该系统利用权威的全球最新专利信息源、数据库以及信息技术软硬件设施，采集、存储和定期更新该产业全球专利信息（包括中国、世界发达国家、国际知识产权组织、中等发达国家和各主要发展中国家的专利信息），组织产业技术及知识产权领域专家和专业人员队伍对信息进行梳理、标引、再分类、文摘重写、重点专利翻译等深度整理和开发，建设权威而全面、专业而实用、方便用户并操作快捷的广东省重点产业专利信息专题数据库及其网络系统，为核电技术、风能、智能装备制造、云计算、移动互联网、生物医学工程等重点产业发展提供专利信息支撑及服务。

第三节　铸强科普之翼，助力广东创新发展

科技创新和科学普及是实现创新发展的一体两翼。提高科技自主创新能力有赖于全体公民科学素质的提高，而科学普及是提高全民科学素质的重要渠道。当今世界科技发展日新月异，科学技术已广泛深刻地渗透到社会的各个领域，提高公民科学素质已成为世界各国提升综合国力的战略共识。

改革开放40年，随着中国发展进入新时代，广东发展也进入新阶段。广东要当创新发展排头兵，就必须加快从要素驱动发展为主向创新驱动发展转变，增强自主创新能力，提高国际竞争力。创新驱动实质上是人才驱动，需要靠具备较高科学素质和创新能力的人才支撑。因此，站在新的历史发展时期，重新审视广东科普工作的地位和作用，进一步加强科学普及是顺应科技发展趋势、厚培创新发展土壤、谋求国际竞争优势的战略举措，对广东全面推进创新型省份建设，打造国家科技产业创新中心具有关键的基础性作用。

一、广东科普政策的演变历程

广东历来重视科普工作，特别是改革开放以来，在全国率先出台了一系列加强科普工作的重大政策举措。本节以国家和广东重要科普政策的出台执行和重大科普事件的发生为依据，依照各阶段科普工作内容的不同特点，把改革开放以来广东的科普政策演变历程划分为三个阶段。

（一）广东科普事业的恢复与探索阶段

1978年3月18日，党中央召开了具有深远历史意义的全国科学大会。在邓小平同志的倡导和推动下，全国上下迅速形成了尊重知识、尊重人才的氛围。1978年11月，广东科普组织主体——广东省科学技术协会全面恢复工作，沉寂了十年的科普工作开始恢复，进入了探索、发展的新阶段。

1980年7月，广东省科学技术协会第二次全省代表大会（以下简称“省科协二大”）在广州举行。会议传达了中国科协第二次全国代表大会精神，制定了《中国科协章程广东省实施细则》和《中国科协学会组织通则广东省实施条例》。省科协二大后，全省科普工作迎来了快速发展的春天。当年，全省80个市县恢复和建立了科协组织。

1986年9月，广东省委明确提出：市一级科协包括有条件的县科协要独立建制，各级党委要为它们创造独立工作的条件，并给予一定的编制；1987年，广东率先出台科普经费政策，按市、县人口总数每人0.03～0.05元钱的标准安排科普专项经费。至1987年年底，全省14个市科协有专职人员228人，115个县科协有专职人员380人，全省建立乡镇科普协会1900多个，全省厂矿科协已发展到46个，一张完善的群众性科普网络雏形初现。

1992 年，广东省委、省政府决定在每年 6 月份组织开展全民参与的“科技进步活动月”活动，旨在通过“活动月”开展丰富多彩的科技活动，弘扬科学精神，传播科学思想，普及科学知识，使广大民众的素质得到全面的提高。

1994 年 12 月，中共中央、国务院颁布有史以来第一个全面论述科普工作的官方文件——《关于加强科学技术普及工作的若干意见》，提出从科学知识、科学方法和科学思想的教育普及三个方面推进科普工作。1995 年 5 月又作出了《关于加速科学技术进步的决定》，鼓励大力发展科普工作。在前后不到半年的时间内，两个重要文件接连提出科学技术普及和提高全民族科技文化素质的问题，为广东在这一时期做好科技创新、科学普及工作指明了方向。

这一阶段，党的一系列方针、政策保证了中国政治、经济、文化的平稳发展，为科普工作的恢复与发展奠定了基础。新的科普宗旨的提出，科普组织的恢复，基于经济增长意识科普观的形成，有力促进了广东科普工作的发展。这一阶段，“科学技术是第一生产力”这一科技思想的宣传普及成为广东科普界的重点工作，同时开始关注现代科技最新成果和科学思想的普及，开始得到关注。

（二）广东科普事业的规范化与法制化阶段

1996 年，广东建立科普工作联席会议制度，明确了科普工作的联席会议的性质、职责和工作制度；为了更好地指导地方科普工作的开展，广州、深圳、珠海、肇庆、河源、云浮等市相继成立了地方科普工作联席会议或科普工作领导小组。

1997 年，广东省委、省政府颁布了《关于加强科学技术普及工作的通知》，并制定了《广东省科学技术普及工作“九五”计划及 2010 年远景规划》，明确科普工作是党委和政府的一项重要工作，各级政府应加强对全省科普工作的领导和协调管理；加大科普经费的投入，并决定建立省级科普专项基金 2000 万元，科普专项经费标准提高到年人均 0. 03 ～ 0. 05 元钱；加强科普队伍和科普场馆的建设，逐步建立和完善科普工作网络。

1998 年，广东省委、省政府做出了实施科教兴粤战略的重要决策，把发展科技、教育，提高全民科学文化素质放在经济和社会发展的突出位

置。同年，广东开始着手修订《广东省科学技术普及条例》，由省科委、省科协等单位联合组成科普条例起草小组。

2000 年，省人大常委会批准颁布《广州市科学技术普及条例》，得到了全国人大和国家科技部的充分肯定。

2002 年，《中华人民共和国科学技术普及法》正式颁布，广东省科技厅根据该法精神对《广东科学技术普及条例》进行第二次修改，并于次年年初上报省政府法制办。

2003 年，广东省制定了《广东省科普工作联席会议制度》和《广东省科普工作联席会议成员单位工作职责》，明确各成员单位的职责分工，加强各有关部门的组织协调，形成全社会推进科普工作的合力。

在实施科教兴粤战略和可持续发展战略的大背景下，随着国家和广东省一系列科普政策法规的出台，广东省科普工作组织管理体系形成了高规格、多层次的组织结构，科普工作逐渐走向规范化、制度化、法治化、常态化的轨道。

（三）广东科普事业的创新发展阶段

2004 年，广东省委、省政府召开科技、教育、人才工作会议，出台《关于加快建设科技强省的决定》，将发展科普事业作为加快建设科技强省的重要目标之一。同年，省财政、税务、科技等有关部门出台了《广东省科普基地优惠办法》，从政策上引导和支持社会力量兴办科普事业。

2006 年，为贯彻落实《全民科学素质行动计划纲要（2006—2010—2020 年）》，广东成立省科学素质工作领导小组，并制定了《广东省实施〈全民科学素质行动计划纲要〉工作方案》。

2008 年 5 月，省科协、省教育厅、省科技厅联合召开全省青少年科技教育工作会议，三方联合出台了《关于进一步加强青少年科技教育工作的意见》，提出实施“五个一”工程；同年，省科协、省财厅联合下发《关于组织实施广东省“科普惠农兴村计划”的通知》，制定出台了《广东省“科普惠农兴村计划”实施办法》，充分发挥科普在发展农村经济、改善农民生活、提高农民科学素质、建设社会主义新农村的作用。

2011 年，广东出台《广东省全面科学素质行动计划纲要实施方案（2011—2015）年》，对“十二五”期间广东省全民科学素质工作的阶段目标、重点任务和保障措施等进行安排，并提出到 2015 年，我省公民具备基本科学素质的比例超过5%。

2014年，广东省委、省政府出台《关于全面深化科技体制改革 加快创新驱动发展的决定》，提出要深入实施全民科学素质行动计划，全面提高公民科学素质和创新意识。

2016年，广东出台《广东省全民科学素质行动计划纲要实施方案（2016—2020年）》，提出到2020年，科技教育、传播与普及长足发展，建成适应创新型广东建设需求的公民科学素质组织实施、基础设施、条件保障等体系，公民科学素质建设的公共服务能力显著增强，公民具备科学素质的比例达到10.5%以上。

党的十八大以来，党中央、国务院前所未有地重视科普工作。党的十八大和十八届三中全会都对科普工作作了新的要求，党的十八大报告中第一次提出“普及科学知识，弘扬科学精神，提高全民科学素养”。习近平总书记多次强调，要坚持把抓科普工作放在与抓科技创新同等重要的位置，支持科协、科研、教育等机构广泛开展科普宣传和教育活动，不断提高我国公民科学素质。在党的十八大和习总书记的重要指示精神的指引下，广东科普战线进一步统一思想、牢记使命，推动科普工作深化改革、加快发展。

党的十九大后，中国特色社会主义进入新时代，科普工作也进入了深入推进全民科学素质纲要实施，以新理念新举措奋力开创全省科普工作的新局面。广东科普事业迎来了历史上最好的时期。

创新发展阶段，广东的科普工作主要以实施《全民科学素质行动计划纲要》为主线，聚焦中央和省重大发展战略布局，聚焦民生热点需求，全方位创新科普理念和服务模式，完善大联合大协作的社会化科普工作机制，形成了“政府引导、社会参与、多元投入”的科普工作新生态。

二、广东省科普事业发展总体概况

改革开放以来，在科学春风的吹拂下，广东科普事业蓬勃发展。特别是党的十八大以来，广东的科普工作取得了长足的进步，科普工作不断深入，科普人员队伍持续壮大，科普经费投入不断增加，科普基础设施建设成果显著，科普传播媒介形式多样，科普活动深入人心、影响广泛，科普能力和公共服务水平均有较大提升，公民科学素质显著提高。

（一）形成覆盖全省城乡的科普组织网络，科普工作队伍日益壮大

改革开放以来，广东社会各界，包括科技界、大专院校、媒体出版业、城市社区、企业等等，都积极投身科普工作之中，科普组织和科普人员遍及各行各业。截至2016年年底，广东共有省、市、县级科协机构142个，科协直属机构43个；企业科协880个、高校科协13个、街道科协（社区科协）507个、乡镇科协993个、农技协1360个，拥有个人会员32.5万人；建有省、市、县三级自然科学类专业学术团体2416个，拥有会员58.2万人。此外，各部门、各高等院校、科研院所都建有相应的科技推广机构，基本形成了覆盖全省城乡、企业、社区的科普组织网络。①

截至2016年年底，广东省科普人员数量为7.69万人。其中，科普专职人员0.90万人，占比11.7%；科普兼职人员6.79万人，占比88.3%。相对科普专职人员，科普兼职人员队伍更大、发展更快，从数量上看，科普兼职人员数是专职人员的7.6倍，成为科普工作中一支重要的生力军。② 与此同时，我省还建立了由科技专家、科技人员、高校教师、离退休老科技工作者、大学生和普通市民组成的科普志愿者队伍，成员约25万人。

（二）形成群众性、社会性的科普工作格局，公众科技意识明显增强

（1）科普工作机制不断完善。科普工作联席会议制度是加强对科普工作的组织协调，推进全省科普工作持续发展的重要组织形式。1996年，广东省建立了科普工作联席会议制度；2003年，广东省科普工作联席会议下发了《广东省科普工作联席会议制度》《广东省科普工作联席会议成员单位工作职责》，进一步加强对联席会议的领导；2004年，广东省21个地级以上市以及部分县区建立了科普工作联席会议或科普工作领导小组等科普工作协调制度；2006年2月，国务院颁布《全民科学素质行动计划

---

① 参见广东省科学技术协会《2017广东科协年鉴》，2017年12月。

② 参见国家统计局社会科技和文化产业统计司、科技部创新发展司《中国科技统计年鉴·2017》，中国统计出版社2017年版。

纲要（2006—2010—2020 年）》，为加强公众科学素质工作，省政府成立“全民科学素质工作领导小组”。全省科普工作形成了“政府推动，全民参与，提升素质，促进和谐”的局面，科普工作社会化程度不断提高。

（2）主题科普活动广泛开展，深入人心。近年来，我省先后在肇庆市、河源市、惠州市、清远市、韶关市、揭阳市、汕尾市、江门市、佛山市、花都区等地举办全省主场科普活动，坚持推动全国科普日活动、全省科技进步月和全省文化科技卫生“三下乡”活动三大主题科普活动持续开展。全省统一行动，精心筹备，每年组织开展的重点活动项目超过1000 项，参加的群众超过 1000 万人次，是广大群众参与最多、持续时间最长、社会影响最大的群众性科普活动。据统计，2016 年，全省共举办各类科普专题活动 5000 多场次，参与群众超过 3000 万人次；举办科普展览 4951 次，参观人数 1587 万多人次；举办科普宣讲（讲座）36346 场次，受众人数超过 670 万人次。各类科普活动覆盖村 9360 个，覆盖社区8426 个，科普进村、进社区、进校园、进企业蔚然成风，科学技术是第一生产力的思想深入人心，公众的科技意识明显增强。[①]

（三）形成以政府投入为主、社会多渠道投资为补充的科普投入模式

一是科普经费投入力度持续加大。广东省财政每年拨出专款支持科普事业发展。目前，我省科普经费投入主要还是以政府投入为主，占比达到80%～90%。2002 年，广东省政府、广州市政府和中国科学院分别拨出 1亿元支持华南植物园科普基地建设。同年年底，省长办公会议批准投入19 亿元，兴建广东科学中心。2004 年起，省科技厅每年拨出经费投入科普工作，支持综合性科普场馆和青少年科技教育基地建设。2016 年，广东年度科普经费筹集总额达 9.4 亿元，较 2010 年增长 31.7%；其中，各级政府财政拨款 8.1 亿元，占科普经费筹集额的 86.2%。全省人均科普经费为 8.5 元，较 2010 年的 6.8 元增长 25%。[②]

---

① 参见广东省科学技术协会《2016 广东科协统计年鉴》，2017 年 6 月；《中国科普统计（2017 年版）》，科学技术文献出版社 2017 年版。

② 参见国家统计局社会科技和文化产业统计司《中国科技统计年鉴・2017》，中国统计出版社 2017 年版。

二是社会投资建设科普设施及支持科普事业发展的局面正在广东省逐步形成。近年来，广东部分市、县积极引进外资投入科普场馆、科普基地、科普景区等设施建设。如广州航天奇观、珠海农科中心、潮州神奇果园、广东枫溪陶瓷研究所等企事业单位投资建成各种具有科普功能的大型场所，投入的资金超过25亿元；广州市番禺区香江野生动物世界是目前国内最大的由民营企业投资建设的国家级野生动物园，该基地每年投入100万元用于改造科普场馆、制作动物科普知识说明牌、举办各类科普活动；深圳仙湖植物园、中山丰本农业科技园、韶关丹霞山风景区等也积极投入资金，完善具有科普功能的设施，开辟科普景区和科普宣传专栏。

（四）建立面向重点人群的科学教育和技能培训工作体系，公民科学素质大幅度提升

近年来，我省各地、各部门加强联合，整合资源，积极开展面向重点人群的科学普及活动，初步建立起科学教育和技能培训工作体系，为重点人群提升自身科学素质创造了较好的条件。

（1）青少年科学素质行动成效显著。广泛组织开展全省性青少年科技竞赛、中学生英才计划、青少年科学调查体验、全国青少年高校科学营广东营等科学教育实践活动，推动青少年科技创新活动在全省实现全覆盖。目前，我省已成功举办青少年科技创新大赛32届、青少年机器人竞赛17届，总成绩长期保持全国领先。2017年，全省举办科普（技）竞赛2423次，参与青少年科技创新活动的学生近600万人次，广东青少年学生多次在全国性、国际性科技竞赛中荣获大奖。全省各地坚持公益性、低成本、广普及原则，广泛举办校园文化科技节、青少年科技创新能力挑战、虚拟机器人竞赛、青少年模拟飞行大赛等活动，推动了全省各市尤其是欠发达地区青少年科技创新活动均衡发展。

（2）农村科普服务形式新颖、内容丰富。深入实施全国“基层科普行动计划”和省“科普惠农兴村计划”，成果丰硕。近年来，我省共表彰奖励农村专业技术协会167个，农村科普示范基地167个，科普带头人229人，发放中央、省级奖补资金6990万元；推广新品种3490个、新技术2630项；开展实用技术培训16060次，培训农民160多万人次，带动10多万农户发展生产、脱贫致富。各地、各部门积极探索农村科普服务新形式。比如，2017年，团省委针对农村青年创新创业群体，大力培养

“领头雁”农村致富带头人，为全省4540名“领头雁”提供综合类和技术类培训；省农业厅培育新型职业农民1.5万人，青年农场主1000人，组织8000多名新型职业农民到高等院校培训；省农科院组织科技专家服务团在全省开展新品种、新技术示范推广和技术培训等工作。各级人力资源、科技、林业、妇联等涉农部门面向农村劳动力深入开展专业技术培训，培育科技示范户，加强农村食品安全生产、卫生保健等方面的科普宣传教育，实现科普服务常在乡。①

（3）机关、学校、社会、家庭相结合的公众科学教育体系进一步完善。积极开展学习型机关、学习型企业、学习型社区建设，推动科学素质宣传教育内容列入各级党校、行政学院教学计划，举办公务员业务培训、科普报告会、科普讲座和“广东科普大讲堂”巡讲活动，提高领导干部和公务员科学素质；积极开展专业技术培训工作，包括开展基层干部实用技术培训、职工技能培训、新型农民创业培训、农村劳动力转移培训、退役士兵职业技能培训、乡镇企业蓝色证书培训，形成了劳动就业、创业、岗位培训工作体系，广大劳动者的科学素质和运用科技脱贫致富、发展生产和自主创业的能力明显提高；创新开展各种丰富多彩的科普惠民活动，广泛举办科普一日游、社区科普大讲堂、公益义诊、知识竞赛、居民读书会等科普服务，组织开展“家庭医生在线”和“好医生健康广东行”公益活动，将科普服务送入千家万户。

据“2015广东省公民科学素质调查”显示：广东省公民科学素质水平稳步提升，2015年广东省具备科学素质的公民比例达到了6.91%，较2010年的3.29%提高了近110%，位居全国第六。

（五）建立了一批面向公众开放的科学教育阵地和科普基础设施，科普服务能力不断增强

（1）科普基础设施建设持续加强。截至2016年年底，全省建有各级科技馆42个、展厅面积16.8万平方米、当年参观人数达443.4万人次，较2010年分别增长44.8%、15%和47.5%；科学技术类博物馆44

① 参见何真《以习近平新时代中国特色社会主义思想为指导　努力开创全省科普工作新局面——在2017年度全省科普工作座谈会上的讲话》，2018年1月9日，广东省科学技术协会（http://gdsta.cn）。

个、展厅面积12.4万平方米、当年参观人数达657.5万人次，较2010年分别增长41.9%、138.5%和215.3%。我省是较早利用社会资源创建科普教育基地的省份，现有青少年科技馆站25个；[①] 国家级青少年科技教育基地9个，省级135个；国家级科普教育基地49个，省级166个；非场馆类科普基地2435个，科普画廊8320座，社区科普活动室3961个，农村科普（技）活动室9589个。[②]

（2）科普传播媒介日趋多样。近年来，广东科普图书、科技期刊、科普（技）音像制品等科普等传统科普出版物种数实现了翻倍增长，反映出近年来广东科普创作能力的长足发展。2016年，广东共出版科普图书377种145万册；发型科技类报纸13种1072.3万份；出版科普类期刊75种4050.5万册；制作科普（技）节目31套，总播放时间达13129小时；出版科普（技）音像制品282种，发行光盘67668张；发放科普读物和资料4508.8万张。随着互联网和多媒体技术的发展，互联网已成为大多数公民获取科普信息的首选途径。[③] 2016年，广东共有科普网站178个，浏览人数超过2000万人次。2017年，省科协在腾讯大粤网开设广东科普频道，建立省科普信息服务平台；开通运营“广东科普”微信公众号，开通2个月访问量即超500万次，影响力和知名度进一步扩大，成为广东省科普信息化的一张靓丽名片。

三、广东科普工作的主要举措

科学普及是提高全民科学素质，建设创新型省份的基础性工程。改革开放以来，广东科普工作坚持解放思想、改革创新，取得了长足发展。特别是党的十八大以来，广东深入学习贯彻习近平总书记关于科普工作的系列重要讲话精神，贯彻落实广东省委、省政府的决策部署，以《全民科学素质行动计划纲要》实施为主线，以公众需求为导向，服务创新驱动发展，加强科普资源开发与集成，加强科普基础设施、科普人才队伍和科

---

① 参见国家统计局社会科技和文化产业统计司《中国科技统计年鉴·2017》，中国统计出版社2017年版。

② 参见中华人民共和国科学技术部《中国科普统计（2017年）》，科学技术文献出版社2017年版。

③ 参见中华人民共和国科学技术部《中国科普统计（2017年）》，科学技术文献出版社2017年版。

普社会动员机制建设，加快推进科普信息化，打造传统科普创新与科普信息化“双引擎”，全面提升科普公共服务水平，为建设创新型广东、实现“三个定位、两个率先”目标厚植公民科学素质基础。

（一）建立完善科普工作长效机制，为科普事业发展提供制度保障

（1）健全科普工作联席会议制度。通过科普工作联席会议制度，不断提高各级领导科普工作意识，促进党委和政府部门制定相关工作计划、措施，组织开展本系统科普活动，共同促进全社会科普事业的发展。建立健全各级政府的科普工作领导机构，明确政府、企业、事业单位、社会团体的科普职责与任务，统筹协调解决科普工作的问题。目前，广东省和21个地级以上市、部分县区建立了科普工作联席会议或科普工作领导小组等科普工作协调制度。

（2）建立完善科普动员机制。充分发挥省有关职能部门的作用，加强协调，整合资源，联合实施全民科学素质工作重点行动、重大基础工程建设、科普信息资源开发共享服务等重要任务，协同推进全省科普建设和全民科学素质工作。积极推动各地、各部门落实科学素质工作任务，制定实施工作方案，将科学素质目标任务纳入地方发展规划或部门专项规划中。建立科普工作状况和公民科学素质建设工作监测指标体系，强化对全省科普工作和科学素质纲要实施工作的督查评估。

（3）推进科协系统深化改革。坚持大联合大协作，加强科协与科技、教育、农业、宣传、文化、新闻出版等相关部门的协同合作，加强科协系统内的联合协作，广泛动员科研院所、学校、企业、社会组织等各方面，形成开源、开放、协调的全社会科普大格局。2017年4月，广东出台《广东省科协系统深化改革实施方案》，从改革联系服务科技工作者的体制机制、改革学会治理结构和治理方式、创新面向社会提供公共服务产品的机制、加强对科技工作者的政治引领等四个方面提出改革措施。这是新形势下广东深化科协系统改革的顶层设计，对于在新时期做好科普工作具有重要的指导意义。

（4）加强科普政策法规建设。推进《广东科学技术普及条例》的立法进程，出台和完善有利于科普公益事业和产业发展的财政、税收、金融等政策措施，鼓励企业、民间团体、个人等社会力量投入到科普事业，形

成政府主导、部门分工负责、社会参与的科普长效运行机制。如2004年，广东省科技厅联合省财政厅等7家单位印发了《广东省科普税收优惠政策实施细则》，成为广东首个专门为鼓励和促进科普事业发展而制定的税收优惠政策实施细则。

（二）发挥品牌带动效应，开展特色主题科普活动

（1）发挥科普活动的品牌效应，促进公众参与科普活动。紧紧围绕“节约能源资源、保护生态环境、保障安全健康、促进创新创造”的主题，广泛开展全省文化科技卫生“三下乡”活动暨“千会服务千村”行动、“全国防灾减灾日、科技活动周和全省科技进步活动月”系列活动、“全国科普日”活动等三大主题科普活动。其中，广东2017年全国科普日系列活动，全省共开展社会公共科普便民服务重大项目270多项，参与人数超过300万人次，得到央视网、中央人民广播电台网站、广东广播电视台、南方网等多家国内主流媒体的深度报道。

（2）围绕各类科普人群，积极开展各具特色的群众性活动。除了开展大型品牌科普活动之外，广东省还以特色科普展览、互动和论坛等多种形式为补充，广泛开展青少年科学营、科学家进校园、“中国流动科技馆”巡展、“科普一日游”等一系列面向基层工作的科普活动，在全社会营造“爱科学、学科学、用科学”的良好氛围。例如，针对食品安全、节能减排、防灾减灾、安全生产、健康保障、垃圾分类、登革热防治等民生热点，广泛组织开展科普服务进农村、进企业、进校园、进社区活动；大力举办广东科普大讲堂、小谷围科学讲坛、全省科普剧会演、中小学校科普节、科普影视进校园、流动科技馆和科普大篷车巡展等具有地方特色的公众参与体验科学活动；鼓励各级科普教育基地、有关高等院校和科研院所、企事业单位向社会公众开放科普资源，组织开展“科普一日游”和“科普自由行”等便民科普活动，参与群众超1000万人次。

（三）均衡推进重点人群科学素质行动[①]

（1）实施青少年科学素质行动，提升青少年科技教育和创新活动水

---

① 参见广东省人民政府办公厅《广东省人民政府办公厅关于印发广东省全民科学素质行动计划纲要实施方案（2016—2020年）》，2016年6月24日。

平。推进“广东省科学教育特色学校”的创建和示范工作，推动中小学校强化科学特色教育；以校内科技教育为基础，完善科学课程体系，鼓励普通高中探索开展科学创新与技术实践的跨学科探究活动，加强科学、技术、工程、数学领域后备人才培养的教改实验，培养青少年的科学兴趣、创新精神和实践探究能力；广泛开展各类校外青少年科技活动，以开展青少年科技创新大赛、机器人竞赛、中小学生电脑制作活动、挑战杯（全国大学生系列科技学术竞赛）、高校科学营、科学调查体验和中学生英才计划等品牌特色活动为载体，大力开展学校科技节、科技周、科普日等活动，搭建青少年科技教育成果展示交流平台；充分利用科技场馆、科研院所和高校实验室、博物馆、企业、社区活动场所和科普教育基地等资源，广泛开展青少年科技学习和实践活动，探索科技教育校内外的有效衔接模式；积极动员和组织科技专家、教育工作者和科普志愿者广泛开展科普报告进校园、科技馆进校园和科学家与学生面对面交流等各类青少年科普活动，营造全社会参与青少年科技教育的良好氛围。

（2）实施乡村振兴科普行动，提升农民科学素质水平。实施“广东省科普惠农兴村计划”、基层农技推广体系改革与建设示范项目，建立和完善广东省农村科普讲师团、科普惠农服务站、农家书屋等服务平台，大力培育扶持发展农村专业技术协会、农村科普示范基地和科普带头人，推进农村基层科普组织队伍和科普能力建设；开展“千会服务千村”行动，采取“一会一村”“一会多村”“多会一村”的方式，大力培育和发展农村专业技术服务组织，动员和组织科协所属专业学会为农村经济和农业发展提供人才、智力和技术支持。据不完全统计，全省共有4000多个省、市、县三级学会在15000多条自然村开展科技帮扶结对工作，参加的科技专家达10多万人次，发展农村专业技术协会2800多个，建立科普示范基地5600个，开创了一条科普引领、专业学会支持、公司基地示范、农民受益的农村科普新路子；组织科技培训，培养新一代农村乡土人才。[①] 以实施《农民科学素质行动》为抓手，大力开展各种农业科技教育培训和农村党员干部实用技术培训，着力培养具有科学文化素质、掌握现代农业科技、具备一定经营管理能力的新型职业农民和农村实用人才。据不完全

① 参见冯海波《实施乡村振兴“五大科普行动” 开启农村科普新时代》，载《广东科技报》2018年7月10日。

统计，近5年来，全省科协组织开展的各类技术培训17000多场次，培训农民500多万人次。

（3）实施社区科普益民工程，促进形成科学文明健康的生活方式。广泛开展社区科普宣传教育活动，不断创新社区科普的组织形式、活动内容和表现方式，充分利用信息化手段和社交媒体，深入开展科普示范社区创建活动，加强社区"科普组织、科普漂流书屋、科普活动室、科普画廊、科普志愿者服务站和科普大学教学点"等基础设施建设，广泛组织开展科普进社区、进街道、进楼宇活动，让科普服务融入居民的日常生活中。如省卫生计生委组织开展"广东名医大讲堂""健康知识进万家"等系列宣传活动，省体育局组织社会体育指导员进社区、进企业、进机关开展全民健身大讲堂、健身技能指导、群众体质测试等服务活动，省总工会大力推动全国、省级职工教育培训示范点、"职工书屋"建设，等等。加快推进社区科普信息化建设，在全省新建一批社区科普信息化示范单位，推动社区科普服务线上线下有机结合，提高精准服务水平。

（4）实施领导干部和公务员科学素质行动，促进学习型、服务型、创新型机关的建设。完善健全领导干部和公务员科技教育机制，将普及科学知识、倡导科学方法、传播科学思想、弘扬科学精神作为领导干部和公务员教育培训的重要内容和长期任务。采取专题培训、网络自学、举办前沿科学报告会、科学基本常识讲座等方式，结合科普场馆、科研院所、企业生产一线实地考察等活动，开展科技知识教育，介绍现代科技知识及科学发展趋势，普及科技创新知识，拓展领导干部和公务员科技视野，努力提高领导干部和公务员队伍科学素质。如肇庆市定期举办"肇庆学习论坛""星湖讲坛"等各类专题讲座和报告会，有计划地组织领导干部和公务员到科研场所实地参观学习；清远市组织全市乡镇分管农业的副镇长或党委委员参加农业供给侧结构性改革镇级干部培训班；东莞市面向领导干部和公务员开办"大数据发展专题研讨班"，深化广大干部对科技创新的认识。

（四）加强科普基础设施建设，有效整合各类科普资源

（1）推进科普基础设施建设，提升科普基础设施服务能力。引导和推动有条件的市、县（市、区）建设主题、专题和其他具有地方特色的科技馆，充分发挥科普主阵地的科学教育作用；充分发挥广东科学中心等

科技馆在科学传播中的重要作用，大力开展具有前沿性和示范性的展教活动。推动科技馆免费开放试点，促进各级科技馆信息化、体验化、普惠化、社会化。积极开展广东省“中国流动科技馆”和“科普大篷车”巡展活动，把科普服务送到基层群众身边。依托现有资源，推动各地建立国土资源、环境保护、安全生产、防灾减灾、卫生保健等各类科普教育基地。加大面向农村青少年的科普设施扶持力度，鼓励有条件的农村职业学校、成人教育机构、中小学等利用现有场所，建设农村中学科技馆、乡村学校少年宫和青少年科学工作室等农村青少年科普活动阵地。

（2）加强科普资源开发、集成与共享，助力科普产业创新发展。推动有条件的高等院校、科研机构和企事业单位的实验室、研发基地、生产线、产品展示中心向公众免费开放，广泛开展社会公益科普活动，开启科普资源开发开放共享新模式。充分利用科普联盟的网络、人才和技术优势，搭建大联合大协作的科普资源共建共享平台，引导联盟资源服务创新发展，向社会提供优质科普资源。2011 年成立的广州科普联盟，目前成员单位已发展到 81 家，涵盖了广州地区各级各类科普基地及具有一定科普资源的科普机构、传播媒体、高等院校、科研机构、科普类社团和企业等单位。支持组建粤港澳大湾区科普联盟、广东科普资源产业联盟、广东科普创新发展联盟、广东科普教育基地联盟、广东科普新媒体联盟等科普共同体，实现省内、大湾区内科普资源共享和优势互补。积极推动科普产品开发和产业化发展，支持科普展品、教具的设计制作以及科普影视和动漫产品的开发，搭建科普创意交流、科普产品开发和销售的科普创客服务平台。加强数字化科普资源的开发与集成，汇集科普视频 17000 部、科普音频 911 部和科学词条 80000 多条，促进网络科普与科普活动、科普资源、科学素质教育体验馆等平台融合发展。

（3）推动科普信息化落地应用，创新科普服务模式。实施“互联网 + 科普”行动计划，加强广东微科普服务平台建设，组建科学传播专家库，建设并推广好“岭南科普、科普志愿者、科普游、科普惠农、科普随手拍”等具有广东特色的科普微传播品牌，推动科普信息多渠道全媒体传播。积极推进青少年科技教育信息化，建设“广东省青少年科技教育网络服务平台”，建立青少年科技创新活动成果数据库，不断丰富科技教育信息资源，促进优质科技教育资源共建共享。推进农村科普“互联网 +”工程，积极开展信息技术培训，依托广东省农业科技云平台建

设，大力普及“农博士”“智农卡”、12136、农业微信及农村科技网络书屋等平台。推进“科普中国”“乡村e站”“三农”网络书屋建设，开展农民科学素质网络竞赛、新农民微视频展播等线上科普活动，促进线上线下科技教育和科普活动相结合，提升农村和农民信息化水平。2017年，广东共确立了11个县（市、区）为全省科普信息化建设试点单位，建立了首批116个科普中国e站落地运用示范单位。

（五）加强人才队伍建设，推动科技和人才资源服务广东创新发展

一是加强基层科普组织建设，大力发展科普志愿者队伍。大力发展农村、社区、学校、企业等科普基层组织，推动建立科普志愿者、科普影视、自然科学博物馆、科技辅导员、科技新闻、科幻创作、科普游戏等科普专业社团，搭建科普公共服务平台，汇聚和支持各方专家参与科普工作。加强青少年科技辅导员队伍建设，依托科技专家、大学生志愿者、老科技工作者等建立兼职青少年科技辅导员队伍。加强对农村、社区、企业科普人才和青少年科技辅导员队伍的培训工作，大力发展科普志愿者队伍，完善科普志愿服务激励机制，提高科普人才队伍的整体素质。

二是大力推进院士专家企业工作站创建工作，促进“政产学研用”合作。按照“以企业需求为导向，以技术项目为纽带，以院士、专家和专业学会为依托，以提高企业技术创新能力为核心”的工作思路，先后在广州等20个地级市的高新企业、产业集群区、技术孵化基地、高新技术开发区创建“广东省院士专家企业工作站”。截至2016年年底，全省创建工作站达160家，数量和质量均呈逐年递增态势，引进了180多名院士和2000多名专家面向全省各类企业特别是高新技术企业开展各类科技服务工作，帮助企业解决了一批重大技术，培养了一批创新型人才，有效地促进产学研合作，帮助企业提高了自主创新能力和核心竞争力。①

三是实施广东版“海智计划”，柔性引才引智。推进“南粤海智网”和国际科技频道等服务平台建设，做好广东省海外海智工作站和广东省海智基地工作站建设，支持地市积极申报和建立中国科协海智基地。围绕创

① 参见柯科《不断开创我省院士专家企业工作站新局面》，载《广东科技报》，2017年1月13日。

新驱动发挥“海智计划”作用，以实施中国科协“海外人才离岸创业计划”为契机，推进“海外人才离岸创业园”先行试点工作。目前，全省累计建立“海智工作站”29个，逐步建立健全有效的“海智计划”工作机制，形成自上而下的“海智计划”工作网络体系。通过建立“海智计划”基地和工作站，鼓励基地和建站单位柔性引进海外人才，引进海外技术和项目，促进国际科技资源的引入和科技成果的产业化，服务我省经济社会和创新驱动发展。

四、展望

习近平总书记强调：“科技创新、科技普及是实现创新发展的两翼，要把科学普及放在与科技创新同等重要的位置。”这既是创新发展的内在逻辑要求和规律，也是党和国家领导人多次强调和指明的科普发展方向。《“十三五”国家科技创新规划》《“十三五”国家科普和创新文化建设规划》均对“十三五”期间我国科普工作做出了全面部署和规划。蓝图已绘就，奋进正当时。做好新时代的科普工作，责任重大，使命光荣。

作为中国改革开放的先行地区和前沿阵地，40年来广东改革未曾停顿、开放更无止步。在科普建设的道路上，广东也理应走在全国的前面。当前，随着我省创新驱动发展战略的深入实施，科普事业发展迎来了难得的新机遇。我们应该乘势而上，坚持改革开放，面向世界，不断探索，以新理念、新举措、新作为努力开创科普工作新局面。到2020年，建成适应全面小康社会和创新型广东建设需求的现代科普体系，科普的社会动员力、公众吸引力显著提升，科普工作支撑创新驱动发展作用明显增强；以青少年、农民、城镇劳动者、领导干部和公务员等重点人群科学素质行动带动全民科学素质整体水平持续提升，实现公民具备科学素质比例达到10.5%以上的目标，为广东建设创新强省、建设国家科技产业创新中心凝心聚力，贡献更大的力量。

展望

为全国实施创新驱动发展战略提供支撑

党的十八大以来，以习近平同志为核心的党中央高度重视科技创新，把创新摆在国家发展全局的核心位置，围绕实施创新驱动发展战略、加快推进以科技创新为核心的全面创新，提出一系列新思想、新论断、新要求。党的十九大报告指出，创新是引领发展的第一动力，是建设现代化经济体系的战略支撑，提出了到2035年基本实现社会主义现代化，经济实力、科技实力大幅跃升，跻身创新型国家前列的战略目标。习近平总书记在2017年中央经济工作会议和中央政治局第三次集体学习时，突出强调了创新在推动高质量发展和建设现代化经济体系中的引领和支撑作用，指出要加快实施创新驱动发展战略，加强国家创新体系建设，强化战略科技力量，推动科技创新与经济社会发展深度融合，塑造更多依靠创新驱动、更多发挥先发优势的引领型发展。与此同时，习近平总书记2017年对广东工作做出的“四个坚持、三个支撑、两个走在前列”重要批示中，明确要求广东为全国实施创新驱动发展战略提供支撑。在2018年召开的全国“两会”期间，习近平总书记参加广东代表团审议时，明确提出“发展是第一要务，人才是第一资源，创新是第一动力”，并对广东经济社会发展提出了“四个走在全国前列”的殷切希望。2018年3月7日，总书记参加十三届全国人大一次会议广东代表团审议并发表重要讲话，嘱咐广东要做到“四个走在全国前列”、当好“两个重要窗口”。2018年10月，在改革开入40周年之际，习近平总书记再次亲临广东视察指导并发表重要讲话，要求广东高举新时代改革开放旗帜，以更坚定的信心、更有力的措施把改革开放不断推向深入，提出了深化改革开放、推动高质量发展、提高发展平衡性和协调性、加强党的领导和党的建设四项重要要求，为新时代广东改革发展指明了前进方向、提供了根本遵循。“四个走在全国前列”和“四个坚持、三个支撑、两个走在前列”一脉相承，是习近平新时代中国特色社会主义思想在广东的展开和具体化，既是对广东提出的新的更高要求，更是我们做好各项工作的强大动力。这些都为我们做好新时代科技创新工作指明了前进方向、提供了根本遵循。

当前，广东经济已由高速增长阶段转向高质量发展阶段。“自古华山一条路”。广东要迈过转变发展方式、优化经济结构、转换增长动力的重大关口，在构建推动经济高质量发展体制机制上走在全国前列，就必须全面推进体制机制创新，营造有利于创新的环境，推动创新要素自由流动和聚集，使创新成为高质量发展的强大动能。现代化经济体系的核心是产业体系，科技创新是建设现代化产业体系的战略支撑。广东要加快建设实体经济、科技创新、现代金融、人力资源协同发展的产业体系，在建设现代化经济体系上走在全国前列，就必须坚持以科技创新为引领，推动制造业转型升级，坚决破除无效供给，为新兴产业发展腾出空间，加快构筑广东产业体系新支柱。为此，广东必须坚定不移地实施创新驱动发展战略，开拓创新、锐意进取，加快建设科技创新强省国家科技产业创新中心，努力为全国实施创新驱动发展战略提供支撑。这既是中央赋予广东的光荣使命，也是决定广东未来发展前途命运的关键所在。

一、立足长远发展，加强基础研究与应用基础研究

当前，全球科技竞争不断向基础科学研究前移，基础科学研究日益成为科技创新的核心动力。基础研究与应用基础研究是科技创新的源头供给。要瞄准世界前沿，前瞻谋划、抢先布局、突出重点、夯实基础，尽快提升基础研究和应用基础研究能力。到 2035 年，全省若干重要基础与应用基础研究达到全国领先，整体水平和国际影响力大幅提升。一要大力推进实验室体系建设。以打造国家实验室“预备队”为目标，深入实施省实验室建设计划，扎实推进已启动的网络空间科学与技术、再生医学与健康、材料科学与技术、先进制造科学与技术 4 个省实验室建设，加快启动第二批省实验室建设。科学确定省实验室的研究方向和领域，面向海内外选准选好建设带头人，积极探索符合科技创新发展规律和市场经济规律的新型管理体制和运行机制。依托高等院校、科研机构及龙头企业，引进国际一流的科学家领衔来粤建设一批国际化专业化实验室。继续加大国家重点实验室申建工作力度，在再生生物学、显示材料、中医中药等重大领域推进国家重点实验室建设。实施省重点实验室提质培优计划，优化重组研究方向近似、关联度较大和资源相对集中的省重点实验室。开展一批省市共建重点实验室试点。二要力争建设综合性国家科学中心。依托国家大科学装置，大力开展基础性、前沿性科学研究和应用研究。积极推动中国

（东莞）散裂中子源关联产业与研发机构发展，推进国家超级计算广州中心、深圳中心、中微子二期实验室、国家加速器驱动嬗变装置、强流重离子加速器装置未来网络、南海海底科学观测网和激光加速器等大科学装置工程建设，谋划推进南方光源、多模态跨尺度生物医学成像设施、材料基因组平台、人类细胞谱系等建设，并以在粤大科学装置集群、省实验室、国家重点实验室为主体，力争建设综合性国家科学中心。三要推进高水平大学和重点学科建设。对接国家“双一流”建设任务，深入实施高等教育“冲一流、补短板、强特色”提升计划，推动我省“双一流”参建高校加快建设一流的师资队伍、培养拔尖创新人才、提升科学研究水平、推进成果转移转化。鼓励新兴学科、交叉学科发展，着力提升解决重大问题能力和原始创新能力，力争产出一批国际领先的重大原创性成果，进一步增强高校服务实施创新驱动发展战略的能力。四要构建基础研究和应用基础研究多元化投入新机制。借鉴欧美发达国家支持基础研究的经验，加快建立符合国际规范、与国家基金对接的省基础与应用基础研究基金运作机制，打造专业化管理机构，持续稳定支持高水平的基础和应用基础研究。加大省财政投入力度，完善对高校、科研院所和科学家的长期稳定支持机制。采取政府引导、税收杠杆等方式，探索联合资助、慈善捐赠等措施，激励企业和社会力量共同加大基础研究投入，建立基础与应用基础研究“基金池”。在这方面我省已有成功的案例，由省财政与温氏集团按1∶3比例共同出资设立了联合基金项目，这是我省探索多元化投入方式的有益尝试，为鼓励更多企业参与并支持基础与应用基础研究工作带了个好头。

二、狠抓技术创新，强化企业创新主体地位

按照习近平总书记指出的“加强对中小企业创新的支持，培育更多具有自主知识产权和核心竞争力的创新型企业”要求，强化各类企业的创新主体地位，全面提升我省企业创新实力。一要实施高新技术企业树标提质计划。持续加强高新技术企业群体规模培育，打造具有国际竞争力的高新技术企业集群，力争高新技术企业数量持续保持全国领先。推动高新技术企业探索开放型创新模式，通过产学研合作、设立境外科研机构、并购企业或研发机构等方式整合国内外创新资源，提升企业国际创新资源的整合利用能力。建立高新技术企业上市后备企业库，加强与深交所、上交所对接，引导帮助企业快速进入IPO渠道。评选发布高新技术企业百强优

质企业，加快高新技术企业标杆建设与示范推广，培育更多“瞪羚企业”和“独角兽企业”。二要加强对中小企业创新支持。鼓励龙头企业、高校、科研院所建设一批国家级或省级孵化器，引导众创空间专业化、国际化、品牌化发展，加快扶持科技型中小微企业，培育更多科技创新能力强的“独角兽”企业和行业领军企业。抓紧推进科技型中小企业评价和技术先进型服务企业认定工作，全面落实国家相关税收优惠政策，支持企业更好地发展壮大。推动中小企业以协同创新模式实现企业、高校及科研院所资源有效整合，构建知识产权共享及利益分配机制，开展“抱团式”创新。推进科技创新小镇、创新社区建设，大力吸引有实力的科技企业、各类新型研发机构、孵化器、众创空间和风投创投企业等进驻。鼓励科技型中小微企业通过上市或在“新三板”、区域性股权交易市场挂牌融资，力争每年新上市科技型企业居全国领先水平。三要发挥大型骨干企业的科技创新带动作用。支持大型骨干企业聚焦世界前沿的基础科学领域，加强基础研究和应用基础研究，不断增强企业核心竞争力。例如，华为持续加大对基础研究和前瞻性研发的投入力度，2017 年投入总规模已达 100 多亿元，在 5G 通讯、手机芯片、高端存储等领域取得重要突破。鼓励大型骨干企业开放创新资源和创新平台，通过上下游配套、创新联盟和孵化培育等方式带动中小企业创新发展。例如，腾讯公司通过移动互联平台，建立了 30 多家众创空间，孵化了 100 多个项目，估值超过 600 亿元。支持大型骨干企业采取国际并购、技术合作和产业投资等方式，整合国际高端创新要素，提升自主创新能力和国际竞争力。例如，美的集团通过海外并购日本东芝、德国库卡、以色列高创等公司，开辟了新的业务增长点，从一家传统的白色家电企业转型为全球领先的科技集团。四要加强企业研发机构建设。支持有条件的企业与高校、科研院所等全面对接，共建工程技术研究中心、企业技术中心、院士工作站、博士后工作站等各类企业研发机构。支持大型骨干企业采取并购、收购或直接投资等方式，在全球布局建立具有国际影响力的海外研发机构。积极吸引跨国公司研发总部或区域性研发中心落户，与我省高校、科研院所和企业开展合资合作，扩大技术溢出效应。健全科技型中小微企业技术创新公共服务体系，打造一批科技型中小微企业公共服务示范平台，提供信息咨询、科技研发、检验检测、人才培训、知识产权、法律维权等全方位服务。

三、推动产业创新，加快培育经济发展新动能新优势

要面向经济社会发展主战场，把科技创新和产业创新紧密结合起来，以产业战略需求引导科技创新方向，围绕产业链部署创新链，不断增强我省经济创新力和竞争力。一要发展壮大一批新兴支柱产业。把新一代信息技术、高端装备制造、绿色低碳、生物医药、数字经济、新材料、海洋经济等战略性新兴产业发展作为重中之重，构筑产业体系新支柱。要围绕着这些“重中之重”，主动承接相关领域的国家重大科技专项、面向2030年的重大科技项目，大力推动部省联动实施宽带通信和新型网络等国家重点研发计划，引导一批国家重大科技成果在广东落地转化；围绕着这些“重中之重”，继续实施省重大科技专项，从关键共性技术攻关、成果转化到产业化发展进行“全链条”设计；围绕着这些“重中之重”，建设相关领域的科技创新平台，推动印刷及柔性显示、轻量化高分子材料、工业机器人、智能网联汽车、智能海工装备等创新中心建设；围绕着这些“重中之重”，制定出台数字经济、新一代人工智能等重点领域发展规划，大力发展大数据产业，促进共享经济，移动支付，4K、5G及超高速无线局域网等新技术新模式的大规模拓展应用。与此同时，大力培育市场前景广阔的未来产业，加强前沿引领技术与颠覆性技术攻坚探索，在新一代网络和通信、生物信息学、可再生医学、新型功能材料、量子技术等领域抢先布局。二要推动传统产业转型升级。实施新一轮工业企业技术改造行动计划，扩大技改普惠性事后奖补政策享受范围，利用新技术、新工艺、新装备、新模式，引导全省各类工业企业实施技术改造。落实深化“互联网+先进制造业”、发展工业互联网的实施方案，建设一批工业互联网平台。积极发展服务型制造和生产性服务业，提升制造业产业价值链。加快发展与制造业密切相关的工业设计、供应链管理、现代物流等新型服务业态，提高生产性服务业专业化水平，延伸制造业价值链。引导专业镇建设协同创新中心，健全技术开发、检验检测、知识产权、工业设计等公共技术服务平台，开展产业链上下游配套的协同创新。三要推进高新区提质升级。进一步优化高新区的管理体制，强化高新区的考核评价，集聚实验室、新型研发机构、高新技术企业等高端创新要素，着力营造产业生态和创新生态，充分发挥高新区在我省现代化经济体系建设中的主平台和主阵地作用。推动韶关、阳江、梅州等“一带一区地区”高新区“以升促

建”，力争到2020年全省各地级市实现国家高新区全覆盖。引导传统工业园区升级为省级高新区，推动县域经济创新驱动发展。依托高新区推动地市制造业转型升级，抓好工业技改投资，大力培育大型工业骨干企业。四要深化高水平产学研合作。落实我省与科技部、教育部、工信部、中国科学院、中国工程院等签署的战略合作框架协议，支持中国科学院等国家级“大院大所”来粤设立研发机构。实施新型研发机构能力提升计划，重点扶持发展一批研发能力强、示范效应明显的机构，推进新型研发机构与产业技术创新联盟联动发展。加快建设国家科技成果转移转化示范区，充分发挥华南技术转移中心等平台作用，构建统一开放、互联互通的技术交易市场体系。继续办好各类技术、成果、人才交易展会，促进产学研合作项目落地转化。五要促进军民融合深度发展。加强与有关部委、重点军工单位建立战略合作关系，引进国防科工系统创新资源，建立广东国防科技工业应用推广中心，重点在海洋工程装备、新材料和新能源、军工电子信息、航空航天和空间信息技术、无人智能装备等领域推动军民重大创新成果转化应用。加快建设国家级军民科技协同创新平台和一批军民融合省级示范基地，争创国家国防科技工业军民融合创新示范基地。形成一批可复制、可推广的科技军民融合有效经验。鼓励和引导民参军企业提升层次。

四、强化开放合作，全力打造粤港澳大湾区国际科技创新中心

建设粤港澳大湾区是习近平总书记亲自推动的重大战略。我们要紧紧抓住这一重大机遇，对标国际一流湾区和世界级城市群，加快构建开放型区域创新体系，联手港澳把粤港澳大湾区建设成为代表国家参与全球竞争的创新发展高地。一要深化粤港澳科技合作。充分发挥港澳在基础科学研究、高端创新资源以及国际化创新环境的独特优势，联合港澳高校、科研机构等，构建以实验室为核心的湾区基础研究平台体系，力争培育建设国家实验室和国家重点实验室，加快建设世界一流重大科技基础设施集群。鼓励高等院校、科研院所、骨干企业打造创新资源开放共享平台，推动湾区内重大科研基础设施、科学数据和仪器设备向社会开放。围绕湾区创新活动所需的人才、资金、技术、信息等要素，积极研究解决资金过境、税收平衡、人才往来、专业资格互认、科研设备进口关税、互联网信息服务等问题，尽快出台相关政策。推进落马洲河套地区港深科技创新园、广州

南沙（国际）创业基地、广州中新知识城、横琴粤澳合作中医药科技产业园等建设，支持港澳高校、科研机构、企业等在粤设立研发机构或技术转移机构，加快引进港澳科技成果来粤转移转化。二要充分发挥珠三角国家自主创新示范区作为开放创新重点区域的作用。强化珠三角各市在大湾区建设中的主体作用，在财政科研经费使用、投贷联动试点和“股债结合”融资、高层次境外创新人才个税优惠等方面开展先行先试政策探索，力争有所突破。推动全面创新改革试验区形成的相关政策在自创区全面推广。促进自创区与自贸区的“双自联动”，抓好原在自贸区施行的人才出入境等6条政策在自创区落地实施。将自创区打造成为全省创新驱动发展的主引擎，力争2035年珠三角成为世界知名城市群。要把广深科技创新走廊作为珠三角国家自主创新示范区的核心区域，努力打造全国创新发展的重要一极。建立“统筹规划、市为主体”的工作机制，从发展普惠性科技金融、创新土地利用机制和项目审批体制、加速科技成果转化、建立协同管理机制等方面，高起点、高标准制定和出台支持走廊建设的若干政策。抓好走廊内中新知识城、广州科学城等十大核心创新平台和多个创新节点建设，打造高度发达的创新经济带，力争到2020年实现走廊科技产业创新能力领先全国的阶段性目标，到2035年建成具有国际影响力的科技产业创新中心；到2050年建成国际一流的科技产业创新中心。积极吸引和对接全球，加快广深港澳科技创新走廊建设，打造大湾区国际科技创新中心的脊梁。三要集聚全球创新资源。大力吸引国际高端创新机构、跨国公司研发中心、国际科技组织在我省落户。紧跟国际科技创新前沿，组织实施一批国际科技合作项目，推动有实力的高校科研机构等参与国际大科学计划。加强与“一带一路”沿线国家在能源、交通、信息通信、先进制造等重点领域的创新合作交流，与沿线国家共建联合研究中心、技术转移中心、海外孵化器等平台。例如，华大基因通过遍布全球60多个国家和地区的分支机构，与产业链各方建立广泛的合作，产生了全球领先的科技成果，并应用于医学健康、农业育种等领域，推动基因科技成果转化。

五、坚持分类指导，全面提升“一带一区”地区创新能力

广东省委、省政府提出“一核一带一区”的区域发展格局，要将沿海经济带打造为新的经济增长极，支持粤北走生态优先、绿色发展之路。

要实现这一目标，必须发挥科技创新的支撑引领作用，坚定不移走创新驱动发展之路，积极服务区域协调发展和乡村振兴战略。一要加快粤东西北科技创新平台建设。结合“一带一区”各市产业优势与发展实际，加快建设一批省级技术创新中心、工程中心、重点实验室等。推动“一带一区”高校与国内外高水平高校或科研机构开展深度合作，引导珠三角地区重点高校、优势科研机构、骨干企业在“一带一区”地区独立或联合当地机构设立分支机构和研发机构。建立珠三角高新区与“一带一区”高新区对口帮扶机制，通过异地孵化、飞地经济、共建协同创新平台。建设粤东西北农业高新技术产业示范区，推动农业科技园区、星创天地等提质升级，打造一批专业园区、特色园区。发挥好海洋创新联盟作用，提升海洋科技创新能力。二要强化农业先进技术攻关和推广应用。加强现代种业科技创新，围绕种业重大科技需求，选育和创制一批新品种，以广东省主要农作物、岭南特色经济作物、畜禽水产、花卉苗木等动植物种业为重点，提高农产品质量。建设农业科技特派员工作站，大范围、高水平组织实施农业科技特派员行动，推进科技特派员与农民农户建立利益共同体，让先进适用的农业科技成果支撑精准扶贫、精准脱贫，让老百姓实实在在感到科技进步带来的实惠。鼓励高校、科研院所与农业龙头企业合作，培养基层农业人才和创新创业能力，稳定和培养基层农业创新创业人才队伍，提升农业先进技术推广应用能力。三要加强“一带一区”高校建设。实施“一带一区”高校补短板强弱项提升计划，支持还没有本科院校的阳江、汕尾、清远、揭阳4市加快发展包括职业教育在内的高等教育，力争实现本科院校地市全覆盖。引导和鼓励“一带一区”高校将学校发展与区域经济发展更加紧密结合，积极参与“一带一区”地区高新区、产业园、专业镇等项目建设，打造一批当地支柱产业急需的重点学科和创新平台。四要提升“一带一区”县域创新发展能力。落实我省出台的促进县域创新驱动发展的实施方案，推动“一带一区”各县（市、区）加强科技行政管理机构建设，健全县级各部门科技创新协同工作机制，提高县级政府科技管理和服务能力。

六、加快集聚人才，着力打造国际创新人才高地

习近平总书记指出：“发展是第一要务，创新是第一动力，人才是第一资源。”我们要着眼国家战略需求，引进和培养国内外顶尖科技人才。

一要深入实施重大人才工程。全面落实深化人才发展体制机制改革24条，破除影响人才发展的系列体制机制障碍。优化实施省“珠江人才计划”“特支计划”“扬帆计划”等重大工程。创建博士工作站，建立全球博士和博士后人才招募机制，在发达国家和地区增设海外人才工作站，加快集聚一大批博士博士后青年拔尖创新型人才，有针对性地积极引进生命科学、航空航天等领域的创新人才。推进“柔性引才”，更好地吸引境外高层次人才来粤创新创业。近期出台我省职业教育提升计划，实施高技能人才振兴、南粤工匠培养等一批计划，打造一支支撑我省现代化产业体系建设的高素质技能型人才队伍。二要完善人才激励机制。落实以增加知识价值为导向的分配政策，发挥财政科研项目资金的激励引导作用，鼓励科研人员通过科技成果转化获得合理收入。赋予创新团队和领军人才更大的人财物支配权、技术路线决策权。支持企业提高技术工人待遇，加大高技能人才激励力度，对承担重大科技攻关任务的科研人员，采取灵活的薪酬制度和奖励措施。深化职称制度改革，改革科技创新评价机制，进一步向科研创新单位下放职称评审权，建立博士和博士后职称评审绿色通道。三要健全人才评价制度。以职业属性和岗位要求为基础，健全科学的人才分类评价体系，研究制定我省分类推进人才评价机制改革实施方案。科学设置评价标准，突出品德评价，坚持凭能力、实绩、贡献评价人才，克服唯学历、唯资历、唯论文等倾向，加快重点领域人才评价改革，建立以创新能力、质量、贡献、绩效为导向的人才评价体系。更加注重创新能力导向，把基础研究、科技成果转化、专利质量等创新指标作为重要评价内容。创新多元评价方式，实行代表性成果评价，突出评价研究成果质量、原创价值和对经济社会发展实际贡献；建立人才动态考评调控机制及以同行评价为基础的业内评价机制，注重引入市场评价和社会评价。畅通人才评价渠道，对引进的海外高层次人才和急需紧缺人才，建立评价绿色通道。四要健全人才服务保障体系。研究出台《广东省人才优粤卡实施办法》，加快推进人才安居工程，着力解决人才落户、住房、子女入学、医疗卫生、社会保险、停居留出入境、工商登记、金融税收等突出问题，让人才引得进、留得住、流得动、用得好。加强省高层次人才“一站式”服务专区建设，打造线上线下高层次人才“一站式”服务平台。落实引进外国人才工作实施意见，研究出台加强新形势下留学人员工作的意见，建立开放高效的外国人才管理服务体制。健全人才信息共享合作机制，建立创新人

才数据库。建设高层次人才交流互动平台，定期组织国情研修、政策宣讲、产学研对接等活动，催生人才群落效应。

七、深化改革创新，打造全国科技创新制度高地

习近平总书记强调，“实施创新驱动发展战略是一项系统工程，最为紧迫的是要进一步解放思想，加快科技体制改革步伐，破除一切束缚创新驱动发展的观念和体制机制障碍”。我省要始终保持创新政策的领先优势，就必须瞄准国际发达国家和北京、上海等国内先进地区，以更高的站位、更开放的胸怀、更超前的眼光、更进取的姿态，打造科技创新12条的升级版，制定出台新的“科技创新十条”及相应的配套措施，着力解决制约我省科技创新发展的瓶颈问题，努力打造全国科技创新制度高地。同时，对已有政策实施情况，要及时跟踪评估、动态调整完善；对有悖于激励创新的陈规旧章，要抓紧修改废止；对有碍于释放创新活力的繁文缛节，要下决心砍掉。要完善符合科技创新规律的资源配置方式，推动创新要素自由流动和集聚，最大限度释放创新活力。加快落实省级财政科研项目资金管理政策，研究解决科研人员普遍反映的人员费政策实施难、比例较低等问题。切实落实国家和我省促进科技成果转化法律政策，最大程度调动高等院校、科研机构转化科技成果积极性，探索赋予科研人员科技成果所有权和长期使用权，依法保障科研人员收入权益。大力发展科技信贷，继续开展普惠性科技金融试点，健全科技金融综合服务体系。充分发挥省创新创业基金的引导作用，培育具有重大影响力和竞争力的本土创业投资品牌。全面打造国际风投创投中心，落实创业投资和天使投资的税收政策，鼓励各类机构投资者和个人在广东设立创业投资企业和开展创业投资，培育壮大天使投资人群体，促进种子期、初创期科技型中小企业快速成长。

八、多措并举，营造有利于科技创新文化氛围

要着力营造依法保护创新权益的法治环境、公平竞争诚信经营的市场环境，完善产权保护制度，增强各类市场主体的创新活力、创业动力。构建知识产权大保护工作格局，加快推进知识产权保护中心建设。争取在全省新建设若干重点产业快速维权中心，完善集快速审查、确权、维权于一体的重点产业快速协同保护平台。大力推进专利质押融资，支持保险机构

开展专利保险产品创新和推广，探索开展知识产权证券化业务。推进重点产业专利导航计划，深入开展全球专利态势分析，增强产业发展和创新活动的前瞻性。建立促进科技创新的先进标准体系，推进我省承担国家标准化综合改革试点工作。支持大型骨干企业参与国际标准制修订，承担国际、国家标准化技术委员会工作。推动出台我省版权保护条例，积极开展创建“国家版权示范城市”活动，加强媒体无形资产和数字环境下内容版权的管理、保护与运用。重视科普教育和科技宣传，提高全民科学素养，营造形成学科学、讲科学、用科学的浓重氛围。改革完善科技奖励制度，增强科技人员的荣誉感、责任感和使命感。倡导崇尚创新、宽容失败的创新文化，支持举办各类创新创业大赛，努力让一切想创新、能创新的人获得机会、拥有舞台，使广东真正成为创新创业的沃土。建立健全创新驱动发展的工作推进机制，各级党委、政府要把科技创新作为“一把手”工程来抓，党政主要领导要亲自抓科技创新工作，切实把责任扛在肩上，勇于挑最重的担子，敢于啃最硬的骨头。压实工作责任，形成上下联动、部门协同、整体推进的责任体系。省有关部门要建立健全科技创新各环节协同工作机制，分解工作目标、明确责任主体、确定完成时限。建立科技创新工作落实的督查督办机制，用数据说话、用结果说话。

创新是引领发展的第一动力。过去40年，广东充分发挥科技支撑引领作用，推动经济和社会稳步有序发展。面向未来，广东将牢记总书记的殷殷嘱托，以习近平新时代中国特色社会主义思想全面统领广东科技创新工作，始终坚持“创新是引领发展的第一动力”的理念，紧紧抓住粤港澳大湾区建设重大机遇，实施适合广东实际的科技发展战略，建立完善创新发展的体制机制和政策体系，构建有利于各类创新要素自由流动和高效配置的创新生态，以改革驱动创新，以创新驱动发展，奋力建设国家科技产业创新中心，为广东实现高质量发展，实现“四个走在全国前列”和当好“两个重要窗口”提供强大的科技支撑。

参考文献

[1] 周永章，等. 创新之路：广东科技发展 30 年 [M]. 广州：广东人民出版社，2008.

[2] 中国科技发展战略研究小组，中国科学院大学中国创新创业管理研究中心. 中国区域创新能力评价报告 2017 [M]. 北京：科学技术文献出版社，2017 年.

[3] 广东省社会科学院. 广东省经济社会发展报告（2017）[M]. 广州：广东人民出版社，2017.

[4] 李妍，刘永子. 广东省科技形势分析的实践探索与发展路径研究 [J]. 科技管理研究，2018（12）.

[5] 中国科学技术信息研究所. 中国科技论文统计结果 [R]. 2017.

[6] 李妍. 基于火炬统计的广东高新技术企业发展研究 [J]. 科技管理研究，2017（13）.

[7] 广东省科学技术厅，广东省科技统计分析中心. [Z]. 2017 广东火炬统计年鉴，2017.

[8] 科技部火炬高技术产业开发中心. 2017 中国火炬统计年鉴 [M]. 北京：中国统计出版社，2017.

[9] 陈雷刚. 新时期广东探索自主创新道路的历程及启示 [J]. 广州社会主义学院学报，2011（3）：21.

[10] 陈相. 粤澳科技合作历程和未来展望 [J]. 广东科技，2014，23（3）：1 – 2.

[11] 路平. 专业镇是推动广东经济社会发展的强大动力：实施专业镇技术创新试点的五年历程 [J]. 广东科技，2006（8）：1 – 4.

[12] 张仁寿. 改革开放 30 年广东科技体制改革回顾（下）[J]. 广

东科技，2009（7）：75－78.

［13］龙云风，陈宇山．广东省新型研发机构建设发展大事记［J］．广东科技，2014，23：3.

［14］王晓君．广东省引进创新科研团队大事记［D］，2012.

［15］陈建敏．进一步深化广东科技体制改革 完善区域创新体系的建设［J］．科技管理研究，2004，24（2）：9－11.

［16］谢良兵．星期六工程师：第一批国字号人员下海记［J］．中国新闻周刊，2007（12）.

［17］广东省2010年政府工作报告［N］．南方日报，2010－02－05.

［18］蒋玉涛，关皓元．广东省专业镇发展政策选择探析［J］．广东科技，2013，22（10）：2－3.

［19］广东省科技厅．历年工作总结及下一年工作计划［Z］.

［20］广东省统计局．广东统计年鉴［M］．北京：中国统计出版社，2012.

［21］曾乐民．广东省技术经济研究发展中心主任曾乐民研究员：广东全面深化科技体制改革现在进行时［J］．广东科技，2014（17）：38－41.

［22］张仁寿．改革开放30年广东科技体制改革回顾（上）［J］．广东科技，2009（3）：35－38.

［23］张仁寿．改革开放30年广东科技体制改革回顾（下）［J］．广东科技，2009（7）：75－78.

［24］陈雷刚．新时期广东自主创新道路探索与发展的历程及启示［J］．南方论刊，2011（4）：21－24.

［25］周永章，李扬，郑重．广东科技发展30年及其启示［C］．//2008中国可持续发展论坛论文集．广州：中山大学出版社，2008：319－323.

［26］路平．从两厢走向大道通衢：追记20世纪80年代广东科技事业的改革和发展［J］．广东科技，2008（23）：18－25.

［27］周永章．审视广东科技发展30年的启示：关于推进自主创新的建议［J］．广东科技，2008（23）：8－13.

［28］周永章．审视广东科技发展30年的启示：关于推进自主创新的建议［J］．广东科技，2008（23）：7－13.

[29]“阳光再造行动”大事记［J］. 广东科技，2016（7）：14－15.

[30] 文武汉. 改革开放的实践创新与理论创新：评《广东经济体制改革研究》［J］. 南方经济，2004（10）：76－77.

[31] 段华明. 广东改革开放30年的历程与经验［J］. 探求，2008（6）：4－10，15.

[32] 陈忠，李金惠. 广东近年促进科技成果转化政策分析及落实建议［J］. 广东科技，2017（6）：66－68，85.

[33] 周海涛，邓伟东. 广东省属科研机构科技体制改革情况分析与对策研究［J］. 科技进步与对策，2005（7）：140－142.

[34] 王晓君（整理）. 广东省引进创新科研团队大事记［J］. 广东科技，2012（20）：33－37.

[35] 陈建敏. 进一步深化广东科技体制改革完善区域创新体系的建设［J］. 科技管理研究，2004（2）：9－11.

[36] 梁赞. 科技绩效评价：广东科技发展的试金石［J］. 广东科技，2006（1）：7－10.

[37] 方旋，廖兆龙. 1999年广东科技工作主要进展［J］. 中山大学学报（自然科学版），2000（5）：108－113.

[38] 李永杰，刘青. 广东科技创新法规体系建设探讨［J］. 科技管理研究，2008（7）：123－125.

[39] 许卓云. 深化广东科研机构改革，建设开放型科研创新体系［J］. 南方经济，2002（11）：27－29.

[40] 刘佐菁，江湧，陈敏. 广东近10年人才政策研究：基于政策文本视角［J］. 科技管理研究，2017（5）：38－42.

[41] 林晓霞. 略论广东省引进创新科研团队政策体系要点［J］. 科技管理研究，2012（13）：148－152.

[42] 刘璇华，李冉. 广东省科技成果转化现状及存在问题分析［J］. 科技管理研究，2009（3）：107－110.

[43] 李金惠，郑秋生. 浅析广东促进科技成果转化的现状、问题及对策［J］. 科技与创新，2017（9）：3－4.

[44] 广东出台技术入股改革新政　加快推动科技成果转化［J］. 广东科技，2016（1）：46－47.

[45] 胡海鹏，袁永，邱丹逸，等. 以色列主要科技创新政策及对广

东的启示建议［J］. 科技管理研究，2018（9）：32-37.

［46］张伟良等. 广东高新区创新发展的理论与实践［M］. 北京：中国财政经济出版社，2016.

［47］吕贝克. 我国高科技园区管理体制变迁研究：以上海张江园区为例［D］. 上海：华东理工大学，2014.

［48］张忠德. 我国高新区二次创业的策略选择研究［J］. 科技进步与对策，2005（11）：21-32.

［49］牟宝柱. 中国高新技术产业开发区理论与实践［M］. 北京：中国物价出版社，1999.

［50］夏海钧. 中国高新区发展之路［M］. 北京：中信出版社，2001.

［51］贾馥冬，杨雪伦. 开发区的第三次创业：从产业园区到城市新区［J］. 2016（3）：52-55.

［52］刘敏. 广东专业镇创新发展实证分析［J］. 广东科技，2014（9）.

［53］广东省科技厅. 广东专业镇协同创新打造经济新常态［J］. 广东经济，2016（5）.

［54］蒋玉涛，关皓元. 广东省专业镇发展政策选择探析［J］. 广东科技，2013（5）.

［55］蒋玉涛，杨勇. 广东专业镇发展过程中的政府行为演变分析［J］. 科技管理研究，2012（12）.

［56］杞人. 专业镇：“幸福广东”大厦的重要支撑［N］. 科技日报，2011-03-06.

［57］廖晓东，陈丽佳. 国内创新集群政策比较研究及对广东的启示［J］. 决策咨询，2015（10）.

［58］林萍. 政策解读：“省市联动推进专业镇建设”［J］. 广东科技，2006（8）.

［59］聂华. 梅州市专业镇技术创新政策的研究［D］. 广州：华南理工大学公共管理学院，2009.

［60］林亚茗，符信. 全省加快发展专业镇工作会议召开　黄华华要求推动专业镇实现“五个转变”［J］. 现代乡镇，2006（7）.

［61］张丽蓉. 广东专业镇科技创新发展战略研究［J］. 广东科技，

2008 (7).

[62] 广东省专业镇转型升级现场会在东莞隆重召开 [J/OL]. (2011-01-18). http://it.mei.net.cn/itnews.asp? sid=345707.

[63] 潘慧，陈良湾. 十年磨一剑：专业镇转型升级日日新 [J]. 广东科技，2012 (4).

[64] 李朝庭. 广东专业镇转型升级的战略思考 [J]. 科技管理研究，2013 (04).

[65] 郑岩. 广东出台科技金融发展实施意见 [J]. 政策瞭望，2013 (10).

[66] 广东专业镇走向以科技创新为核心的发展新路 [J/OL]. 南方科技观察，[2016-06-15]. http://tech.southcn.com/t/2016-06/15/content_149476004.htm.

[67] 杞人. 广东专业镇走向以科技创新为核心的发展新路 [N]. 科技日报，2016-06-15.

[68] 杞人. 广东：协同创新助推专业镇传统产业转型升级 [N]. 科技日报，2016-06-15.

[69] 全省专业镇协同创新工作现场会在东莞召开 [J/OL]. [2016-06-16]. http://news.timedg.com/2016-06/16/20423669.shtml.

[70] 史昱. 高新技术企业发展历程回顾 [J]. 中国科技产业，2009 (2)：38-39.

[71] 卢振家，林晓湧. 广东省高新技术产业政策创新及其历史变革 [J]. 广东科技，2006 (12)：34-37.

[72] 王聪. 推动广东高新技术产业发展的扶持政策 [J]. 暨南学报(哲学社会科学)，1999 (4)：85-90.

[73] 广东省科学技术厅. 广东省高新技术企业树标提质行动计划 (2017-2020) [Z]，2017-09-14.

[74] 全国人民代表大会常务委员会. 广东省经济特区条例 [Z]，1980-08-06.

[75] 科技部国家科学技术委员会. 国家高新技术产业开发区高新技术企业认定条件和办法 [Z]. 1991-03-06.

[76] 广东省委省政府. 关于依靠科技进步推动经济发展决定 [Z]，1991-07-22.

[77] 广东省政府. 广东省国家高新技术产业开发区若干政策的实施办法 [Z], 1992-02-23.

[78] 广东省委省政府. 关于扶持高新技术产业发展的若干规定 [Z], 2016-11-17.

[79] 科技部火炬高技术产业开发中心. 国家高新技术产业开发区高新技术企业认定条件和办法 [Z], 2000-07-23.

[80] 科技部、财政部和国家税务总局. 高新技术企业认定管理办法 [Z], 2008-04-28.

[81] 广东科技厅. 广东省发展四大高新技术产业实施方案 [Z], 1999-06-24.

[82] 广东省政府. 广东省加快高新技术产业开发区及珠江三角洲高新技术产业带建设方案 [Z], 1999-08-04.

[83] 广东省委省政府. 贯彻《中共中央、国务院关于加强技术创新,发展高科技,实现产业化的决定》的通知 [Z], 2000-03-15.

[84] 广东省政府. 关于推动我省高新技术产业持续快速健康发展的意见 [Z], 2004-12-07.

[85] 广东省委省政府. 关于提高自主创新能力提升产业竞争力的决定 [Z], 2005-11-17.

[86] 广东省委省政府. 关于深化科技体制改革加快创新驱动发展决定 [Z], 2014-07-17.

[87] 广东科技厅. 广东省重大科技专项总体实施方案(2014—2018年)[Z], 2014-11-21.

[88] 科技部、财政部和国家税务总局. 高新技术企业认定管理办法 [Z], 2016-01-01.

[89] 广东科技厅、财政厅. 广东省高新技术企业培育工作实施细则 [Z], 2016-11-07.

[90] 喻岳春20世纪的中国高等教育·广东卷 发展史 [M]. 广州: 广东高等教育出版社, 2002.

[91] 陈淳, 彭鑫. 广东高校研究与发展能力分析 [J]. 广东农业科学, 2010, 37 (7).

[92] 田兴国, 吕建秋, 谢春艳, 蒋艳萍. 创新驱动发展战略背景下广东高校科研体制机制改革思考 [J]. 科技管理研究, 2016, 36 (07).

[93] 刘志文. 改革开放以来广东高等教育发展的历史经验 [J]. 广东工业大学学报 (社会科学版), 2009, 9 (4).

[94] 陈伟. 论省域高等教育的发展模式创新: 以广东为例 [J]. 高等教育研究, 2010, 31 (1).

[95] 王斌伟, 王先庆. 广东高校科技成果转化: 现状、问题与对策 [J]. 中山大学学报 (自然科学版), 2001 (3).

[96] 梁永福, 盘思桃, 林雄, 等. 大科学装置集群的协同创新与产业带动效应: 以广东大科学中心为例 [J]. 科技管理研究, 2018, 38 (3).

[97] 廖兆龙, 周房煊. 科研机构改革瞭望之一: 广东深化科研机构改革的进程和若干问题的思考 [J]. 广东科技, 2001 (3).

[98] 陈宇山. 广东省新型研发机构建设发展速写理论篇: 新型研发机构在广东快速发展的动因分析 [J]. 广东科技, 2014, 23 (23): 70 - 76.

[99] 张福生. 透视 "新型研发机构" [N]. 光明日报, 2014 - 10 - 16.

[100] 谈力, 陈宇山. 广东新型研发机构的建设模式研究及建议 [J]. 科技管理研究, 2015, 35 (20): 45 - 49.

[101] 李栋亮. 广东新型研发机构发展模式与特征探解 [J]. 广东科技, 2014, 23 (23): 77 - 80.

[102] 广东省科技厅. 广东科技年鉴 [M]. 广州: 广东人民出版社, (历年).

[103] 刘照德, 张卫国. 高新技术企业技术创新模式选择: 以广东省高新技术企业为例 [J]. 科技管理研究, 2009, 29 (5): 8 - 10.

[104] 叶青. 我省全力推进九大重大科技专项 [N]. 广东科技报, 2014 - 11 - 21 (3).

[105] 左朝胜, 杞人. 广东以重大科技专项引领产业转型升级 [N]. 科技日报, 2015 - 03 - 07 (8).

[106] 张乐, 刘铭, 苏帆. 广东省高层次人才政策的发展历程、问题与对策 [J]. 广东科技, 2014 (18).

[107] 遥远. 习近平参加十二届全国人大三次会议上海代表团审议 [OL]. [2015 - 3 - 5]. http://www.81.cn/sydbt/2015 - 03/05/content_6381836.htm.

[108] 周聪. 广东未来五年计划引进五万名博士和博士后 [OL].

[2018-3-11]. http://news.ycwb.com/2018-03/11/content_26094197.htm.

[109] 广东省科学技术委员会. 广东科技年鉴（一九九二年）[M]. 广州：广东科技出版社，1993.

[110] 刘绍辉. 科技队伍建设 高层次专业技术人才队伍建设 [M] // 广东省科学技术厅. 广东科技年鉴（2004年）. 广州：广东人民出版社，2005.

[111] 云帆. 人才，为经济蛟龙插上翅膀 [J]. 中国人才，2009（9）.

[112]《广东年鉴》编纂委员会. 广东年鉴（2007）[M]. 广州：广东年鉴社，2007.

[113] 许敏娟. 新时期我党人才政策的创新发展及其成果 [J]. 理论建设，2012（2）.

[114] 陈敏，杜赛花，刘佐菁，等. 广东省高层次人才政策研究 [J]. 广东科技，2015（18）.

[115] 张秦. 落实“党管人才”责任 推进人才资源优先持续发展常态化 [J]. 实践（思想理论版），2015（3）.

[116] 林亚茗. 让科研人员“名利双收”[N]. 南方日报，2015-07-28（1）.

[117] 周志坤，林亚茗. 职称评审打破“唯文”评价体系 [N]. 南方日报，2015-09-1（7）.

[118] 周钦声. 广东省人才队伍建设问题研究 [D]. 广州：华南理工大学，2010.

[119] 刘佐菁，陈敏，江湧. 广东省引进创新科研团队政策存在问题与对策建议. 科技管理研究 [J]，2014（14）.

[120] 林晓霞. 略论广东省引进创新科研团队政策体系要点. 科技管理研究 [J]，2012（13）.

[121] 尹安学. 广东三大人才计划今日启动. 羊城晚报 [N]. 羊城晚报，2014-10-29.

[122] 邹长森. 广东再向全球引进创新创业团队和领军人才 [N]. 南方日报，2013-05-31（1）.

[123] 刘洋. 人才体制机制创新：以人才管理改革试验区为例 [J]. 行政管理改革，2017（10）.

[124]《广东经济》记者. 广东打“组合拳”吸引科技人才 [J]. 广

东经济，2017（6）.

［125］陈雷刚. 新时期广东探索自主创新道路的历程及启示［J］. 广州社会主义学院学报，2011（7）.

［126］周永章. 审视广东科技发展30年的启示：关于推进自主创新的建议［J］. 广东科技，2008（12）.

［127］欧小兰，小赵. 30年来“破”与“立”：广东科技立法与创新实践事件回顾［J］. 广东科技，2012（5）.

［128］宁仕鹏. 广东省科技资源配置效率评价及对策研究［D］. 广州：华南理工大学公共管理学院，2012.

［129］黄永明，游海燕，朱芸殊. 部省合作模式及推进机制：闽粤经验对武汉城市圈的启示［J］. 学习与实践，2011（4）.

［130］易俊. 关于广东产学研相结合的思考［J］. 科技管理研究，2006（6）.

［131］张明. 区域技术创新体系中的政府支持系统研究［D］. 广州：暨南大学管理学院，2004.

［132］黄丽. 我国技术创新存在的问题和对策探讨［J］. 福建论坛（经济社会版），1999（6）.

［133］彭文晋. 提高我省自主创新能力，必须做好产学研结合这篇大文章［J］. 广东科技，2005（10）.

［134］省部产学研合作大事记［J］. 中国科技产业，2011（2）.

［135］朝胜，杞人. 广东产学研合作“引擎”区域创新［N］. 科技日报，2017－04－11.

［136］广东产学研. 创新驱动发展的重要抓手［N］. 科技日报，2014－03－13.

［137］广东近三年产学研合作成果转化收入逾1500亿元［J/OL］.［2017－03－31］. http://www.gd.chinanews.com/2017/2017－03－31/2/382032.shtml.

［138］左朝胜. 全国312所高校、332个科研机构集聚广东搞创新［J/OL］.［2017－03－30］. http://www.stdaily.com/index/kejixinwen/2017－03/30/content_529078.shtml.

［139］刘辰. 跨越产学鸿沟 携手创新共赢：首届中国高校科技成果交易会在惠州开幕［J］. 中国科技产业，2017（7）.

[140] 袁宝成. 在全省创新发展大会上的讲话 [J]. 广东经济, 2017 (6).

[141] 高志全. 东莞为新常态标示“民生”新注解 [N]. 东莞日报, 2016-06-20.

[142]《广东经济》记者. 广东注重科技成果转化　不断提高目标竞争力 [J]. 广东经济, 2017 (6).

[143] 杞人. 广东举办大型科技成果与产业主题对接会 [N]. 科技日报, 2014-12-19.

[144] 张伟良. 高歌猛进, 推动区域创新与转型升级: 广东省科技企业孵化器建设综述 [J]. 广东科技, 2015, 24 (Z2): 18-21.

[145] 张伟良, 苏瑞波. 以色列: “中东硅谷”的科技孵化模式 [J]. 广东科技, 2013, 22 (11): 29-31.

[146] 胡品平, 黄攀. 孵化器政策分析框架的构建与应用: 以广东省为例 [J]. 情报杂志, 2018, 37 (6): 80-85.

[147] 胡品平, 朱婧. 基于“双创”视角的广东大中小企业融通发展 [J]. 科技创业月刊, 2018, 31 (3): 41-43.

[148] 胡品平, 朱婧. 建设科技孵化育成体系　探索创新创业“广东模式” [J]. 科技与金融, 2017 (2): 17-18.

[149] 朱婧, 胡品平. 海尔“海创汇”的发展对广东省“四众”平台建设的启示 [J]. 科技创业月刊, 2017, 30 (13): 44-45.

[150] 何悦, 胡品平, 周振江. 全球创客运动下的广东创客空间实践与未来探索 [J]. 科技管理研究, 2017, 37 (9): 83-87.

[151] 何悦, 胡品平. 广东省科技企业孵化器发展现状及对策研究 [J]. 科技管理研究, 2016, 36 (2): 101-105.

[152] 何慧芳, 龙云凤, 胡品平, 等. 广东省科技企业孵化器发展政策研究 [J]. 广东科技, 2015, 24 (22).

[153] 胡品平. 中关村创业服务的新业态、新模式及对我省的启示 [J]. 广东科技, 2015, 24 (Z2): 79-82.

[154] 胡品平. 创新普惠性政策: 企业创新发展的“阳光雨露” [J]. 广东科技, 2014, 23 (17): 78-82.

[155] 李剑川, 张伟良. 基于政府激励模型的广州市企业孵化器的政策创新研究 [J]. 科技管理研究, 2018, 38 (7): 80-84.

[156] 苏瑞波，何悦. 基于统计数据的广东省众创空间现状分析 [J]. 科技管理研究，2017，37 (15)：89 –96.

[157] 苏瑞波. 基于共词分析的广东与江苏、浙江、北京、上海支持众创空间政策的对比分析 [J]. 科技管理研究，2017，37 (13)：94 –100.

[158] 李剑川，刘长虹. 德国孵化器发展模式对广东的启示 [J]. 广东科技，2014，23 (24)：3 –4.

[159] 刘长虹. 珠三角科技企业孵化器综合竞争力评价研究 [J]. 情报杂志，2010，29 (S1)：147 –149.

[160] 田何志，李大伟. 广东科技金融支撑国家科技产业创新中心建设的实践 [J]. 科技创新发展战略研究，2018 (1).

[161] 田何志. 加快科技金融深度融合 支撑国家科技创新中心建设 [J]. 广东科技，2017 (12).

[162]《科技日报》广东记者站. "广东特色"科技金融引擎产业转型升级 [N]. 科技日报，2017 –01 –10.

[163] 车晓蕙，凌广志. 泛珠三角：为粤港合作拓展广阔空间 [J/OL]. [2003 – 12 – 17]. http://www.southcn.com/panprd/news/deep/2004052.

[164] 林涛. 加强粤港科技合作　共建科技创新体系：从科技的视角解读《粤港合作框架协议》[J]. 广东科技，2010 (12).

[165]《内地与香港关于建立更紧密经贸关系的安排》经济技术合作协议 [EB/OL]. 中华人民共和国国务院公报，2017 –09 –20.

[166]《内地与澳门关于建立更紧密经贸关系的安排》经济技术合作协议 [EB/OL]. 中华人民共和国国务院公报，2018 –02 –28.

[167] 封小云. 粤港澳区域科技协调发展战略研究 [J]. 经济前沿，2004 (4).

[168] 封小云. 大珠三角地区科技产业合作升级战略研究 [M]. //2004 年中国经济特区论坛：科学发展观与中国的发展学术研讨会论文集. 2004.

[169] 拓晓瑞，商惠敏，陈相. 粤港科技合作的发展历程与成效研究 [J]. 科技管理研究，2016 (6).

[170] 国务院. 国务院关于深化泛珠三角区域合作的指导意见（国

发〔2016〕18 号）[EB/OL]，http://www. gov. cn/zhence. cn 2016 - 03 - 15.

[171] 吴哲. 构建以粤港澳大湾区为龙头重要经济支撑带 [N]. 南方日报，2016 - 03 - 16.

[172] 吴哲. 粤港澳大湾区：深化泛珠区域合作 [N]. 宁波经济(财经视点)，2016 - 05 - 10.

[173] 商丽媛，沈瑾秋. 江苏省沿海地区“十三五”科技创新发展路径研究 [J]. 江苏科技信息，2016 (7).

[174] 廖振峰. 粤港澳大湾区规划纲要浮出水面 [J]. 房地产导刊，2018 (6).

[175] 蔡齐祥，张威，卢霞. 泛珠三角区域科技合作的几个问题 [J]. 科技管理研究，2005 (6).

[176] 徐鹏杰，卢娟. 异质性环境规制对雾霾污染物排放绩效的影响：基于中国式分权视角的动态杜宾与分位数检验 [J]. 科学决策，2018 (1).

[177] 张海涛，谭东升，王颖，等. 借鉴泛珠三角科技合作经验 加快中四角区域技术创新体系建设 [J]. 政策，2014 (11).

[178] 利丹. 论1978—1991年华人华侨港澳同胞在广东改革开放中的作用 [J]. 珠江经济，2008 (12).

[179] 李菁，石福华. 科技合作联席会议机制在泛珠三角区域初见成效 [J]. 科技创新导报，2014 (5).

[180] 曾路. 机遇与挑战：广东省对外科技合作的环境与对策 [J]. 科技管理研究，2001 (11).

[181] 戴春晨. 广东财政支持开放方法论 多元化举措打造“贸易强省”[N]. 21世纪经济报道，2018 (2).

[182] 陆剑宝，石金叶. 泛珠三角经济圈科技合作的模式探讨 [J]. 珠江经济，2006 (2).

[183] 任永花，王霞. 广东吸引创新资源实现大科技的现状及对策探讨 [J]. 科技情报开发与经济，2011 (4).

[184] 曾祥效，方秀文，杨勇. 广东专业镇发展理论创新与实践探索 [M]. 广州：华南理工大学出版社，2014.

[185] 杨勇，李朝廷，商惠敏，等. 广东专业镇创新能力提升研究

[M]. 广州：华南理工大学出版社，2014.

[186] 胡寅龙. 产学研结合技术创新协同机制研究 [D]. 西安：西安工程大学管理学院，2012.

[187] 蒋斌，王珺. 广东2035发展趋势与战略研究 [M]. 北京：社会科学文献出版社，2018.

[188] 科普篇. 中国专利制度的孕育、产生与发展 [J]. 中国发明与专利，2012 (4).

[189] 岳之轩. 省部会商加快引领型知识产权强省建设步伐 [N]. 中国知识产权报，2017-6-23 (08).

[190] 祁雷，潘玲娜，裘晶文. 广东高院发布2016年度知识产权司法保护白皮书：收结案件总数均超4万件 [N]. 南方日报，2017-04-25 (06).

[191] 符丹萍. 广东开通生物医学工程产业专利数据库 [N]. 广东科技报，2016-01-29 (02).

[192] 何静. 十五年历程："科技进步活动月"写就广东科普新篇章 [J]. 广东科技，2006 (7).

[193] 周光召. 加强科学普及 弘扬科学精神 [J]. 科协论坛，1996 (3).

[194] 刘新芳. 当代中国科普史研究 [D]. 安徽：中国科学技术大学，2010.

[195] 朱才毅. 城市科普新理念及实践研究 [M]. 广州：南方出版传媒，2017.

[196] 林晓霞，艾红英. 广东省科技普及发展环境现状探析 [J]. 科技管理研究，2005 (3).

[197] 林晓霞. 广东科普立法进程与核心问题对策分析 [J]. 科技管理研究，2005 (11).

[198] 林晓霞，艾红英. 浅析广东省科普发展现状 [J]. 广东科技，2005 (1).

[199] 曾媚. 广东省科普事业发展研究 [J]. 广东科技，2005 (9).

[200] 卞毓麟. 科学意识之呼唤与弘扬：重读《科学救国之梦》，兼庆中国科学社百年华诞 [J]. 科普研究，2014 (5).

[201] 冯海波. 省科协全方位创新科普理念和服务模式 [N]. 广东科技报，2018-01-17.

[202] 邢莉，郑永谦. 广东省“九五”期间科普工作状况分析 [J]. 科技信息，2000 (9).

[203] 广东省科学素质纲要办. 2016年广东省全民科学素质工作总结 [OL]. [2017-3-16]. http://gdsta.cn/item/21439.aspx.

[204] 冯海波. 省纲要办部署2018年全民科学素质工作 [N]. 广东科技报，2018-03-26.

[205] 冯海波. 省农技协走出农村科普服务新路 [N]. 广东科技报，2018-04-27.

[206] 冯海波. 省科协将开展弘扬时代新风科普行动 [N]. 广东科技报，2018-03-8.

[207] 冯日光. 携手院士专家共创科技成就：广东省院士专家企业工作站纪实 [J]. 科技创新与品牌，2015 (5).

[208] 陈向阳. 为民族复兴发动科技创新的强大引擎 [J]. 成才之路，2016 (18).

[209] 王康友. 国家科普能力发展报告（2006—2016）[M]. 北京：社会科学文献出版社，2017.

后　记

2018年是中国改革开放40周年。广东作为改革开放的先行区，40年间广东科技发展经历了一场前所未有的深刻变革，在时代变迁中跨越了一座座高峰，实现了一次次自我突破，创新驱动发展取得显著成效，科技创新有效促进经济转型升级。《中国区域创新能力评价报告2018》显示，广东区域创新能力继续位居全国第一。为进一步全面深化改革和推动创新驱动发展提供理论和实践指导，中共广东省委宣传部组织编写了由广东省科学技术情报研究所负责编撰的《广东科技创新发展40年》，本书系统总结了广东科技创新40年的成就和经验。

曾祥效（广东省科学技术情报研究所所长）、张伟良（广东省科学技术情报研究所副所长）、胡品平（广东省科学技术情报研究所创业孵化促进中心主任）担任该书主编，主要负责对全书的写作思路、总体架构进行设计，对书稿写作内容进行修改、完善和把关，并组织单位骨干研究人员参与撰写。本书具体章节撰写情况如下：第一、二章，李妍等；第三、四、五、十一章，谈力、任志宽等；第六、八、九、十、十五章和“展望”部分，胡品平、何悦、段艳红、周述章、朱婧、左洋等；第七、十四、十七章，杨勇、拓晓瑞、敖青等；第十二、十三、十六、十八章，刘毅、林世爵、孙进等。

本书全面回顾了广东科技创新发展40年，基于统计数据从综合创新能力、科技投入产出、科技企业等方面对40年科技创新成效进行了对比分析，并从40年来广东科技创新的科学战略部署、产业创新发展、科技创新整体实力提升、创新创业资源高效协同等方面进行阐述，最后对广东科技创新为新时代全国实施创新驱动发展战略提供更重要支撑进行了展望。由于编撰人员的水平及时间有限，难免存在这样那样的问题和纰漏，恳请读者批评指正。

感谢中共广东省委宣传部、广东省科学技术厅、广东省技术经济研究发展中心以及相关部门在资料搜集和编撰出版过程中给予的大力支持和帮助，感谢中山大学出版社工作人员的辛勤劳动！

编者

2018年11月